毛澤東之後的中國

CHINA AFTER MAO

THE RISE OF A SUPERPOWER

一 個 強 國 崛 起 的 真 相

馮客 蕭葉譯

FRANK DIKÖTTER

目次

前言

一九八五年夏，當《回到未來》（*Back to the Future*）正在電影院熱映時，我作為瑞士日內瓦大學的學生，開始前往中國學習中文。中國外交部把我分配到天津的南開大學。天津靠近北京，是個沿海的大城市，人口多達五百萬（如今這個城市的規模又擴大了兩倍）。我先飛往香港，從那裡入境，然後坐火車北上。這趟旅程花了一週時間，一路上認識了不少朋友。我到天津後，其中一個還給我寄過明信片。他忘了我的姓，所以只在收信人的欄位寫道：「中國天津，來自荷蘭的法蘭克收」。天津的郵局並不難找到我，因為當時全市只有八十名外國人，來自荷蘭的有八個，而叫法蘭克的只有我一個。

像中國其他大城市一樣，二十世紀五〇年代，在蘇聯專家的幫助下，天津修築了許多寬闊的大馬路。這裡不塞車，因為這個擁有十多億人口的國家，私家車卻不足兩萬輛。供機動車行駛的車道上只能看到公車和卡車，偶爾駛過一輛小汽車。但是，用隔離欄區隔開的非機動車道上，卻擠滿踩著自行車上下班的人。他們大多天剛破曉就得起床，黃昏時分下班回家，所以晚上九點後，整座城市便會安靜下來。有時候，昏黃的路燈下，只有我一個人在寬敞的六線道上騎著車。

二〇一九年十月，南開大學百年校慶之際，我回到天津。這座城市與之前不一樣了，它的天際線被摩天大樓的燈光照亮，城市擴張到遠方，到處都是公寓大樓和辦公園區，有些已經完工，有些仍在施工中。天氣晴朗的時候，無論站在哪裡，都能看到近六百公尺高的天津環球金融中心，猶如一座巨大的水晶塔在陽光下熠熠生輝。然而，外表會騙人。昔日教過我的老師和如今的年輕教師們仍然住在破舊的水泥樓房裡，布滿灰塵的陽臺上擱著花盆，過道裡雜亂無章地擺放著破舊的自行車——這是他們在校園裡使用的交通工具。不過，據說跟以往不同的是，如今大多數教授的孩子都去了美國。

幾年前，中華人民共和國政府舉行紀念「改革開放」四十週年的慶祝活動。所謂「改革開放」，指的是鄧小平於一九七八年十二月啟動的經濟改革。這一改革使與世隔絕的中國走出文化大革命的混亂，並成為全球第二大經濟體，這一轉變總是被人譽為奇蹟。有本大部頭的學術專著，副書名就叫做 *How the Miracle Was Created*（奇蹟是如何創造的）。很顯然，對部分專家來說，他們關注的重點是這一奇蹟是否已經收場，而對於奇蹟本身的真實性，他們從未有過絲毫懷疑。

可是，專家們怎麼會知道呢？三十五年前，當我搬進天津大學的宿舍後，發現許多外國學生把大量時間用於猜測北京的內幕消息。他們中的一些人日後成為職業的中國觀察家。由於缺乏可靠的資訊，他們借鑑俄國觀察家的技巧，即不放過任何一個微妙的跡象——無論是天安門廣場閱兵式上領導人的站位，還是《人民日報》的排版設計，抑或廣播中某些詞語出現的頻率，對這些跡象加以解讀，從中尋找有關中南海（位於故宮旁的中共中央所在地）內幕的蛛絲馬跡。而我對這種方法存疑，反而更願意從歷史研究中了解中國。

如今，我的看法依然未變。「改革開放」雖然已經四十年，可是與世人的合理預期相反，今天的中國與改革開放前並無本質上的區別。幾年前，中國當時的總理李克強就說，中國國內生產總值的數字是人造的，不可靠。眾專家當然知道這一點，他們想了其他辦法來應對這個問題。例如，李克強自己提出的辦法是，經由監測總耗電量等數字來推測經濟表現，這一方法被稱為「克強指數」。但無論透過什麼辦法，我們對中國的真實狀況仍然知之甚少。正如中國觀察家詹姆斯・帕默（James Palmer）最近發表的一篇文章所稱：「誰都不了解中國，包括中國政府。」[1]事實上，我們獲得的每條關於中國的資訊都是不可靠的、片面的或扭曲的。我們不知道中國經濟的真實規模，因為地方政府報告的數字都不準確；我們也不知道不良貸款的嚴重程度，因為銀行隱瞞了真實情況。一般狀況下，每個優秀的研究者都會認可蘇格拉底悖論：我知道我對哪些東西無知。但對中國，我們甚至不知道我們在哪些方面是無知的。

在南開大學北門的對面，隔著一條八線道的繁忙大馬路，坐落著一棟龐大而空曠的建築，門口由年輕的士兵把守，這裡就是天津市檔案館。當年我還是個學生，根本進不去。然而，一九九六年，中國修訂了檔案法，愈來愈多解密檔案開始向持有單位介紹信的歷史學家開放。雖然最敏感的資料仍然鎖在檔案庫深處，但研究人員終於得到前所未有的機會，可以深入了解毛澤東統治的黑暗時代。

我花了十年時間，研究了數千份中共檔案資料，從位於亞熱帶的廣東，到毗鄰蒙古沙漠、貧窮而乾旱的甘肅，我的足跡遍布中國許多地區。這些檔案裝在發黃的文件袋裡，有些是手寫的，有些是列印的，內容包羅萬象，包括黨內高層會議的祕密紀錄、對大規模殺戮事件的調查、造成數百萬人大饑荒的領導幹部的悔過書、關於農民反抗政府的報告、祕密進行的民意調查、一般民眾的上訪信件等等。根據這些資料，我寫了三本書——合稱「人民三部曲」——來講述毛澤東時代一般中國人的遭遇。

我進行檔案研究的時間真是太幸運了。二〇一二年十一月習近平上臺後，全國的檔案館開始不再對外開放，關於大饑荒和文化大革命的大批文件重新予以封鎖。然而，從另一方面來說，過去這幾年又為我們研究之前幾十年的「改革開放」提供了契機。許多年來，中國人自己（包括每一位檔案工作者）都相信，一九七八年後中國發生了令外國資本家驚嘆不已的經濟奇蹟，儘管毛澤東時代的中國籠罩在陰霾之下，可一提到「經濟改革」，似乎所有問題都迎刃而解了。如今，我們正好有一個前所未有的機會，可以根據中共的現實行為（而非僅僅歷史檔案）來檢討一九七六年以來的中共歷史。

對於政府檔案如何解密以及何時向民眾公開，每個民主國家都制定了諸多規章條例。從理論上來說，大多數國家都遵守三十年解密的規則。每年耶誕節前後，位於邱園的英國國家檔案館內，讀者都會翹首以盼首相辦公室或軍情五處解密最新一批檔案。不過事實上，各國政府機構都會以種種藉口對數以百萬計的逾期檔案不予解密。

中華人民共和國也遵循三十年解密的規則。所以原則上，讀者應該能查閱到一九九二年以前的檔案。但是，中國不是一個民主國家，它實行的是獨裁體制，一項規定的落實往往掌握在地方政府手裡，因此各地檔案館的開放程度不盡相同。在有些地方，外人連檔案館的門都進不去，就算一篇平淡無奇的剪報也被視為國家機密。而在另一些地方，只要是一九四九年共產黨贏得政權之前的檔案，全部不予開放。然而，中國之大無奇不有，有些檔案館的開放程度著實令人驚訝，每隔一段時間，它們就會向部分讀者開放大批原始檔案，甚至連二〇〇九年前未滿三十年的檔案也可查閱。

本書的敘述基於十幾個市級和省級檔案館所藏約六百份檔案資料，同時也參考其他較為常規的原始資料，如新聞報紙和未發表的回憶錄等。所有這些史料中，最重要的是李銳的祕密日記。李銳曾擔任毛澤東的私人祕書，後來因為對一九五九年的大饑荒發表意見而入獄二十年。一九七六年毛澤東去世，幾年後李銳成為中共中央委員。他擔任過多年中共中央組織部副部長——這個部門在蘇聯被稱為Orgburo（組織局），專門負責調查和任命各級政府的共產黨官員。李銳身為中共體制內的一員，最終卻成為一位真正的民主人士。二〇〇四年，他的著作在中國遭禁。李銳的日記一直寫到二〇一二年，其中詳細記錄了他與許多中共高級幹部的談話。當然，歷史學家的研究，不僅要講客觀證據，還需提出自己的見解，當兩者都不足以支撐研究時，最好的辦法就是停筆，把機會讓給更勝任者。正是出於這樣的考慮，我決定把本書研究的下限放在二〇一二年，即李銳擱筆、習近平上臺的那一年。

有朝一日，大量迄今未公開的資料一旦解密，我們關於「改革開放」的一些普遍認知都將經歷一次檢驗。例如，數十年來，各國的政治家、企業家、專家學者等各色人等都認為，中華人民共和國的利益與我們一致，它承擔了自己應負的責任，甚至可能變成一個繁榮的民主國家。他們還說，經濟改革必將帶動政治改革，就像馬兒一定會拉著車往前走。然而，事實上，沒有任何一位中國領導人在任何時候說過支持三權分立的話。相反地，他們一直反覆強調，經濟改革的主要目的是為了維持中共的政治壟斷。例如，趙紫陽——這位曾被許多人寄予厚望、至今仍受到大家尊敬的中共領導人，曾於一九八七年十月在中共全國代表大會上發言稱，中國永遠不會照搬西方的三權分立和多黨制。在這次會議前幾個月，他曾向東德領導人埃里希・何內克（Erich Honecker）解釋，一旦中國民眾的生活水準提高，他們就會承認社會主義的優越性，而政府則可以逐步減少自由化的程度。此後，中共領導人不斷重複同樣的觀點。二〇一八年，習近平警告說，中國絕不能「照搬西方的三權分立和司法獨立」。[2]

過去兩、三年裡，許多觀察家終於改變了看法——儘管這一改變來得有點遲，他們不再認為中共會堅定不移地走向民主。但很多人仍然相信，中國確實發生了從計畫轉向市場、從國有轉向私營的經濟改革。可是，我們不得不對北京的官方宣傳提出質疑：「經濟改革」這個詞用得是否準確？到目前為止，我們所看到的僅僅是對計畫經濟的修補，否則該如何解釋中共至今仍堅持「五年計畫」的模式呢？更重要的是，自一九七六年以來，中共一直沒有放棄所有工業部門和大多數大型企業的所有權。時至今日，全中國的土地仍然歸國家所有，大量資源掌握在國家手裡，主要的工業部門由國家直接或間接控制，銀行也全部屬於國有。用馬克思主義的經典術語來說，「生產資料」仍然掌握在黨的手裡。這種由國家控制生產資料的經濟模式，就是通常所謂的「社會主義經濟」。

事實上，一九八九年後，中共領導人從未想過讓中國經濟真正參與國際市場競爭。原因很簡單：他們知道，一旦這麼做，中國的經濟就會崩潰。正如資料所顯示的那樣，他們一直竭力限制私營企業發展，同時努力擴大國有企業規模。在無數次公開講話或閉門會議中，中共領導人反覆重申對社會主義制度優越性的堅信。一九八〇年，與香港接壤的深圳經濟特區成立時，趙紫陽澄清：「我們搞的是經濟特區，不是政治特區，要堅持社會主義，又要抵制資本主義。」[3]

近四十年後，中國排名前一百位的私營企業中，有九十五家屬於現任或前任中共黨員所有。在資本主義制度下，資本（即貨幣）是一種經濟物品，追求的是回報率和利潤率。但在中國，資本一直是政治物品，由國家銀行分配給被國家直接或間接控制的企業，追求的是政治目標。此外，市場的建立主要是基於個人之間的商品交換。可是，如果沒有基於三權分立的獨立司法體系，個人對於商品的所有權如何才能得到保護？多年來，儘管一直有批評的聲音，總有人讚賞中國的「經濟改革」，認為中國會向「資本主義」轉型。對此，如果本書能證明什麼，那就是如果沒有政治改革，市場改革就不可能存在。許多人總在爭論「自由」貿易是否可行或是否應該，但他們忽略了一點：在一個沒有法制的社會裡，既沒有獨立的司法體系，也沒有自由開放的媒體，那麼就根本不可能產生真正的市場。沒有政治自由，就沒有經濟自由。政治決定了經濟的性質，而不是相反。政治的核心問題是權力以及如何處理權力：權力應該在不同的機構之間分配，讓它們相互制衡，並且由日益複雜的公民社會和獨立媒體來限制其濫用，還是應該集中在一個人或一個政黨手中？前者被稱為民主，後者則是獨裁。

專制國家和民主國家都不是僵化不變的，它們都在適應著不斷變化的世界。例如，一九八二年，莫三比克決定與西方和解。一年後，莫三比克政府將經濟權力下放，允許家庭農場迅猛發展，取代了國有農場的地位，同時邀請西方跨國公司在莫三比克設立合資企業或與政府簽訂合同。該國領導人薩莫拉·馬謝爾（Samora Machel）是一位信奉馬克思列寧主義的社會主義者。一九七五年，他領導莫三比克獲得獨立，如今，他搖身一變，從一名成功的游擊隊領袖成為莫三比克的推銷員，四處討好和拉攏世界各國的企業高管，試圖以豐厚利潤吸引他們投資——支撐這一切的則是無數被剝奪罷工權利的廉價勞動力。類似莫三比克的例子並不罕見。從達荷美到敘利亞，為了挽救瀕臨崩潰的經濟，一群獨裁者全都把賭注押在「改革」上：他們允許農民保留少量土地，在城市裡允許小規模私人企業的存在，並允許外國人投資經商，他們自信這些做法並不會削弱其政治控制。巴瑞．魯賓（Barry Rubin）詳細描述這些政權，並把他們稱為「現代獨裁者」。「現代獨裁者」是「獨裁者」花園裡的一個亞類，在許多方面與另一個亞類——「傳統獨裁者」——很不一樣。4

有人認為，對於政府來說，效率比責任更重要。這種說法令人不敢苟同。我們在中華人民共和國看到的，不是權力的有序交接，而是各種陰謀詭計和無休止的派系鬥爭。這個國家的大多數領導人對經濟學的基本常識一竅不通，他們只痴迷於單一指標的增長，即使以犧牲發展作為代價也在所不惜。如此造成的浪費令人觸目驚心，例如在國有企業中，價值減損的現象很是普遍，這意味企業生產的產品在價值上甚至低於原材料。更為重要的是，一黨制國家缺乏調控經濟的有效手段。這一點聽起來似乎不可思議，可事實上，在一黨制國家裡，決策通常由地方政府做出，而地方政府往往只考慮自己的利益，缺乏大局觀，有時甚至對北京的命令也置若罔聞。

在所謂的「改革開放」時代，中國是否真正開放了呢？與文化大革命時期相比，答案是肯定的。但相對於世界其他地區來說，幾乎沒有。在過去四十年裡，中國政府建立了一個「絕緣」體系，將中國與世界其他地區隔離開來。「開放」意謂人口、思想、貨物和資本的流動。但在中國，國家控制所有這些流動，而且這些流動通常只是單向的：數百萬中國人可以出國，前往世界其他地方生活和工作，但進入中國的外國人卻很少。經過四十年的「改革開放」，居住在中國的外國人仍不足一百萬，大約只占全國總人口的〇．〇七%。這個比率在全世界是最低的，甚至還不及北韓的一半，而在經常被斥為「排外」的日本，外國居民占全國人口的比率則是二・八％。中國出口商品的數量多得驚人，但進口的商品卻相對較少。時至今日，占世界人口五分之一的中國人，每年在電影院裡只能看到三十六部由國家批准進口的外國影片。外國資本可以進入中國，但中國的資本卻很難流往國外，因為中國政府想讓資本盡可能留在國內，所以對資本流動的管控極為嚴格。諸多檔案資料顯示，自一九七六年以來，中國政府制定了數不清的規章制度，透過處罰、獎勵、減免、補貼以及各種激勵手段，創造一個很可能是現代史上最不公平的商業競爭環境。

無庸置疑，中國的經濟確實增長了。當一個國家從幾十年的人為災難中走出來時，這難道不是唯一的可能嗎？然而，就在最近的二〇二〇年六月，中國總理李克強在一次非正式談話中透露一個令許多觀察家驚訝的情況：在這個即使生活在農村成本也很高的國家，大約有六億人的月收入不足一百四十美元。[5]真實情況跟表面看到的根本不一樣：一般民眾過得節衣縮食，可國家卻積累了巨額財富；政府機關的黨員幹部可以享受住房、汽車、子女入學、出國旅遊等等各項福利，一般民眾卻只有靠自己的銀行積蓄支付生活必需的所有開銷；國家利用國民的私人存款建造起摩天大樓、高鐵、新機場和高速公路，以此來炫耀社會主義的優越，同時還用這些錢來維持國有企業的運轉，避免陷入困境。由於政府對金融的嚴格管控，一般中國人在國民產值中所占的份額，是現代歷史上所有國家中最低的。這種情況用四個字來形容，就叫「國富民窮」。

國家和受其控制的銀行可以隨心所欲花錢和放貸而無需承擔責任，揮霍無度造成債務不斷累積，可真實狀況卻被刻意隱瞞。情況到底有多糟？我們不知道，也許永遠不會知道，因為即使是檔案中收藏的由政府審計人員撰寫的財務報告，也無法完全揭示真實的情況。太多人參與造假，偽造虛假的合同、戶頭和營業額，乃至做假帳的現象從上到下都有。沒有分權，沒有獨立的媒體，沒有獨立的審計，更沒有對選民負責的民選官員，這種情況怎麼可能避免？中共應對的辦法是定期開展反腐運動，這種做法始於一九四九年中共建政之初。但由於腐敗根植於體制內部，「運動式反腐」只能令其暫時緩和，卻無法根除這一弊端。每當政府債務過高，中央就會要求各地停止基建專案，同時命令企業壓縮開支。

在中共各地檔案館中，大約有五分之一的資料涉及債務問題。為了應對債務虧空，銀行會擴大放貸規模，這樣會形成更多不良貸款，於是再進一步擴大放貸，造成更多呆帳。如果說繁榮和蕭條交替出現是資本主義的特徵，那麼中華人民共和國的情況似乎更像是：繁榮，以及無限推遲的蕭條。經由各種管道——特別是一般民眾的儲蓄和外國投資，黨獲得數額龐大的資產。它砸進愈來愈多錢用於規模宏大的建設專案，卻根本不考慮資本回報，也不擔心由此可能造成的呆帳。如果經濟增長的速度超過債務積累，債務就會被吸收，但事實上，債務的增速一直快於經濟增長。正如人民大學經濟學教授、曾任職於中國人民銀行深圳分行的向松祚在二〇一九年的一篇文章中寫道：「中國的經濟基本上都是建立在投機行為之上，一切都過度槓桿化。」[6]

在一個獨裁國家，領導人的每個決定都會產生巨大而意想不到的後果。例如，制定獨生子女政策的初衷在於遏制人口增長，可事實上卻造成男性人口遠遠超過女性，而且年輕勞動力人口日益萎縮。不僅如此，各級政府在執行上級指令時，同樣會產生無法預料的結果，因為下級政府經常曲解上級的意圖，或者採取拖延懈怠的態度，甚至完全忽視上面的政策。例如，一九七八年後，為了激發各地主動發展經濟，中央政府決定將更多權力下放給地方政府，結果地方政府卻變得愈來愈保守本位，設置重重經濟壁壘來削弱競爭。本來整個國家只需要幾座大型鋼鐵廠就足夠了，可現實中每個村鎮和城市都在規劃和建設自己的鋼鐵廠，有些省甚至建了數百座鋼鐵廠，這種重複生產耗盡國家的稀缺資源。

各地政府為首的是黨委書記，他（很少是「她」）才是決定資本分配的人，市場並不起主要作用，而黨委書記決策的主要動機在於增強個人政治影響力，即使地方經濟搞砸了，他也可以指望國家銀行來撐腰，因為中央最怕的就是銀行擠兌或工人罷工這類「社會不穩定」現象。

從檔案資料來看，中共領導人並沒有明確的長遠規劃，也不清楚該如何引領這個國家一步步走向繁榮。打個比方來說，中國就像一艘油輪，遠遠看上去顯得高大氣派，船長和副手們驕傲地站在艦橋上，可甲板下的水手正在拚命地抽水和堵破洞，以避免船隻沉沒。根本沒有什麼「宏偉計畫」，也沒有「祕密戰略」，有的只是無數偶發事件，以及無法預料的後果、出人意外的反轉和幕後無休止的權力鬥爭。我相信，只有認清這一切，我們才能更加理解那段歷史。

第一章

從一個獨裁者到另一個獨裁者（一九七六—一九七九）

在北京的心臟地帶，有一片面積龐大的「石頭沙漠」，這就是天安門廣場。一九七六年時，它是世界上最大的人工廣場，可以輕鬆容納一百萬人。廣場緊鄰紫禁城，這裡曾是明清兩代帝王的皇宮，裡面建有無數亭臺樓閣，以及一組組宮殿和院落，「天安門」則是紫禁城南邊的入口。幾百年來，經過天安門前的T形區域，就可以進入皇宮，並直通皇帝的寶座。這塊區域本來並不大，一九四九年中國共產黨征服這個國家後不久，毛澤東即下令擴建這座廣場，使它「能裝下十億人」。結果，好幾座城門和中世紀建築遭到拆毀，掩映在藤蔓和灌木叢中、帶有垛口的城牆也被夷為平地。廣場面積因此擴大了四倍，這個空曠無比的混凝土平面，足足有六十個足球場那麼大。廣場北端是東西向的長安街，一九二四年這條街開通有軌電車，但仍然較為狹窄。一九四九年後，長安街被逐漸拓寬為八線道的大道，一直通向遠方。一九五九年十月，為了紀念建國十週年，廣場西側建起人民大會堂，東側建起中國歷史博物館，中間則豎起一座人民英雄紀念碑。這座花崗岩質地的方尖碑高約三十七公尺，截斷原本南北走向的皇宮通道，整座城市的座標軸也因此位移，長安街和天安門的交會點如今成了北京的正中心。[1]

在皇權統治下，禁止遊行。然而，一九一一年清朝滅亡後，天安門前的空地迅速便被賦予更多政治含義。一九二五年，當國民黨統治中國時，天安門上掛的是國父孫中山的巨幅畫像，一九四五年後換上蔣介石的畫像。蔣介石的軍隊被迫撤往臺灣後，中華人民共和國於一九四九年十月一日宣告成立，天安門上又掛起毛澤東的畫像。

有時，天安門廣場會被抗議者占領。一九一九年五四運動期間，大約四千名學生聚集在這裡，抗議《凡爾賽條約》將一戰前德國在中國的占領區轉交給同為戰勝國的日本。抗議者呼籲抵制日貨，影響波及全國，此外，他們還大聲疾呼中國需要科學和民主。一九一二年，中國成為亞洲第一個共和國，經四千萬選民投票選出三萬名代表，並從中遴選出國會和參議院成員。然而，此後數年，民眾對選舉的公平日益失望，所以五四運動中的示威者提出，必須由「賽先生」和「德先生」取代象徵舊王朝的孔子，引領中國走向現代。[2]

天安門廣場上的抗議並不止這一次，有些抗議還遭到殘酷鎮壓。一九二六年三月十八日，軍警奉命驅散反對帝國主義的示威者，導致四十七人喪命。迫於民眾壓力，國會通過一項決議，譴責這次屠殺。一個月後，鎮壓民眾的政府終於垮臺。這次衝突被中國著名作家魯迅稱為「民國以來最黑暗的一天」。[3]

在整個民國時期，中國民眾對民主的渴望是如此普遍，連共產黨人也不得不表示支持。中國共產黨成立於一九二一年，起初幾年，黨員人數只有一百多人。一九四〇年一月，毛澤東和他的代筆人陳伯達共同撰寫《新民主主義論》（陳伯達曾留學莫斯科，是個書生氣十足、頗有野心的年輕人）。在這篇文章裡，毛聲稱共產黨支持多黨制和民主自由，並承諾保護私有財產。這是徹頭徹尾的謊言，在當時卻吸引民眾的廣泛支持。此後數年裡，成千上萬學生、教師、藝術家、作家和記者懷抱對民主的渴望，加入共產黨。

一九四九年後，《新民主主義論》許下的承諾一個接一個打破。新政權成立後僅僅數年，所有不受中共控制的工會、學生團體、獨立商會和民間協會等各類組織全被取締。藝術家和作家也要接受文學藝術界聯合會（文聯）領導，必須完全服從黨的指令。從一九五〇年開始，不受官方認可的書籍便一堆堆焚毀，或成噸被粉碎。與此同時，政府開始徵收小商店、私營企業和大型工廠，到一九五六年，國家控制所有商業領域和工業部門。一九五八年夏，在政府驅趕下，農民被迫加入人民公社。他們失去自己的土地，被改造成聽命於國家的農奴。4

人民失去抗議的權利，但天安門作為新政權自我展示的舞臺，卻愈發顯得重要。廣場上每年都會舉行兩次精心編排的遊行，毛主席站在天安門城樓頂上，一隊隊整齊畫一的步兵和騎兵、一輛輛重型坦克和裝甲車在他眼前經過。在文化大革命期間，「偉大舵手」在這裡前後檢閱大約一千兩百萬名熱情揮舞著紅寶書的「紅衛兵」。

★　★　★

曾經有一次，天安門廣場真正被人民所占據。那是一九七六年的清明節。對中國人來說，這個節日是家庭聚會、為逝去的親人掃墓的日子。一九七六年的清明節是四月四日，恰好是個禮拜天，數十萬北京民眾湧入天安門廣場悼念周恩來，人民英雄紀念碑的基座四周堆滿花圈。就在幾個月前的一月八日，因罹患三種癌症而消瘦虛弱的周總理剛剛去世。當時，以毛的妻子江青為首的「四人幫」權傾一時，而在許多人看來，周恩來的存在對「四人幫」具有一定的制衡作用。在不同派系鬥爭的背後，則是精通權術、坐收漁利的毛主席。

在他生命的最後幾年，周恩來曾小心翼翼地試圖恢復計畫經濟的秩序，並引進一些中國亟需的外國技術。一九七五年一月，他在名義上的最高立法機構「全國人民代表大會」發表講話——這是他生前最後幾次公開發言之一。在這次講話中，周恩來呼籲中國對落後於世界的領域進行全方位的現代化改造，尤其是農業、工業、國防和科學技術。[5]在毛主席首肯下，周將這個計畫稱為「四個現代化」。然而，毛雖然贊成經濟現代化，但他擔心自己死後，周會在政治領域改弦更張。為了在黨內孤立總理，毛利用他妻子及其盟友對周發起進攻，抨擊他盲目崇拜外國的機器生產，並犯有其他一些「修正主義」錯誤——在當時的語境裡，所謂「修正主義」是指放棄社會主義、復辟資本主義。

結果，周恩來在黨內遭到孤立。但是，江青的野心並不止於此，她試圖繼續擴大對黨和軍隊的控制。一九七四年，為了進一步平衡對立兩派勢力，毛澤東讓鄧小平重新上臺，成為周恩來的副手。像許多領導幹部一樣，鄧小平在文化大革命的高潮中因為擁護「資產階級反動路線」而被打倒。如今，周恩來因病住進醫院，鄧小平開始承擔起愈來愈多責任。與周一樣，鄧也非常重視經濟，但他的行事風格不像周總理那樣溫和，對於無法恢復運輸秩序的鐵路官員，他宣稱要嚴肅處理，對於各工業部門的領導人，他命令必須完成最新生產指標。最終，江青對鄧小平也心生憤恨，她利用手裡掌握的宣傳機器炮製大量攻擊鄧的文章。[6]

鄧小平的嚴厲手段傷害許多人的利益，其中之一就是毛主席的侄子毛遠新。這個聲名正旺的年輕人時任遼寧省革命委員會副主任，可是鄧小平卻無視他的權威，對遼寧省的龍頭企業——鞍山鋼鐵公司進行結構性調整，基本恢復文革之前的管理模式。於是，毛遠新私下向他叔叔告狀，說文化大革命暗中促生一批新的「走資派」，而鄧就是這群人的代表。結果，周恩來去世後，毛既沒有重用鄧，也沒有重用「四人幫」，而是看中置身於兩派之外的另一個人——華國鋒。華身材魁梧，和藹親切，雖然地位不高，但對毛無比忠心，毛曾表揚他敢講真話。[7]一九五五年，華時任湘潭地委書記。這裡是毛的出生地，華特地為主席建起一座龐大的紀念館，並修建一條鐵路方便大家前去朝聖。周恩來去世後，在追悼會上致悼詞的是鄧小平。可是華國鋒接任後，鄧立即被解除副總理職務。

眼看周恩來去世和鄧小平再次下臺，有人擔心文化大革命會重新掀起高潮。三月二十五日，一份被「四人幫」控制的上海報紙發表一篇社論，抨擊某個「黨內走資派」想協助另一個「不知悔改的走資派」重新奪權。這篇社論讓許多人深感憤怒，因為大家都明白，文中抨擊的這對政治盟友正是周恩來和鄧小平。在南京，有人走上街頭抗議，在離上海很近的無錫，也有許多人湧入當地的「紅場」，他們手持周總理的畫像，並反覆播放廣播裡放送的鄧小平在周恩來追悼會上的致詞錄音。在北京，甚至有人寫詩罵江青是「女妖」。[8]

在接下來的清明節，抗議者冒著小雨和春寒走上街頭，公然占據天安門廣場。在默默哀悼的人群中，有人拿著傳統紙傘，以此來提醒民眾，幾十年前的一九一九年五月四日，學生曾在這裡舉行過反對當權者的示威。另一些人則更為激憤，他們手握大聲公，咒罵江青是「新慈禧」，還有人揮舞著白布，上面用血寫著捍衛周總理的文字。9

氣氛變得日益嚴峻，愈來愈多人開始公然違抗最高領袖的意志，這讓「四人幫」惱羞成怒，他們叫囂著要跟抗議者決一勝負。在帝國時期，紫禁城的朱牆內不斷上演著陰謀和權術鬥爭，皇帝身邊圍繞著各色人等，無論是太監和嬪妃，還是軍人或官員，每個人都想謀取各自的私利。到毛澤東時代，人民大會堂取代紫禁城，成為宮廷政治的中心。這座蘇式建築位於天安門廣場西側。它體積龐大，結構複雜，內部設有一個以紅色為主色調的巨大禮堂，能夠容納一萬多名代表，此外還有幾十個高大寬敞的會議廳，分別以各省的名字命名。與長安街對面的故宮相比，人民大會堂為各種幕後政治交易提供更廣闊的舞臺。

人民大會堂是舉行全國人民代表大會的場所。大會每五年舉行一次，其任務是批准中央委員會成員名單。中央委員會由大約二百名高級領導人組成，其中會有二十幾人經過名義上的選舉進入中央政治局，然而再從中選出七到八名年老成員組成常務委員會，以負責日常事務決策。所有領導人中，權力最大的是毛主席。同其他許多事情一樣，這個權力結構反映史達林主義的民主集中制原則。從理論上來說，所有政治決議都是由全體黨員共同參與投票決定，但實踐卻與此相反，最高權力完全掌握在金字塔頂端那個人手裡。在這種一黨制國家裡，向黨的最高領袖表達忠心是所有黨員最重要的任務，任何異議都會招致危險。

一九七六年時，毛主席八十二歲。因為身體過於虛弱，他無法親自參加會議，平日住在中南海內的豐澤園裡——中南海位於故宮西側，是原來皇宮的一部分，內部闢有湖泊和花園，一九四九年後成為中共高級領導人的住所。儘管如此，所有重要事情都必須向毛報告，所有重大決定也必須經毛同意。天安門廣場各主要建築都有地下通道相聯，傳令員在人民大會堂和中南海之間頻繁穿梭，傳遞著各種訊息。早在天安門被占領之前，毛遠新就於四月一日找到他的叔叔，暗示有人會利用周恩來去世製造麻煩。他向毛建議，在即將到來的五一勞動節這天——每個馬列主義政權都會大肆慶祝這一節日——禁止已被解除副總理職務但仍是政治局委員的鄧小平公開露面。毛表示同意。[10]

三天後，人群占領廣場，政治局成員在人民大會堂開會，討論如何應對。華國鋒聲稱，群眾是被「壞分子」煽動的，目標是「攻擊主席」和「攻擊中央」。他還注意到，到廣場上悼念周總理的並非全是老百姓，還包括數百名國家機關的工作人員，其中有鐵道部和外交部幹部，而表現最積極者則來自第七機械工業部——這個龐大而神祕的單位，專門負責核武器研發。廣場上發生的一切被政治局判定為「階級鬥爭」，換言之，即反革命分子試圖推翻共產黨政權的政變。[11]

四月五日凌晨，民兵奉命清理廣場。他們悄悄地把所有花圈裝上卡車運走，並用消防水管把人民英雄紀念碑周圍的標語沖走。天亮後，被激怒的示威者再次湧入廣場，與員警發生衝突。

當天晚些時候，毛遠新再次向主席通報情況。他說到目前為止發生五十餘起反革命事件，有人攻擊民兵，還有人襲擊位於天安門廣場東側的公安局；這場動亂是「有計畫有組織的」，不僅在首都，全國各地許多城市都出現類似情況；鄧小平故意散布「反革命謠言」，妄圖「利用死人壓迫活人」。毛遠新脫口而出：「我們都上當受騙了！」他還告訴他叔叔，軍隊已進入高度戒備狀態，隨時準備行動。毛表示同意。[12]

正當抗議者在天安門廣場與民兵對抗時，鄧小平接到參加政治局會議的通知。在這次會議上，鄧受到「四人幫」成員之一張春橋的攻擊。張性格陰鬱，曾任上海市委宣傳部長。他指責鄧是「中國的納吉」——納吉・伊姆雷（Imre Nagy）是一名匈牙利共產黨領導人，他矮小敦實，性格倔強，曾於一九五六年領導過反抗蘇聯的政治叛亂。鄧小平對這一指控保持沉默。[13]

那天晚上，大約有三萬名民兵集結待命，其中許多人隱藏在故宮裡，還有人躲在廣場東側的中國歷史博物館內。華國鋒擔心廣場上的形勢比報告的更嚴重，這些民兵可能不是示威者的對手，軍方也對此一再表示擔憂。然而，曾任上海一家棉紡廠保衛幹事、後來躋身於「四人幫」之列的王洪文卻一邊拍著桌子一邊宣布，除了木棍，民兵不准攜帶任何武器進入廣場。[14]

從下午六點半開始，當局透過擴音器不斷譴責抗議活動是「反動陰謀」，並要求示威者立即解散，此外，廣播裡還點名批判鄧小平。數小時後，華國鋒透過電話命令民兵進入廣場。民兵隨即封鎖廣場，並打開探照燈。滯留在廣場裡的兩百多人遭到毆打、拖拽和逮捕。江青則在人民大會堂裡，透過望遠鏡觀察整個過程。當天晚上，她特地吃了一頓花生米和紅燒肉，以示慶祝。臨近午夜時，一百名公安員警來到廣場，清洗掉地上殘留的血跡。[15]

此時的毛澤東，因患有未經確診的漸凍症（Lou Gehrig's disease），其體內控制喉部、咽部、舌頭、橫膈膜和肋骨等處肌肉的神經元細胞正在逐漸退化。他的語言表達變得含糊不清，唯一能聽懂的人是張玉鳳。二十多年前，身為專列服務員的張玉鳳被毛看中，如今她成了毛與外界溝通的唯一仲介。儘管如此，毛的思考能力並未受損，直到生命的最後一刻，他都不愧是個陰謀大師，這一點在相關會議紀錄中可以找到充分證據。四月七日，當毛的侄子向他彙報張春橋稱鄧小平為納吉時，毛點頭表示贊同。不僅如此，他還下令政治局開除鄧小平一切職務，只保留黨籍。此外，毛還指示不准蘇振華參加政治局會議——蘇振華是一名上將，文革中遭到清洗，此時剛剛恢復名譽，但被「四人幫」認定是鄧小平埋下的「定時炸彈」。時任國防部長的葉劍英元帥也被毛排除在與會人員之外。已是總理的華國鋒則被毛提拔為黨的第一副主席，成為毛指定的接班人。毛要自己的侄子立即向政治局傳達上述決定，並揮手命令他：「快，談完就來。」[16]

★　★　★

一場鎮壓隨即在全國展開，數千人因反革命罪被捕，更多人因參與天安門事件而受到審訊。當局發動一場批判鄧小平的運動，但民眾參與的熱情並不高。一位當事人回憶說，大家參加遊行都不是心甘情願的，都在等待最終收場的時刻。[17]

一九七六年九月九日，午夜剛過幾分鐘，這一刻終於來臨了。就在前一天，大家剛剛過完中秋節。中國人通常在這個節日裡全家團聚，祈求好運。

華國鋒手裡的牌並不多，但他有一張紙條，上面是毛澤東用潦草筆跡寫的幾句話：「慢慢來，不要招（著）急。照過去方針辦。你辦事，我放心。」這就是毛澤東遺囑的全部內容。然而，這張紙條是在什麼情況下寫的，至今仍無定論。中共官方傳記聲稱，毛是在一九七六年四月底與華國鋒一起會見紐西蘭總理勞勃．馬爾登（Robert Muldoon）時，為他寫下這幾句「錦囊妙計」。但是，毛晚年一直陪伴在他身邊的張玉鳳卻在日記中透露，毛是在華國鋒表達對幾位省領導的不滿後，才寫下這些話安撫他。[18]

華還面臨一個問題。天安門事件爆發時，他正好擔任公安部長，這一經歷並不有利於他贏得民眾好感。四月五日人民大會堂內到底發生什麼，至今仍是機密。很少有人知道，為了個人仕途，華國鋒故意利用這一事件來詆毀鄧小平。而更少有人知道的是，打電話下令攻擊示威者的正是華國鋒。華的雙手沾滿鮮血，他別無選擇，只能與那些反對鄧小平重新掌權的人結盟。

不過，華國鋒具備一個優勢：大家都不把他放在眼裡。他利用別人對他的輕視，使出致勝的一招。毛澤東去世後僅兩天，華國鋒就聯繫葉劍英元帥和蘇振華上將——在四月七日那次決定鄧小平命運的政治局會議上，這兩位軍中元老因毛的命令而未能參加。此外，華還聯絡汪東興——此人擔任過毛的警衛員，後來負責指揮中央領導人的警衛部隊。十月六日，中央政治局以討論《毛澤東選集》第五卷為由，通知身在北京的政治局委員參加會議。「四人幫」成員先後來到會場，結果被逐一逮捕。江青一如既往地狡猾，她懷疑這是個陷阱，沒有上當，後來在其住所被捕。[19]

這簡直就是一場政變，隨之而來的是政治清洗。這次清洗與之前歷次清洗運動一模一樣，只能算是毛時代的延續，而非新的開始。全國各地紛紛召開群眾大會，聲討敵人。在首都，參加大會的群眾多達數十萬人，大家揮舞著巨大的標語橫幅，齊聲譴責「四人幫反黨集團」。「四人幫」的罪名包括叛徒、與外國勢力勾結、叛國、企圖復辟資本主義等等。正如一位當事人所說，這些做法與文化大革命期間的集會完全一樣。幾個月後，根據對現有證據的仔細審查，當局對「四人幫」作出審判。判決書長達一百一十五頁，其結論如下：「現在已查明，張春橋是國民黨特務分子，江青是叛徒，姚文元是階級異己分子，王洪文是新生的資產階級分子。」江青及其三個狂熱追隨者成了替罪羊。似乎一夜之間，所有關於這四個人的文字和圖片都從報紙、書籍、畫報和電影中被刪光。[20]

十月二十四日，天安門廣場舉行一次大規模集會，這是中央領導人在政變後首次公開露面。剛剛當上黨主席的華國鋒迅速就進入新角色，他在觀禮臺上來回走動，面對群眾的歡呼，報以慈愛的笑容和微微的鼓掌，言行舉止頗似他的前任。

華接下來要做的是削弱對手，以鞏固自己的地位。曾經負責毛澤東警衛工作的汪東興知道宮廷裡所有祕密，如今他成了華的得力助手。一九七七年一月八日，有抗議者出現在天安門廣場，紀念周恩來逝世一週年。華及其追隨者利用這一事件，在全國發起一場追查運動。一個叫李東民的年輕人，因為張貼一張要求鄧小平回來的海報，結果遭到逮捕，並被迫承認其背後有一個危險的「反革命集團」在活動。汪東興通過電話，命令全國公安部門對每一個與此相關的傳聞展開調查。很快，遼寧也發現一張海報，呼籲民眾「堅決擁護鄧小平為國務院總理」。中央隨即發出強烈警報，宣稱這是「國內外階級敵人在新形勢下向我們黨進攻的一種手段」，每個黨員都要提高警覺。政治氣氛日益緊張，各地發現更多陰謀事件，受到迫害的人也愈來愈多。[21]

華國鋒把自己塑造成毛澤東遺產的忠實守護者。毛的屍體被注入防腐的甲醛溶液，保存在北京一處地下冷庫裡。與此同時，華國鋒宣布將在天安門廣場建造一座紀念館，將毛的屍體陳列在水晶棺中向大眾展示。被利用的不僅是毛的肉身，還有他說過的每句話。一九七七年二月，官方幾篇社論宣稱：「凡是毛主席作出的決策，我們都堅決維護；凡是毛主席的指示，我們都始終不渝地遵循。」對此不屑的人把這個政策稱為「兩個凡是」。

華開始模仿前任老大。他把頭髮梳向腦後，拍照時擺出領袖的姿態，像偉大舵手一樣盡說些沒有明確含義的格言警句。學校、機關和工廠都掛起華國鋒的畫像，其中最常見的畫面是：華國鋒坐在椅子上，向毛主席半傾著身體，謙恭地從笑容滿面的主席手裡接過遺囑，上面寫著「你辦事，我放心」。此外，還出現一批歌頌新領袖的歌曲、詩歌和雕塑。然而，雖然宣傳機器使勁鼓吹，要求大家追隨偉大的領袖，這位新主席卻因為缺乏制度上的權威和政治上的魅力，根本無法有效行使自己的權力。他那些推行個人崇拜的拙劣手段，反而疏遠自己與一般民眾和黨員幹部的距離。

葉劍英元帥曾多次建議，讓鄧小平恢復原職，但華國鋒卻不以為然。在一次黨的會議上，華仍然把前一年發生在天安門廣場的抗議論定為「反革命」活動，並堅稱鄧小平曾被毛主席斥為「右派」，而毛的每句話都必須繼續遵行。[22]

另一個舉足輕重的人物是李先念，這個人圓滑世故，不管跟誰都能共事。如今，他官居副總理，負責政府的日常工作，權力很大。「四人幫」剛倒臺時，李先念默認對鄧小平的譴責，他說不管是誰，只要自以為了不起，最後必然會倒臺，林彪和「四人幫」都是這樣，鄧小平也不例外。然而，到了三月，李先念改變立場，他在政治局會議上與葉帥一起，正式提出讓鄧小平回歸。[23]

華國鋒不得不屈服。這首先是因為，許多黨內老幹部在文化大革命中受到屈辱，因此普遍渴望變革，可華國鋒不願重提舊事，也不願為這些老幹部平反，這一點讓大家頗為失望。此外，大多數高級幹部經歷幾十年黨內殘酷鬥爭，早就深諳此道，華國鋒即使野心再大，也根本不是他們的對手。結果，雖然表面上華國鋒身兼總理和主席雙重職務，但環顧四周，「他看到另一個人的手下正在鞏固和加強他們對各省、各國家部門以及軍隊和媒體的控制」。[24] 一九七七年夏，鄧小平終於回歸權力中心，這讓華深感失望。

★ ★ ★

鄧小平與華國鋒一樣，都是毛澤東思想的擁護者。如今，老幹部對毛時代仍記憶猶新，有些人想回到一九六六年文革開始前的狀態，有些人則想回到一九五八年災難性的大躍進運動之前。

而鄧小平則回到一九五六年。那一年的二月二十五日，蘇共領導人赫魯雪夫發表一篇祕密講話，徹底摧毀三年前去世的史達林的聲譽，極大地震動社會主義陣營，而以史達林為仿效榜樣的北京政權自然無法認同赫魯雪夫的講話。作為中國的史達林，毛澤東認為去史達林化的做法對自己的權威構成了挑戰。兩個月後，毛作出回應，他在四月二十五日的政治局擴大會議上發表題為〈論十大關係〉的講話。毛在講話中宣稱，中國已作好準備，將獨立尋找屬於自己的社會主義道路，這意味著，中國將捨棄片面強調重工業的史達林模式，轉而謀求重工業與農業和輕工業平衡發展的戰略，同時將適當調整一般人的工資來滿足他們的需求。毛澤東還說，中國在發展社會主義的道路上，還應當借鑑資本主義國家的科學和技術，因為「資本主義會做生意，用人少，辦事效率高」。毛提出，一個國家只有向他人學習，才能獲得啟發，從而變得強大和繁榮。[25]

毛澤東這篇講話在他生前從未公開。就在赫魯雪夫抨擊史達林的個人崇拜後，毛的同事利用蘇聯領導人的祕密講話，紛紛提出恢復黨的集體領導。毛的回應則是提倡「百花齊放，百家爭鳴」，即鼓勵知識分子暢所欲言。他本來以為大家都崇拜他，一定會跟他站在一邊。可事實卻相反，民眾表達許多對共產黨的不滿，最終迫使毛扭轉運動的方向，於一九五七年五月下令鎮壓提出意見者。與大多數中共領導人一樣，鄧小平從一開始就害怕讓民眾自由表達心聲，如今他也贊成立即鎮壓。

於是，毛委派鄧發動一場針對數十萬人的反右運動。鄧表現積極，無數受害者被送往蚊蟲肆虐、沼澤遍地的北大荒接受勞動改造。[26]

〈論十大關係〉這篇講話引發鄧小平和其他許多黨員共鳴。之後發生的「大躍進」和「文化大革命」，更讓大家覺得這篇講話言之有理。一九七五年一月，周總理提出的「四個現代化」主張也是受此啟發。周恩來講話後六個月，鄧小平找到毛主席，建議對該文加以修訂後收入《毛澤東選集》第五卷。鄧小平在文章空白處寫道：「我們在讀改時，一致覺得這篇東西太重要了，對當前和以後，都有很大的針對性和理論指導意義。」毛表示可以在內部傳閱此文，但不要出版。[27]

華國鋒也非常讚賞毛這篇文章。一九七六年十二月二十五日，他在一次會議中號召全黨、全軍和全國人民認真學習這篇傑作。第二天，《人民日報》發表〈論十大關係〉，以紀念毛的生日。十年動亂後，許多人都認為中國需要致力於經濟持續發展，而這篇文章的發表，表明官方對此觀點的認可。[28]

就算沒有鄧小平，華國鋒也會採取更加務實的經濟政策。與當時大多數人一樣，華也渴望中國儘快擺脫經濟上的困境。早在一九七六年十一月，他就提出要擴大出口換取外匯，用來購買更多外國技術。[29]

這種做法其實表明中國正在向文革前的時代回歸，而非向前發展。早在幾十年前，史達林就提出這種發展模式：先把從農村獲得的糧食賣往國外，然後用賺取的外匯進口成套工廠設備，經由這種方式把一個落後的農業國變成工業強國。為了得到更多糧食，史達林把農民趕進國營農場，對農業實行集體化改造。到一九三二年，為了完成五年計畫制定的目標，政府對小麥、玉米、黑麥、牛奶、雞蛋和肉類等物資搜羅殆盡，最終導致六百萬蘇聯民眾死於饑荒。然而，就在農民餓得只能吃草、啃樹皮時，一座座巨型工業城市卻在蘇聯各地興起。作為首都的莫斯科把紐約作為追趕目標，一下子就上馬數百項工程。一座座豪華酒店、嶄新的火車站和地鐵站、氣勢恢宏的摩天大樓，讓成千上萬名在此忙碌的外國商人目不暇接。其中有幾百座工廠的設計是由一家美國建築事務所承擔，其負責人阿爾伯特・卡恩（Albert Kahn）則成了蘇聯歷史上「第一和第二個五年計畫的工業建築師」。30

正如史達林想要超越美國一樣，毛主席也迫切渴望超越自己的競爭對手，為此，他於一九五八年發動大躍進運動，鼓勵增加進出口貿易規模。為了從農村攫取更多糧食，農民被迫加入規模龐大的人民公社。決策者開始大肆採購，進口成套機器設備，新建許多鋼鐵廠、水泥廠、玻璃廠、發電廠和煉油廠。北京的面貌也改變了，數以萬計的房屋、辦公室和廠房被拆毀，一座座混凝土建築拔地而起，天安門廣場上新建人民大會堂、中國歷史博物館和人民英雄紀念碑，與此同時，至少有四千五百萬人死於大饑荒。31

中國進口的大部分物資來自蘇聯。一九五一年五月，由於中國在韓戰中扮演的角色，聯合國開始對中國實施戰略物資禁運，從那以後，中國就一直依賴蘇聯予以經濟和軍事援助。然而，一九六〇年夏，中蘇合作分裂，數以千計的蘇聯顧問及其家屬奉命撤離中國，由蘇聯援建的數十個大型專案也隨之停工。

其實早在中蘇分裂前，中國就已在亞洲和非洲傾銷其產品，如自行車、縫紉機、熱水壺、豬肉罐頭和鋼筆等。北京以低於成本的價格出售這些商品，目的是為了顯示自己在建設共產主義的競賽中領先於莫斯科。此外，為了跟日本競爭，中國還竭力壓低豆油、水泥、鋼架和窗玻璃的價格。出口量最大的則是紡織品，為了宣揚中國的共產主義優越性，各種中國產廉價灰布和印花布充斥著國際市場。對蘇聯的出口減少後，中國商品向世界其他地區的出口量反而進一步增長。[32]

「大躍進」失敗後，毛害怕北京會發生政變，他擔心自己生前就會遭到像赫魯雪夫對史達林那樣的抨擊。毛的對策是發動「文化大革命」，讓大家互相鬥，爭相表明自己對主席的赤膽忠心。中國由此變得更加閉關自守，貿易出口被斥為「資本主義」行為，領導者提倡自力更生，原有的國內貿易網路很大程度上被迫斷裂，各省陷入自我封閉的狀態，所有商品和配件都不得不在本地生產，到了一九七〇年，就連製作鈕扣這樣簡單的產品也成了難題。教條主義者對「自力更生」的堅持，進一步削弱計畫經濟的生產能力，最終連民眾最基本的生活需要也無法滿足，物資短缺達到了令人無法相信的程度。例如在新疆吐魯番，這裡本是沙漠裡一塊肥沃的綠洲，「文革」中，當地清真寺都被紅衛兵改成工廠，可結果每個季度每三個人才分配到一塊肥皂。不僅是偏處中華帝國邊緣的新疆如此，即便是緊鄰香港的珠江三角洲，在那些原來貿易發達的城市裡，諸如火柴、肥皂、牙膏、電池和棉布之類的商品也出現短缺。這些都發生在大躍進災難過後不久，到了一九七六年，拜文化大革命所賜，全中國老百姓的生活水準甚至比解放前夕還要低。[33]

「文革」後，華國鋒把經濟工作的重點放在外貿上，但與此同時，他也增加對工人的物質獎勵，並開始著手改進國內的市場結構。他召開許多會議，討論基礎建設、工業生產、鐵路運輸、銀行金融、農業和科技等方面問題。據一位研究中國的學者統計，至一九七七年七月鄧小平正式回歸前，這樣的會議開了四十多個。[34]

八月，就在工人為毛主席紀念堂的龐大工程日夜趕工同時，中共領導人為了顯示黨中央的團結，在人民大會堂召開黨的十一屆一中全會。這些老人經歷十年的挫敗，如今都渴望改變。華國鋒看起來無精打采，局促不安，走路時有些步履蹣跚。葉劍英元帥老態龍鍾，起身或坐下得靠人攙扶。李先念顯得頗不耐煩，臉上偶露微笑。鄧小平儘管上了年紀，但神態輕鬆，充滿自信。所有與會者都對毛澤東大肆頌揚。[35]

但另一方面，所有人內心都很著急。官方宣布，這次大會的重點是討論如何加快建設，使中國在二十世紀末成為現代化的社會主義強國。這一寫進中共黨章的奮鬥目標，最早是一九七五年一月周恩來總理在提出四個現代化時宣布的，而四個現代化的概念又可以追溯到一九六三年，當時周總理制定兩個十五年計畫，試圖在世紀之交將中國變成世界前列的工業化國家。這種預先設定一個較短的時間範圍，追求經濟快速增長，以追趕或超越某些資本主義國家的做法，完全是史達林式的。而此後二十年裡，中共領導人所做的一切，其本質就是如此。[36]

中共元老熱情高漲，他們呼籲來一次新的「躍進」。使用「躍進」這個詞也許並不吉利，畢竟第一次大躍進造成巨大災難，但大家迫切需要彌補失去的十年時光。在一九七八年二月的一次政治局會議上，中共領導人提出的發展目標一個比一個高。鄧小平建議要生產更多鋼鐵，因為他認為這是重工業的支柱。他還提到能源的重要性，認為需要進口一個大型發電廠，此外還應該購買更多外國先進技術，用他自己的話說就是「步子再大一些」。[37]

一九八四年，中央把第二年技術進口的目標定為六十五億美元，但在鄧小平的推動下提高到一百億美元，隨後增加到一百八十億美元，最終定為八百億美元。與此同時，中央批准一百多個大型項目。僅一九七八年一年，中國就成套進口二十二座工廠的全部設備，其中包括大型鋼鐵廠、現代化紡織廠和核電站。[38]

十年來，這個國家一直生活在自我封閉中。在文化大革命的高潮中，階級鬥爭和反帝鬥爭的論調甚囂塵上，連那些政治上較中立的國家也因此與中國疏遠了。一九六七年，造反派把一個臉部塗黑的稻草人掛在肯亞駐華使館門上，一掛就是好幾個月。印尼和蒙古大使館則遭到長期圍困，英國駐北京的代辦處甚至被人縱火焚燒。不過，受文化大革命衝擊最大的還是中國的老百姓，毛主席發動的政治清洗和大批判運動周而復始，似乎永無止境。為了保存自己的政治生命，各級黨員無不苦於應付。毛的一句話就可以把一個部門或機構打成「反革命」，從而改變無數人的命運，而他的決斷又常常朝令夕改，隨意莫測，臣民為了自保，只好爭先恐後地證明自己的忠誠。更有甚者，無論是西方古典音樂還是小說，只要是外國的東西，統統被判定為「資產階級」。[39]結果，文盲率直線上升。一九七八年，國務院坦承，中國部分地區的識字率不足五成，在有些省分，幹部的文盲率高達三分之一。[40]有人甚至尖銳地指出，華國鋒和鄧小平在地圖上甚至連一些中等規模的國家都找不到，至於其他國家的社會政治制度，中共領導人更是一無所知。[41]

一九七二年，大權獨攬的毛澤東決定與美國復合，從而扭轉蘇聯在中蘇對峙中所處的強勢地位。這一舉動讓許多人深感意外。幾十年來，中國一直把美國稱為「帝國主義堡壘」，譴責它一心想要霸占全世界。一九五〇年，全中國掀起一起「仇美運動」，周恩來親自發表講話，為這場運動奠定基調。在中國的漫畫裡，美國政治家被描繪成嗜血的殺人犯，公共場所的大喇叭裡則充斥著對美國的謾罵。此後二十餘年裡，無論是出於真心憤怒，還是故作姿態，中國政府發表無數譴責性的對外聲明，其外交政策也幾經變化，但在一件事情上，中國政府的態度始終明確未變，那就是大家必須憎恨、詛咒和鄙視資本家。[42]

毛決定與美國復合的舉動，為他贏得美國國務卿亨利·季辛吉和其他一些天真者的崇拜，他們把毛視為戰略天才。可事實上，毛的這一策略根植於一個誤判，即美國是一個正在走向衰落的大國。這個誤判是二十世紀對於地緣政治的最大誤解之一，但在此後幾十年裡，北京的領導層將繼續被這個誤判所影響。

實現「四個現代化」的關鍵是獲得外國先進技術，為此中國派出代表團對各國展開考察。這一計畫的主要推動者之一谷牧說，一九一七年，列寧曾派代表團到國外學習科學技術，如今中國也是這麼做的。[43] 一九七七年九月，中國國際貿易促進委員會主任王耀庭率領一個中國代表團來到美國，其成員囊括從化工到冶金等各領域專家。他們與孟岱爾副總統共進午餐，並參觀美孚石油（Mobil Oil）、聯合碳化物（Union Carbide）、埃克森（Exxon）和強鹿（John Deere）等美國公司，期間還去了迪士尼樂園。在整個參觀行程中，他們從不提問任何與政治相關的問題。代表團的美方導遊對此解釋說：「他們只對技術感興趣。」[44]

回到國內後，代表團報告說，美國的工業發展速度不斷下降，而且因為經濟危機，美國在二戰後的經濟擴張已經結束。美國的失業率高得驚人，石油儲備將在十年內耗盡，貿易岌岌可危，赤字高達二百五十億美元，創下歷史新高。[45]

一九七八年，中國又派出貿易代表團考察紐西蘭、日本、東歐和西歐等地區，而且得出相同結論。一九七九年，中國外交部在全國外貿工作會議上總結道，國際形勢對中國是有利的，因為一些先進資本主義國家正面臨經濟衰退，他們渴望為剩餘的資本、設備、產品和人力尋找出路，急於發掘新的能源和原材料，而且這些國家的貨幣不斷貶值，金融危機迫在眉睫，失業率不斷攀升，經濟前景一片黯淡。一九八〇年，經濟學家米爾頓·傅利曼（Milton Friedman）在訪問中國時就發現，那些主要經濟專家和銀行管理者「對市場運作的無知程度令人難以置信」，他們只會喋喋不休地談論「資本主義的內部矛盾」，而這正是典型馬克思主義。一個多世紀以來，馬克思主義者就不斷預言資本主義即將滅亡，而且必然滅亡。正是基於這樣的認識，中國外交部才會說要「抓緊當前極為有利的時機」。46

★　★　★

如今，華國鋒和鄧小平分庭抗禮，葉劍英則從中周旋，由此形成三足鼎立的局面。一九七八年五月至十一月，華國鋒和鄧小平手下兩撥人馬就毛澤東思想的含義展開哲學辯論，由此掀起一場意識形態鬥爭。負責意識形態工作的汪東興代表華國鋒執筆，鄧小平則向胡耀邦求助。胡時年六十二歲，身形瘦削，思維活躍，時常發表獨到的見解。用不到多久，胡耀邦將成為舉國關注的人物。善於透視人性的毛澤東曾對胡耀邦作出評價，說他愛讀書，但只重表面，而且喜歡說話，喜歡發表宏篇大論。47

一九七七年，胡耀邦被任命為中央黨校校長。中央黨校是意識形態教育的最高機構，而胡的主要任務則是摧毀華國鋒提出的「兩個凡是」主張。在外人看來，「兩個凡是」可能只是一個抽象詞彙，但事實上卻關係著無數人的命運。華國鋒提出毛的一切決定都要繼續遵照執行，這意味著文革中的官方判決依然有效，一九七六年天安門抗議者被判定為「反革命」就是其中一例，這樣的受害者人數眾多，如果把他們的家庭成員和親屬計算在內，總數接近上億人。48

針對華的主張，胡耀邦則提出：「實踐是檢驗真理的唯一標準」，也就是說任何論斷都必須經受實踐的考驗。就像為《聖經》含義爭吵不休的新教徒和天主教徒一樣，「凡是派」與「求是派」展開激烈爭論，雙方都運用各種手段為自己宣傳，如打電話、寫社論、發表反駁文章、洩露內部消息、未經審查轉述某人的評論，以及在北京和全國召開相關研討會等等。在這場真理標準大討論中，「凡是派」指責「求是派」放棄毛澤東思想的旗幟，而後者則指責前者的教條主義反而損害毛澤東思想的正確性。

最具戲劇性的一幕出現在一九七八年十二月。一年前的八月，中共十一屆一中全會上剛剛成立新的中央領導班子。接下來召開的二中全會側重於鞏固權力，三中全會則用來討論未來的發展計畫。三中全會通常在京西賓館召開。這棟蘇式建築建於一九六四年，由精銳部隊負責警衛，軍方高級將領常在這裡就重大問題舉行祕密會議。

十一屆三中全會開幕前，北京西單老汽車站附近一堵長長的磚牆上開始出現手寫的大字報。這裡位於天安門以西，緊鄰長安街上的一個十字路口，每天都吸引大批身裹棉衣的圍觀者。這些一般民眾一直關注著報紙上兩大陣營之間的辯論，他們喜歡胡耀邦的口號，贊成從實踐中獲得真理。這堵牆很快被稱為「民主牆」，大家把對現狀的不滿統統發洩在這裡。有人在大字報中詳細講述自己的冤情，還有人要求為彭德懷等高級官員徹底平反——彭因為在大躍進期間頂撞毛澤東而遭到清洗。許多人認為鄧小平處於弱勢，因此要求恢復他之前的職務。大家組織集會，甚至有人呼籲研究美國的三權分立。在文化大革命中受到迫害的土木工程師任萬鼎成立人權聯盟，他發表宣言，提出所有中國公民都應享有基本公民權利。還有人要求普選，如北京動物園一位名叫魏京生的電工提出，除了中共主張的「四個現代化」，中國還應實現第五個現代化——民主化。一位加拿大記者對此評論說：「他們的行為證明，中國人並非不懂什麼是言論自由。他們不僅懂，而且還渴望言論自由。」[49]

十一月底，鄧小平接受美國著名記者羅伯特·諾瓦克（Robert Novak）採訪。在人民大會堂一個大房間裡，自信滿滿的副總理一支接一支地抽著熊貓牌香菸，不時對擺在椅子旁的痰盂吐口痰。當被問及西單的民主牆時，他點頭表示贊許。諾瓦克設法把鄧小平的話帶給群眾：「民主牆是個好東西。」大家聽後一片歡呼，約有上萬人遊行到天安門廣場，直到晚上才散去。[50]

關於「兩個凡是」的爭論激發民眾抗議，受此激勵，兩百多名中央委員中有人開始發出自己的聲音。在三中全會的籌備會上，大家本來應該討論經濟問題，有人卻臨時提出應該為毛時代被清洗的幹部恢復名譽。與會者開始紛紛宣洩心中的憤怒，場面一度失控。曾在毛時代的計畫經濟體系中發揮領導作用的陳雲，甚至拿出一份應該被恢復名譽的人員名單。籌備會期間，北京市委還推翻對一九七六年四月五日天安門事件的裁定，宣布所有受到迫害的人都將恢復名譽。

華國鋒這才發現自己陷入圍攻之中。十一月二十五日，他匆忙投降，承認「實踐是檢驗真理的唯一標準」，並在其他許多問題上一改之前立場。十二月十三日，華謙卑地要求同事不再稱他為「主席」。葉劍英此時出來打圓場，對華的誠意表示讚揚。最終，華國鋒保住「總理」和「主席」的頭銜，但黨的實際權力卻被鄧小平所控制。鄧利用民主牆向對手發難，成功地鞏固自己的地位。[51]

★　★　★

一九七〇年十月一日國慶日這天，全國各個城市都舉行慶祝遊行。毛主席登上天安門城樓，親自檢閱遊行隊伍。站在他身邊的竟然是個美國人——愛德加・史諾（Edgar Snow），這種情況還是破天荒頭一回。史諾是名資深記者，早在幾十年前就曾前往延安，成為首位採訪毛澤東的外國記者。史諾的出現釋放一個訊號，標誌著中國與帝國主義陣營的關係正發生重大變化。一般中國民眾的心裡立即燃起一絲希望，美國人的反應則來得相對較慢。一九七二年二月，尼克森終於訪問中國。

鄧小平在接受諾瓦克採訪時，並沒有像一九七〇年那樣含蓄，他透過記者明確表達希望中美關係恢復正常的願望，並反覆強調華盛頓和北京必須聯合對抗莫斯科。由於北京派駐國外的所有記者都是為國家工作的可靠共產黨員，毛澤東和鄧小平順理成章地認為，美國記者也同樣是祕密情報人員，他們一定會把中國領導人的意思向華盛頓的主人彙報。

一九七四年和一九七七年，鄧小平兩度東山再起，而且每次都負責外交事務。一九六〇年中蘇分裂後，鄧小平一直是對蘇聯最激烈的批評者之一。一九六四年上臺的列昂尼德・布里茲涅夫（Leonid Brezhnev）被鄧的激烈言詞所震撼，稱他為「反蘇的小矮子」。[52]鄧小平和他許多同事一樣，認為中國的主要對手是蘇聯和越南，而非美國。當美國簽署越南和平協定，並在一九七三年開始從越南撤軍後，鄧小平提出莫斯科將取代華盛頓成為主導世界的霸主，中國需要與日本和美國聯手應對這一變化。

鄧小平首先去了日本。一九五五年，美國幫助這個島國加入關稅與貿易總協定（GATT），這一決定遭到其他成員國——尤其是法國和大多數英聯邦成員國——的激烈反對。這些國家拒絕批准東京的最惠國待遇，不願與日本分享成員國之間相互給予的種種優惠、特權和豁免。但隨著美國對日關稅降低，出口美國的日本商品迅速增加，大量紡織品、鋼鐵、汽車、化學和電子產品從日本運往太平洋彼岸。日本利用對美貿易順差，開始進口和模仿外國技術，同時發展重工業，培植具有國際競爭力的本土品牌。很快，日本每年的經濟增長率都高達一〇%，被人稱為「經濟奇蹟」。然而，一九七一年，深陷越南戰爭中的尼克森政府為了應對昂貴的戰爭支出，宣布美元與黃金脫鉤，並對進口商品徵收一〇%的附加費。兩年後又發生石油危機，日本的快速增長就此結束。

鄧小平乘坐子彈列車，參觀電子廠、電視機廠和汽車廠，這些日本產品在全世界廣受歡迎。他顯得很謙虛，坦承中國是個落後國家，渴望向日本學習。為了取悅日方，當接待方為二戰中日本為中國造成的痛苦表示歉意時，鄧對這個話題則輕輕帶過。相反，為了表示友好，他對兩國之間共同的文化傳承大加讚賞。鄧的訪問為中國贏得巨額援助，日本向中國提供數百億美元用於各地基礎設施建設，日本也因此成為對中國最為慷慨的捐助國。曾受益於最惠國待遇的日本，如今將這一特權給予中國，並允許中國出口日本的商品享受特惠稅率。53

不過，中美關係才是中國最重要的外交關係。一九七九年一月，鄧小平訪問美國。在此之前，他會見幾個來自華盛頓的代表團。中國政府接待這些美國訪客的方式，讓人感覺能夠獲准進入權力的最高殿堂是少數人才能享有的殊榮。正如匈牙利耶穌會士勞達一（László Ladány）在一九七四年所指出，共產黨國家的領導人非常善於利用他們的國家因長期對外封閉而形成的神祕感。他說：「其他許多國家如日本或印度——在此僅舉兩個亞洲國家為例——也同樣重要，但現代日本或現代印度並沒有誕生任何神話。中國則不同，光是進入這個國家就不容易，而與一位高級官員交談簡直就是一種特權。在外人看來，中國與眾不同而又宏偉壯觀，這種形象塑造得非常成功。」曾是華盛頓代表團成員之一的理查・沃克（Richard Walker）回憶說，他們在酒店裡一連等了好幾天，才收到中國領導人接見的傳喚，隨後他們在中方人員陪同下與鄧小平副總理會晤，在場所有人都表現出一種近乎敬畏的態度。沃克總結道：「保密、對決定不作解釋、故弄玄虛、對外國人一舉一動嚴格監督、禮貌而程式化的語調、超乎尋常的熱情、對舒適度細緻入微的關注，以及最重要的一點——精美的食物，這些就是中國人對待外賓的待客之道，也是中國與其他國家打交道的方式。」[54]

北京非常直接地警告來訪的外國人，世界和平正受到蘇聯威脅。中國人常把蘇聯與納粹相提並論，與莫斯科的任何交往都被視為是危險的，類似於二戰前對慕尼黑的綏靖政策。被稱為「北極熊」的俄羅斯是一個邪惡帝國，一心想要實現世界霸權。「他們比最壞的帝國主義還要帝國主義」，一九七七年十一月，中國人民外交學會會長郝德清發出如此感嘆。[55]這句話引起美國冷戰人士的共鳴。在美國，反對蘇聯最堅定的那些人，恰恰是最熱心支持中華人民共和國的人。

茲比格涅夫・布里辛斯基（Zbigniew Brzezinski）就是其中之一。這位出生於波蘭的白宮國家安全顧問，以其激進的反蘇立場而聞名。一九七八年五月，布里辛斯基在中國訪問三天，中國人奉承他馴服了北極熊。在告別晚宴上，他宣稱中美之間「共識多於分歧」。正如有些外國外交官所觀察到的那樣，中國人善於利用盛情款待來打動客人，以便讓他們發表一些誇張言論，而布里辛斯基恰恰中了這個圈套。此後，他成為美國政府內部主張對中國施以軍事和財政援助的關鍵人物，並認為美國應放棄在莫斯科和北京之間保持平衡的外交政策。[56]

另一位是參議員亨利·傑克遜（Henry Jackson），此人堅定地提倡人權，反對共產主義。對於與蘇聯這樣的超級對手簽署貿易協定，傑克遜表示強烈反對。一九七四年，他提出傑克遜–瓦尼克修正案（Jackson–Vanik amendment），主張限制美國與沒有市場經濟、限制移民自由和其他基本權利的國家發展經濟聯繫。傑克遜在中國訪問期間，每天吃香喝辣，後來還獲得鄧小平接見——他知道如何在鄧小平面前表現出恰當的敬畏。最終，傑克遜也倒向中國，積極支持中美邦交恢復正常。布里辛斯基和傑克遜有一個共同願望，這個願望的基礎是二十世紀關於地緣政治的另一個巨大誤解，即一旦中華人民共和國在經濟上取得發展，它就會變成一個民主國家。

鄧小平在美國訪問期間結識更多朋友。他在德克薩斯州的牛仔節上戴上牛仔帽，讓觀眾大感驚喜。鄧還坐著馬車繞場一周，向人群揮手致意，贏得當地商界和政界人士普遍好感。鄧小平事先曾坦言，他不會回答任何有關人權的問題，但他愉快地承諾會在中國發展民主，而且沒有任何限制。在會見吉米·卡特時，鄧特別提到民主牆，以證明中國人民可以自由表達各種觀點。[57]回國後，鄧對人權問題大發雷霆，而且認為美國的民主是虛假的、不值一提。但在華盛頓，他保持克制。

鄧的美國之行收穫頗豐。與布里茲涅夫不同，鄧小平為中國贏得最惠國關稅地位，相關協議將於一年後的一九八〇年二月一日開始生效。[58]這意味著美國提供給其他國家的所有關稅減免政策，中國都可享受。深諳表演之道的鄧小平，在西雅圖訪問時，給了傑克遜參議員一個擁抱。[59]一年後，蘇聯入侵阿富汗，中美之間由此展開更多戰略和軍事合作。

★　★　★

鄧小平在華盛頓曾向卡特吹噓說中國準備教訓一下越南。就在幾個月前的一九七八年十一月三日，蘇聯和越南簽署一項防禦互助條約，這一舉動讓中國頗為擔心。從美國一回到北京，鄧小平便開始著手準備發動戰爭。他選擇在二月十五日這一天（也就是簽署於一九五〇年的《中蘇友好同盟互助條約》終止那天）宣布，中國將對越南攻擊柬埔寨赤柬的行動予以反擊。赤柬在中國支持下於一九七五年上臺，隨後他們以處決、拷打、餓死或其他方式消滅柬埔寨四分之一人口，這些暴行直到一九七八年十二月二十五日越南入侵柬埔寨並推翻波布政權後才得以結束。

一九七九年二月十七日，大約二十萬名中國士兵越過邊境進入越南。鄧小平曾承諾，中國的行動只是懲罰性的，而非全面入侵。為了避免直接交戰，越南軍隊允許敵人向前推進約二十公里。隨後，雙方在諒山市展開激烈巷戰。最終，中國軍隊在撤出諒山時，對當地居民實施搶劫和掠奪。儘管北京宣布取得勝利，但大多數觀察家認為，中國軍隊的指揮系統混亂，戰場通訊不暢，整個行動顯然是一場潰敗。一位中國軍隊的將軍私底下說，這次對越南的進攻亂七八糟。60

軍隊的平庸表現進一步激發民眾不滿，甚至在中越開戰之前，就有數百名農民兩次來到民主牆附近示威，這種情況之前從未發生過。第一次是一月八日周恩來忌日，示威者打出「反飢餓，反壓迫」、「爭民主，爭人權」的標語。這些人神情悲傷，衣著破爛，有的還拄著拐棍，看上去與曾經發起過抗議遊行的學生完全不同。幾天後，這些示威者轉移到中南海大門口，要求工作的權利。與此同時，學生出現在天安門廣場，要求更多人權。北京的示威引發全國性的反響，長沙和廣州出現要求民主的海報，上海則有五千餘名私自返城的下放知青舉行示威，要求政府允許他們留在上海。[61]

隨著中國軍隊在越南遭遇潰敗，一些抗議者開始向鄧小平發難。提出第五個現代化的年輕人魏京生發表題為〈要民主還是要新的獨裁〉的文章，將擔任副總理的鄧描繪成新的獨裁者。[62]

批評毛澤東是一回事，批評鄧小平則是另一回事。三月十六日晚，鄧在首都體育館主持一場精采的室內演出，波士頓交響樂團為一萬八千名聽眾演奏約翰．菲利普．蘇沙（John Philip Sousa）的〈星條旗永不落〉和其他一些經典曲目。這場標誌著中美關係正常化的文化盛宴，令觀眾激動得忍不住大聲喝采、鼓掌和歡呼，並反覆要求指揮家小澤征爾返場。然而，就在音樂會前幾個小時，鄧小平剛剛在人民大會堂，對數千名參加大會的幹部盛讚中國軍隊從越南凱旋，他還以嚴厲措辭譴責「民主牆」，把示威者稱為「壞分子」。[63]

兩天後，中共的宣傳機器開始大肆抨擊「人權」這個詞，指責它是用來保護「反革命分子」的「資本主義概念」。發生過群眾示威的城市張貼出布告，禁止任何批評社會主義、無產階級專政、黨的領導、馬克思列寧主義和毛澤東思想的言論。三月二十九日，北京市也開始全面禁止相關言論。[64]

三月三十日，鄧小平正式宣布「四項基本原則」，以此作為「四個現代化」的意識形態基礎。他解釋說：「在階級鬥爭存在的條件下，在帝國主義、霸權主義存在的條件下，不可能設想國家的專政職能的消亡，不可能設想常備軍、公安機關、法庭、監獄等等的消亡。它們的存在同社會主義國家的民主化並不矛盾，它們的正確有效的工作不是妨礙而是保證社會主義國家的民主化。事實上，沒有無產階級專政，我們就不可能保衛從而也不可能建設社會主義。」所謂「四項基本原則」是指：

一、必須堅持社會主義道路；
二、必須堅持無產階級專政；
三、必須堅持共產黨的領導；
四、必須堅持馬列主義、毛澤東思想。[65]

幾週後，在一次關於宣傳和意識形態的中央工作會議上，高級幹部對鄧提出的「四項基本原則」一致表示贊成。身為宣傳部長的胡耀邦指出，馬列主義和毛澤東思想的地位是無法撼動的。前北京市長彭真是文化大革命最早受害者之一，如今他說：「現在一個突出的問題是，應當怎樣看待毛澤東同志和毛澤東思想這面旗幟。在蘇聯，赫魯雪夫一棍子打死史達林以後，不管他們真舉還是假舉，他們還有列寧的旗幟可以舉。在中國，如果我們放棄毛澤東思想，不高舉毛澤東思想旗幟，我們高舉什麼旗幟呢？我們必須堅持高舉毛澤東思想旗幟。否則，必然造成全黨全軍全國各族人民的思想和整個革命陣線的混亂，使親者痛，仇者快。」[66]

在紀念五四運動六十週年之際，中共領導層集體亮相，他們高舉馬克思主義、列寧主義和毛澤東思想的旗幟，顯得異常團結。自民主牆運動以來，一直以維修為藉口關閉的毛主席紀念堂，如今重新對公眾開放。[67]

此後幾個月裡，大量關於四項基本原則的宣傳出現在媒體上。與此同時，北京抓捕數十名活動人士，其中一些人被捕僅僅是因為與外國人交往密切。曾接受過外國記者採訪的魏京生，被指控向境外勢力傳遞軍事機密，可事實上他所提到的資訊全是公開的。而最讓北京當局惱火的一點，起訴書卻恰恰沒有提及，那就是魏京生曾與一名美國政府官員會面，提議將最惠國待遇與人權掛鉤。十月，剃著光頭的魏京生在法庭上為自己辯護，聲稱言論自由受到憲法保障。結果，他的雄辯為自己換來十五年刑期。消息傳來，在法庭外冒雨等候一整天的記者無不倒吸一口涼氣。[68]

一九七九年冬，在一個寒冷的清晨，一小隊拿著掃帚的清潔工清除西單牆上殘留的言論自由的痕跡。一年後，在一次關於公共安全的祕密會議上，領導幹部受到告誡，要警惕「隨著實行對外開放政策而來的資產階級思想的侵襲和國外特務間諜頭子、反革命勢力的滲入」。[69]彭真帶頭修訂憲法，刪除其中原有的「大鳴、大放、大辯論、大字報」這四項公民基本自由。一九八二年，罷工權也被從憲法中刪除。有人心灰意冷地評論說，守舊派又回到管理國家的老路上。[70]

一九七七年一月，卡特在就職演說中曾宣布，人權將成為美國外交政策的核心。他與許多蘇聯異議分子——如沙卡洛夫（Sakharov）和夏蘭斯基（Sharansky）——都有所接觸。然而，對於中國異議人士的遭遇，他卻始終保持沉默。一九八七年訪問中國期間，一位記者曾向他詢問魏京生的情況。卡特回答說：「我個人並不了解你所說的案件。」[71]

★　★　★

一九八〇年十一月，四個廣遭唾罵的人物出現在法庭上。與魏京生的祕密審判不同，江青及其追隨者不僅要面對法官，還要面對八百八十名「群眾代表」，其中包括文化大革命受害者家屬和三百名記者。雖然只是走過場，這場審判從一開始就牽動全國民眾的神經，在整個審判過程中，報紙、廣播和電視都作了大量分析和報導。

毛澤東去世已經四年，北京城的陰沉面貌卻依然如舊。從北部平原颳來的風裹挾著灰塵，籠罩整座城市。一處處荒涼破敗的住宅區，大多缺乏維護，牆壁斑駁。這些房子是分配給黨員和勞動模範的，一般人只能住在破舊的磚房裡，好幾戶人家共用一個院子、水龍頭和露天公廁。由於興建許多工廠，北京成為全世界汙染最嚴重的城市之一，空氣中灰塵和顆粒物的含量是國際標準的四倍。[72]許多帝國時期的宏偉建築，被蔑視歷史的政權蓄意拆毀。用一名記者的話說，這座城市變得「醜陋至極」。儘管如此，他承認還是有些地方——像紫禁城和圓明園，那裡的湖泊、船隻和古代的屋頂堪稱美景。[73]

文化部在農村的調查顯示，農民的日常生活「非常枯燥」，只是工作、吃飯和睡覺。[74]即便是居住在首都的居民，娛樂活動也很少。文化大革命中，江青曾禁止民眾表演傳統戲劇和民歌。一九七六年後，這些禁令被逐步廢除。圖書的種類也增加了。莎士比亞的作品重新出現在書店裡，不過《飄》和阿嘉莎·克莉絲蒂（Agatha Christie）更受讀者歡迎。儘管如此，書店裡的大多數書籍都與娛樂無關，而是為了對讀者道德灌輸或指導。對一般人來說，休閒娛樂的方式無非偶爾看場電影或者去公園散步，跳舞仍然是一件危險的事。年輕人開始聽盜版的港臺歌曲，最受歡迎的歌星是臺灣流行音樂女王鄧麗君。因為與鄧小平同姓，鄧麗君被粉絲暱稱為「小鄧」。[75]

電視可以收到兩個臺，一個是中央臺，一個是地方臺。這兩個臺的節目差別不大，上午和下午各播出一兩個小時，晚上播出四個小時。新聞節目大多只是播放一些無聲的片段，內容是來訪的外國政要在機場受到歡迎，或者坐在寬大的椅子上恭敬地聆聽中國領導人講話。偶爾也會播放一部外國電影。[76]

當時中國的電視機數量有限，一般屬於工廠和單位所有。出現這種情況的原因很簡單，因為一名中國的一般工人需要花五到八個月的全部工資，才買得起一臺國產電視機，而在發達國家，大多數工人只需一個星期收入就買得起兩臺便宜的電視機。[77]

現在，電視上終於有一個真正的節目向全國播放，男女老少都被其吸引。每天晚上，人群聚集在工廠、學校或籃球場的電視機前觀看審判——政府正是經由這種方式鼓動民眾仇恨「這幫法西斯走狗」。孩子會時不時地衝著螢幕大喊大叫，大人則燃放鞭炮來慶祝「四人幫」覆滅。第二天早上，各大報紙會發表文章，對控辯雙方的表現加以評論——一方面對檢方表示祝賀，另一方面對被告嚴詞抨擊。[78]

這是一場精心安排的表演，雙方都按事先準備好的稿子發言。不過，偶爾也會出現程序混亂，甚至有人按捺不住怒火當場發作，這些意外情況反而為節目增添歡樂的效果。江青在審判中毫無悔意，經常對她的指控者大聲謾罵，每當這時，節目裡就會出現畫外音打斷庭審的轉播，或者複述之前的內容。這場審判持續一個多月。一月二十五日，法庭作出判決，「四人幫」中有三人被判無期徒刑，另一人獲刑二十年。

現代獨裁者都深諳「麵包和馬戲」（Panem et circenses）的古老原則，但民眾對江青和另三名極端激進分子的強烈反感似乎也是真實的。正如旅遊作家保羅．索魯（Paul Theroux）所說，也許大家正是想把一切過錯都歸咎於「四人幫」，以此來擺脫因自己在文化大革命中的行為所引發的罪惡感。[79]

這場審判並未追究大多數領導人的責任，因為幾乎每一位黨的高級幹部都曾參加過對別人的批鬥。最重要的是，只有這樣做才能為毛澤東開脫罪責，中共才能繼續高舉毛澤東思想的旗幟。赫魯雪夫的祕密講話開啟去史達林化的進程，但在中國，並不會出現去毛澤東化的改變。

儘管如此，毛澤東的歷史地位仍然有待官方作出正式決議。毛的功過需要打分數，尤其是如何評價文化大革命事關重大。在中共成立六十週年之際——中共成立於一九二一年七月二十三日，這個任務落在一九八一年六月召開的中共十一屆六中全會上。這份決議需要回顧中共的全部歷史，因此其準備工作早在一年多前的一九七九年十月就開始了。對全黨來說，這份歷史決議的影響將至為重要，領導人為此不敢稍有疏忽，他們考慮的重點不是經濟問題，而是意識形態。鄧小平從一開始就掌握起草決議的指揮權。從組織寫作班子、查閱檔案、起草初稿，到內部傳閱和討論，一次次修改，字斟句酌，整個過程形成上千份簡報，上至部長，下至市委書記，全國有近六千人參與其中。這份決議必須照顧各方利益，同時又要反映黨內不斷變化的權力平衡，因此最高層內部需要反覆交易和妥協，最終才能達成共識。

對起草這份決議貢獻最大的是胡喬木。他是黨內一名重要的理論家，早在一九四一年就開始擔任毛澤東的私人祕書。胡喬木的本領在於改寫歷史，他在一九四五年時曾起草過另一份關於黨的歷史決議，經由改寫歷史，他把毛澤東放在中共黨史的中心位置。在文化大革命期間，胡喬木和許多人一樣遭到清洗，但於一九七五年得到平反。如今，當歷史再次需要被人為改寫時，他又受到新老闆鄧小平重用。然而，鄧小平對胡喬木的初稿頗為惱火，他指責胡喬木花太多筆墨描述毛在文革中所犯的錯誤。為了讓鄧滿意，胡喬木最終想出一個巧妙的說詞：毛澤東本人在晚年已經偏離毛澤東思想的科學體系。[80]

在最後的定稿裡，由毛澤東造成的大饑荒幾乎未被提及，文化大革命被歸咎於林彪和「四人幫」。鄧小平一次次干預寫作，目的就是要挽救毛主席的聲譽。他說：「有些同志提出非常尖銳的意見，說『大躍進』、『文化大革命』的錯誤比史達林的錯誤還嚴重」，但是「對毛澤東同志的評價，對毛澤東思想的闡述，不是毛澤東同志個人的問題。毛澤東思想、毛澤東同志，同我們黨的整個歷史是分不開的」。在鄧小平看來，「給毛澤東同志抹黑，就是給我們黨、我們國家抹黑」。[81]官方的最終結論是：「毛澤東同志是偉大的馬克思主義者，偉大的無產階級革命家、戰略家、理論家。」雖然他在文化大革命中犯了嚴重錯誤，但他的功績是主要的，錯誤是次要的。因此，「我們必須繼續堅持毛澤東思想！」[82]

制定這份決議的目的，是為了終止而不是鼓勵對中共歷史的辯論。六中全會通過該項決議後，對大躍進和文化大革命等重大問題的學術研究變得困難重重，任何與官方版本不同的闡釋都會受到審查。

除此以外，鄧小平還企圖利用這份歷史決議達成另一個目標，那就是廢黜華國鋒，自己取而代之，成為中共的最高領導人。一九八〇年十一月，鄧小平曾讓胡耀邦主持一系列與華國鋒針鋒相對的會議，並對華的歷史紀錄詳加調查。結果，華在一九七六年四月五日天安門事件中扮演的角色被曝光，大家都知道當時經由電話給民兵下達鎮壓命令的正是華本人。最終，華國鋒被迫辭職，胡耀邦取代他成為中央委員會主席，鄧小平則成為權力最大的中央軍事委員會主席。[83]

在最終通過的歷史決議中，華國鋒被歸入「四人幫」和文化大革命那段歷史，而一九七八年十二月召開的十一屆三中全會則被奉為偉大的歷史轉捩點。根據決議的敘述，正是在這次會議後，中國共產黨終於在鄧小平的指導下走上「社會主義現代化的正確道路」。[84]一個超級神話就此誕生，此後幾十年裡，中國官方的宣傳將一直遵循這一口徑。

第二章
經濟緊縮（一九七九－一九八二）

在一九七八年十二月召開的中共十一屆三中全會上，最大受益者其實是陳雲，而非鄧小平。弔詭的是，鄧小平剛剛上臺，他的權力就被削弱了。陳雲獲得黨內多數人支持，因為他主張為在文革中受到迫害的黨員幹部政治平反。

與其他大多數中共高層領導不同，陳雲確實出生於無產階級。他早年曾在上海商務印書館擔任排字員，後於一九二四年加入共產黨。他在蘇聯待過兩年，專門研究蘇聯的經濟體制。陳雲性格沉悶，表情嚴肅，喜歡鑽研數字。他負責制定中國第一個經濟計畫，向每座工廠下達詳細的生產指標。一九五三年十一月開始實行的糧食統購統銷政策也是由他負責設計，從此國家壟斷糧食市場，農民只能以固定價格把大部分糧食出售給政府，而每月分配到的口糧最多只有十三至十六公斤原糧，大多數人實際上一直處於挨餓狀態。[1]

不過，對於毛澤東提出的更為激進的政策，特別是一九五八年發動的「大躍進」，陳雲曾試圖溫和地調整。三年大饑荒後，為了使國家擺脫這場災難，他提出用「鳥籠」方法來管理經濟：「鳥」指的是市場，而「籠子」則是中央的計畫。然而，陳雲在毛面前始終小心翼翼。毛曾批評他無法擺脫布爾喬亞的特性，而且一向右傾。陳刻意保持低調，這才在文化大革命中躲過許多磨難。[2]

差不多有近二十年時間，陳雲一直扮演著旁觀者角色。如今，他決定有所作為。眼看華國鋒和鄧小平陡然調轉方向，鼓勵進口外國技術，身為計畫經濟主要設計者的陳雲深感憂慮。他的女兒後來解釋說：「你得明白一點：我父親討厭美國。」[3]

除了陳雲，還有其他一些老幹部也認為中國向資本主義國家開放得太快。這些人在文革中受盡冷落，如今都躍躍欲試，渴望復出。薄一波就是其中之一，他也擅長管理經濟，曾批評過「大躍進」，十一屆三中全會召開後才從軟禁中恢復自由。另一位是楊尚昆，此人出生於四川，早年參加紅軍，言談舉止頗有風度，此時他也剛從監獄中獲釋。地位更高的則是李先念，一九七七年三月就是他轉變立場，為鄧小平復出助了一臂之力。這三個人和另幾個黨內老幹部一起，很快就被大家稱為「八老」。他們在文革後復出，手握重權，在幕後操縱著大局，而且他們不受任何人左右，就算曾幫助他們復出的鄧小平也不得不顧及這八個人的感受，否則隨時可能受到他們批評。[4]

一九七九年三月，當民主運動日益高漲，變得似乎難以控制時，鄧小平的權威受到進一步削弱。愈來愈多幹部擔心抗議加劇，要求政府採取強硬措施。幾個月前曾讚揚過這場運動的鄧小平不得不改變自己的立場。與此同時，鄧對越南發起的軍事冒險將中國軍隊的弱點暴露無遺，因此也引發諸多不滿。

就在此時，陳雲決定出手干預。他指出財政預算存在巨大缺口，一九七八年中國的進口額迅速飆升，除了引進國外先進技術，還一口氣購買幾十座工廠的成套設備，預計支出高達一千二百四十億元，可是財政收入僅為一千一百二十億元。[5]在一九七九年第一季度，國有企業啟動數萬個雄心勃勃的基建項目。但以陳雲為首的財務人員卻警告說，完成所有這些專案需要花費上千億元，是現有預算的六到七倍，而且燃料、電力和原材料都很匱乏。不僅如此，許多專案的設計並不合理，即便完工也只能閒置或者低效運轉。[6]

為了收支平衡，陳雲提出在一段時期內實行緊縮政策，即削減進口，控制支出，並降低未來三年的發展目標。鄧小平不是經濟方面的專家，很快便被陳雲說服，默許他的建議。

對於緊縮政策，官方委婉的說法叫「調整」，效果類似於潑冷水。鄧小平年紀大了，做事比較急，其實人人都是如此。經濟千瘡百孔，大家急於彌補失去的時間。每個黨委書記，無論管的是一個工廠、一個鎮、一個城市，還是一個省，都有許多急於要做的事。毛去世後，他們開始大手大腳花錢。與中央領導的考慮不同，這些人並不希望自己的項目被暫停、壓縮或延後。

對於實行計畫經濟的國家來說，當計畫無法激發民眾足夠的動力去實現時，它就會被推倒重來，大家對這種事已經習以為常了。如果不對激勵機制適時加以調整，這種經濟體制就會自我毀滅。事實上，在所有共產主義國家中，共產黨能長期執政的條件之一，就是必須有人不斷違背黨的既定路線。正如歷史學家羅伯特．瑟維斯（Robert Service）所指出的，在蘇聯，那些違反黨的命令的人，與其說是停止機器運轉的石子，不如說是防止系統完全停滯的潤滑油。[7]

「大躍進」就是個最好例子。當時，全國各地的公社和工廠都被分配高額的生產指標。為了提高產量，大家不得不在糧食裡摻石子，往鐵礦石裡添沙子，並在帳目上想盡辦法弄虛作假，以製造增產的假象。幹部還用各種手段掩蓋其挪用資金的行為，一個常用辦法是將本應用於生產的資金投入固定資產，結果各地政府機構興建許多辦公樓和舞廳，樓房裡還要安裝電梯。另一個更常用的辦法是以工廠名義向國有銀行不停地貸款，不管欠多少錢，政府也不會讓這些工廠倒閉。對各級幹部來說，關係網至為重要。只要得到位高權重的幹部照顧，就可以獲得額外資金，逃避稅收，並且獲得稀缺資源。行賄受賂很常見。無比諷刺的是，號稱能增進集體利益的計畫經濟，實際運作中靠的卻是無數個體及其關係網絡，而且國有企業的慣常做法竟是繞過中央制訂的計畫，彼此之間直接物物交換，例如用木材換餅乾，或者用生豬換水泥。[8]

「大躍進」的破壞如此巨大，不僅廠長和黨委書記千方百計地欺騙國家，一般民眾也不得不靠偷瞞耍滑等不正當手段才能活命。正如一位大饑荒倖存者所說：「偷東西的人活下來了，不偷東西的人死了。」[9]總之，不管是黨員還是一般人，都不得不接受這種表裡不一的共產主義生活方式。

對於上述現象，新的領導層心知肚明。為了刺激生產積極性，一九七八年，華國鋒和鄧小平把國有企業的控制權從中央下放給地方，而地方政府則允許下屬企業保留部分利潤，用來擴大投資。

地方上根本沒有人支持緊縮政策，因為大家都看透現行制度的一個漏洞，那就是利潤可以部分截留，赤字交給央行處理就行。各地爭相競賽，追逐各自的現代化夢想。有一份關於北京的調查報告寫道：「各搞各的汽車廠、拖拉機廠、自行車廠、縫紉機廠和照相機廠、手錶廠。」[10]這份報告還舉例說，一九七九年十月，北京縣級及以上級別的酒廠大約有一千五百家，僅僅過了一年，這個數字就激增到一萬二千家。[11]

計畫經濟的主要特徵是，所有計畫都來自中央，而基層的實際運作卻恰恰缺乏計畫。在浙江這個相對繁榮的沿海省分，省計畫委員會感嘆說：「我省許多城鎮由於缺乏規劃布局不合理，亂拆亂建，後遺症很大。」當地沒有幾個單位把緊縮政策當回事，相反地，基建專案如雨後春筍般出現。

而且大家都在爭奪煤炭和石油這些稀缺資源，結果全省有五分之一設備因為缺少動力而閒置。[12]在全國範圍內，有三分之一新項目因為經常停電而無法運轉。[13]

一九七九年四月，陳雲及其手下將首都基建的中央預算從四百五十七億元砍到三百六十億元，然而，北京市政府當年用於城建的投入卻倍增高達一百六十多億元，一九八〇年更增至三倍，超過二百五十億元，而且根據一名會計師的說法，實際的建設規模遠遠大於這個數字。[14]至於箇中原因，用一位負責幹部打趣的話說：既有看得見的戰線，又有看不見的戰線，還有非法的戰線。[15]

工人的收入也增加了。在毛去世後不久當局公開的〈論十大關係〉一文中，毛澤東曾承諾改善對工人的物質獎勵，如今，華國鋒和鄧小平也作出類似承諾，允許國有企業經由發放獎金來激勵生產。工人在文化大革命期間都成了「磨洋工」的高手，如今他們抓住這一機會，紛紛為提高工資待遇大聲疾呼。在曾經是國民黨首都的南京，大多數人得到相當於工資一〇%的獎金；在浙江，這一比率超過一二%。發不出錢的企業則採用物質獎勵，例如在天津這個北方工業重鎮，有些工廠向工人發放衣服和布料。[16]然而問題是，物質獎勵的目的本來是為了表彰表現最好的工人，可事實上所有人都獲得同樣獎勵，而生產效率並沒有因此而有明顯提高。

各地揮霍大量資金用於基礎建設和發放獎金，這樣做直接導致通貨膨脹發生。在計畫經濟中，所有商品價格都由國家制定，無論過多少年，也不管產品供應是否充足，商品價格長年保持不變。為了購買緊俏商品，大家可能需要排更長的隊，或者乾脆買不到，但並不需要付更多的錢。在湖北，雞蛋、肥皂和火柴之類商品的價格在一九六六至一九七八年間幾乎沒有變化。然而，到了一九七九年和一九八〇年，官方報告顯示，全國通貨膨脹率分別達到五・六％和六％，而根據香港和上海的銀行統計，這兩年通膨率實際高達三七・六％。[17]

除此之外，各地政府還利用剛剛獲得的權力，爭相進口國外先進技術，結果造成巨大浪費。南京有家罐頭廠花了一百七十多萬元進口設備，買回來後卻一直閒置。有些工廠甚至還沒建好就開始訂購外國設備，就像先造好佛像，但廟還沒修好。在首都北京，進口的四百五十臺精密儀器中只有三分之一投入使用，幾十臺高清掃描器落滿灰塵。蘇聯專家曾作過估算——儘管帶有成見，安裝和維護進口設備的成本與購買設備的成本相當，因此「以信貸方式獲得外國技術，其代價高於對整體經濟帶來的好處」。[18]

最嚴重的問題是，國有企業還利用外貿作掩護，將有限資金用於購買轎車和電視機等奢侈品。[19]有些是直接從國外購買，有些則是私下以物易物，甚至還有走私的。國務院在一九八〇年五月報告說，沿海地區走私的電視機和袖珍計算器多達一百多萬臺。從事走私的主要是漁民，但也有在校學生參與，甚至有部隊定期派直升機購買走私物品。在海南這個位於南部海岸的亞熱帶島嶼，有一個單位竟然僱用四百人，晝夜不停地買賣進口商品。[20]在與臺灣隔海相望的福建省，每天有兩萬人從事走私貿易，當地甚至臨時搭起數百個草棚以方便交易。[21]國家有限外匯就這樣被消耗了。

到了一九八〇年十二月，陳雲終於發火了。儘管中央採取緊縮政策，可赤字依然飆升至一百七十億元。[22]陳雲提出重新使用毛時代應對大饑荒的措施：削減預算，將經濟增幅降至零，並把所有權力收歸中央。[23]

陳雲的強硬立場得到「八老」中一些人（特別是李先念）的支持，此外還有一個新人——幾個月前剛進入政治局並被任命為總理的趙紫陽——也站在陳雲這邊。趙對通貨膨脹的潛在危險深表關注，他指出：為了彌補赤字，央行在過去兩年總共發行約一百三十億元人民幣，而且預計下一年會再發行九十億元，這個數字比一九四九年至一九七八年間發行的所有貨幣總量還要多。結果是，消費超過生產，而城鎮居民「實際生活水準更將嚴重下降」。趙擔心，如果經濟得不到控制，社會就要發生動盪，「政治局勢也就不能穩定」。他以東歐舉例，說那些國家的政府正在大肆印刷鈔票，同時向資本主義國家舉債，結果民眾生活水準下降，許多人上街抗議，波蘭的工人占領全國各地的礦場和船廠，最終獲准成立不受政府控制的工會，趙認為這樣會「出大亂子」。[24]

趙紫陽出生於河南一個地主家庭。日本入侵中國後，他於一九三八年加入共產黨，當時他只有十九歲。解放後，他在陶鑄領導下工作。陶鑄性情嚴厲。一九五二年，毛嫌廣東的領導人過於仁慈，於是派陶鑄取而代之。在廣東，趙紫陽協助陶鑄開展一場無情的鎮壓運動，甚至提出「村村流血，戶戶鬥爭」的口號。全省各地普遍發生凶殘毆打和隨意殺人事件，被鬥爭的對象中，有人遭到捆綁，有人被吊在房梁上，有人被埋在土裡只露出腦袋，甚至還有人被火燒。[25]

在幾年後的大躍進運動中，當糧食產量與民眾的預期相反，不僅沒有增加，反而大幅降低時，趙紫陽在一九五九年一月聲稱，造成糧食短缺的原因，是因為公社藏匿糧食並私下瓜分，這一解釋無疑為毛開脫責任。於是，趙在廣東又發動一場殘酷的運動，逼迫農民交出藏匿的糧食，無數人因此遭受毆打和折磨。[26]然而，像其他黨的幹部一樣，趙在大饑荒後發生改變。他仍然堅信共產主義，但在執行一些過於嚴苛的政策時，懂得加以變通。他可能生性冷漠，但與人容易相處，因此在黨內贏得上上下下的良好口碑。

一九七五年，趙紫陽被調往中國人口最多的省分——四川。當地有農民在黑市上出售食用油、糧食和肉類等國家壟斷的商品，趙並未禁止這些行為。一九七九年十一月，他是四項基本原則的主要鼓吹者之一，強調必須堅決把無產階級專政作為黨的工作中心。對於「三權分立」和「資本主義陣營」的民主制度，他予以嚴詞抨擊，並聲稱中華人民共和國的民主才是人類有史以來最全面的民主制度。[27]他的講話完全符合鄧小平的觀點。幾個月後，鄧把他提拔到北京。

趙的介入使緊縮政策成為中央政府的當務之急，他聲稱必須像一九六一年那樣後退——當年國家將二千萬人從城市下放到農村，以減輕城鎮糧食供應的壓力。鄧小平別無選擇，只能同意把經濟增長的目標下調到四%，而所有過錯都被推到華國鋒身上，說他忽視輕工業，只強調發展重工業。[28]很快，全國範圍內商品價格被凍結，投資削減，重工業專案被叫停。正在建設中的工廠被擱置一邊，設備遭到拆除並被運走。北京不僅下令地方政府緊急煞車，還取消與日本、西德和法國公司的合同，以避免浪費有限的外匯儲備。

寶山鋼鐵廠是受到緊縮政策影響的工廠之一。這座工廠位於長江南岸，距離上海市區約二十五公里。長期以來，鋼鐵一直是社會主義煉金術的關鍵成分。它堅硬而閃亮的外表，象徵著工業化、現代化和無產階級，被視為進步的標誌。在大家的理解中，鋼鐵意味著工業，工業意味著財富和權力，更多鋼鐵意味著更多財富和權力。鄧小平要求中國生產更多鋼鐵，於是寶山鋼鐵廠被設計成中國最先進的鋼鐵廠，不僅從日本進口最先進的技術，還引入西德和美國的投資。然而，這一規劃卻是個災難性錯誤：鋼鐵廠所在的河岸土質鬆軟，導致建築成本增加，而且中國缺乏精密高爐所需的高品質鐵礦石，不得不從澳大利亞和巴西進口，可是河口的沙堤阻礙貨輪停泊，所以不得不將鐵礦石分批卸載到小船上再運送上岸。

很快，在緊縮政策影響下，起重機不再像往日那樣繁忙，數千箱尚未拆封的精密儀器從倉庫裡一直堆到戶外。一九七八年，第一期項目舉行隆重的開工典禮，第二階段計畫卻遭到擱淺。雖然日本方面獲得經濟補償，但整個工業計畫卻遭遇慘敗。[29]

一九八一年，為了填補赤字和彌補因過度印刷鈔票造成的問題，中國政府三十年來首次發行債券，總值高達一百二十億元。然而，這一舉措只取得部分效果，儘管中央政府想盡辦法遏止通膨，貨幣供應量繼續以兩倍於商品供應的速度增長，央行甚至又額外發行五十億元人民幣。[30]

★　★　★

商品供應必須增加，但這並非易事。在指令性經濟中，計畫取代市場。為了通盤考慮，應該生產什麼，由誰生產，資源如何分配，原料、貨物和服務的價格是多少，所有這些經濟決策權都掌握在國家手裡。在這個系統中，貨幣的功能是被動的，只隨計畫中的產品而流動。可是，中國實際上並未建立如此嚴格的計畫經濟體系，因為制定計畫不僅需要一個願景，更需要統計學家大量工作，因為他們——而不是市場——決定需要生產多少橡膠鞋、聚酯窗簾或自行車座墊等各類商品。然而，隨著文化大革命爆發，專業統計人員所剩無幾，國家統計局用直白的語言說：「統計數字不實，勢必影響各級領導對真實情況的了解。」在文化大革命高潮期，國家統計局只有兩百名統計員。到一九八三年，人數增加到一萬六千人，可同時期的蘇聯卻擁有二十二萬名統計人員。[31]

可是，就算有正確的統計數字，中國這種經濟體制也無法正常運轉，因為它的阻力來自各個層面。工廠負責人想盡辦法規避計畫的制約，結果促生第二經濟（也就是「黑市」）出現。一九七八年當國家允許工廠保留部分利潤後，黑市規模變得愈來愈大，各家工廠紛紛派出採購員採購原材料，致使原材料價格在國家規定的基礎上節節攀升，由此又造成全國範圍的供應緊張。

此外還存在一個問題，國有企業根本不懂如何生產高品質產品，也不懂如何為產品定價以及如何銷售。他們的任務只是一項，就是達成或超額完成上級下達的生產指標，至於產品的銷售，則由國有的零售商店和貿易公司來負責，廠家根本無需考慮。一九八二年，國務院指出，各層各級都存在「盲目生產、盲目發展和盲目採購」的問題，全國各地倉庫中堆積大量無法出售的貨物，總值達三百五十億元，占周轉資金一〇%以上。無比荒謬的是，這個貧窮的國家竟然生產出那麼多縫紉機、自行車和手錶，遠遠超出一般人的購買能力。僅南京一地，就有一七．五%的本地產品根本賣不出去。[32]

為了支付不斷增加的進口貨物，政府迫切希望出口中國的產品，國有企業因此面臨著開拓國際市場的巨大壓力。一九七九年，外貿部得出結論：資本主義正在衰落，國際形勢有利於中國出口更多商品，基於這樣的認知，外貿部下令「財政、銀行、物資部門都要為擴大出口開綠燈」。[33]然而，這事做起來談何容易。習慣於「圈養」而非市場競爭的中國企業，不得不在國際市場降價銷售自己的產品，由此造成的損失則由外貿公司予以補償，而國家又必須為外貿公司提供優惠貸款和退稅政策，以吸引它們參與。

一九七九年，中國官方匯率為一美元兌一．五三元人民幣。然而，在中國的出口貿易中，每銷售一美元的成本平均是二・五四元人民幣，這意味著中國的企業每掙一美元，實際會虧損約一元人民幣。正如外貿部所說，由於中國產品的出口價格低於國內市場的售價，「出口愈多，虧損愈大，極不利於鼓勵出口，限制進口」。為了解決這個問題，中國政府經由貨幣貶值，把匯率降到一美元兌二・八〇元人民幣，這個匯率的設定，是在平均生產成本的基礎上，加上一〇％（即〇・二六元）中國政府認為的「合理利潤」。[34]換句話說，出口利潤率並非取決於供需關係，而是由國家認可的名義價差所決定的。

一九八一年一月，中國開始啟用新的「內部結算率」。只需經過簡單換算，八〇％的出口貿易便不再虧損。當然，這只是數字遊戲，事實上，這樣一來，進口商品變得更加昂貴，政府必須予以更多補貼。

內部結算率是保密的。畢竟，從事外貿通常被認為是與「資本主義陣營」尖銳的「階級鬥爭」。國務院對此解釋說：「我進出口貿易的內部核算方法，不能對外，否則等於承認我國有兩個匯價。」[35]這套匯率只適用於對外商品貿易，而不適用於其他用途，至於境外匯款、出國旅遊、外方投資或外交機構的支出等，仍繼續使用一比一・五的官方匯率。內部匯率到底是低估還是高估人民幣，這點很難說，因為在市場缺位的情況下，根本無法確定真正的利潤是多少。這套雙匯率制在企業和政府機構中得到廣泛採用，聰明的會計人員只需在兩套匯率間稍作轉換，帳本上的紀錄就會變成盈利。[36]

內部結算率與緊縮政策看似匹配，有助於限制地方政府將外匯揮霍在奢侈品的進口上。然而，事實上它並未達到預期效果。其原因是，一九七八年後，地方政府獲准保留部分外貿利潤。可是，如果地方政府想把這些外匯轉給當地國營企業，用於購買原材料以擴大出口等用途，則必須經由政府的貿易系統，而該系統採用的是一比一．五的官方匯率。因此，許多國有企業發現，用手裡的美元合法或不合法地進口國內短缺商品比對外出口更加有利可圖。結果，至一九八二年底，中國外匯儲備持續減少，而貿易赤字卻急遽上升。[37]

★　★　★

如果說經濟有所發展，那也是在國家的強硬手段和高層的政策轉向無法觸及的地方，也就是農村。只有在遠離政府監督的農村，經濟才真正有所增長。

為了擺脫貧困，民眾從來就不是被動地等待上面的指令。特別是在農村，如果說大躍進摧毀黨的公信力，那麼文化大革命則破壞黨的組織。甚至在毛澤東去世前，就有許多地方的農民開始試圖從國家手裡奪回對土地的控制權。在有些地方，當地幹部甚至帶頭偷偷把土地分給農民。還有許多幹部被二十多年來的革命運動搞得疲憊不堪，對農民的行為乾脆睜隻眼閉隻眼。有時候，雙方會達成交易，農民把糧食按比例交給幹部，讓他們上繳國家，以維護農業集體化的表象。[38]

儘管各地情況有所差異，但全國範圍都出現一場無聲革命。一九七六年，陝西省有數百萬饑民，乞丐在鄉下四處遊蕩，為了活命不得不以泥巴和樹皮充饑，數千人最終餓死，許多人被迫從地裡偷莊稼吃。面對此情此景，有些幹部無動於衷，但也有幹部於心不忍，他們決定把部分土地交給農民，給大家一個活命機會。在距離省會西安幾小時車程的洛南，當地幹部分配人民公社的集體資產，並允許各家各戶獨自耕種土地。過去二十年裡，農民被迫種植單一作物，以滿足國家糧食出口的需要，如今許多人開始根據黑市的需求，種植其他銷路更好的作物。[39]

窮苦農民的創新是因為生活所逼，但在不那麼貧困的地區，大家也開始各謀出路，位於亞熱帶的廣東更是如此。雖然政府仍然壟斷各類農副產品貿易，但在全省各地的農村集市上，糧食、肉類、棉花、絲綢、茶葉、菸草和花生等商品的私下交易開始日益繁榮。[40]

毛澤東去世後，上述這些變化更加顯著。過去幾十年，國家一直強迫農民上繳各種主要農產品，但收購價格卻被壓到最低。有人曾對三千個生產隊作過詳細調查，結果發現，一九七八年時，稻米、小麥和玉米的收購價格竟低於生產成本約二〇％。面對此種情況，農民更願意把糧食留給自己消費，或者拿到黑市上出售，還有人轉種其他賺錢的作物。據國務院估計，因為糧食收購量下降，一九七六年政府損失五十億元，一九七七年損失四十八億元。湖南、河南等省分是水稻、小麥、小米、高粱和玉米的主要產地，一九七九年時，這些地方生產的糧食約有七〇％被農民自己吃掉、拿到黑市上出售，或者用來交換其他物品。[41]

為了彌補短缺，政府不得不從加拿大和澳大利亞進口一千二百萬噸小麥。一九七九年，政府被迫提高糧食收購價格，因為集市上糧食的收購價比官方高出三〇％，為了吸引農民上繳更多公糧，政府別無選擇，只好把糧食收購價提高二〇％。與此同時，農產品強制採購的配額也大幅下降，這意味著政府不得不支付額外費用收購各類糧食作物，以及棉花、糖、食用油、豬肉、牛肉和魚等農副產品。一九八〇年，羊皮、黃麻和木材的價格也提高了。[42]

收購價格的變化導致財政支出急遽增加，資金流向由此發生逆轉。三十年來，農業一直在補貼工業，農民不得不按照人為規定的價格，一方面廉價出售農產品，另一方面高價購買生產工具、燃料和化肥。現在則相反，農村開始向城市索取贖金。

雖然政府採購的價格提高了，但商品的銷售價格卻基本保持不變，額外交易成本並未轉嫁給城鎮居民。一九七九年，國家支出約八十億元用於彌補差價，其中僅肉和蛋就花費二十億元。商務部長發言稱：「請大家想一想，這麼大的數字都讓商業部來賠，怎麼賠得起呢？」還有人趁機倒賣，先把肉和蛋賣給國家，然後從政府手裡買回來，隨後再賣給國家，因為全國各地的價格不盡相同，許多人經由這種全新的倒賣方式獲利頗豐。有人估算，一九八二年政府商品補貼的總額高達三百億元，占財政預算三分之一。[43]

這些補貼的目的是為了鞏固而不是削弱農業集體化。正如為了激勵生產而允許城市裡的企業保留部分利潤一樣，為了挽救奄奄一息的農村公社，政府從一九七八年開始實行家庭聯產承包責任制，允許農民按規定繳完公糧後，可以保留和處置剩下的餘糧。雖然中央明確規定，禁止分割土地或將農業生產的責任下放給家庭，但是農民對土地的渴望是永遠無法遏止的，在實際操作中，公社把承包合同轉包給村莊，而村莊又把生產責任分包給各家各戶，雖然沒有明確說，但實際上就是私有化。

為了維護農業集體化，政府努力了三年，最終還是失敗了。一九七八年十二月，三中全會明確宣布：「不許包產到戶，不許分田單幹。」[44]中央反覆申明這類限制，但到了一九八〇年三月，國家計畫委員會主任姚依林則提議，在經濟落後、人口稀少、公社尚不發達的地區，應允許家庭單幹。鄧小平表示同意，他說：「每家每戶都自己想辦法，多找門路，增加收入，有的可包給組，有的可包給個人，這不用怕，這不會影響我們制度的社會主義性質。」[45]

然而，一九八〇年十一月，中央卻高調宣布：「集體經濟是我國農業向現代化前進的不可動搖的基礎。它具有個體經濟所不能比擬的優越性，這是二十年來農業發展的歷史已經證明了的。」緊接著，一場反對去集體化的運動在全國展開，針對家庭單幹的趨勢，高層領導予以嚴厲抨擊：「包產到戶，實為分田單幹，我們是不同意的。」[46]

但最終，這場運動還是失敗了。一九八一年一月，農業部承認各地普遍出現家庭單幹的現象，單幹戶占當地農戶的比率在貴州省達到七八％，在甘肅達到五六％，在安徽為五一％，在廣東為三〇％。這些單幹戶完全自主決定種什麼、怎麼種以及如何處理收穫的農產品。在有些地方，「集體經濟消失了」，所有家庭都實行單幹。農業部還報告說：「這個數字還是偏低的，而且還在繼續蔓延擴大。」[47]

一項關於浙江省的詳細研究揭示個體農業迅速崛起的原因：「集體生產長期沒有上去，社員收益分配的少。」有位農民說得很直白：「集體就是難靠牢，只得分田自己搞。」在貧窮的河北省盧龍縣，農民忍饑挨餓，普遍營養不良，他們的評價更加直言不諱：「集體沒啥優越性了。」[48]

一九八二年冬，人民公社正式宣布解散，一個時代終於結束了。在這場偉大的變革中，發揮中堅作用的是農民自己，數百萬一般民眾最終戰勝國家。幾十年來，他們的生活水準一直停滯不前。然而，一九八二年，農民靠自力更生擺脫貧困，總體收入翻了一番。東德駐華大使館一位外交官敏銳地指出：「中央政府每年制定的農業政策，其實質只是把農民的自發行為用文字的形式表述出來而已。」社會學家周曉（Kate Zhou）的表述略有不同：「政府之所以取消種種限制，是因為它意識到一個事實，即大量脫離集體化的農民已經讓這些限制失去意義。」[49]

★　★　★

農民贏得自主耕種的自由，但土地的所有權並不屬於他們，因為這個國家從未拋棄生產資料公有制這一馬克思主義的基本原理。由於底層民眾反對，公社最終解散了，每個家庭都得到土地租約，但每十五年需更新一次。

此外還有一項基本權利掌握在國家手裡，這就是遷徙的自由。一九五五年，周恩來開始在農村實行戶口登記制度，類似於幾十年前蘇聯採用的內部護照制度。這一制度將農民與土地捆綁在一起，為集體農業提供廉價勞動力。與此同時，這一制度把全國割裂成兩個彼此分離的世界，一部分人被歸入「市民」，另一部分則被歸為「農民」。孩子的身分由母親決定，也就是說，一個農村的女孩即使嫁入城裡，她的孩子仍然屬於農村戶口。「農民」的社會身分世代相傳，他們被剝奪一切福利，只有政府和國營單位的職工（也就是城市人口）才能享受住房分配、食物配給以及健康、教育和殘疾人補貼等種種特權。[50]

中共政權一直擔心社會不穩定，因此將大部分人口限制在農村。事實上，農村人口中約有三分之一（人數高達約一億人）長年處於失業或半失業狀態，他們要麼無事可做，要麼由公社支付報酬，輪流下田參加勞動。[51]

中共使用馬克思主義的話語，將這些人稱為「剩餘勞動力」。為了吸收這些人口，政府採取的一個措施是限制農村的投資規模。儘管當局一直強調「農業機械化」——其標誌性形象是宣傳畫中驕傲地駕駛著拖拉機的年輕女性，但事實上，三十年後中國農業的機械化程度依然很有限，其生產方式還是主要靠汗水和人力，與十九世紀四〇年代的英格蘭相差無幾。一九七八年十二月，三中全會提出農民要自力更生。此後，政府對農業的投入進一步減少。甘肅是全國最貧窮的省分之一，那裡遍布荒山和沙漠，一九八〇年該省的農業投入削減一半，次年又遭腰斬，至一九八三年時，當地政府對農業的資金投入僅及一九七九年的二二%。其他地區的情況與此類似。一九八一年，分管農業的副總理萬里曾坦言沒有錢投入農業。[52]

政府還有意忽視對教育的資金投入。自一九四九年以來，中央對基礎設施的投資要多於對人的投資，大量資金用於修建音樂廳、博物館、體育場等形象工程，甚至可以新建一座城市，但農村的教育卻無人過問。無論在首都還是偏遠縣城，官員只對上級領導而不是下面的民眾負責，而那些龐大醒目、看得見摸得著的建築物不僅是權力的象徵，更有助於製造有效治理的假象。農村地區尤其如此，農民只是被統治的對象，是遭受國家剝削的廉價勞動力。一九八一年五月，中央開會討論教育的長期目標，與會者完全清楚當時中國的文盲率有多高。浙江省桐鄉縣是沿海地區最富裕的地方之一，可當地七〇%的年輕人竟連最簡單的漢字也不認識。正如胡耀邦所說：「事實上，我們三十年來沒有做到，我們從來沒有普及教育。」對此他解釋說，國家無力承擔如此龐大的開支，發展經濟才是第一位。他的建議是「人民的事人民辦」，可以讓農民自己找教師、蓋學校。[53]

吸收剩餘勞動力最主要的辦法是鼓勵村民到集體所有制的「社隊企業」工作，這一舉措是在「大躍進」的高潮中與「人民公社」一同推出的。為了實現人人富足的共產主義社會，國家希望農民同時參與農業和工業生產，即宣傳中所說的「兩條腿走路」。大多數社隊企業規模有限，技術落後，其目標是就地取材，以滿足本地公社社員的生活需求，增強經濟領域自力更生的能力。這些企業經營的範圍頗為廣泛，包括磨麵、榨油、修理農具、加工木炭或石灰岩、製作瓷磚和磚頭、生產肥料、編織草墊和竹籃、軋製棉花等等。[54]

「大躍進」最終成為一場災難，但這場運動中提出的自力更生觀念卻在文化大革命中流行開來，中央政府也常常以此為由，讓老百姓自己想辦法解決各種實際問題。在此過程中，大寨公社被樹立為典型，成為全國仿效的榜樣。這個貧窮的村子位於山西省的偏遠角落，四周溝壑縱橫，山勢陡峭，可是它卻拒絕接受政府補貼，單憑村民的意志力擺脫貧困。社員在這裡開墾梯田，挖掘溝渠，種植核桃和桑樹，修築果園、豬舍，還建起豆麵廠、機器修理廠等集體企業。當然，所有這一切都是一場騙局，這個所謂的模範公社不過是按著毛主席編寫的劇本在演戲，村民只是被迫參與而已，它甚至從別的公社借來糧食，然後對外宣稱獲得奇蹟般的豐收。官方對大寨廣為宣傳，經由宣傳畫、報紙、廣播和影片等形式，鼓勵全國農村學習大寨自力更生的精神。[55]

在文化大革命中，農民趁混亂的局面悄悄奪回土地使用權。與此類似，他們也開始利用自力更生政策在當地興辦工廠和鄉村企業。這些工廠和企業本應屬於集體所有，但許多地方只是打著集體名義，實際上完全按照私營方式來經營。沿海地區甚至出現許多地下工廠，它們用賺到的錢到黑市上購買糧食、肉類以及計畫經濟無法提供的進口商品，如魚油和阿斯匹靈等，還派出採購員四處購買煤、鋼和鐵等稀缺資源，與國營企業形成競爭。甚至在毛去世之前，部分農村地區的經濟就已經被工業主導。例如在上海郊外的川沙縣，雖然國家強制要求當地農民種植棉花，但在該縣商品產值中，工業占比在一九七〇年即達到五四%，五年後更增加到七四%。[56]

十年文革後，為了促進農村經濟發展，一九七八年底，中央決定對全國社隊企業免除三年稅收。[57]無論是否真的為「全民所有」，各地農村企業迎來進一步蓬勃發展。在江蘇省與上海毗鄰的三個縣，幹部不再監管當地農民的經濟活動，允許他們自謀生計，許多人同時兼做幾份工作，白天捕魚、做買賣，晚上種田。到一九八三年，這三個縣的經濟產值中，工業占比高達八〇%。[58]

類似情況在沿海地區很常見，尤其是廣東。當時，上海派出一個代表團赴全國各地參觀學習，他們來到廣東後，對所見所聞深感震驚，因為他們發現，在珠江三角洲地帶，大家已經不再遵守國家規定從事糧食生產了。例如在東莞，因為土質乾燥，糧食產量很低，許多人因此改行，從事更為有利可圖的職業，如私營運輸業，從而促進全省農村地區的交通。在順德，運河縱橫交錯，河邊的棚屋鱗次櫛比，民眾轉而從事漁業養殖，稻田面積因此減少一半。當地有個村子，用國家禁止的私人車輛將活魚運往市場，光是運往省會廣州的就有十輛之多。廣州周圍河流眾多，可在文化大革命初期，廣州市民必須排幾個小時的隊，才能偶爾買到一些死魚，如今終於可以吃到活魚了，而且一九八三年的活魚價格比一九七九年下降四〇%。此外，每天都有一些小商販（有些騎著摩托車）把一千多噸蔬菜送往這座城市的各個角落。[59]

在順德，還有些農民改行從事園藝種植，當地一〇%的田地覆蓋著鮮花。順德的花卉貿易一直延伸到香港，由於市場需求量大，花農有時不得不僱人幫忙——這種做法在中央看來無異於「資本主義」。一九八二年，順德的一個村子成立一家沙發廠，職工多達兩千人，產品行銷全國各地。上海代表團在報告中寫道：（廣東）全省都跟著市場走。[60]這一切都得益於廣東省委第一書記任仲夷，此人頭腦開明，熱衷於變革。與趙紫陽不同，他對三權分立的合理性深信不疑，但在實踐中，他又具備足夠的智慧，知道如何施行自己的主張。[61]

鄉鎮企業蓬勃發展產生意想不到的後果：農民賣給國家的農業作物開始減少，儘管國家提高採購價格，但仍無濟於事。之所以出現這種現象，是因為農民發現，與其把農作物賣給國家，還不如在當地鄉鎮企業加工更有利可圖，就算這些企業規模很小，利潤也比賣到城裡更多。如此一來，重工業生產所需的原材料便隨之減少，那些花大錢進口新設備的工廠也面臨這種困境。一九七五年，上海各家棉紡廠總共消耗十二萬五千噸棉花，可是四年後，棉花供貨量竟不足五萬噸，減少約六〇%。為此，國家不得不從國外進口棉花。一九七九年，中國棉花進口量比上年翻了一番，一九八〇年又翻了一番。與此同時，全國菸草收購量也下降二四%，而皮革、桐油、松香等其他各類產品收購量都出現急遽下降。[62]

為了應對這一局面，決策層採取緊縮政策，試圖抑制需求，削減進口，但這些措施在農村愈來愈難以實施。一九八二年冬，各地人民公社正式解散後，以陳雲為首的一幫人所掌控的計畫經濟體制，就再也無法主導農村經濟的發展方向。[63]

★　★　★

緊縮政策的另一個主要內容是計畫生育，這項政策持續執行數十年。像其他許多事情一樣，把生育納入計畫的想法最初也來自毛澤東。早在一九五七年，毛澤東就開始思考中國是否人口過多：

「最好是少生孩子，生育需要計畫。在我看來，人類完全沒有能力管理自己。我們有工廠的生產計畫，生產布、桌子、椅子和鋼鐵都有計畫，但是生產人卻沒有計畫。」幾年後，他再次提出相同看法，並在一九六四年成立計畫生育委員會。一九七〇年，該委員會派出許多宣傳隊，在全國發起一場全面的強制性計畫生育運動，毛的名言「人類要自己控制自己，實現有計畫的增長」變得家喻戶曉。在許多村莊，政府工作人員詳細登記育齡婦女，並不斷騷擾生育兩個以上孩子的女性。儘管各地做法差異很大，但總體而言，對女性實施絕育或強制墮胎的情況愈來愈普遍。僅山東一個省，至一九七一年就實施一百多萬例墮胎手術。而全國範圍內，從一九七一年到一九七六年，平均每年的墮胎數竟高達五百萬例。[64]

在華國鋒當政期間，墮胎人數急遽飆升。以天津為例，一九七八年該市墮胎數達到七萬例，而出生人口約為十萬八千人，十四至五十五歲婦女的墮胎率超過四〇％。若有人不服從，家裡則會被斷水，自行車被沒收，或者扣發一〇％工資。農村也實行同樣嚴格的生育計畫。[65]

一九八一年一月，計畫生育變得更加嚴厲。出於對糧食進口大幅增長擔憂，提倡緊縮政策的陳雲在一九八〇年九月召開的一次政治局會議上提出警告：「十億人口都要吃飯，但是不能吃得太好，否則很快就吃光了，還要留下一些錢搞建設。」[66]其實早在一九五七年，即「大躍進」的前一年，陳雲就曾提出類似觀點。[67]這一觀點最能體現馬克思主義經濟學的特點，即國家強迫民眾減少個人消費，以便將他們的儲蓄集中起來「幹大事」。鄧小平和其他領導人對此表示贊同，而且他們從宋健的文章裡找到「科學依據」。宋健曾是研究火箭的科學家，如今卻成了人口學家，他提出一個末日設想：中國的人口是「一顆有待引爆的定時炸彈」，在不久的將來，數以億計農民將會沖毀城市。[68]宋健據此提議中國必須儘快實現人口零增長。他的偽科學為人類有史以來最嚴厲的生育控制政策提供看似客觀的理由。[69]

根據黨中央命令，黨員幹部必須確保每對夫婦只生一個孩子，如果第一個孩子是女兒，偶爾也會允許生第二個。這一政策因地而異，但在江蘇和四川等人口大省則是嚴格執行。計生幹部普遍使用強迫手段，無數人遭受虐待。一九八一年夏，粵東地區有數千名婦女被迫墮胎，其中包括懷孕八個月的孕婦。在一個公社裡，三百二十五例妊娠中，有三百一十六例被計生部門認定違規並被迫流產。[70]

一九八二年，中央推出更嚴厲的措施。這些措施不僅針對成年人，而且規定未經國家許可出生的兒童無法註冊戶籍，因此也無法享受任何公民權利。[71]民眾著手反抗。在農村，有些孕婦會設法躲起來，有些村民則阻止計生幹部進村，甚至毆打政府的工作人員。這時，趙紫陽出面為該政策辯護道：一些幹部受到毆打和侮辱，但他們是在為人民和國家執行一項偉大的任務。[72]一九八三年，計畫生育的各項數字可能都達到頂峰，這一年全國墮胎數多達一千四百四十萬例，實施絕育手術兩千零七十萬例，另有一千七百八十萬名婦女的體內被放置避孕環。[73]

在接下來幾年裡，計生政策有所微調，在執行方式上，當局不再單純依靠赤裸裸的脅迫，而是轉而採取更間接有效的方式。特別是在城市裡，國家控制著就業、住房、教育和醫療等資源，有的是手段迫使當事人屈服。在此後幾十年裡，一個人無論是工作晉升，還是到醫院看病，生活中的每一步都將與是否服從計畫生育掛鉤。控制生育，實際就是控制民眾生活的方方面面。

第三章

改革（一九八二—一九八四）

一九八二年九月，隨著中共第十二次全國代表大會召開，緊縮政策正式宣告結束。鄧小平認為，在加速「社會主義現代化」、向世界進一步開放之前，還有一件事需要完成，那就是他在大會開幕詞中所說的抵制「外來腐朽思想的侵蝕」，「決不允許資產階級生活方式在我國氾濫」。[1]就在幾個月前，他在一次軍隊會議上發言，表示擔心資本主義世界「腐朽的東西」會以各種方式滲入中國。他預言嚴重的犯罪活動不僅會出現在經濟領域，而且會出現在政治和文化領域。對此必須予以打擊，同時需要向民眾灌輸符合「社會主義精神文明」的觀念和紀律，這就好比請客之前先把屋子打掃乾淨。[2]

然而，到底什麼是「社會主義精神文明」，官方並沒有提供明確的解釋，但是關於社會主義紀律倒是有一個現成例子。一九六三年，毛澤東號召全國人民向雷鋒學習，因為這名年輕士兵把自己的一生獻給人民。雷鋒死後，他的日記在全國出版發行，人人都要學習。其中一則日記寫道，毛主席出現在雷鋒的幻覺中，並且勉勵他：「好好學習，永遠忠於黨，忠於人民！」雷鋒成了全民的學習榜樣，他的形象出現在標語、海報、歌曲、戲劇和電影中，政府還派出宣傳隊下鄉，用說書的方式向不識字的農民講述他無私奉獻、對毛主席無限忠誠的精神。[3]

一九五四年至一九六六年間，學習雷鋒運動的幕後推手是共青團領導人胡耀邦。胡對馬克思和毛澤東思想堅信不疑，他一直向共青團員推薦的一本書，是由尼古拉・奧斯特洛夫斯基（Nikolai Ostrovsky）所著的經典布爾什維克小說《鋼鐵是怎樣煉成的》（*How the Steel Was Tempered*）。一九六三年，胡耀邦發現雷鋒的潛在影響，他在共青團官方報紙《中國青年報》上發表一系列文章，將雷鋒樹為楷模。[4]

一九八〇年，就在魏京生等民主運動人士被關進監獄後幾個月，胡耀邦重新推出他的楷模。三月五日被宣布為「學習雷鋒紀念日」，北京和上海組織數以萬計年輕人上街遊行，以紀念這位士兵，全國各地書店和郵局都在出售紀念雷鋒的明信片，學生也在傳唱讚美他的歌曲。官方表彰雷鋒「毫不利己，專門利人」，並希望以此來勉勵年輕人對抗日益增長的物質誘惑，拒絕從國外走私的收音機、錄音機、墨鏡和牛仔褲等物品。[5]

黨的十二大開幕後僅兩個月，雷鋒就在新時代「轉世」重生了。這次，他以醫學生的身分出現，為了救一名掉進糞坑的老農而死。這個升級版雷鋒名叫張華，各大報紙紛紛開闢專欄，刊登他生前所寫日記和在學校撰寫的報導，所有這一切都是為了傳達一個旨意：社會主義的特徵就是為大眾利益獻身，而不是追求個人私利。類似模範人物不斷湧現，例如有一名鋼鐵工人為工作，下班後不回家，天天睡在車間裡，結果提前十年完成生產指標；還有一位知名女歌手把自己的角色讓給更年輕的人。在一九八二年十二月召開的全國人民代表大會上，趙紫陽表彰兩位為了追求四個現代化而勞累至死的科學家，馬克思主義的原教旨主義者胡喬木稱讚他們是共產黨的「驕傲與光榮」。[6]

然而，這些早逝的模範人物非但沒有激勵民眾，反而在報紙上引發一場罕見的熱烈討論。有讀者質疑道，難道大學生都應該渴望淹死在汙水坑裡嗎？還有人對所謂的無私行為報以嘲笑。[7]

正當辯論進行時，《人民日報》副總編輯王若水發表一篇關於馬克思主義人道主義的社論。第二次世界大戰後，馬克思主義人道主義成為一股令世界矚目的思潮，其信奉者認為，馬克思主義與其說是一門科學，不如說是啟蒙主義價值觀的延伸，它強調人類需要擺脫政治、經濟和意識形態的壓迫，從而充分實現個性的發展。王若水認為，社會主義人道主義並不支持一人獨大的獨裁制度，他主張「在真理和法律面前人人平等」，「公民的人身自由和人格尊嚴不受侵犯」。未過多久，一九八三年三月，當中共高層忙於紀念馬克思逝世一百週年時，另一位黨的主要理論家——周揚也加入辯論。此人在一九四九年後掌管宣傳部，曾對許多作家展開批判，並把他們接二連三地送進監獄。最終，他自己也被主子拋棄，在文化大革命中遭到清洗。文革後，周揚變得與之前判若兩人。一九七九年十一月，他公開向受害者道歉。一九八三年三月十六日，在王若水鼓勵下，他在《人民日報》發表文章，討論馬克思關於「異化」的概念。馬克思用這個詞來描述資本主義制度如何把工人變成單純的工具，而周揚則指出，生活在社會主義制度下的民眾，同樣會在社會和政治層面被「異化」，而且領導人也會與人民產生隔膜，無法代表廣大民眾的意志。[8]

這些觀點對幾個月前寫入黨章的「四項基本原則」構成直接挑戰。[9]就在周揚發表文章次日，胡喬木便予以回擊，指責關於人道主義的辯論是為了向「資產階級自由化」轉變。與胡喬木持同一立場的還有鄧力群。此人主管宣傳，是一名立場堅定的黨徒，公開而堅決地反對經濟改革。三月十三日，在胡和鄧的壓力下，王若水被迫作了自我檢討。[10]

對於這些爭論，黨內的二號人物胡耀邦態度曖昧，鄧小平也沒有立即表態，但令他日益感到擔心的是，周揚的言論促使更多知識分子開始質疑社會主義的本質。

對於鄧小平來說，還有比人道主義辯論更緊迫的事，那就是兌現自己打擊犯罪的承諾。首先是打擊腐敗，對犯有走私、貪汙、詐騙、逃稅和盜竊國家財產等行為的黨員予以嚴懲，甚至死刑。至一九八三年七月底，約有三萬餘名黨員被認定犯有經濟罪行，其中有幾個人被槍斃，電視上播放行刑的整個過程，其他人則被判刑或開除黨籍和公職。全國人大一位發言人對此評論說，為了向世界開放，中國更有必要抵制「資產階級意識形態的腐蝕」並消除經濟犯罪。[11]

隨後是打擊一般犯罪。一九八三年八月初，全國發動一系列突擊行動，一週內即有數萬人遭到逮捕。在北京，僅八月六日晚就抓捕約三千人。兩週後，首都工人體育場內舉行公審大會，受到審判的三十個人頭髮全被剃光，腦袋被身後的員警死死按著。這些人被控犯有搶劫、縱火和殺人等罪行，當法官宣判其死刑時，現場六萬名觀眾爆發出一片歡呼，隨後有敞篷卡車把犯人送到指定地點處決。全國各地都有不少人被槍決。在渤海灣一個港口城市塘沽，員警把十七名犯人押到城外一座小山上，當著圍觀群眾的面執行槍決。在長江邊一個小鎮，一位名叫翟曼霞的年輕婦女被控與十幾名男性發生性關係，最終也被處決。[12]

這場被稱為「嚴打」的運動，旨在向民眾展示國家權力，達成威嚇作用。在北京，被捕者的罪行從偷竊、鬥毆到殺人、強姦，無論輕重，應有盡有，甚至為了湊足上級下達的指標，也有個別無辜者被捕。這些人當中只有少數被釋放，絕大多數都被判刑入獄或流放到新疆。[13]

嚴打運動在十月一日國慶日前宣告收場。國慶活動甫一結束，官方媒體就展開密集宣傳，其重點不在討論犯罪後果，而在探討犯罪原因。原因當然要從國外的腐朽思想中尋找，特別是個人主義的流毒太深，其外在表現就是太陽眼鏡、牛仔褲、長髮、流行歌曲等舶來品。

如今，一切準備就緒，就等鄧小平發話了。一九八三年十月十二日，在中共第十二屆中央委員會第二次全體會議上，這位最高領導人提出「反對精神汙染」的口號。鄧小平借用史達林在一九三〇年代說過的話，稱作家和藝術家是「人類靈魂的工程師」，要求他們高舉社會主義的旗幟，教導人民相信黨，為「社會主義現代化的宏偉事業」作出貢獻。然而，有些人用資產階級思想腐蝕人民的頭腦，埋下對社會主義不信任的種子。鄧小平對此警告說：「不要以為有一點精神汙染不算什麼，值不得大驚小怪。有的現象可能短期內看不出多大壞處。但是如果我們不及時注意和採取堅定的措施加以制止，而任其自由氾濫，就會影響更多人走上邪路，後果就可能非常嚴重。」。[14]

一場反對精神汙染的運動由此展開，前後持續幾個月，一切被認定為「資產階級」或「頹廢」的東西都遭到打壓，這種情形令人不禁聯想起文化大革命。圖書館下架有爭議的書，外國電影被查禁，茶館裡不許放外國流行音樂，只能聽愛國歌曲。廣州由於鄰近香港，比國內其他地方更為開放，如今員警四處抓捕皮條客和妓女，士兵則奉命撕下張貼在宿舍牆上的美女招貼畫。[15]

然而，這場運動產生一個意想不到的效果：它揭示民眾對社會主義有多麼失望。在中共黨內，對馬克思主義心生懷疑者遠遠不只少數人，以致一位黨員積極分子發問道：「共產黨員對共產主義沒有信心是什麼黨員？」在各個大學裡，「精神汙染」看起來很普遍，某個大學竟有八名哲學系研究生自發地反駁馬克思的觀點，而在社會上，一般民眾似乎對社會主義的價值觀也不感興趣。例如，在遠離沿海數千公里的甘肅省，竟有不少年輕鐵路工人聲稱，他們對馬克思列寧主義和毛澤東思想感到厭惡，有人說：「我相信錢，不相信共產主義。」[16]

但總的來說，反對精神汙染運動的發展方向並不明確，因為中央領導層態度模糊，甚至各人立場也不一致。事實上，並沒有多少人真的願意重新回到文革那個對人任意迫害的年代，那些想在運動中大顯身手的積極分子並未如願，因為他們的行為受到高層制約。最終，周揚表現出應有的懺悔，承認自己的行為過於草率，王若水則被免去《人民日報》副總編輯職務。一九八四年一月，胡喬木就人道主義和異化問題發表一番見解，相關辯論就此悄然落幕。[17]接下來該加速「社會主義現代化」建設了。

★　★　★

中共一向不吝對外自誇社會主義制度的優越性，但一九七八年後，對於農村經濟蓬勃發展，官方卻顯得羞羞答答，不願多提，因為那時它還試圖挽救而非削弱人民公社體制。然而，人民公社最終還是崩潰了，官方的調門也隨之轉變。一九八三年，宣傳機器不斷宣告糧食、棉花、糖和食用油等農產品產量創下一個個歷史新高。[18]富裕的農民受到前所未有的推崇，被樹立為仿效的榜樣，報紙、廣播和電視對這些致富先驅廣為宣傳，並告訴大家他們是如何經由養蛇、養鴨或種植稀有藥材等方式發家的，「致富光榮」成了時尚口號。[19]

根據官方解釋，這批人的成功要歸因於「家庭聯產承包責任制」，即與各家各戶簽訂農業生產合同。這一做法立即成了包治百病的靈丹妙藥，並被推廣到城市裡。一九七八年，中央開始允許國有企業保留部分利潤，但這一做法的效果不盡如人意，各個企業的黨委書記並未將利潤投入生產，而是用於享受和消費，同時卻將企業赤字轉嫁給國家。一九八四年五月，中央決策層受到農村聯產承包責任制的啟發，決定在六個試點城市推行企業承包經營責任制。六個月後，黨的第十二屆三中全會宣布，將在全國範圍正式實施這一新制度。

新制度在兩個層面引入責任制，首先是國家與國營企業的廠長或經理簽訂合同，賦予他們而不是黨委書記在生產、行銷和投資等方面更大的決策權，與此同時，企業職工則與用工單位簽訂合同，將生產業績與獎金掛鉤，多勞者多得，而那些頗具經營頭腦的人也獲得更多機會來開拓市場。像農民一樣，各家企業可以自行決定是否退出中央主導的計畫經濟體系，是否願意承擔自負盈虧的風險。這一制度的設計，旨在鼓勵大家創業，同時又不破壞國有企業的公有制性質。工人過去端的「鐵飯碗」——即工作和收入的雙重保證，如今變成瓷碗。[20]

在推行企業承包經營責任制之前一年，政府曾試圖施行稅制改革。一九八三年，為了減輕中央財政負擔，中央不再允許國有企業保留部分利潤，反而還必須納稅。此外，政府不再為企業提供貸款，所有貸款需向銀行籌借。這套新稅制推出得很匆促，因為多年來政府預算持續下降，中央迫切需要穩定的收入來源。[21]可結果卻適得其反，企業開始以各種方式逃稅，即使盈利也會把帳目做成虧損。儘管中央一再禁止，但一些企業仍向職工發放獎金，以增加自己的債務規模，還有企業隱瞞利潤，而臺州一家無線電廠則以極優惠的折扣價向當地政府工作人員出售其產品。商務部在檢查兩千五百家企業後發現，這些企業向國家隱瞞的資金量高達數億元人民幣，許多企業用這些錢建立自己的「小金庫」。[22]

一九八三年底，聲稱虧損的企業被迫作出扭虧為盈的保證。在黑龍江這個工業重省，政府召集二十二家虧損最嚴重企業的負責人，要他們公開簽署承諾書。在簽字儀式上，廠長一個個神情沮喪，媒體把這些承諾書比喻為「生死狀」，有幾個人日後果真遭到解職，但是企業的欺騙行為並未因此減少。[23]真正有效的解決辦法似乎還得向農村尋求靈感。一九八四年夏，趙紫陽提出：「農村改革移植到城市是企業的一項重大改革措施。」[24]

推行承包經營責任制的目的，並非為了改變發展模式，只是為了賦予企業更多自主權，以實現經濟快速增長。長期以來，中共高層決策者一向習慣於用配額和指標來統治。一九七七年，他們把周恩來提出的在二十世紀末將中國建設成為主要工業強國的目標寫入黨章。然而，由於實行三年緊縮政策，經濟發展速度受到限制，於是鄧小平在一九八二年提出新增長目標，即爭取到二〇〇〇年實現國民生產總值翻兩番。鄧隨後問身邊的人，為了實現這一目標，每年需要增長的百分比是多少時，趙紫陽和姚依林都表示不清楚，只有胡耀邦準備得比較充分，他回答說需要每年遞增七·二%，鄧小平聽後一揮手，把目標定為七%。[25]

確定目標後，中央即據此向國有企業下達相應指標。根據承包經營責任制的規定，企業在完成生產指標後，可以把剩餘產品拿到市場上出售。於是全國上下，從各個縣到各個省，彼此展開激烈的生產競爭。[26]其結果近乎奇蹟：根據官方統計，一九八三年全國工業增長略高於一〇%，一九八四年則超過一五%，一九八五年更達到驚人的二二%。[27]

這看起來像是一九七八至一九八二年第一次通貨膨脹的重演，不同的是，這一次銀行的角色發生轉變。在計畫經濟中，銀行只是充當出納的角色，為國家制定的經濟計畫提供資金。當時的中國，除了被稱為中國人民銀行的央行外，還有四家國有銀行，其職能各有側重，分別是：中國農業銀行、中國工商銀行、中國建設銀行和中國銀行。如今，中央給予這四家專業銀行更多自主權，允許其提高貸款限額。為了吸引更多客戶，這四家銀行紛紛提高各地分行的貸款指標，貨幣供應量一下子激增約四〇％至五〇％。[28]僅在一九八四年，通貨膨脹率就達到二三％。[29]

據一份河南省內部報告稱，這四家銀行在該省不停地放貸，僅中國工商銀行就在六個月內貸出二十五億元人民幣。金字塔騙局隨之出現，各家銀行的主業不再是吸收存款，而變成相互借貸，「各專業銀行相互拆借，還不惜高利層層加碼」。在省會鄭州——兩條鐵路幹線在這裡交匯跨越黃河，一家建設銀行的分行把貸款發放給工商銀行的一個分行，而工商銀行轉而將這筆錢貸給農業銀行，農業銀行則把這筆資金重新封包，分配給農村各個支行。與此同時，空殼公司和信託公司也趁機向銀行借貸。在吉林省，四十七家信託公司向國家銀行貸款超過三億元人民幣，它們隨後把這些資金轉手放貸出去，用於購買原材料和消費品，其客戶甚至包括省會長春市的市政府。[30]

此外，中國的銀行系統還面臨一個更棘手的問題，而且在接下來幾十年裡將一直受其困擾。要知道，任何獨裁國家都不會只有一個獨裁者，而是會出現大大小小許多獨裁者，這就是所謂「領袖原則」（德語為 *Führerprinzip*），即最高領袖處於權力巔峰，從他往下，各層各級都會出現類似的領導人物統攝全部權力。在中國，雖然銀行屬於國家所有，但各地支行事實上只能服從當地政府的指令，而地方政府出於扶持地方企業的需要，同時更是為了從銀行提取更多資金，常常逼迫銀行給地方企業放貸，而且他們知道，即使銀行破產了，也會由中央政府概括承受。在湖北省黃石市，一家國營燈泡廠欠下五十萬元債務，同時還有價值三百萬元的積壓產品，當銀行拒絕繼續向其貸款時，該市黨委書記竟然出面干預，痛斥銀行經理反對「經濟改革」。[31]

在舊體制下，國營企業為了還債，會向國有銀行借錢。但實行企業承包經營責任制後，許多新上任的廠長開始拒絕償還工廠欠下的債務。一九八五年，武漢一家板材廠累計虧損一百五十萬元，新廠長簽署承包經營合同，但拒絕接手債務。這樣的情況並非個例。當局審計湖北省七十一家國有企業後發現，大多數企業都沒有償還過去的巨額欠款，拖欠金額高達兩億一千萬元。對新上任的廠長來說，考慮最多的是自己的利益，其次是工人，再其次才是繳稅，向銀行還貸則排在最末位。更有甚者，有些廠長發工資時非常慷慨，反正錢都是向銀行借的。在緊鄰長江三峽下游的宜昌市，一家食品加工廠的利潤下降一二%，可工資卻增長八七%。[32]

至一九八六年底，湖北全省的國有企業總共向銀行貸款一百億元，如果算上鄉鎮企業，這個數字還要多兩倍。然而，雖然總體營運資金增長三五%，但產量的增長只有九．七%，遠遠低於前者。換言之，固定資產每增加一百元，產出僅增加九十七．一一元，而當時全國平均水準也不過是一〇〇．一四元。誠然，與一九八四年比，投入產出比已經有所改善（一九八四年時，湖北省的營運資金增幅為六〇%，但產出只增加一五%）。[33]但工業產量看似漲幅明顯，實際上卻依賴資金和人工的巨大投入。一九八〇年代初，在經歷幾十年的停滯後，生產力曾在短期內出現過快速增長，如今這種好事已經一去不返了。[34]全國人民代表大會常務委員會副委員長王任重在會見東德領導人何內克時即明確表示，中國的消費已經超過生產。[35]

在政府領導層和企業管理者看來，數量比品質更重要，因為他們看重的是高速增長。如此造成的後果是，許多產品品質粗糙，乏人問津。一九八六年，湖北全省堆積在倉庫裡的滯銷產品總值即達十七億元。[36]而全國範圍內，僅電器方面，至一九八四年底即有價值兩百五十五億元的貨物遭到報廢處理。與此同時，一個工人的平均月工資僅為五十元。[37]

產品品質差的另一個原因與商品產值的計算方式有關。政府使用的計算方法源於一九二九年的蘇聯，其特點是計算產值時並不看企業的銷售情況，而是以實際產量乘以官方價格。如此一來，產品數量自然比產品價值更重要。例如，一九八七年，中國鋼鐵廠生產五千萬噸鋼，但真正可使用的只有五百萬噸，因此又不得不進口兩千萬噸來彌補缺口。數量增長往往不能創造更多財富，反而浪費更多寶貴的原材料。[38]

儘管產品品質時常令人堪憂，生產這些產品所投入的成本卻很昂貴。為了採購原材料，國營企業不僅彼此互相競爭，還與方興未艾的鄉鎮企業展開競爭。它們派出採購員四處尋覓，活動範圍愈來愈遠，由此抬高原料價格。貧窮的內陸地區和經濟狀況相對較好的沿海地區，本來就存在巨大的結構性不平衡，現在這種不平衡進一步加劇了。在甘肅省省會蘭州，百貨商店裡的商品種類變多了，然而，大量商品雖然採用的是甘肅當地的原材料，生產廠家卻位於兩千多公里外的沿海地區。該省雖然貧窮，但皮革製品（包括真皮和人造革）的供應此前一向充足。如今，甘肅當地的製革廠根本無力與沿海地區的皮革廠競爭，後者享有更多國家補貼，因此能以更高價格來甘肅收購原料。食品業也是如此，即便如豆漿或豆瓣醬之類商品，也很難買到本地生產的。[39]

沿海地區一些國有企業競爭力更強，但並不一定更有效率。推行承包經營責任制的目標，是讓四十多萬家國營企業實現現代化。然而，許多國企都存在巨額赤字，而且機構臃腫，弊端重重。不僅如此，所有企業都向職工提供免費醫療、教育、住房和娛樂等福利，一些巨型國企還擁有內部電視臺和醫院，甚至有的還辦有大學。實行承包經營責任制後，廠長的權力比過去大了，但他們既不能解僱職工，也不能申請破產，於是有些人便利用手中權力，一味擴大投資，同時提高職工工資，對效率和生產力卻不予考慮。據趙紫陽說，一九八四年全國工資水準（包括補貼和獎金在內）增長二二．三％，遠遠超過產量的增長。一九八五年第一季度，工資又增長三五％。[40]與此同時，由於進口費用昂貴，同時又缺少合格的工人，再加上原料和能源供應有限，改革甚至拉低部分企業的生產能力。一九八五年底，因為能源嚴重短缺，天津市許多工廠不得不暫時停產，開工和停產的比例達到五比二。[41]

天津地處京杭大運河和海河交匯處，瀕臨渤海，是僅次於上海和北京的中國第三大城市，也是一座工業重鎮。然而，天津市委的一份報告指出：「當前不少企業產品品質下降，效益低下，虧損增加，浪費嚴重。」盈利的工廠只占少數，全市有一半工業利潤是由五％的國營企業創造的。上海的情況也不比天津好多少。[42]

全國上下都在談論企業承包經營責任制。沙市是長江邊一座繁忙的城市，這裡的工人和幹部對這個新制度並不以為然，因為他們發現國家仍然掌控著一切：「口裡喊放權，手裡不放權。」民眾對此犀利地評論道：「大婆婆換了二婆婆，換湯不換藥。」[43]

★　★　★

文化大革命期間，農民學會如何規避國家的控制，而城市裡的私人商販也開始興盛起來。不管城市還是農村，「上有政策，下有對策」的現象在毛澤東去世前就已出現。即使在名義上被「四人幫」牢牢控制的上海，一九七五年就有絡繹不絕的小商販進城賣菜了，還有地下組織利用上海和杭州之間的價格差，倒賣煤炭、木材和銅，獲利可達三倍之多。市場監管部門對此無能為力：「一沖就散，不沖就來。」監管人員出面干預時，時常會遭到辱罵，甚至偶爾被打。[44]

在上海，僅是賣炸炒米的小販，全市就有三百五十多人，人均每天可賺十塊錢。還有人在黑市上賣煤，因為政府供應的煤炭數量有限。一名當地幹部讓妻子負責採購原材料，同時教十三歲的女兒如何交易。[45]

至一九七六年底，上海出現四十多個黑市，此外還有些小型交易地點，散布在百貨公司外面、地下通道裡以及工廠附近。大光明電影院外面就有一個黑市——這家電影院是一座建築精品，由一位匈牙利建築師在一九二八年設計建造，室內建有旋轉的大理石樓梯。另一個黑市位於人民廣場，這裡曾是賽馬場，如今被改造成巨大的瀝青廣場，民眾就在當局眼皮底下公開交易。靜安寺舊址上也出現一個黑市——文革鬧得最凶的時候，靜安寺被夷為平地，隨後在這裡建起一個塑膠廠。有些黑市吸引數百名小販，販賣的商品包羅萬象，包括食用油、糧食、肥皂、玩具、食譜等等，甚至還有淫穢圖片。這些黑市的交易量難以統計，但規模肯定很大，光是香菸就賣出兩百多萬盒。[46]

並非所有小商販都是非法的。一九四九年後，少數人獲得政府允許，可以從事一些小買賣，如修理自行車、經營小吃攤、販賣熱水等等，還有人在家裡做手工玩具，或者在街頭擺個地攤。這些人被稱為「個體戶」，每個人都要在戶籍管理系統裡登記身分。他們長期處於國家監控之下，時常還會受到打壓，被罵成「資本家」，人數也因此愈來愈少。在文化大革命前，上海約有三萬四千名個體戶，到了一九七六年，只剩下一萬三千人。[47]

這些個體商販其實作用很大，因為中國雖然建設幾十年的社會主義，但仍然無法為居民提供最基本的生活保障，而這些小商販恰好可以彌補國家供應的不足。文革期間，由於個體商販數量減少，許多居民甚至連熱水都買不到。一九七七年時，上海一條住有八萬多居民的街道，只能找到三家國營商店，而且商品嚴重短缺，要不是有個體商販，民眾可能需要步行半個小時才能買到需要的東西。其他服務行業的情況也是如此，無論是理髮、洗衣服，還是修個小東西，再簡單的事情都會變得很麻煩。[48]

大多數合法登記的個體戶都在六十歲以上。為了「廢除資本主義」，國家發起一次次運動，試圖把私營業主變成國營單位的職工，但在上海虹口區，一位八十七歲的老人始終頑強地經營著自己的小生意。然而，個體商販需要忍受許多歧視，特別是購買原料或進貨時，會受到政府機構種種刁難，這種情況下，黑市就為他們提供另一種選擇。[49]

「四人幫」垮臺後，政府開始鼓勵大家從事個體經營，同時也允許「家庭作坊」僱傭八名以上員工。然而，由於限制繁多，手續複雜，登記為個體戶的人數仍持續減少。一九八〇年，在北方的工業重鎮、同時也是汙染大戶的瀋陽，政府逐步放鬆對三十個黑市的管控，允許非法商販公開出售其貨物，這一舉措被許多人視為一場小型革命。[50]然而，對私營經濟的打壓並未就此結束，全國許多城市仍然堅持由政府控制所有貿易行為，禁止小商販把農產品賣到城裡。直到一九八三年，四川省省會成都依然如此規定。[51]

許多個體商販不得不繼續生活在法律的灰色地帶。一九八六年，上海合法商販和非法商販的比例達到一比一。小商販隨處可見，街角和人行道上的攤位多達一萬七千多個。據市政府估算，商販占據全市八．七％的道路面積，有些攤位變成固定建築。[52]

其他地方的情況與上海類似，無論是否得到官方許可，各個城市的商業都開始復甦，彷彿過去三十年從未發生過什麼，其中溫州的發展速度首屈一指。溫州是東海邊的一個港口城市，四周山林環繞。自古以來，商人用木筏或帆船，把菸草、茶葉、棕繃、油紙傘、竹子和瓷器等產品從內地運到這裡，然後再行銷沿海地區，甚至出口海外。與其他地方一樣，這裡的私人商販從未消失過，但在一九七六年後，溫州的商販人數一下子激增到一萬一千人。當地政府也曾試圖壓制這股熱潮，但只是做做樣子，一九七八年後更是默許這一趨勢。解放前，溫州的商人建造許多豪宅，城市裡分布著錯綜複雜的街巷，還有眾多寺廟，這些地方如今都變成私營企業的作坊，有的製作衣服，有的鑄造鐵鍋，有的縫製雨傘，各類成品堆放在人行道上，與一堆堆販賣到城裡的蔬菜「相映成趣」。[53]

至一九八三年，溫州的私營企業竟多達四千多家，占全市工商業的比重超過四〇％。有一篇報導寫道：「幾乎幾步一店。」有些國營工廠的工人，由於忙於家庭企業，以致無法正常上班，國營工廠的生產指標因此無法完成，但也無計可施。[54]

在溫州這座三十萬人口的城市裡發生的一切，引起北京關注。一九八五年十二月一日，趙紫陽來到這裡視察。他發表講話說，從長遠來看，資本主義會造成人民內部矛盾，導致社會不穩定，並最終引發政治動盪，因此必須搞活國有企業，支援集體經濟。幾週後，胡喬木也來到溫州。他認為，像溫州這樣的小地方，可以容許私營經濟存在，但如果推行到整個浙江，就會產生問題：「這樣的話，中國就不是社會主義國家，變成資本主義國家。」胡喬木的結論是，對私營經濟「要有節制」。[55]

在全國範圍內，私營經濟仍受到種種限制，特別是在資金、原料、能源和運輸等方面困難重重，因為這些領域都掌握在國家手裡。在溫州等地，私營企業採取的對策是成為國有單位的「掛靠企業」，即假裝成集體的一部分，以國營單位的名義運作。私營企業向掛靠的國有企業或軍事單位支付一定費用，便可使用其名稱、公章和銀行帳戶，並利用後者與政府的關係，逃避當局調查，這種做法用俗話來說，就是「背靠大樹好乘涼」。[56]與此同時，私營企業也經由掛靠的國有單位向國家納稅，因此一些地方政府私下也鼓勵它們這麼做。

無論是獨立營運，還是掛靠營運，私營企業在一九八四年後都獲得長足發展。企業承包經營責任制還允許廠長把經營合同轉包給手下的團隊，一旦工廠完成國家下達的生產任務，就可以自主開拓市場，銷售多餘產品。經由層層承包和分包，產生一個意想不到的後果，即私營企業可以更容易地與國營單位建立聯繫，與此同時，不少國營企業雖然名為國有，實際卻按私營企業的模式運作。

經由密切合作，國有單位與掛靠的私營企業利用當時的價格體系，可以雙雙獲利。當時的中國，各層各級都存在兩種價格：一種是國家提供國有企業原材料（如木材、棉花、菸草、鋼鐵和水泥等等）的供應價，一種是這些商品的市場價，供應價往往是固定的，而且低於市場價。於是，有些國營企業就把自己享有的原料供應配額賣給掛靠的私營企業，令後者以低於市場價的價格購得原料。此外，國家以固定價格收購國營企業產品，同時允許它們以市場價出售超出配額的多餘產品，這也為國營企業和私營企業之間的合作創造條件，雙方聯手就可以輕而易舉地賺錢，最後吃虧的還是國家。僅在湖北一省，一九八四年後就湧現出八千家皮包公司，其中許多專門為國營企業及其掛靠的私企代理生意。正如當地政府部門所指出的，許多時候是「政企不分」。[57]個體、集體和國營之間的區別也變得模糊了。集體資產名義上歸「人民所有」，因此也可以由人民拿到市場上變賣，國有企業的資產轉眼就可能被侵占，或被職工瓜分。[58]一方面是命令經濟的殘餘，另一方面則是——用一位經濟學家的話說——「經過選擇、消毒和裁剪、受到種種限制、片斷性的、不完整的市場及私有財產政策」。[59]這兩者的結合並沒有產生「混合體制」，而是創造一個「混亂體制」。時任中共中央委員會候補委員的經濟學教授劉國光把它委婉地稱為「令人困惑的經濟體制」。[60]

無論企業的性質如何，變化最大的是零售業、餐飲業、服務業和運輸業。部分城市出現個體經營的理髮店、修車鋪、小吃攤和運輸隊，從而逐步改善民眾的生活品質。可是，也有不少城市主政者認為第三產業的利潤太低，不值得扶持，以致國營服務行業不斷萎縮，而個體經營者又無法填補空白。例如在南京，一九八三年至一九八五年間，維修鋪和澡堂的數量大幅減少，有的區有數萬居民，可是竟找不到一個理髮師。[61]

即使在上海這樣私營經濟比較發達的城市，因為政府日益忽視，公共服務業的品質也不斷下降。例如，絕大多數工廠的食堂狀況堪憂，許多建築漏水，一位檢查人員描述道：「外面下大雨，屋內下小雨。」有的食堂沒有燃料，只好燒雜物和垃圾。[62]城市裡的基礎設施陳舊老化，老城區的汙水處理系統甚至還是一九四九年前鋪設的。[63]個體商戶很少能真正「致富」，大多數都不得不忍受來自各個政府機構的騷擾，工商局、公安局等不同職能部門會以各種名義向個體商戶收取費用。

至一九八七年，中國的私營經濟儘管有所發展，但全國十多億人口中，登記為私營部門職工的只有兩千兩百萬人，在大約九千萬鄉鎮企業職工中，受僱於私營企業的僅有一千五百多萬人。有人估計全國私營企業只有一半是正式登記的，但即便如此，私營經濟在整個國民經濟中的比重仍然有限。[64]

一九八七年，溫州市一名副市長坦言，在武漢、瀋陽和北京這樣的大都市，私營經濟的規模還是很小，而在其他一些城市，私營經濟幾乎不存在。即便在溫州這個「資本主義的溫床」，三分之二財政收入仍然依賴於國企。用這名副市長的話說：「我們都坐在公有制這條船上，如果這條船沉沒了，我們也會葬身魚腹。」[65]

★ ★ ★

一九八四年一月，鄧小平突然出現在深圳。他參觀市區，視察一家電子廠，並聽取市長報告，中央電視臺向全國數百萬觀眾報導。鄧小平表達對深圳的祝福，並神態莊重地表示：「我們建立經濟特區的政策是正確的。」[66]

在鄧小平到訪之前，許多人認為深圳處於資本主義的模糊地帶，在意識形態上可能出現問題。一九八〇年十二月，趙紫陽、萬里、姚依林和谷牧主持召開一次特別會議，他們在會議上提出警告：「不要把中國融化為資本主義。」幾位領導人抨擊說：「現在美國和香港都有人妄圖把廣東變成香港」。至於深圳，他們強調說：「我們搞的是經濟特區，不是政治特區。」幾週後，陳雲嚴肅地宣布：「外國資本家也是資本家。」[67]

如今，鄧小平對深圳公開表示支持，廣播、報紙和電視把這一消息傳遍全國，令深圳一夜成名，其地位猶如文革中的大寨。十年前，大寨吸引成千上萬參觀者前往學習自力更生的革命經驗。如今，全國各地黨員幹部來到深圳，渴望學習如何吸引外國資本和技術。僅天津一市就派出一支五千人的考察團。大量遊客湧入使深圳應接不暇，不過據說許多代表更喜歡購物，而不是聽講座。68

一九七六年的深圳，不過是一個只有約三萬人的封閉落後小村子，但它的優勢是有一條鐵路與香港相連。香港那時已經發展成為金融之都，擁擠的天際線上矗立著數百座摩天大廈。對於派往國外招商和學習的中國代表團來說，日本和美國雖然令人印象深刻，但香港才是真正激發他們想像力的地方。一九七七年八月，柴樹藩等人奉命出訪紐西蘭，在香港過境時，大家被這塊英國殖民地震撼到了，因為他們發現香港雖然沒有任何自然資源，但什麼都能生產，來自世界各地的原材料被運到這裡，然後從繁忙的港口送往三萬六千多家工廠，最終生產出形形色色的商品，從廉價的塑膠花到先進的電腦，應有盡有。不僅如此，香港還是一個零關稅的自由港，世界各地的投資者都被這裡的低稅率吸引而來。香港的一切，無論是港口、銀行、專業知識，還是最寶貴的資金，全都可以用來服務於中國的四個現代化建設，毛澤東早就說過對香港要「長期打算，充分利用」。69

中國派往香港的代表團數量眾多，遠不止這一個，這塊英國殖民地變成大陸非正式的培訓基地。上海派出的代表團似乎對香港的一切都感興趣，從生產雨衣到建造摩天大樓，什麼都想學。一九七八年，廣東省工商界各個行業全都派出各自的代表團赴香港學習。如果說有什麼榜樣可供中國仿效，那就是香港，而不是日本。70

長期以來，香港一直充當著中共政權與外部世界聯繫的橋梁，其作用不可或缺。一九四九年後，隨著冷戰的竹幕落下，這塊英國殖民地扮演中間商的角色，外國商品經由香港進入中國，中國產品也經由香港銷往國外。在「大躍進」的高潮期，隨著中國與蘇聯關係惡化，香港成為中國大陸最主要的外匯來源。[71]

中共把香港人以及居住在世界各地（從印尼直到加州）的華裔統稱為「海外華僑和港澳同胞」。中國政府認為，這些「海外華僑和港澳同胞」中雖然潛藏著間諜和資本主義的滲透者，但還有另一些人值得經由統一戰線拉攏。統一戰線網羅一批知名人士和有影響力的機構，直接聽命於北京。在香港，北京政權就資助包括工會、商會和報社在內的一系列機構，以期培植當地親共勢力。不過，文革期間，統戰工作基本上陷入停頓。

一九七六年後，領導層希望用新思路復興統一戰線。華國鋒在一九七九年九月召開的統一戰線會議上指出，愛國者並不都是社會主義者，而香港有許多愛國資本家。李先念附和道：「如果說是社會主義統一戰線，他不來，可以建愛國統一戰線。」至一九八一年，這一思路得到許多中共高層領導贊成。薄一波提出：「我們對華僑的標準只有一個，就是愛國主義。」[72]

於是，中共開始努力對外示好，為文化大革命中的極端做法表示道歉。一九七九年九月，鄧小平親自下令歸還文革中沒收的海外華人財產，特別是富商的房子。作為交換，中共希望海外華人來中國投資，為四化建設作出貢獻。[73]

為了吸引香港愛國人士和他們的資金，最有效的辦法就是在毗鄰香港的地方開闢特區。一九七八年，《人民日報》發表文章說，這一做法並不違背馬克思主義原則，因為蘇聯早在二十世紀二〇年代就與外國公司合作，成立合資企業了。[74]中國政府將在特區內提供土地、房屋和勞動力，而外國公司負責提供原材料、生產設備和專業技術。經由這種方式，中國可以引進國外科學技術，而無需支付寶貴的外匯。特區選址在寶安縣的深圳，一八四二年《南京條約》永久割讓給英國的香港島，以及一八九八年租給英國九十九年的新界都曾隸屬於這個縣。一九七八年九月，國務院正式宣布寶安縣為自由貿易區，同時在珠江對岸毗鄰澳門的珠海設立另一個特區，兩個特區在三年內將分別獲得五千萬元中央撥款。[75]

這一舉措其實根本稱不上大膽創新。早在一九五九年，愛爾蘭就在香農機場（Shannon Airport）成立世界上第一個出口加工區——亦稱「自由貿易區」。一九七〇年，全世界有十個國家設立這樣的區域。在之後十年裡，自由貿易區不斷湧現。至一九八六年，全球有五十個國家共設立一百七十五個自由貿易區。

在珠海成立的第一家中外合資企業是毛紡廠，但是這家工廠業績太差，最終因產量急遽下降而關門大吉。香港老闆抱怨說工人不喜歡工作。事實上，這家工廠的工人大多是文盲，而且他們的工資全由政府支付，水準極低，而那些領班和監督人員，雖然能夠閱讀和計算，也與一般工人拿同樣的工資。[76]

其他企業的狀況也好不到哪裡。深圳最有前途的一家工廠是由夏巴行有限公司（Harpers International）建立的汽車組裝廠——這家公司是福特和三菱汽車在香港的銷售商。此外還有十幾家公司也被深圳的低工資吸引，來到這裡拓展業務。一九七九年，深圳還是一片曠野，只有一條土路通往外面的世界。然而，香港投資者希望，他們在深圳生產的商品可以標注為中國製造，這樣就可以享受美國給予中國的最惠國待遇，而無需受到香港出口美國商品的配額限制。[77]

在深圳特區創辦初期，還遇到一些其他問題。眼看著香港燈火輝煌，工資又高，許多深圳工人萌發偷渡的念頭。一九七八年八月，短短十天內就有約六百人偷越邊境。[78]偷渡的勢頭不可遏止。一九七九年五月間，香港的邊境巡邏隊就抓獲一萬四千餘人。為了加強防範，香港當局在邊境築起一道高大的圍欄，還成立一支由廓爾喀人組成的小型邊防部隊。[79]

習仲勳是中共一名元老，其觀點一向較為溫和。不久前，他剛被派往廣東，參與領導華南地區的對外貿易。面對偷渡潮，他知道光靠圍堵很難奏效，於是建議中央授予廣東和福建兩省更多外貿自主權，包括提高兩地貿易區內的工人工資。鄧小平回覆道：「就叫特區吧。」鄧之所以想到「特區」一詞，是因為想起二戰前共產黨游擊隊在國共交界地帶建立的游擊區。一九七九年七月，寶安貿易區更名為「深圳特區」，之後又改為「深圳經濟特區」。與此同時，珠海以及福建沿海的汕頭和廈門也成為經濟特區。[80]

四年後，這四個特區中唯一得到充分發展的是深圳。即便如此，深圳也並未完全實現決策者的最初構想。按照當年的設想，這座城市的職能是吸引外資，同時促進中國商品出口。然而，當鄧小平於一九八四年前往視察時，深圳的進口量是出口量的三倍，貿易逆差超過五億美元，而且當地的主要財源是旅遊業和房地產，而非建立在先進技術上的工業。不過，深圳的效率之高——號稱一個星期蓋一層樓，著實令上海豔羨。但另一方面，迅速城市化是要付出高昂成本的。[81]國家每年向深圳投入約十億美元，用以發展其基礎設施，遠遠超出這個特區從外國投資者那裡吸引到的資金。但無論如何，深圳已經成為繁榮的轉口港，各種貨物以優惠價格在此地進進出出。[82]

儘管現有的四個特區表現不佳，但中央決策者仍渴望開放更多城市發展對外貿易。趙紫陽曾讀過一九八〇年出版的《第三次浪潮》（*The Third Wave*，也譯為《第三波》），這本書的作者是美國的未來學家阿爾文·托夫勒（Alvin Toffler），他預言繼農業和工業革命之後，第三次革命將以電腦為基礎，帶來克隆、有線電視和網際網路等新生事物。一九八三年十月，趙紫陽提出中國可以完全跳過工業革命，把重工業轉移到內地，讓沿海地區直接發展現代技術。他說：「時不我待，機不可失。」就像一八六八年的日本明治維新抓住時機一樣，現在輪到中國超越其競爭對手了。[83]

趙紫陽找來社科院工業經濟研究所的所長馬洪、國家經濟委員會副主任朱鎔基等人，讓他們對這個問題加以研究，最終得出的結論是，《第三次浪潮》偏離馬克思主義的宗旨，其出發點是為了幫助資本主義國家擺脫難以解決的經濟危機，但是中國可以利用這本書提供的資訊，在社會主義經濟的基礎上，制定相關發展戰略，抓住這次機會趕上世界的先進水準。鄧小平和陳雲也反覆強調電腦對中國未來發展的重要性，《第三次浪潮》由此成為每個黨員幹部的必讀書。[84]

一九八四年二月二十四日，就在視察深圳後幾週，鄧小平找來胡耀邦和趙紫陽等人，對他們說：「把經濟特區辦得更快些更好些。」在經過幾個月調查研究後，鄧召開一次工作會議，決定開放更多沿海城市。列寧曾敦促他的同志利用外資發展蘇聯經濟，如今鄧小平則認為，光引進外資還不夠，特區必須建立更多合資企業。一九八四年四月六日，中央宣布包括大連、天津、上海、溫州和廣州在內十四個城市對外開放，其地位等同於經濟特區，但有一點與深圳不同：中央已經向深圳投入數十億資金，現在既不打算也沒有能力資助新開放的城市。用趙紫陽的話說：「我給你們自主權和開放的自由，不要什麼事都到北京來。」這一做法既讓地方政府獲得更多對外貿易自主權，同時也減輕中央財政的壓力，看似是雙贏局面。趙紫陽說：「只要權力下放，辦事就快。」[85]

新開放地區被稱為「經濟和技術開發區」，旨在鼓勵外國公司把更多先進技術帶入中國。[86]然而，當十四座城市於四月六日宣布開放時，曾在一九七六年後分管外貿、並向國外派出許多考察團的谷牧卻提醒說，在引進技術方面需謹慎從事，因為外國公司普遍擔心其技術專利會受到中國企業的系統性侵犯。[87]

雖然中國已於一九八〇年三月三日加入世界智慧財產權組織，但對相關條約只是口頭承諾，並未真正落實，而且在現實中，盜竊智慧財產權的行為會受到積極鼓勵。例如，一九八一年，上海一家化工廠成功地複製乙膦鋁——這是一種用作殺菌劑的化合物，由法國羅納－普朗克製藥公司（Rhône-Poulenc）於一九七七年註冊專利。上海這家化工廠發表相關文章後，法國大使館據此提出抗議。類似事件日益增多，促使國務院副總理萬里在一九八二年十一月會見西德製藥代表團時鄭重宣布，中國會遵守國際法，保護外國公司的智慧財產權。一九八三年二月二十五日，化學工業部和農牧漁業部聯合發布文件，要求仿製外國藥品必須保密。該文件指示說，由於中國必須遵守相關國際法律，對於仿製外國藥品的行為，不能在公開雜誌上發表，而且必須更改產品名稱。根據這份文件的要求，仿製行為只有在可以控制的情況下才能進行。[88]

事實上，中央政府會蒐集國外各類知識專利的資訊，然後經由計畫經濟的指揮系統向下發布。一九八三年三月十八日，化學工業部發出通知，鼓勵其下屬國有企業選派「政治可靠」而且熟悉技術的領導幹部，前往各地科技局查閱「特種資料」，其實就是「經由特殊管道獲得祖國外的科學技術資料」。[89]

中國政府特別重視國外的電腦技術。一九七九年，瀋陽鼓風機廠安裝中國第一臺ＩＢＭ電腦——IBM System/370 Model 138。這種機器很重，主機像櫃子那麼大，而且除了ＩＢＭ最具競爭優勢的關鍵軟體和技術享有專利保護外，其他部分都不受專利保護，可隨便仿製。擁有一批頂級逆向工程師的蘇聯甚至在流水線上組裝仿製電腦，然後運往其他社會主義國家。[90]

一九八〇年十月，上海市電腦學會研究複製整個 IBM370 系統的可能性，建議投入兩百六十萬美元，成立由五名中外專家組成的小組，並在美國設立聯絡處。聯絡處將建在舊金山，因為當年一月，舊金山市長黛安・范斯坦（Dianne Feinstein）已決定與上海確立姊妹城市的關係，而上海將「以友誼的名義」派出代表團訪問舊金山。一個月後，這一建議得到中共上海市委批准。[91]

兩年之後，上海表示，該市國有企業在進口和仿造複雜技術方面取得一定成功。一份政府報告寫道：我們需要「統一」的「仿製」方法，以保證「仿製設備的品質」。[92]

在中央向全黨推薦阿爾文・托夫勒的《第三次浪潮》後，仿造變得更加重要。天津輕工業局在一份文件中提出，為了跨越幾個發展階段，仿造是必不可少的。包括天津在內的十四個新開放城市，恰好「為仿造國外消費品和先進技術提供有利條件」。營口洗衣機廠對松下產品的仿造就是一例。[93]

一九七八年剛剛恢復的國家保密局反覆指示，對仿造行為必須嚴守祕密。[94]與其他中央機構一樣，保密局在每個縣市都設有分支部門。一九八五年，上海市保密委員會詳細解釋在合資企業中哪些資料可與外方分享，哪些必須保密，至於「非公開管道引進的『禁運』等等設備、儀器、樣品、標本、苗種、科技情報等資料」，當然絕不能透露給外方。[95]

儘管有種種規定，可實際上，中國人在向外國同行介紹如何仿造專利技術時並無多少顧忌。[96]他們既不會受到法律制裁，也沒有任何道德上的愧疚感。之所以如此，是因為在中國人的觀念裡，私有財產的概念幾乎不存在。社會主義的做事方式就是以集體利益至上，個人權利不值一提，更何況是資本家的利益。

★　★　★

對外貿易也發生變化。中央不僅開放沿海地區的工業重鎮，而且從一九八四年九月開始將承包經營責任制引入外貿領域。在此之前，所有對外經貿活動都必須由國有的外貿公司經手，如今外貿公司喪失壟斷地位，數以千計的新公司幾乎在一夜之間冒出來，爭相為國有企業代理外貿業務，而代理商從出口銷售中的提成，也從一九八三年的八％增長到一九八五年的二五％。[97]

隨之而來的是進口貨物的猛增。一九八五年，中國進口大批彩色電視機、錄音機、微型電腦以及成套機器設備，總體進口量飆升六〇％。趙紫陽在一九八五年四月抱怨說：「你引我也引，要引大家引，彩電、電冰箱、洗衣機、錄音機的生產線。」然而，趙無力阻止這種趨勢，因為如果中央加強對外匯管制，勢必會打擊中國企業增加出口的動力。[98]由於之前實行緊縮政策，中國政府的外匯儲備一度恢復到較為穩定的水準。然而，短短一年之內，外匯儲備就從一百七十億美元減少到不足三十億美元，幾乎不足以支付一個月的進口量。[99]

這種局面頗似一九七八年，只不過這一次規模更大，全國各地都出現重複進口、購買昂貴但不適用的技術、在奢侈品上揮霍大量資金的現象，其中尤以海南為甚。海南島以前盛產海盜，一九八三年三月，中央給予該島關稅豁免權，當地幹部並沒有打算投資漁業和種植業，而是決定利用這次機會徹底改變海南的貧困面貌，把該島一舉變成經濟改革的成功樣本。基於這個思路，當地政府進口八萬九千輛轎車和卡車，還有數百萬臺電視機和錄影機，以及各種化妝品、食品和玩具，港口塞滿運貨的船隻。中央規定，免稅進口的商品只能在海南本地銷售，但實際上，有採購商以進口價格三倍的代價購買這些奢侈品，然後再轉賣到全國各地。海南當地有兩家銀行為採購商提供貸款，這些錢本應用於海南的公路、鐵路和機場建設，結果卻被投入黑市交易。這是中國有史以來最大規模的炒賣外匯案，最終在一九八五年春遭到中央徹查。[100]

雖然進口量激增，出口量卻沒有跟上。推行外貿承包經營責任制的目的是為了鼓勵企業生產增加出口，但是中國政府高估人民幣匯率，最終妨礙出口。一九八〇年一月，中國開始實行雙重匯率制度，除官方牌價外，還有貿易內部結算價，後者被定為一美元兌二・八〇元人民幣。但在接下來的幾年裡，由於通貨膨脹，人民幣兌美元的市場匯率逐漸上升，一九八三年時達到一美元兌換三・二〇元人民幣。[101]為了增加出口，外貿公司要求上海工廠進一步降價，工廠拒絕後，外貿生產陷入停頓，而外貿公司也拒絕償還銀行貸款。最終只能由國家補貼，然後採取更扭曲的政策來抵消雙重匯率對出口貿易的不利影響。[102]

一九八五年一月一日，中國放棄內部結算匯率，並允許人民幣逐步貶值，以促進商品出口。一九八五年八月，人民幣對美元的匯率降至一美元兌換二・九〇元人民幣。十月，人民幣連續四次貶值後，匯率迅速降至一美元兌換三・二〇元人民幣。一九八六年七月，繼續降為一美元兌換三・七一元人民幣，這一匯率一直保持到一九八九年十二月。[103]

即使這樣還不足以增加出口。一九八五年一月，天津的企業每出口一美元商品，成本是三・四四元人民幣。[104]上海的情況也好不到哪裡，不管出口什麼都會導致虧損。大中華橡膠廠是該市最大的橡膠廠，其生產的輪胎出口到國際市場，但是每賺取一美元，單位成本就高達五・五〇元人民幣。出口商品的產量急遽下降，迫使上海市政府不得不推出新的優惠政策，以減少稅收和關稅等條件鼓勵企業增加生產。[105]

通貨膨脹令出口企業的處境更加艱難，反過來卻導致國內消費的增長。由於專業銀行發放的貸款量激增，消費者手裡有了更多錢可以購買商品。許多企業因此更重視國內市場，而不願以低於成本的價格將產品銷往海外。為了抵消扭曲的官方匯率的不利影響，促進出口增長，政府推出一系列補償措施，如直接發放出口補貼，以及交換交易、出口退稅或發放低息出口貸款等等。

這些措施確實取得效果。中國官方數字顯示，中國商品的出口量重新開始增長，有些外國評論家認為一個沉睡多年的巨人正在甦醒。根據中國政府的報告，一九七八年中國的出口商品總值不到一百億美元，一九八八年則增加到近五百億美元。一九七八年，中國的出口貿易占全球貿易的份額不足一%，但在一九八八年達到一・七%。這個數字仍低於一九五九年的水準，但足以令中國的經濟面貌發生變化，並從根本上改變中國與世界各國的經濟關係。在所有出口商品中，紡織品和輕工產品的增長速度最為迅速。[106]

中國商品的最大出口市場是日本和美國。這兩國都急於遏制蘇聯，並分別於一九七八年和一九八〇年給予中國最惠國待遇。與東京不同，華盛頓保留一項權力，即一旦確定中國的出口企業享受政府補貼，可對中國商品徵收反補貼稅。如今，美國的工廠企業開始抱怨中國政府對出口商品給予不公平的補貼，美國政府因此對中國商品（特別是紡織品）實施進口配額限制。

然而，中國的商品只需經由香港間接運往美國，就可以輕易突破進口配額的限制。一九七八年，約有四分之一中國商品是經由香港轉運至美國的。到了一九八四年，這個比例上升至二分之一。一九八八年，經由香港中轉的貿易額已經超過中美之間的直接貿易額。107一九七八年毗鄰香港而建的自由貿易區，在這些轉口貿易中發揮關鍵作用。

★　★　★

一九八五年，各個經濟特區的名聲都因海南汽車進口的醜聞而受損，唯獨深圳未受影響。與世界上所有自由貿易區都不同，這座城市從創建之初便被賦予一項政治使命。正如《人民日報》在一九八三年所宣稱的那樣，深圳的建立是為了向全世界證明：中華人民共和國能夠實行「一國兩制」，而且香港能做的事，深圳也能做得很好，甚至更好。108

一個國家至少可以並存兩種制度，這一想法最早是由葉劍英元帥在一九八一年九月提出的，其出發點是為了收復臺灣。由於英國在新界的租約將於一九九七年到期，中央修改葉劍英提出的九點建議，把香港也包括進「一國兩制」的框架內。根據這一構想，一九九七年後，香港主權將屬於北京，但仍可保留其自由港和國際金融中心的地位。一九八二年四月六日，鄧小平在接見訪問北京的英國保守黨政治家愛德華・希思（Edward Heath）時宣布「港人治港」原則。[109]但是，英國首相柴契爾夫人（Margaret Thatcher）卻不願意放棄對香港島的主權，因為這塊地方是被永久割讓給英國的。她提出，英國必須在香港保留某種形式的行政權力，否則香港的未來將得不到任何保證，因為倫敦「不能指望共產黨政府尊重任何協議」。[110]

一九八二年九月，柴契爾前往北京訪問時，香港已經出現資本外流的現象，與此同時，新加坡和臺灣都在釋放訊號，歡迎潛在的投資者。到達北京後，柴契爾沒有見到胡耀邦，因為他正在招待碰巧也在北京訪問的北韓獨裁者金日成。趙紫陽則拒絕承認清政府與英國簽署的條約，他直截了當地說，北京永遠把香港主權看得比穩定更重要，他甚至向柴契爾施壓，要求英國以優惠利率向中國提供長期貸款，這一切讓柴契爾面臨嚴峻的選擇。[111]

九月二十四日，柴契爾與鄧小平會晤，但結果並不如意。鄧態度生硬，根本不願考慮一九九七年後英國以任何形式保留某些行政權力的可能性。他對這一提議提出質疑，手一揮就把它否定了。鄧在會見中，有幾次一邊清喉嚨一邊俯身，朝著放在腳邊的白色痰盂大聲咳嗽。他威脅柴契爾說，如果香港發生任何公眾騷亂，他會重新考慮收復的時間和方式。鄧還以陰謀論的口吻說，誰知道滙豐銀行究竟發行多少鈔票？這一暗示讓鐵娘子大為震驚：鄧是世界上最有權勢的人之一，但他顯然對代議民主制一無所知，竟然指控她為了向中國施壓，故意製造金融混亂。[112]在離開人民大會堂時，就在記者鏡頭前，驚魂甫定的柴契爾夫人竟在臺階上失足摔倒。[113]

這趟北京之行讓柴契爾明白一點：中國領導人對國際金融一竅不通，而且也不能理解法制下的自由概念。她這一觀察迅速得到印證。就在與柴契爾會面幾個小時後，鄧小平告訴一位來自香港的中間人，接管香港後，北京就能提取更多外匯了。[114] 十一月，鄧再次指責倫敦操縱港幣，還說想看看英國人還會玩什麼花招。[115]

北京不打算與英國談判，只是一次次嚴詞拒絕和嚴厲警告，動不動就威脅要提前收回香港。[116] 北京還規定期限，要求英國必須在一九八四年九月底前簽署協定。對於建立香港特區的計畫，北京步步推進，毫不動搖，卻又拿不出詳細的規劃，也不願作任何承諾。離北京自己設定的期限還剩最後一年的時候，中國方面卻連香港基本法都未起草好，甚至從未認真研究過香港的法律制度。[117]

一九八四年十二月十九日，中英兩國簽署一份聯合聲明，宣布香港將於一九九七年七月一日成為特別行政區。北京承諾，香港現行的行政、金融和法律制度可以保持五十年不變。為了紀念這一時刻，中國最高領導人發表題為〈中國是信守諾言的〉的講話。[118]

儘管中英聯合宣言沒有趕在十月一日前簽署，但在國慶閱兵式上，鄧小平依然以勝利者姿態登上天安門城樓。他對從凌晨起就等候在廣場上的十萬名群眾發表講話，一開頭就呼應三十五年前毛澤東那句著名的口號：「中國人民站立起來了！」鄧小平接著說：「（我們）建立社會主義社會，也改變人類歷史的進程。」[119] 人群中爆發出熱烈掌聲。

第四章
人民和物價（一九八四—一九八八）

一九三七年九月，毛澤東寫了一篇題為〈反對自由主義〉的短文，反對為了黨內團結而放棄意識形態鬥爭。他列出十一種對革命有害的自由主義表現形式，第一種是「因為是熟人、同鄉、同學、知心朋友、親愛者、老同事、老部下，明知不對，也不同他們作原則上的爭論，任其下去，求得和平和親熱」，其他形式還包括「命令不服從，個人意見第一」、「聽了不正確的議論也不爭辯」、「辦事不認真，無一定計畫，無一定方向，敷衍了事，得過且過，做一天和尚撞一天鐘」等等。[1]

一九八三年十月十二日，鄧小平告誡黨員幹部不要低估精神汙染的危險。他大量引用〈反對自由主義〉這篇文章，警告說：「不管是什麼專家、學者、作家、藝術家，只要是黨員，都不允許自視特殊，認為自己在政治上比黨高明，可以自行其是。」[2]

此前，鄧小平支持胡耀邦的立場——雖然有些不情願，主張對反對精神汙染的運動有所控制，因為他擔心這場運動會打擊黨員投身經濟改革的積極性。鄧的態度鼓舞中國文學界。在這個一黨制的國家裡，作家協會完全受國家控制，作家也由政府發工資。作協會定期舉行會議，學習和執行黨的最新政策。作協的領導名義上由投票產生，但實際上所有人都是機器上的螺絲釘，作家只能投票給黨選定的候選人。一九八四年十二月二十九日至一九八五年一月五日，中國作家協會召開第四次代表大會。胡耀邦應邀出席會議，身為宣傳部長的鄧力群卻未獲邀請。

胡耀邦個頭小巧，但思想活躍，精力過人。他在發表講話時，有時會激動得跳起來，而且揮舞手臂，音量愈說愈高。他說話帶有濃重的湖南口音，還常常喜歡使用俚語。有人喜歡他這種與眾不同的風格，但也有人覺得不舒服。[3]

在這次作協大會上，胡耀邦的發言非常開明，他指出作協與直屬於黨的機關單位不同，應該不受干擾地自由投票，他甚至建議大家投票時不要在意官方提供的候選人名單。

結果，經過投票，積極參與反對精神汙染運動的候選人沒有當選，而廣受尊重的作家巴金當選為作協主席，但鄧力群並不喜歡這個人。令鄧力群等人更惱火的是，劉賓雁竟然當選為作協副主席。劉是一名調查記者，曾寫過批評四項基本原則的文章，被人攻擊為具有「資產階級」思想。[4]

這次選舉在黨內掀起軒然大波。胡喬木和鄧力群無比氣憤，李先念甚至譴責這是一次反黨行為，鄧小平為此特地召見胡耀邦。幾天後，在二月八日召開的中央委員會上，深感後悔的胡耀邦發表講話，強調與精神汙染作鬥爭的重要性壓倒一切。他說，只有社會主義才能帶來真正的民主，黨是人民利益的唯一合法代表，而記者必須充當黨的喉舌。幾個月後，胡的這篇嚴肅講話發表在《紅旗》雜誌上。[5]

一九八五年五月，胡耀邦又犯了一個錯誤：他接受陸鏗採訪。陸鏗是一名資深記者，先後坐過國民黨和共產黨的牢，人稱「陸大聲」。他在香港發表採訪內容，把胡描述成一個願意容忍不同意見，誠實而開明的人。陸在採訪中，直截了當地詢問胡：為什麼不在「鄧大人」還活著時接管中央軍委主席的職務？如果胡不接管，將來的軍隊將領反對胡，胡會怎麼辦？胡回答說，現在並沒有迫在眉睫的戰爭，所以他讓鄧小平繼續擔任這一職務。不僅如此，在陸鏗對陳雲、胡喬木和鄧力群發表貶低性評論時，胡耀邦並未予以駁斥。[6]

這篇採訪發表時已經做了許多刪改，但是鄧小平還是讀到採訪的原始紀錄，並且大發雷霆，認為太不像話。這次事件可能是個轉捩點，促使鄧小平暗下決心，要把胡耀邦趕下臺。[7]

作為黨的總書記，胡耀邦幾年來一直努力提拔年輕幹部，試圖以此來為黨注入活力，其中許多備受矚目的人物出身於共青團——胡曾任共青團的最高領導人，這一點引起大家注意。[8]不僅如此，胡還擴大自己在軍隊中的影響力。正如毛澤東所說：「槍桿子裡出政權。」一九四九年前曾在晉察冀野戰軍中擔任胡耀邦部下的軍官，如今被委以軍中重任。這麼做當然可以理解。在一黨制國家裡，政治就是沒完沒了的權力鬥爭，參與鬥爭者不得不加入不同派別，或者與別人結成暫時的聯盟，沒有人能夠單打獨鬥。為了確保忠誠，所有人都試圖經由提拔下屬來建立自己的權力基礎。一名高級幹部被鬥倒後，追隨他的一幫人會全部遭到清算。為了防止黨被派系鬥爭吞噬，早在一九二一年列寧就宣布黨內不許存在派系。然而，無論中央如何三令五申，禁止「拉幫結派」、「為私人目的組成小集團」或「形成派別」，派系鬥爭早已貫穿各級黨組織，成為黨內政治生活無法分割的一部分，當然，參與者必須小心謹慎。

一九八六年五月，鄧小平決定試探一下大家對他的忠誠。二十年前，就在赫魯雪夫譴責史達林後，毛澤東主動提出，因為健康原因，他準備退居二線。毛這麼說，實際是為了測試眾人對他的忠誠，結果鄧小平和劉少奇並沒有挽留毛，而是為他設立名譽黨主席的新職位，毛因此大為惱火。如今，鄧小平也來這一手，公開提出自己準備退休，為年輕一代騰出位置。趙紫陽拉著鄧的袖子，對鄧極力挽留，並表示大家都要依靠鄧，胡耀邦卻高興地贊成鄧小平退休。[9]在鄧看來，胡是一錯再錯。

★ ★ ★

在一黨制國家，參與政治抗議是很危險的事。因此，中國民眾常常採取一個策略，即挑選在官方批准的革命紀念日——比如說五月四日——上街遊行；還有一個辦法，就是以反日為名上街遊行，不管是真是假，這種看似「愛國主義」的行為很少受到政府干預。無論從哪個角度來說，九月十八日對抗議者都是很好的選擇，因為一九三一年九月十八日，駐紮在中國東北的日本關東軍製造「九一八事變」，並以此為由全面入侵滿洲。

一九八五年九月十八日，北京發生自一九七六年四月五日以來最大規模的抗議活動，來自好幾所大學約一千名學生聚集到天安門廣場，揮舞著橫幅，高喊反日口號。他們之所以如此憤怒，是因為日本首相中曾根康弘參拜靖國神社。面對日本對中國日益顯著的經濟影響，學生喊出「打倒第二次占據」的口號。員警封鎖廣場，但沒有採取進一步行動。[10]

參與這次抗議活動的學生沒有受到懲罰，以共產黨的標準來看並不尋常，這表明這次活動得到上層支持。然而，幾個星期後，全國各地二十多個高校爆發示威活動，西安、武漢和成都等城市出現大規模騷亂。很明顯，這些抗議是以反日名義發洩對國家經濟政策的不滿。這一次，政府迅速採取行動。[11]

官方指稱，學生似乎受到「少數人」煽動，其中包括開放政策的反對者、贊成資產階級自由化的墮落分子、「四人幫」的殘渣餘孽、地下組織以及臺灣和香港的間諜。中央認為，大多數示威者是愛國的，但很天真，被人利用了，因此「必須堅持無產階級的紀律性，反對自由主義」。[12]

十一月二十日，天安門廣場上又聚集幾百名學生，他們還在人民英雄紀念碑前組織守夜活動。員警開著吉普車進入廣場，驅散學生。

胡耀邦呼籲年輕人加強共產主義信念、努力抵制不良影響，但收效甚微。各地又爆發新一輪抗議，學生抱怨校方恐嚇、通貨膨脹、惡劣的生活條件和黨員的腐敗，還有人不滿政府高官從改革開放中謀取個人私利，喊出「打倒特權」的口號。十二月十九日，在新疆的省會烏魯木齊，數千名維吾爾族學生走上街頭，抗議政府在新疆進行核子試驗並設立罪犯勞改營。[13]

抗議活動逐漸平息，但領導層受到震動。就在九月十八日北京學生上街遊行當天，中央召開一次大型會議，討論下一個五年計畫。趙紫陽在會議上發言，聲稱為了堅持社會主義道路、維護人民民主專政，必須在加強意識形態教育的同時打擊經濟犯罪。他指出，國家必須「深入進行愛國主義、集體主義、社會主義和共產主義思想教育」，同時「反對和抵制資產階級自由化，反對和抵制資本主義，封建主義和其他腐朽思想的侵蝕」。[14]

嚴打運動又恢復了。鄧小平建議：「要殺點人，有震動。恢復到五〇年代黨風還得十年，狠抓二年。」[15]

城市裡再次貼滿法院的判決布告，馬路上又出現把罪犯押往刑場的囚車。但是這一次，考慮到民眾對黨內裙帶關係的廣泛憤怒，有幾名高級幹部的子女也被控強姦並遭到槍決。《北京晚報》大聲疾呼必須依法處決那些該殺的人。[16]中央試圖以此來挽回黨的形象。

然而，這只不過是一種象徵性姿態，絕大多數受到打擊的還是一般人。至一九八六年六月，監獄系統已經人滿為患，一百多萬名新犯人在嚴打運動中獲刑，被關進擁擠骯髒的監獄。根據司法部副部長的報告，監獄中虐待犯人的現象並不少見，而且「打罵體罰犯人和勞教人員的手段多種多樣」，如「拳打腳踢、棍子打、皮帶抽、板凳壓、罰跪、罰站、負重跑圈、餓飯、暴晒、冷凍、蚊子咬等等」。[17]

與此同時，中央重新發動反對資本主義腐朽思想的運動，重提清除「精神汙染」的口號，受到爭議的戲劇被禁演，還有幾名流行歌手遭到封殺。[18]

然而，所有這些措施都無法解決一個根本矛盾，即一方面，一般城市居民的生活水準正因通貨膨脹而下降，而另一方面，黨員幹部則普遍利用手中權力和體制漏洞來謀取個人私利。雖然黨中央懲罰個別官員，並加強意識形態的灌輸，但是政權體制並未有任何實質性的改變，權力仍然集中在黨的手中，而且幹部無需對民眾負責。

一九八六年底，學生再次走上街頭，這一次參與人數更多，而且大家開始公開支持民主。自從民主牆運動結束後，中國的政治活動人士便鮮少與中共政權正面交鋒，而是轉而利用憲法規定的各項公民權利來推進民主。與所有社會主義國家一樣，中國實行的是民主集中制，即由自稱「民選」的代表組成人民代表大會，作為國家和地方的最高權力機構，代表民眾行使權力。但事實並非如此，由於缺乏權力的分立與制衡，全國人民代表大會的作用，只不過是為最高領導的決定蓋上橡皮圖章而已。

一九八〇年十月，長沙一名學生梁恒宣布參與人大代表競選，他稱自己不是馬克思主義者，但支持鄧小平和趙紫陽的科學社會主義。結果可想而知，這位學生的名字被從候選人名單中刪去了。這件事在當地引發抗議，示威者遊行到省委門口，一邊靜坐一邊高呼：「打倒官僚主義！」還有八十人宣布絕食抗議。其他地方也有人試圖競選人大代表，但最後發現，候選人名單裡根本沒有他們的名字。[19]

一九八六年十一月，在安徽省合肥市，中國科技大學的學生也準備參選當地人大代表。這一舉動得到一位態度和藹、語調溫和的天體物理學家——方勵之的支持。戴著一副黑框大眼鏡的方勵之，當時在全國巡迴演講，鼓勵學生主動爭取民主權利，而不是坐等中共放權。然而，安徽省委已經提前內定人大代表名單，學生為此提交一份請願書，省委也置之不理。於是，學生在長達一百公尺的牆上貼出海報，引用林肯總統一八六三年蓋茲堡講話中的名言，提出建立「民有、民治、民享」的政府等要求。當局迅速撕毀海報。十二月五日，數千人遊行到省政府，要求民主改革。幾天後，省委和省政府作出妥協，同意推遲選舉，並允許方勵之和幾名學生參與競選。[20]

中科大學生的成功引發連鎖反應，武漢、北京、南京和天津等十幾個城市數萬名學生也走上街頭。在上海，市委書記江澤民到交通大學發表講話後，大學生也開始示威行動。江澤民對學生沒有表示同情，而是斥責他們自私，並不時敲打講臺加強語氣。學生被江的發言激怒，毫不客氣地把他轟出禮堂。第二天，上海市民舉著用床單匆匆做成的橫幅，也加入學生的遊行行列。十二月二十一日，約十萬人湧入人民廣場，令交通一時陷於停頓。當時身在現場的一名外國人描述說，遊行的氣氛猶如節日一般，示威者「不再恐懼，陶醉於從天而降的自由當中」。民眾提出的口號包括「要民主」、「要自由」、「要人權」、「抗議暴行」等等。示威人群在當天下午散去。[21]

十二月二十三日，《人民日報》發表一篇和解性的社論呼籲團結，並稱學生為「我們的希望和未來」。[22]第二天，中共中央委員會召開會議，譴責抗議者提出的「反動口號」，認定這些人被反黨反社會主義的腐敗分子所操縱。中央指示各省，要避免使用可能激化矛盾的語言，同時要以照片和錄音形式蒐集抗議者的罪證，並堅決阻止學生與工人建立任何聯繫。[23]就在一週前，天津市長李瑞環曾試圖低調處理學潮。他說這些事情沒什麼大不了的，政府不應該自亂陣腳。十二月二十五日，《人民日報》又發表社論，向學生作出保證：在共產黨領導下，中國不僅進行經濟改革，還將實行政治改革。[24]

中央緊接著突然頒布新規定，要求示威者在舉行活動之前必須提前幾天申請許可，並需提供所有組織者的姓名、地址和職業。[25]十二月二十六日，在一次閉門會議上，中央認定這次學潮的幕後推手為方勵之、劉賓雁、對一黨專制提出批判的作家王若望，以及「四人幫的殘渣餘孽」。[26]隨後，示威活動逐漸平息。

十二月二十八日，局面明顯好轉後，趙紫陽在中央書記處的一次發言中，嚴厲譴責「資產階級自由化」。形勢變得對胡耀邦非常不利。[27]

兩天後，鄧小平召見胡耀邦和趙紫陽等人。鄧抨擊公開反對四項基本原則的方勵之：「我看了方勵之的講話，根本不像一個共產黨員講的，這樣的人留在黨內幹什麼？不是勸退的問題，要開除。」對於民主，鄧堅決反對：「不能搬用資產階級的民主，不能搞三權鼎立那一套。」對於示威者，鄧主張像一九七九年粉碎民主牆運動那樣採取強硬手段：「前幾年，我們不是對那幾個搞自由化並且觸犯刑律的人依法處理了嗎？難道因此中國的名譽就壞了嗎？」他贊許一九八一年波蘭處理工會危機時實施戒嚴令的做法：「對專政手段，不但要講，而且必要時要使用。」鄧還提到最重要的一點，即這次學潮的根源在於中央及地方「幾年來反對資產階級自由化思潮旗幟不鮮明、態度不堅決」。[28]

一九八七年一月四日，胡耀邦提出辭職，但在獲得批准之前，他仍不得不出席一系列會議，接受黨內元老和其他高級領導人輪番質詢。對胡的批判持續了六天，鄧力群特別積極，抨擊自己的政治對手五個多小時。軍中元老余秋里指責胡是個陰謀家，一心只提拔自己的人，還試圖把鄧小平趕下臺。楊尚昆在文革後曾得到胡耀邦的幫助而平反，但此刻對胡毫不留情。趙紫陽也不例外，而且事實上胡下臺後，趙是最直接的受益者。趙紫陽說，早在一九八四年，他就感到胡這個人不遵守黨的紀律，他擔心將來一旦鄧小平和陳雲不在了，自己將無法約束胡的行為。趙最後提出無法再與胡共事。一月十六日，胡耀邦的辭呈以舉手表決方式通過。[29]

對胡耀邦最嚴厲的指控，是他向記者陸鏗洩露國家機密。[30]不過，黨還是大度地允許胡保留黨籍。從此以後，胡耀邦從公眾視野中消失了，他整天沉浸在馬克思和列寧的著作中。[31]

胡辭職的消息傳出後，有大學生砸碎小玻璃瓶出氣，因為在中文口語中，「小瓶」與「小平」諧音。[32]

這是一場類似政變的行動。為了獲得足夠的支持來罷免胡耀邦，鄧小平事先聯絡黨內和軍中元老。這些老人的影響力很大，他們不僅獲准列席政治局擴大會議和特別工作會議，有時甚至參與投票或舉手表決，而這麼做是完全違背黨章規定的。[33]

一九八七年十一月二日，在中共十三屆一中全會上，元老的權力得到正式確立。這次會議針對國家權力體系中最核心的難題達成共識：只要鄧小平帶頭退休，其他所有黨內元老都必須跟著退休。會議還通過一項決議，規定在所有重大問題上，政治局都需徵詢鄧小平和黨內元老的意見。鄧小平當時已經從所有職位上退出，只保留中央軍事委員會主席的頭銜，但這個決議其實賦予鄧小平對所有重大問題的最終決定權。時年八十三的鄧雖然沒有最高領導人的頭銜，卻成了中國實際上的獨裁者。楊尚昆和薄一波那一年都已七十九歲，可是仍獲准列席所有政治局常委會，只是沒有投票權。[34]卸任中央委員的陳雲則取代鄧小平成為中央顧問委員會主任，當時他已八十二歲。

這一改變的結果，是建立一個極其不穩定的政治體系，即使用一黨制國家的標準來看也是如此。一群老人繼續在幕後掌握權力，而中央委員會正式選出的領導人所作的每一個決定，都要接受這些老人的挑剔。職位與頭銜不對應，頭銜與工作也不對應，國家領導者竟然既不是黨的領導人，也不是政府的領導人。在共產黨歷史上，頭一回出現非中央委員擔任重要職務的現象，而中央委員會則因此被架空。有人如此評論道：「中國的事情一定會讓蘇聯和其他共產主義國家的共產黨目瞪口呆。」[35]

★ ★ ★

胡耀邦被罷免後，劉賓雁、方勵之和王若望被開除出黨。這三個人的照片不時出現在電視上，名字也時常刊登在報紙頭條上，公共場所的大喇叭裡每次提到他們，總要高呼「堅決反對資產階級自由化」的口號。[36]

趙紫陽被一致推選為新任總書記，接替胡耀邦的職務。甫一上任，趙就重新搬出雷鋒。全國到處張貼起標語和海報，號召年輕人「向雷鋒學習」。頗具影響力的軍中元老余秋里，在執掌宣傳大權的胡喬木和其他高級領導人陪同下，主持召開學習雷鋒精神的座談會，並引用最高領導人鄧小平的題詞：「誰願當一個真正的共產主義者，就應該向雷鋒同志的品德和風格學習。」[37]

與此同時，包括《深圳青年報》在內的一些報紙遭到取締。一九八六年十月，《深圳青年報》曾發表一篇題為〈危機！新時期文學面臨危機〉的文章，這篇文章的作者是一位名叫劉曉波的年輕人，他在文章中對中國文壇諸多名人發表否定性的評論。[38]

像之前歷次政治運動一樣，反對資產階級自由化的運動也逐漸收場了。事實證明，在抑制西方思想這件事上，趙紫陽並不比胡耀邦更堅決。究其原因，還是因為沒有多少人願意再經歷一次文化大革命那樣的群眾運動了。

還有一個更重要的考慮，就是為了營造穩定的形象，以避免嚇跑外國的投資者。為了經濟發展，中國需要的外匯量超過以往任何時期。一九七九年至一九八〇年的第一次通貨膨脹，導致接下來幾年裡經濟緊縮。一九八四年和一九八五年又出現第二次通貨膨脹，結果專業銀行的貸款大幅增加。一九八六年，中國政府再次對奢侈品實施進口管制，電視機、汽車和家用電器的進口幾乎歸零，首都基礎設施建設也因此放緩，水泥、銅、鋁和鋼材等商品的進口因此也出現下降。[39]

其實，中央也不想完全壓縮進口，但當時國際原油市場價格下滑，而石油正是中國主要出口商品之一，為了彌補石油出口方面減少的利潤，中國不得不以低廉價格出口其他種類商品，例如對日本的棉花出口量增加四五%，可利潤僅增加八%。一九八七年六月，趙紫陽對東德領導人何內克說，中國不得不出口其他產品，但是賺不到錢。[40]與此同時，嚴格的外匯管制、普遍的官僚主義和封閉的國內市場令外商望而卻步，境外投資急遽下降，這令中國的經濟更加舉步維艱。[41]

中央為經濟降溫的種種舉措，加上石油價格下滑，外國投資萎縮，共同導致中國工業增長急遽下降。一九八六年下半年，為了提高增長速度，趙紫陽決定更改現行政策，以吸引更多資金投入經濟發展。十月，他宣布合資企業可以享受一系列優待，如降低稅收等。就在這時，尚未結束的第二輪通貨膨脹又逐漸衍生出第三波衝擊。[42]

儘管中國政府允諾種種優惠條件，外國投資的規模仍在減少，因為胡耀邦解職讓許多外商不安，大家擔心反對「資產階級自由化」的運動會持續下去，中國政府會針對外企推出更多限制性法規。為了應對這一局面，趙紫陽悄悄放棄反對自由化運動，並開始向國有企業注入更多資金。趙其實面臨一個困境：一方面要嚴格限制貨幣供應以控制消費，但另一方面又必須刺激國有企業，而國企八〇%以上周轉資金都得依靠銀行貸款。對外貿易也存在類似矛盾：為了減少赤字，政府渴望迅速增加出口，可是國家又必須向出口企業提供各種補貼、退稅和貸款。結果是，政府不得不增加貨幣發行量。[43]英國大使館在一份題為《似曾相識：中國經濟的過熱現象》的報告中描述道：「這個瘋狂的經濟體所產生的蒸汽足以驅動一個發電站。」[44]

預算減少伴隨著物價上漲，這是自一九七九年以來一直困擾著政府最高層的難題。這個問題的核心是商品價格。在計畫經濟體制下，所有商品都由國家統一定價，但同時政府也允許買賣雙方經由協商確定交易價格，即所謂「議價」。但對許多人來說，議價並非好選擇：對國有企業的職工來說，他們需要以更高價格購買日常消費品，而另一方面，國營工廠生產的劣質產品又會掉價，農民則會趁機抬高農產品價格，就像他們在一九七九年迫使國家抬高農產品採購價格一樣。更為複雜的是，私營企業的產品因為品質好，價格會賣得比國營企業更高。

因為擔心出現大規模失業和社會不穩定狀況，中央決定採取漸進方式，希望等候最佳時機出手解決問題，可是這一時機從未到來。一九八一年六月至一九八二年八月，地方政府及其國營企業獲得中央准許，可以自行調整大多數商品的價格，但不能超出規定範圍。這意味著同樣一種商品，在不同地方可能售價不同。[45]一九八四年，中央又批准國有企業在完成生產指標後，可以按市場價格出售多餘的產品。於是，中國出現價格雙軌制，既有國家制訂的計畫價，同時又存在市場價。由此產生巨大的灰色地帶，許多人開始利用價格差獲利，而腐敗也隨之蔓延開來。與此同時，國家必須為國營企業提供補貼，才能維持計畫價穩定，這為中央財政帶來巨大負擔。為了應對這個問題，政府只有發行更多貨幣，結果導致通貨膨脹，市場價隨之上升，而大量黑市交易又致使計畫價上漲。

為了減少政府補貼的支出，一九八五年五月，中央允許諸多種類的副食品和消費品實施價格浮動。當時，第二輪通貨膨脹尚未結束，在貨幣供應量激增之後，通膨率高達兩位數，國家因此決定對零售價格指數的增長幅度設定限制。國家物價局建議增幅不應超過一〇％，鄧小平最後拍板，定為九％。趙紫陽隨後向各地傳達這一決定：「必須採取有力措施，使今年平均零售物價指數必須控制在九％左右。」[46]

一九八四年，天津市政府用於蔬菜採購的補貼花費四千萬元，大約相當於七萬名工人的年薪。一九八五年，這一補貼猛增三五％。政府對家具市場的價格也部分開放了，但衣櫃、書桌、椅子和床的價格保持不變。一雙優質男式皮鞋的價格仍然固定在六元，女式為五元。[47]

價格雙軌制催生繁榮的黑市。僅上海市物價局就報告一千四百起價格違規事件，一時之間，誕生許多所謂的「皮包公司」，其唯一業務就是利用價格差賺錢。然而，正如一名上海市副市長所指出的，政府不可能檢查和控制每種商品的價格，何況規定本身也在不斷變化，而且各地的規定也不盡相同。有些地區甚至取消物價局，開放所有商品價格。這種混亂的情形反過來助長不同地區之間的黑市交易。[48]

一九八七年，國家物價局放鬆對更多商品的價格控制。有外國人欣喜地評論說，自由貿易的成分愈來愈多了。然而，雖然中央政府不再負責商品分配，但這並不意味著中國出現市場經濟，因為現在各個省、縣、市甚至區都有權力來確定價格了。換句話說，過去由中央政府執行的職能，如今由地方政府接管了。[49]

由於地方政府的收入主要來自地方企業，所以前者自然要經由控制價格來保護後者利益。山西大寨在文革中曾被樹立為自力更生的典範，如今，當地兩個煤礦以每噸八元的價格把煤賣給村民，但以每噸二十一元的價格賣給外地人。[50] 事實上，每次經濟過熱，原材料都會成為炙手可熱的商品，因此像煤這一類商品的價格浮動尤其明顯。除了控制價格外，各地還紛紛設立貿易壁壘，以防止外地人搶奪本地資源。於是，各地區之間開始爆發貿易戰。例如，某地曾發生一場「蠶繭大戰」：為了防止國家指定收購的蠶繭被外地商販搶走賣高價，當地政府甚至派出武警和民兵把守在交通要道。其他地方則為了保護煤炭、羊毛、菸草甚至紅薯乾等商品也發生類似事件，有人對此評論說：各個地方都在互相打仗，地方與中央也在打仗。[51]

隨著價格開放，全國並未出現經濟一體化的趨勢，而是湧現出一個個獨立王國。有報導稱，一輛載有五噸葡萄的卡車從山東省曲阜市開出，前往福建省光澤縣，途中須通過一百多個檢查站，支付若干稅收、行政費用和檢疫費用，甚至還得向某地的農業發展基金捐款。八天後，當卡車終於到達目的地時，司機不僅賠上全部貨物，還花光身上的錢，甚至連蓋在貨物上的防水布也丟了。[52]

然而，有一種商品似乎沒有價格，那就是貨幣。一九八二年，全國的信貸總額為兩千六百六十億元，一九八六年底則增長到七千八百八十億元，而且絕大部分貸款無法償還。由於缺乏市場的規範作用，而且制定經濟計畫的中央部門也不會追究責任，因此國有企業可以毫無負擔地向銀行舉債，而一旦國企出現財務危機，自然有政府出面拯救。[53]在一個開放的經濟中，貨幣價格可以經由利率來體現，但在中國卻完全不是這樣。地方政府反對提高利率，因為一旦利率升高，企業就不得不按比例減少向地方政府納稅，而且企業的營運資本也有賴於向銀行借貸，一旦資金流中斷，將造成災難性後果。[54]

總的來說，一九七九年後，中央把愈來愈多行政權力下放給地方政府，並依靠地方官員來執行其貨幣和財政政策。然而，雖然中央希望各地採取措施限制貨幣流通，但地方官員更關心的是如何發展當地經濟和提高自己的生活水準，而不是執行中央指令。

到了一九八七年，中國的經濟發展既無計畫也無市場，而且陷入惡性循環當中。中國銀行武漢分行的一份報告清楚地說明其中原委：貨幣供應量的增長鼓勵更多消費，而消費增長導致通貨膨脹，出於對未來通貨膨脹的擔心，國有企業紛紛向銀行申請額外貸款，以搶購稀缺的商品和原材料，從而進一步導致貨幣供應增長。[55]之所以出現這種狀況，趙紫陽要負主要責任。

地方上各自為政的結果是，大多數人的生活水準都因通貨膨脹而下降了。一九八七年上半年，有四〇%的城市家庭實際收入減少。[56]到這一年末，民眾開始感受到複雜的價格體系所帶來的生活壓力。首先是農民拒絕把豬飼料賣給國家，因為他們認為政府制定的收購價格不合理，豬飼料減少直接導致豬肉供應急遽下降。豬肉占中國人肉類消費的八五%，因此中央不得不在北京、天津、上海和瀋陽恢復豬肉的計畫供應。很快，糖也開始按計畫供應，每戶每月的配額只有一公斤。[57]

一九七九年時，農民就提出提高農產品價格的要求，而城市居民則期望各類商品降價，結果政府不得不對雙方都提供大量補貼，這才暫時解決矛盾。一九八四年後，隨著價格雙軌制出現，儘管政府補貼的力度更大了，可農村和城市居民的利益反而雙雙受到損害。到一九八八年，國家在住房、衛生、教育和食品領域的補貼比一九七九年增加了六倍。[58]

一九八八年第一季度，工業繼續急遽擴張，價格也相應上漲。同比通貨膨脹率在六月達到一九%，七月達到二四%，八月達到三〇%——當然，由於同樣一種商品存在許多不同價格，這一比率很難精確計算。這些還只是政府公布的數字，在一九八八年末一次政治局會議上，國務院副總理姚依林提出一個更可靠的估計，即該年上半年的通貨膨脹率為四八%，而一九八八年全年的貨幣供應量增加約四〇%，其中很多錢被用於建造辦公大樓和豪華酒店，銀行和財政部門對此根本無力監管。[59]正如財政部副部長項懷誠在一九八八年四月所指出的，全國各地的政府部門都在新建奢侈的辦公樓、酒店、餐館和療養院。[60]政府機關和國有企業紛紛搶購電視機和錄影機等緊俏商品，而一般老百姓只能眼睜睜地看著自己的生活水準下降。在貧困地區，有些幹部竟然坐著轎車參加扶貧會議。趙紫陽覺察到潛藏的危險：「群眾很不滿意，不狠煞不得了。」[61]

事實上，愈來愈多民眾開始走上街頭抗議，全國已經發生數十起學生遊行和工人請願事件。一九八八年六月，高達兩位數的通貨膨脹率引發公眾強烈不滿，員警不得不封鎖天安門廣場。[62]

這時，鄧小平提出採取休克療法，即取消對所有商品的價格控制。趙紫陽一次次推遲價格改革，同時向其他中央領導保證價格上漲只是暫時現象。可是現在，鄧小平的提議給了趙很大壓力。鄧之所以這麼建議，是因為他意識到價格雙軌制造成了巨大腐敗，所以急於把改革再向前推進一步。他指出：「我們不怕風浪，要迎著風浪前進，闖過難關。」一九八八年七月，在會見外國客人時，鄧再次宣布要粉碎價格改革的障礙。[63]

幾週後，中央照例在北戴河舉行峰會——從十九世紀末開始，外國傳教士和商人便在夏天來到這裡避暑。趙紫陽提出價格改革方案後，遭到部分領導人反對，這些人要求經由壓縮基本建設、控制貨幣供應和削減消費的方式來降低通貨膨脹。最主要的反對者便是李鵬。李鵬曾留學蘇聯，是一名工程師，一九七九年後曾擔任電力工業部部長，一九八七年十月晉升為政治局常委。與他的養父周恩來不同，李鵬是一個沉悶而刻板的技術官僚，政治立場保守而強硬。

一九八八年三月，經過大量幕後交易，黨內元老任命李鵬為總理，其地位與總書記趙紫陽相當。趙以為李鵬不難對付，因此對這一任命表示同意——事後證明，趙的判斷極為錯誤。[64]李鵬得到強硬派支持，其中最主要的人是經濟學家陳雲——一九七九年主張實行緊縮政策的就是此人。在北戴河會議上，圍繞價格改革方案，正反雙方展開激烈辯論，鄧小平態度堅決，拒絕讓步。爭執到最後，他猛地一拍桌子，直截了當地告訴李鵬：「動搖可辭職。」[65]

八月十九日，北戴河會議結束兩天後，《人民日報》發表一篇社論，稱取消價格控制是推進經濟改革的關鍵。[66]隨後，全國出現搶購風潮，擔心存款會進一步貶值的民眾跑去銀行擠兌。儲戶在銀行前排起長隊，一取到錢就趕緊購買地毯、電視機、洗衣機和冰箱等商品。在上海，兩週內提取的存款額就相當於兩千七百萬美元之多。中國人民銀行的官員甚至不得不召開新聞發布會，澄清不會對個人提款設置上限。[67]

還有一些地方爆發騷亂。如浙江的平陽，全縣六十八個中國農業銀行的網點都發生擠兌，最終銀行的現金全被提出，成百上千取不到錢的人紛紛聚集到縣政府門口抗議。在浙江其他地方如溫州、樂清和泰順等地，憤怒的人群襲擊當地郵局。[68]

購買狂潮席捲全國，之前積壓的大量商品，從縫紉機、電風扇到壓力鍋，現在都成了搶手貨，就連隨處可見的痰盂也有人搶。在浙江沿海的永嘉，某些日用品的銷售量激增，達到月平均水準的五十倍。在鄰近的里安，八月分的銷售額是一九八七年全年的三倍，商店裡的床單和毯子之類商品全被搶空。各地還開始搶購食鹽，逼得地方政府不得不限量供應。漲價謠言滿天飛，全國各地百貨商店，從早到晚都擠滿人。甚至在一個鎮上，所有的鞋一夜之間全被搶光。[69]李銳在日記中寫道：「人們對物價改革沒信心，甚悲觀，謂黨沒前途。」[70]

罷工和抗議隨之而來。在浙江一個村莊，一家製鞋廠的八百多名女工罷工，要求提高工資。里安縣發生數十起類似事件，麵粉廠、紡織廠、船廠和碼頭的工人都發起抗議。[71]儘管罷工權在一九八二年被取消了，但各地仍普遍爆發工人的抗爭。上海就發生多起罷工事件，每次參與的人數多達一千五百人左右。罷工震撼上海，社會呈現出一副亂象。[72]

八月三十日，價格改革的試驗正式告終。銀行的擠兌風潮持續一週，面對混亂的局面，鄧小平還是退縮了。具有諷刺意味的是，得益於搶購風潮，商店清空大量無人問津的存貨，國家也回籠大筆資金。對於當初由自己匆匆拍板的計畫，鄧小平說放棄就放棄了。這個看似輕巧的決定，卻為國家造成巨大的影響。這次機會算是搞砸了，價格改革的事只好以後再說。

十年來，鄧小平一直在不同派別之間來回搖擺，經濟政策變來變去，使改革缺乏連貫性，沒有從計畫經濟向市場經濟轉型的通盤規劃，更多時候只是中央和地方之間的權力再分配。價格改革失敗進一步削弱鄧在黨內的地位，而一直受到鄧小平提攜的趙紫陽則不得不為此承擔責任，兩人的關係由此開始變得緊張。

在九月召開的三中全會上，以陳雲為首的保守派重新控制經濟發展方向，中央重新強調「調整」，實質就是採取緊縮政策。[73]政府頒布一系列指令，要求控制基礎建設，削減消費。國務院的措辭很嚴厲：「國民經濟面臨最嚴峻最困難的時刻，如不能很好的度過難關，全國人民將會對黨領導的改革失去信心，對黨和政府失去信賴。」[74]

然而，就在中央宣布新的緊縮政策時，又一場金融危機卻不知不覺地發生了，這次問題出在農村。一九八五年後，全國農村人口的平均收入並未增加，部分地區甚至下降，究其原因，一是因為國家對農業的投入減少，還有就是糧食產量下滑。一九七九年，農民迫使國家提高糧食收購價（包括「統購價」和「超購價」）。一九八四年，糧食產量迅速增加，從大約三．一六億噸增加到四億多噸。然而，讓政府頭疼的是，糧食產量增加意味著國家不僅要花更多錢向農民徵購糧食，同時還得向享有糧食補貼的城鎮居民支付更多費用。一九七八年時，城鎮居民的糧食補貼約為七十億元，占政府預算的六％。一九八四年，糧食補貼猛增到兩百三十億元，占到預算的一五％。一九八五年，中央決定取消糧食統購，代之以合同訂購。新制度規定，對於超出合同訂購數額的餘糧，國家將不再支付更高的收購價格。由於國家仍然壟斷著糧棉市場，實行糧食合同訂購制後，農民的餘糧大多還是只能賣給國家，而政府提供的價格比取消糧食統購前還低，這樣政府就節省一大筆收購餘糧的開支。趙紫陽在介紹糧食合同訂購制時，曾信心十足地宣布：「我們要創造一個奇蹟。」果然，一九八五年，國家在收購糧食一塊就省下八十億元。[75]

與此同時，中央把農業生產所需的化肥、農藥、塑膠布、柴油和電等原材料的價格平均提高二五％。[76]一方面是收入下降，另一方面生產成本卻在上升，農民自然選擇少種糧食。全國糧食產量在一九八五年下降到三．八億噸，即使三年之後，仍未恢復到一九八四年的水準，而大麻、棉花、油籽和糖等農作物產量也出現下滑或停滯不前。[77]

無論在農村還是城市，改革都圍繞著「合同」這個概念展開。這個詞讓人聯想到市場上的談判交易，而不是命令經濟中固有的權力關係。可事實上，中國政府口中的「合同」根本沒有經過談判，因為糧食徵購的價格完全由國家制定，公不公平也由國家說了算。農民不僅沒有與國家談判的資格，甚至連選擇的權力都沒有，不管他們願不願意，只能接受所謂的「合同」，即使有多餘農產品可以出售，最後仍不得不賣給國家，因為市場一直被國家所壟斷。更糟糕的是，農民得不到法律保護，無法確保地方官員會按合同的約定履行承諾。一九八五年，有些地方的農民把糧食賣給國家後，得到的不是現金，而是手寫的欠條——俗稱「白條」。[78]幾年之後，國家對合同規定外的餘糧也開始實行強制徵購。為了推行這一政策，各地政府可以任意關閉市場，讓農民的餘糧無處可賣，然後趁機以低價收購。許多村和縣，甚至全省範圍內的農村集市全被查封，各地還設立檢查站，禁止農民把農產品運往外地銷售。[79]

一九七九年，農民曾迫使國家提高糧食徵購的價格。一九八五年，國家的行為恰似一種報復，又把糧食徵購的價格壓下去。但這場遊戲沒有贏家。一九八八年，危機進一步加深。有些村子讓兒童在村口望風，一看到有幹部過來就敲鑼預警。幹部進村後，發現家家戶戶大門緊鎖，一個人也沒有。有時候，糧食檢查員剛爬到糧倉頂上，梯子就被人推倒。有些地方甚至還發生燒毀腐敗幹部的汽車、搶劫化肥倉庫的暴力事件。[80]

國家糧食局是專門負責購買、儲存並按中央規定出售糧食的政府機構，下面管轄著數量龐大的糧食收購站，職工多達數百萬人。與其他政府部門一樣，糧食收購站對經濟虧損毫不在乎，因為無論虧損多少都可以轉嫁給中央政府——事實上，中央政府的赤字每年都在增加。一九八八年，許多糧食收購站的帳務狀況終於惡化到拿不出足夠現金支付給上繳公糧的農民了。由國家棉麻局負責的棉花收購也出現類似困難。

更雪上加霜的是，這次農業銀行也無法向收購站提供貸款了。長久以來，在地方政府不斷施壓下，各地農業銀行的分行隨意發放貸款，如今終於難以為繼了。實際上，這個服務於農業的國有銀行已經破產，正如一位調查人員所說：「現在資金的態勢像個漏斗，上面丟進去，下面都流了。」他在調查中提到，地方幹部可以輕而易舉地獲得貸款：「有些幹部找銀行拿錢，比到家拿錢還方便，想拿多少就拿多少。」在湖北省的荊州，約有四萬名幹部欠銀行的錢，人均負債一千元，這個數目相當於一名一般工人兩年的工資。至於「拿錢幹什麼？」據銀行調查，多被用於「做生意，蓋房子，買高級商品，辦婚事，甚至抹牌賭博」。因為資金短缺，政府只好向農民「打白條」。在浙江樂清縣，當地一百三十一家農業銀行的存款中，有近半是這種「白條」。[81]

這個問題是全國性的。一九八八年十一月，中央召開一次緊急會議。趙紫陽說：「打白條比多發票子還可怕，寧可多發票子也不打白條。」他擔心農村會發生更大的騷亂，因此要求銀行必須用現金兌付農民手中的「白條」。[82]

結果，貨幣供應量又開始增長，至一九八八年的第四季度，央行增發兩百八十多億元人民幣。儘管中央三令五申地要求經濟緊縮，但通貨膨脹很快又發生了。

這年八月，中央宣布價格即將開放，可是到了十二月，由於擔心城鄉同時發生動盪，國家又恢復對價格全面控制。以甘肅省為例，十九類生活必需品的價格被凍結，不許漲價，其中包括稻米、麵粉、油、糖、豬肉、牛肉、羊肉、煤、醬油、蔬菜、嬰兒奶粉、火柴、肥皂、洗衣粉、學生課本、衛生紙和醫藥費。電視機、冰箱和自行車等工業產品的價格，之前獲准可以浮動，現在卻不行了。[83]上海則頒布規定，禁止生活必需品、非主食類食品以及「二十六種工業消費品」漲價。北京還對鋼鐵、銅、鋁和其他原材料實施限價。為了防止有人操縱農業生產資料的價格，政府重新壟斷化肥、殺蟲劑和塑膠布的供應。[84]為了安撫民眾的不安情緒，政府下令各類原材料應優先用於日用消費品的生產，而不是用於工程建設，例如更多鋼鐵被用於生產冰箱，更多木材則被用來製成火柴。[85]

一九八九年的頭幾個月裡，緊縮政策的負面效果開始顯現：經濟增長下滑，貨幣供應減少，三分之一的工業產能出現閒置。[86]與此同時，國家補貼增加了，預算赤字增加了，失業率也在增加。根據李鵬的說法，由於收緊基礎建設，全國有一萬八千多個專案被迫停工或推遲施工，大約五百萬工人不得不返回農村。李鵬本希望這些人可以在鄉鎮企業就業，可事實上，由於銀行的信貸大幅削減，鄉鎮企業首當其衝，不得不裁減職工。至一九八九年三月，農村失業人員多達五千萬人。[87]

然而，令趙紫陽感到寬慰的是，負責執行緊縮政策的是總理李鵬，如今他成了大家普遍討厭的對象，而且由於緊縮政策的核心其實是加大中央集權，因此各省領導人中也存在對李鵬的廣泛不滿。[88]

★　★　★

在緊縮經濟同時，中央對「資產階級自由化」展開新一輪打壓。這一回打擊的主要目標是北京廣播學院一位三十九歲的講師：蘇曉康。蘇曉康長得矮小而壯實，是一名無所畏懼的記者。他常常置自身安危於不顧，調查一些政治敏感問題，如大面積的地區貧困和高層權力的腐敗等等。一九八八年二月，中央電視臺委託他製作一部片子，回顧中國歷史的動盪變遷。蘇曉康最終完成一部六集的紀錄片《河殤》，並於當年夏天在電視臺播出，當時全國正陷入搶購風潮之中。「河殤」一詞源自一首古典詩詞，其內容是哀嘆一個古代王國因為國君的愚蠢而衰落。在這部片子中，中國的傳統文化被描繪成封閉和停滯不前。標題中的「河」指的是黃河，這條通常被尊稱為中國文明發源地的河流，在蘇曉康等創作者看來，卻恰恰象徵著古代中國的僵化與保守，因為黃河水充滿泥沙，流速緩慢，正如古書所稱：「黃河斗水，泥居其七。」相比之下，藍色的海洋則代表著未來，而泥濘的黃河之水最終也要匯入大海。這部片子向觀眾傳達的資訊很明確，就是中國必須採用西方思想來實現現代化。為了更有力地闡明這一點，片中還抨擊長城和龍等中國傳統文化的象徵。[89]

這部片子的第一集剛播完，《人民日報》就在頭版社論中發起批判，斥責《河殤》歪曲中國歷史，徹底否定中國的優秀傳統文化，並詆毀中國人民。作者還指控這部片子否定社會主義取得的成就，並且鼓吹要「全盤西化」。[90]

然而，大多數觀眾卻給予這部片子積極的評價。八月，經過一些修改後，該片在中央電視臺重播。一週內，每天晚上北京和其他主要城市街道都空無一人，全國有數千萬，甚至數億觀眾觀看這部片子，有些報紙和雜誌還刊登刪節過的解說詞。隨之而來的是大量的評論，既有讚譽也有批評。還有出版社發行解說詞的單行本，結果被搶購一空，銷量超過上百萬冊。而《河殤》的錄影帶也成了全國各地書店和街邊書攤的搶手貨。[91]

九月二十七日，年屆八十的國家副主席王震對《河殤》一錘定音。王震行伍出身，頭腦僵化，向來看不慣知識分子，曾被鄧小平贊許地稱為「炮筒子」。他批判《河殤》「把中華民族誣衊到不可容忍的地步」，「咒罵黃河長城」，還聲稱知識分子是危險的。王震的話經各家報紙轉載，引發學術界和文化界的不安。[92]

一週後，《河殤》被禁，錄影帶不准出售，解說詞的單行本也從書店裡下架，甚至在聲討大會上當眾焚毀。在黨內發布的禁令中，總書記趙紫陽明確表示要尊重老幹部的意見。[93]在九月底召開的中共十三屆三中全會上，趙重申中國永遠不會照搬西方的三權分立和多黨制。[94]

然而，十一月底又出現麻煩了。就在民主牆運動十週年之際，一個名叫任畹町的人站了出來，為人權大聲疾呼。任畹町是當年民主牆運動的領導者之一，後被判處四年勞教，但他出獄後仍然毫不畏懼，公開要求自由選舉和三權分立。一九八八年，他來到北京與學生見面，並在北京大學歷史系學生王丹創辦的民主沙龍上發言。受到年輕人鼓舞，任畹町發表一份致聯合國人權委員會、國際特赦組織和香港人權委員會的呼籲書，要求中國政府釋放魏京生等自一九七九年以來被監禁的民主活動人士。這是針對鄧小平的直接挑戰，因為當年正是鄧小平親自下令鎮壓民主牆運動的。[95]

任畹町並不是孤軍奮戰。十二月，中宣部主辦一次大型會議，慶祝黨的十一屆三中全會召開十週年。然而，前中國社科院馬克思列寧主義毛澤東思想研究所所長蘇紹智在發言中，不但沒有稱讚十一屆三中全會是「偉大的歷史轉捩點」，反而大膽地批評反對資產階級自由化運動，並呼籲為王若水等反自由化運動的受害者恢復名譽。儘管受到審查的阻擾，上海的《世界經濟導報》還是在十二月二十六日發表蘇紹智的講話。不僅如此，蘇紹智還接受外國記者採訪，毫無顧忌地談論一九八四年實行的價格雙軌制如何導致腐敗盛行，他提出中共需要自我民主化，但這方面成效甚微，而為了戰勝腐敗，則必須實現新聞自由和輿論自由，並成立獨立調查機構。[96]

《河殤》激發數百萬人對自由和民主的嚮往，但同時也招致一些批評。這些批評的聲音恰恰反映出日益嚴重的社會矛盾以及對外開放為部分群體帶來的不安全感。中共政權曾承諾保護工人的安全和穩定，為其提供終身制的工作，物價也保持幾十年不變。但如今，持續的通貨膨脹拉低工人的生活水準，「鐵飯碗」也變得不那麼可靠，生活被一種不可控的力量改變，許多人因此產生危機感。在仇外心理驅使下，有些人開始拿外國人出氣。這種仇外心理是中共政權長期灌輸的結果，因為它一直宣稱幾個世紀以來中國不得不忍受外國的侵略和剝削，最終是共產黨結束這段恥辱的歷史，這種說法在中國深入人心，也因此成為中共統治合法性的主要來源。官方宣傳的歷史可能讓人感到壓抑，但是李小龍在《精武門》裡往傲慢的白人臉上飛起一腳的場景，足夠讓中國觀眾大呼過癮。在現實生活中，民眾每天有排不完的隊，處處要和別人爭搶空間，當不滿累積到忍無可忍時，就很容易把氣撒在外國人身上。當時書店裡有一本書的名字就叫《中國人，你為什麼不生氣？》。[97]

中國的社會波動不斷加劇，與此同時，因為反感（暫且不用「仇恨」這個詞）外國人而引發的事件也日益增多。一九八五年，中國曾爆發針對日本的示威活動，後來學生又把矛頭對準非洲人。一九八六年五月二十四日這天是非洲聯盟組織的成立週年紀念日，天津大學的非洲留學生在食堂裡聚會，卻遭到中國學生圍攻。磚頭、石頭和瓶子飛進窗戶，迫使留學生不得不躲進廚房。圍攻的人群有節奏地高喊「打死外國人」，騷亂一直持續到凌晨四點才結束。[98]

一九八八年十二月，又有幾所學校發生類似事件。據報導，在平安夜這天，南京一所大學的非洲學生帶女性訪客進宿舍樓時，拒絕按學校規定登記，結果引發一場混亂，導致兩名非洲學生和十一名學校職工受傷，消息傳出後，南京全市約有五千名大學生聚集到市中心，一邊遊行一邊高喊「打倒黑鬼」，當局被迫調用員警來維持秩序。一週後，在北京語言學院，有消息稱一名非洲留學生侮辱一名中國女性，憤怒的抗議者貼出海報，要求懲罰肇事者，全校有兩千多名學生舉行罷課。[99]

一九八九年一月，在一次討論法治和社會秩序的內部會議上，中央高層一致認為形勢嚴峻。危險來自各方面：嚴重的通貨膨脹加劇社會不穩定，緊縮政策造成巨大的就業壓力，糧食訂購合同得不到履行，致使城市的食品供應不足，學生也不安分，甚至有人叫嚷要「自由」和「民主」，而地處西北邊陲的西藏和新疆也開始動盪不安。儘管當局開展嚴打運動，但社會整體的法治和秩序正在渙散。[100]

在中國民間傳說中，皇帝的寶座後面總是盤踞著一條大蛇，以確保沒有人從背後傷害皇帝。一九八九年恰好是蛇年，這一年會發生什麼事？中國的領導人繃緊神經。

第五章
大屠殺（一九八九）

一九八九年的北京是一個乏味的城市，到處是單調的住宅和辦公樓，間或散布著一些帝國時代留下的老建築。其實，自從毛澤東去世後，北京已經發生變化。民眾的服裝不再以藍色和卡其色為主，大街上出現色彩鮮豔的衣服，愈來愈多黨員也穿上西裝。馬路上的進口汽車多了起來，新建的高樓和霓虹燈則使天際線顯得更加生動。在毛時代，訪問首都的外國政要主要下榻在天安門廣場旁的北京飯店，如今則有更多選擇，包括後來新建的建國飯店，還有高達二十一層、裝有玻璃帷幕的喜來登長城飯店。

街道上隨處可見小商販，兜售著各種商品，商販較集中的地方則形成自發的市場，其中比較大的一處位於建國飯店和友誼商店之間的一條小街上，當地人稱之為「絲綢一條街」。友誼商店是一座體積龐大的三層建築，裡面的售貨員以服務態度差而聞名。人頭攢動的「絲綢一條街」則恰好相反，這裡有一百六十個用木頭搭成的攤位，用油漆刷成藍色，上面標著白色的編號，出售的商品包括絲質或棉質的衣服、睡衣、襯衫、內衣、褲子、鞋、包和各種小玩意，其中許多產自溫州的工廠。[1]

一般民眾通常瞧不起個體商販，但他們大多數人的生活水準卻很低。即使是所謂「天之驕子」的大學生，也不得不六個人擠一間宿舍，一個星期才能洗一次澡。為了節約能源，學校每隔幾天就會停電停暖氣。在擁擠的食堂裡，學生吃的是豆腐和大白菜，喝的是裝在大鐵桶裡的稀飯。[2] 教授的工資入不敷出，有些人不得不靠額外兼職以補貼家用。一年前，也就是一九八八年四月，來自北京最好的幾所大學的十八名學生在人民大會堂前抗議，要求改善知識分子的待遇，結果無功而返。[3]

這一時期，從農村來城裡打工的人愈來愈多，全國範圍達到數千萬人。這些農民被城市吸引，希望在那裡找到更好的就業機會，但戶籍制度使他們無法獲得城市居民的身分，他們就像外來入侵者，只能成為城市的社會邊緣人。然而，政府對農村的投入不斷減少，農民的生活水準也日益下降，因此，許多農村家庭只能靠到城裡打工者寄回的錢維持生計。在計畫經濟時代，戶籍制度把農民與土地捆綁在一起，使他們成了聽命於公社幹部的奴僕。現在，同樣的戶籍制度又把農民變成廉價勞動力，輸送到各個建築工地和沿海地區的出口工廠裡。這些農民工沒有任何權利或福利，也得不到什麼保護，各地政府任意剝削他們，可以隨時把他們遣送回家，或者分配到新的工地上出賣苦力。有些外國專家把這種現象稱為「社會流動」，這個花稍的名詞聽起來很學術化，但事實上，中國農民工的地位與印度世代相傳的「賤民」頗為相似。

隨著緊縮政策的推行，對農民工的控制變得更加困難。僅在北京一地，當局每月拘留的人數即達上千人，但還是有農民不斷湧入城裡，其中即有尋找工作的年輕人，也有身障人士、上訪者、街頭藝人、流浪漢等等，就連建國飯店附近也能見到乞丐。[4]

農曆新年即將到來之際，政府作了巨大努力，以確保各類食品和消費品的供應。首都居民可以在國營商店多買一斤左右的肉，而白菜的供應則增加四分之一。在北京，新年慶祝活動很低調，煙火爆竹放得都比往年少許多，上海甚至全面禁止燃放鞭炮。現在講究的是一切從簡。[5]

領導人分別到不同的地方視察，向民眾致以新年問候，並發表講話鼓舞民眾士氣。在一次由四千名幹部參加的大會上，李鵬發言稱經濟和政治穩定至關重要，因為這年十月將是中共建國四十週年的大慶。[6]

但麻煩很快就來了。一九八八年四月，美國前總統理查．尼克森（Richard Nixon）出版一本書，名為《一九九九：不戰而勝》（*1999: Victory Without War*）。他在書中提出，為了削弱共產主義國家，美國應當支持這些政權中的反對者。鄧小平不是反對者，但趙紫陽有這種可能。尼克森寫道：「一個尚不清楚的問題是：當鄧小平最終離開舞臺時，誰有實力和遠見能從眾人中脫穎而出取代他。在共產主義國家，領袖只能有一個。趙紫陽在經濟領域已經展示出深謀遠慮，但他最終能否成功上位，還需看他是否具備相應的政治謀略。」[7]

一九八八年九月十九日，就在全國出現搶購風潮後幾個星期，趙紫陽會見經濟學家傅利曼，並與他就改革問題坦誠地交談。幾位與趙紫陽手下的智囊團聯繫密切的香港記者注意到這次會談，有人隨後發表一篇大膽的評論〈大家長該退休了〉，另一篇評論則寫道：「就中國走資的希望言，他們看準了趙紫陽。」在北京的保守派看來，這些評論極有可能是趙「與外部勢力相勾結」的產物——在獨裁國家，當權者時刻擔心內部存在祕密團夥，與外國的敵對勢力相勾結，陰謀發動政變。[8]

幾個月後，這種懷疑更像真的了。一九八九年一月初，已經在一九八七年被開除黨籍的方勵之決定在任畹町呼籲書的基礎上再進一步。他向鄧小平發出一封公開信，要求釋放所有政治犯，並建議將五四運動紀念日這天作為大赦的日子。一九八九年二月二日，方勵之在《紐約書評》上發表文章，用一句話否定中國的社會主義實踐：「四十年的社會主義令人感到失望。」十天後，三十多位中國最著名的作家連署這份公開信，並在紐約的哥倫比亞大學向外界公開。中共中央委員會一份內部文件表明，這一事件被黨內高層認定為國內外「反動政治勢力」正得到境外的支持。[9]

就在這時，美國總統老布希（George H. W. Bush）應邀前往日本參加裕仁天皇的葬禮，他準備隨後訪問韓國和中國。美國駐華使館因此要為總統的大型宴會擬定一份客人名單。布希曾於一九七四年十二月至一九七五年十二月擔任美國駐北京聯絡處主任——當時中美尚未建交，聯絡處即發揮大使館的作用，因此他自認為很了解中國，而白宮也把鄧小平稱為「老朋友」。在駐華使館發給華盛頓的電報中，方勵之的名字也被列入客人名單，而且洛德大使（Winston Lord）特地對這位天體物理學家的異議者身分作備註。然而，這份名單並未引起白宮特別關注，但中南海卻立即表示出不滿。中國政府最初派禮賓司官員對美方提出警告，但被美方完全忽視了。當布希總統在東京登上空軍一號時，中國外交部發表措辭強硬的最後通牒。中共高層一定認為華盛頓與國內的資產階級自由化分子是一夥的，可是據報導，布希得知此事後，曾氣急敗壞地質問身邊的顧問：「這個方勵之是什麼人？」[10]

二月二十六日，方勵之受到員警阻擾，未能前往喜來登長城飯店參加布希總統的宴會。因為發生這樣的事，趙紫陽不得不向布希上了一課，提醒他干涉中國內政的危險性，同時他還對政治異議者和三權分立予以抨擊。[11]

趙的措辭儘管很嚴厲，但已經無助於改變其形象，他在中央已經被孤立了。趙身邊有很多追隨他的顧問，但他忽略結交黨內高層的盟友，而是完全倚靠鄧小平支持。一九八八年八月價格改革後，兩人之間的關係開始變得緊張，但趙對鄧的依賴並未改變。[12]就在趙紫陽的權力不斷縮小的同時，李鵬的影響力卻在擴張。他攀附陳雲等黨內元老，與他們結成同盟，對趙發動進攻。先是在蘇州，由計畫經濟的堅定支持者李先念對趙紫陽開了第一砲，其他人則緊隨其後，在一系列內部會議上對趙提出更多批評。[13]

三月二十日，李鵬在全國人民代表大會上發表長篇講話，對經濟政策中的「缺點和錯誤」表示道歉，並稱中央「在經濟建設中存在著急於求成的傾向」，「對改革的艱巨性和複雜性認識不足」。所有與會代表都心知肚明，李鵬這些話實際是針對主席臺上的趙紫陽而發，因為趙正是這些改革措施的主導者。[14]

★ ★ ★

四月五日，猶如青天霹靂，胡耀邦突然去世。幾個星期前，他還在南寧打橋牌，那時看起來還很健康。四月八日，胡耀邦在參加政治局會議中途，突發心臟病，隨後被緊急送往醫院，一週後去世。[15]

胡耀邦死後成了一個傳奇人物，在無數渴望變革的人看來，他就是正直的象徵。在胡去世當天，北京大學的學生便貼出大字報，哀嘆隨著胡耀邦去世，北大和民主精神都死了，還有人悲嘆胡走得太早，誠實的人死了，虛偽的人卻還活著。有一張語氣嚴厲的大字報，譴責當局阻止學生組織紀念五四運動七十週年的活動。清華大學的學生同樣悲憤，校園裡貼出無數大字報，師生爭相閱讀和抄寫。謠言也隨之傳播開來，許多人相信，胡耀邦是在參加政治局會議時，因為無法忍受其他人對他的攻擊而氣死的。另一種說法是，李鵬聲色俱厲地批評胡耀邦，結果導致後者死於心臟衰竭。就在同一天，學生開始聚集到天安門廣場，在人民英雄紀念碑底座周圍留下花圈。[16]

四月十七日是個週一，數百名學生來到天安門廣場，向他們敬重的已故領導人表達哀思。中央領導和知識界領袖看望胡的家人，對胡的逝世表示哀悼。然而，傍晚時分，北京和上海街頭出現成千上萬遊行者，大家要求中央對迫使胡耀邦辭職的一系列事件予以重新評價，民眾的悼念活動由此轉變為一場政治運動。[17]

四月十八日，中央政治局五位常委之一、同時也是負責情報工作的喬石下令，要求公安機關進入高度戒備狀態。他解釋說，遊行學生正給全國各地大學生打電話，「企圖把群眾性的悼念活動轉為矛頭指向黨和政府的大規模鬧事」。[18]

中國有一種傳統說法，亡者的鬼魂會讓活人不得安寧。就在大家都在議論喬石的指示時，趙紫陽也在犯愁。下一步該怎麼辦？一招不慎，抗議者就可能把矛頭對準鄧小平，因為當年正是鄧小平逼胡耀邦下臺的。趙決定靜觀其變。就在同一天，北京大學的學生試圖在人民英雄紀念碑上懸掛橫幅，遭到員警阻止後，他們開始在廣場上靜坐示威。天黑後，又有數千名示威者聚集在中南海門口聲討政府，因為中共中央委員會和國務院就坐落在這裡。人群高呼「民主萬歲」和「打倒共產黨」

的口號，還有人推擠門口的警衛。第二天傍晚時分，抗議者再次聚集到中南海門外，而且打出「火燒中南海」的標語。當人群再次衝擊大門時，早有準備的員警衝出來開始大肆抓捕。警方隨後用警車把被捕者送回校園即行釋放，並未對他們予以追究。[19]

四月二十日，北京下傾盆大雨。當天晚上，電視上宣讀一份政府發布的通報，譴責「少數人」以胡耀邦去世作為藉口「攻擊黨和政府」並「呼喊反動口號」。次日，又有數萬人再次遊行到天安門廣場，大家手牽手，一邊唱歌一邊揮舞著紅色的巨幅標語。當局已經宣布，第二天舉行胡耀邦追悼會時將關閉整個廣場，所以大家準備足夠的食物、水和禦寒衣服，準備在廣場上過夜，不讓官方的計畫得逞。到了晚上，廣場上聚集大約十萬人，還有更多人成群結隊地來到這裡，向人民英雄紀念碑敬獻花圈和貢品。抗議者群情激憤，有人說：「我已經準備好去坐牢了。」十三年前曾在這裡參加抗議活動的任畹町向人群發表講話，他祈禱「法制的覺醒」，並高聲喊道：「民主牆復活了！」[20]

除北京外，還有二十幾個城市的學生也手持花圈和胡耀邦的畫像舉行示威活動。在甘肅省的省會蘭州，數百名抗議者攻擊省政府，並高呼口號：「要民主，要自由，打倒獨裁，打倒官僚，打倒共產黨！」[21]

四月二十二日星期六，上午十點，胡耀邦的追悼大會在人民大會堂舉行。前一晚有五萬多人不顧員警禁令在廣場上過夜，如今他們紛紛要求進入人民大會堂。當局無法鎮壓，只好作出妥協，允許他們留在廣場上，收聽擴音器裡播放的悼念致詞。與此同時，成排士兵挽著胳膊組成人牆堵在人民大會堂入口處。一名參加抗議的卡車司機對大會堂裡的領導人不屑一顧，他說這些人不是共產黨員，只是些害怕人民、瞧不起老百姓的「老封建」。[22]

大約有四千名黨的領導幹部參加追悼大會，他們身穿西裝，打著領帶，而胡耀邦的遺體則躺在一口透明棺材裡。據一名外國記者觀察，鄧小平看上去「面色發灰，體態臃腫，表情麻木」。[23]通常來說，中共對已故領導人的最高評價是「偉大的馬克思主義者」，然而，就在舉行追悼會的前一天，中央拒絕胡耀邦的家人和崇敬者的要求，認為胡不應享有這樣的頭銜。趙紫陽在致悼詞時，把這位前同志稱為「偉大的無產階級革命家、政治家」，這一稱呼與日後中央對華國鋒的評價一致。趙紫陽還評價胡耀邦「胸懷坦蕩，不隱瞞自己的政治觀點，正確的東西，敢於堅持」。[24]

然而，即使這樣的悼詞還是令部分黨內元老不滿，他們覺得對胡耀邦的溢美過多，幾乎推翻之前中央對胡的問題所作的結論。一位軍隊領導人抱怨說，葬禮搞得太隆重了。另一位則認為胡這個人沒什麼偉大的地方，還有人生氣地說：「只有小平站得高，看得遠，看得清。」[25]

當趙紫陽離開人民大會堂時，他碰見李鵬。由於趙紫陽預定第二天要對北韓國事訪問，李鵬建議在他臨行前再召開一次政治局常委會。趙回答沒有必要，因為現在追悼會已經結束，示威者很快就會散去，當局可以經由對話的方式安撫學生情緒。李鵬則反駁說，部分抗議者喊出要自由、要民主的口號，已經造成動亂，因此中央必須採取更加堅定的措施。趙紫陽迴避李鵬提出的問題。[26]

當天下午，一支出殯車隊護送胡耀邦的遺體，沿長安街向西駛往八寶山革命公墓。沿途大約有一百萬人送行，向胡耀邦表達最後的敬意。[27]

週末，有好幾個城市發生抗議活動。在古都西安——一九七四年這裡發現兵馬俑，約有六千人走上街頭，衝擊當地的政府部門，點燃一個油罐和兩輛公車，並向員警投擲石塊。據一位目擊者回憶，有些人靜靜地站在那裡，有些人卻像發瘋一樣，用樹枝等各種東西砸向員警。陝西省省委書記打電話向北京求援，隨後當局派出四千名士兵前往抗議現場維持秩序。在湖南省的省會長沙，數千名示威者公開要求鄧小平下臺，他們洗劫幾家商店，還衝進火車站和一家賓館，路燈被連根拔起，窗戶也被砸碎。在四川省成都市，也有上萬名學生走上街頭。[28]就在同一天，中共北京市委書記李錫銘打電話給趙紫陽，要求他推遲訪問北韓。趙未答應，並提出在他出訪期間由李鵬全權處理各項事務。當天下午，趙紫陽與李鵬在火車站匆匆見了一面。趙重申，中央可以經由對話來安撫學生。[29]

四月二十四日星期一，首都的大學生舉行罷課。就在剛剛過去的這個週末，他們廢除官方的學生會，成立學生的自治組織，並控制許多校園廣播站，播放對自由和民主的訴求。在各個大學狹小的寢室裡，數百名志願者印製幾千份傳單，一條一條列出抗議的理由，隨後學生分成一個個小組，把傳單散發到全城，同時募集資金，動員民眾。令中央領導層尤其不能忍受的是，學生張貼在公共場所的大字報吸引許多工人圍觀。晚上，政治局常委再次碰頭，一致認為學生的抗議是有組織的反黨行為。李鵬主持會議，他要求各級政府對學生絕不妥協，「要強硬對付，不惜鎮壓」。[30]

次日上午，各位領導人來到鄧小平住所開會。鄧指出這不是一般的學潮，而是一場否定共產黨的領導、否定社會主義制度的政治動亂。他指示中央必須採取明確立場和有效措施，迅速反對和制止這場動亂，不能讓抗議者得逞。在鄧小平看來，學生背後肯定有人指使，而且這些人受到南斯拉夫、波蘭、匈牙利和蘇聯等國的自由主義思想影響，其目的就是要推翻中國共產黨的領導和社會主義制度。與會領導人一致同意，中央應該發表一份聲明，堅決譴責學生的行為。趙紫陽從平壤發回電報，表示贊同。[31]

四月二十五日晚間，電視上播出一篇措辭嚴厲的社論。次日，《人民日報》發表這篇社論全文，指責「極少數別有用心的人」利用學生來「製造種種謠言，蠱惑人心」。社論指出：「這是一場有計畫的陰謀，是一次動亂，其實質是要從根本上否定中國共產黨的領導，否定社會主義制度……如果對這場動亂姑息縱容，聽之任之，將會出現嚴重的混亂局面……十年改革取得的巨大成果都可能喪失殆盡。」社論最後提出，要「禁止非法遊行示威，禁止到工廠、農村、學校串聯」，所有由學生建立的非法組織都應該立即解散。[32]

★ ★ ★

民眾對這篇社論並不買帳。第二天，約有十五萬人走上北京主幹道，高喊反腐口號，規模之大，前所未有，而且遊行隊伍中首次出現工人的身影。沿途的人行道和過街天橋上擠滿圍觀群眾，大家對抗議者高聲歡呼，就像歡迎解放軍一樣，有人舉著自製標語，高喊反對通膨和腐敗的口號，還有人向示威者發放用塑膠袋裝著的麵包、瓶裝水和冰棒。長安街兩邊都有士兵站崗，有些還手握自動步槍，但他們並沒有阻嚇示威者，而是在人群面前不斷退卻。天安門廣場看起來就像戰場，所有主要建築周圍都布滿士兵。但示威者卻逕自從天安門前經過，完全繞過廣場。在經過天安門時，學生秩序良好，表現克制，甚至轉而高呼支持中共和憲法的口號。這一切看起來更像是一場組織良好的勝利遊行，而不是自發的抗議行動。[33]

當首都的學生舉行遊行時，李鵬犯了一個低級錯誤：他竟然把兩天前鄧小平在其私邸會議上發表的祕密意見公布出來，供黨員開會學習。很快，鄧小平的話流傳到社會上，引起抗議者關注。大家產生一個疑問：為什麼政治局的常委要向鄧小平彙報？鄧小平在幕後「垂簾聽政」的說法開始流傳開來。這件事讓鄧小平對李鵬很不滿。[34]

迫於學生抗議的力度，當局被迫改變策略，表示願意與學生對話。四月二十九日，學生和政府雙方代表舉行一次會談。極為罕見的是，電視臺直播這次會談。首先開口的是國務院發言人袁木。他對學生進行一番嚴厲的說教，把四月二十六日那篇社論的主要內容複述一遍。隨後學生開始提問。其中一位學生代表抱怨官方媒體報導帶有偏見，袁木則反駁說據他所知，中國並不存在新聞審查制度。袁木講話時，經常帶著虛偽的笑容，這讓學生很反感。但是，當一個身形消瘦的學生代表突然站起來，譴責政府沒有邀請學生自治組織參加對話，並立即離開會場表示抗議後，袁木再也笑不出來了，他只是生硬地回應說那些學生組織都是非法的。接下來，另一位學生代表引用憲法第三十五條的規定，要求享有言論和結社自由。袁木則指出，每個公民都有不傷害國家利益的法律責任。[35]

這場對話令學生內部產生分裂。其實，學生之間一直存在分歧。如今，有學生代表認為，獨立於政府的學生會是進一步對話的障礙，因此應予解散。支持和反對這一觀點的兩派開始漸行漸遠。五月一日勞動節這天，當局呼籲民眾保持穩定。掛滿紅旗的天安門廣場冷冷清清，只有幾個遊客在城樓前拍照。當天什麼都沒發生。[36]

然而，局勢依然緊張。幾個星期以來，學生和知識分子一直呼籲要舉行大規模示威，以紀念五四運動七十週年。[37]與此同時，蘇聯領導人戈巴契夫（Gorbachev）定於五月十五日至十九日對中國國事訪問。中國的領導人認為這次峰會是幾年來中國奉行「安靜外交」的勝利，因此是一件具有里程碑意義的大事。三年前，戈巴契夫在海參崴宣布，蘇聯將對中國作出一系列單邊讓步，從而為改善中蘇關係鋪平道路。一九八九年二月的第一週，蘇聯外交部長愛德華．謝瓦納茲（Eduard Shevardnadze）訪問北京和上海時，敲定戈巴契夫訪華日期。

四月三十日，趙紫陽剛從北韓回來就改變立場。他在同李鵬以及其他常委碰頭之前，首先找來自己的顧問徵詢意見。[38]其實，在趙訪問北韓之前，他的顧問就擔心學生運動的「激進分子」會把矛頭對準趙紫陽和鄧小平。現在，他們似乎建議趙在戰略上與鄧保持距離。[39]

五月一日，趙紫陽參加政治局常委會，批准一週前中央在他缺席時作出的決定，並表示支持鄧小平譴責學生的言論。對於《四．二六社論》，趙沒有發表任何異議。但是第二天，趙紫陽的想法改變了，他請人為鄧小平帶話，想與鄧見面。此人與政治局常委兼國家主席的楊尚昆聯繫，楊拒絕趙的請求，其理由是：鄧小平不可能在一夜之間改變對學生示威的評價。[40]

五月三日星期三，人民大會堂舉行五四運動紀念大會。趙紫陽發表講話，呼籲全國人民反對社會動盪。他警告說，如果沒有團結和穩定，「一個很有希望很有前途的中國，就會變為一個動亂不安的沒有前途的中國」。但趙同時表現出與學生和解的姿態，他讚揚學生的愛國主義精神，肯定他們要求「推進民主政治」、「懲處貪汙腐敗」和「發展教育和科學」的合理性，並稱這些要求與黨的目標是一致的。與此同時，趙還強調堅持無產階級專政、堅持馬克思列寧主義和毛澤東思想等四項基本原則的重要性。然而，政治局其他幾位常委對趙的發言並不滿意，因為他們在大會之前看了趙的發言草稿後，曾建議他增加與「資產階級自由化」作鬥爭的內容，但趙在發言中對此隻字未提。[41]

當天晚些時候，杜潤生——他是農村改革的主要宣導者之一，同時與趙紫陽關係密切——在科學會堂召開一次會議。針對當前局勢，與會十幾名高級幹部各自陳述自己的看法，並向趙紫陽提出如何應對的建議。他們同意趙紫陽的意見，認為鄧小平對學生運動的論斷是錯誤的，而且鄧已經無法控制局面。他們建議趙紫陽一定要謹慎行事，因為鄧小平已經「聲名掃地」。[42]

第二天，趙紫陽在亞洲開發銀行理事會的年度會議上，面對外國記者發表一番講話。他對學生的行為表示讚賞，認為他們只是要求糾正政府工作中的錯誤，而不是反對共產黨或社會主義制度。與前一天的講話不同，他表示「事態將會逐漸平息，中國不會出現大的動亂」。趙指出，解決問題的辦法是理性和克制，還需要聽取不同人的意見。[43]

與此同時，學生正在各大城市舉行紀念五四運動的遊行。整個過程都很平和，學生也同意返回課堂，並減少政治活動。其實他們也很清楚，政府目前正陷入困境之中，如果繼續對其施壓，超過其容忍限度，結果對大家都沒什麼好處。北京的遊行有上萬名學生參加，但規模遠小於四月二十七日那次。不過，學生離開天安門廣場後，地上全是打碎的小玻璃瓶。這種緩和的跡象令許多人鬆一口氣，香港股市為之一振，出現大幅上漲。[44]

在五月四日這天的遊行隊伍中，出現數百名供職於官方媒體的記者，他們的訴求是爭取「說真話」的權利。這些記者之所以加入學生隊伍，其中一個重要原因是上海取締《世界經濟導報》。一九八八年十二月，這份自由派報紙發表蘇紹智的講話，呼籲為所有「反對資產階級自由化運動」的受害者平反。總編輯欽本立為此受到警告處分，但他似乎並不在乎，在胡耀邦去世一週後，又準備在該報發表一篇長達六頁的悼念文章，其中有一段針對鄧小平的文字尤其令當局無法容忍，招致宣傳部門出面干預。時任中共上海市委書記的江澤民終於失去耐心，於四月二十七日責令欽本立停職。欽本立一下子成了名人，而抗議者則提出一個新的訴求：新聞自由。[45]

這一訴求獲得愈來愈多官方媒體支持，其中包括來自中央電視臺和《人民日報》的記者。趙紫陽在亞洲開發銀行的演講結束後，他的顧問建議公開發表這篇講話。於是，廣播和電視當天就報導總書記的講話，並且連續播放三天。《人民日報》也在頭版刊登趙紫陽釋放出的和解資訊：「現在最需要冷靜理智克制秩序，在民主和法制軌道上解決問題。」[46]

五月五日，出於對趙紫陽的信任和與政府對話的期待，學生回到教室。[47]總書記還鼓勵媒體在報導中使用更加溫和的語氣，他對富有同情心的中央宣傳思想工作領導小組組長胡啟立說：「放開了一點，遊行作了報導，新聞公開程度增加一點，危險不大。」[48]第二天，學生遊行的報導和照片就出現在各大報刊上。《中國青年報》甚至將學生描繪成愛國者，並引述趙紫陽的話說，產生腐敗的部分原因是媒體不夠公開。[49]

感覺到官方調門的變化，更多知識分子開始站出來支持學生。五月十日，北京約有一萬名年輕人騎著自行車上街，要求更多新聞自由。五十位著名的作家、詩人和小說家也加入進來，其中包括蘇曉康，他說不能讓學生孤立無援地站在那裡。[50]

大約有一週時間，局勢呈現出一種不尋常的平靜；而幕後，領導層的分裂正在愈演愈烈。試圖與抗議者和解的趙紫陽受到民眾的廣泛歡迎，但鄧小平的立場與之截然不同，仍堅持認為學生的目的是製造混亂並企圖推翻社會主義制度，兩種力量似乎正在角力，最終必有一方認輸：要麼鄧小平收回之前的表態，要麼趙紫陽無法兌現自己的承諾。

黨內有一批領導人不認同趙紫陽的立場，認為他的講話偏離黨的路線，會給政權帶來危害。於是他們團結起來，站在李鵬的一邊。北京市長陳希同就是其中之一。五月七日，陳希同提出全黨必須服從四月二十四日政治局常委會的決議。[51]應他的要求，政治局於次日再次召開常委會，持不同意見者在這次會議上發生激烈爭吵。有幾名常委指責趙紫陽出賣那些壓制學生運動的政府官員，趙紫陽則氣憤地反駁道：「誰把你們出賣了？只有文化大革命才有人被出賣。」[52]

儘管政府承諾會與學生對話，但實際上兩者之間並沒有什麼交流。學生堅持任何對話都必須由學生的自治組織參加，但《四．二六社論》已經將這些組織列為非法，因此趙紫陽無法滿足學生這一要求。學生漸漸失去耐心，而且他們擔心戈巴契夫訪問結束後，政府會秋後算帳，對學生再次鎮壓。

五月十一日，北京大學貼出一張大字報，號召學生到天安門廣場絕食抗議。[53]這種抗議方法並非首次出現，同其他許多做法一樣，它也可以追溯到文化大革命時代。例如，一九六六年夏，為了響應毛主席的號召，掃除隱藏在教育系統內的「走資派」，數百名學生在西安省委大門外靜坐示威。一連好幾天，學生不吃不喝，有人因中暑而暈倒，護理師不得不對其進行靜脈注射，情況更嚴重的則被救護車送往醫院，最後是周恩來出面干預才打破僵局。[54]

雖然北京高校學生自治聯合會投票反對絕食，但是仍有許多人被這個想法所吸引，不願放棄這個機會。幾位學生領袖決定獨自行動，其中包括北京大學歷史系的王丹，還有頗富魅力的維吾爾族青年吾爾開希。吾爾開希長著一頭濃密的鬈髮，他在北京出生和長大，但在新疆上過幾年學。四月十九日晚，吾爾開希身穿文革期間流行的褪了色的黃軍裝，帶頭衝進中南海的大門。他在人群前面來回走動，用洪亮的聲音向學生發號施令，號召大家堅守在這裡，直到李鵬出來。[55]

五月十三日，就在中蘇首腦會晤前兩天，絕食者開始行動。數百名學生頭上裹著紅色或白色布條，有些戴著遮陽帽，大家一起宣誓要堅守在天安門廣場上，直到政府滿足他們的要求。有人打出橫幅，表示可以忍受飢餓，但絕不能忍受獨裁。這些絕食者意志堅定，但人數並不多。當天晚上，北京大學一名叫柴玲的心理學研究生手握大聲公，發表一番慷慨激昂的講話，令聽眾淚流滿面。她哭著說：「我們以死的氣概，為生而戰！」一夜之間，柴玲的演說成為一份宣言，包括蘇曉康在內的十二位著名知識分子在報紙和電視上公開發表聲明，表示支持學生的行動。結果又有數千人加入絕食者的行列。[56]

絕食人數不斷增加。趙紫陽警告學生，如果破壞中蘇首腦會晤，將招致人民唾罵，但這些話根本無濟於事。五月十五日，中國政府在機場為戈巴契夫舉行歡迎儀式的同時，天安門廣場正被三十多萬人占領，其中不僅有絕食者，還包括工人、農民、機關職員、民主黨派人士、幼稚園和小學的孩子、司法部門的官員，甚至軍校學生。[57]數百名作家、記者和大學教授也加入行動。現場氣氛熱烈，來自各行各業的民眾自由地表達著自己的想法，對許多人來說，這是前所未有的經歷。大家揮舞旗幟，一起合唱，用勝利的V形手勢互致問候。曾把搖滾樂引入中國的二十七歲吉他手崔健也突然出現在廣場上。他自彈自唱〈一無所有〉，引發抗議者共鳴，其中有這樣的歌詞：「告訴你我等了很久，告訴你我最後的要求。我要抓起你的雙手，你這就跟我走。」音樂聲中不時響起救護車的鳴笛聲，大約有七十名抗議者因中暑或飢餓而暈倒，被緊急送往醫院。在北京報導中蘇首腦會晤的外國記者也來到廣場上，與抗議者自由地交流，他們的現場報導經由衛星傳播到世界各地。與此同時，趙紫陽則站在人民大會堂屋頂上，用望遠鏡注視著廣場上的學生。[58]

五月十六日，蘇聯領導人乘坐的黑色吉爾（ＺＩＬ）轎車在數百名員警嚴密保護下，從後門悄悄駛入人民大會堂。鄧小平與戈巴契夫握手後鄭重宣布，北京與莫斯科之間的宿怨就此了結。晚上，戈巴契夫在釣魚臺國賓館與趙紫陽會面，兩人討論中共與蘇共兩黨關係正常化的問題。在談話中，趙紫陽告訴戈巴契夫，在所有重大問題上，鄧小平仍是中國的最終決策者。趙的話無疑打破中共一直以來所謂「集體領導」的假象。趙對此解釋說：「我們黨仍然需要鄧小平同志，需要他的智慧和經驗。」他接著說，一九八七年十月召開的中共十三屆一中全會就曾作出決定，「在最重大的問題上都要經過鄧小平的同意，中國仍然是鄧小平掌舵，在處理重大問題時總是向他通報，向他請教」。但這一決定「從未公開發表」。趙紫陽後來為自己辯護道，他之所以對戈巴契夫這麼說，是為了保護鄧小平，他想經由這種方式告訴大家，鄧的權力來自於黨的決議，而非個人的獨斷。然而，趙誤判這些話引發的後果。許多人認為趙紫陽這麼說的目的，是為了把處理危機的責任推卸給鄧小平。一名外國記者稱趙的舉動是針對鄧小平的「隱蔽但不尋常的挑戰」。[59]

官方媒體報導趙紫陽與戈巴契夫的談話，特別是關於黨內的祕密決議一事，但除了趙紫陽的幾個顧問，沒有人對此感到驚訝。政治學者嚴家祺等人可能認為，趙披露這一資訊是要與鄧小平公開決裂，因此立即向廣場上的人群喊話，稱鄧小平是「年邁昏庸的獨裁者」，並呼喊口號：「打倒個人獨裁！」、「獨裁者必須辭職！」[60]

在與戈巴契夫會談後，趙紫陽參加緊急召開的政治局常委會。他告訴與會者，擺脫目前困境的唯一辦法是撤回《四．二六社論》。趙紫陽解釋說，為了保護鄧小平的聲譽，他願意為這篇社論承擔全部責任，可以對外宣稱這篇文章是由他在平壤親自起草的。然而，其他幾名常委並不贊成這一做法，仍堅持認為這篇社論反映鄧小平的真實態度。這次會議沒有解決任何問題。[61]

次日，五月十七日，趙紫陽試圖與鄧小平私下會談。他按照通知於當天下午來到鄧的住處，卻發現其他幾名政治局常委都在那裡等著他。接下來的會議氣氛頗為緊張，大家一致指責趙在亞洲開發銀行的講話煽動了動亂。鄧小平表示同意：「轉捩點是趙紫陽五月四日的那篇講話，使民眾看到共產黨中央不一致，學生就鬧得更激烈了，很多人向學生靠攏。」隨後，鄧小平決定應當立即宣布戒嚴，並派軍隊進入北京城。氣氛一下子變得凝重起來，除了趙一個人，其他人全都表示贊成。當晚，政治局常委再次開會討論戒嚴的後勤問題，心情陰鬱的趙紫陽宣布他無法繼續履行職責，他說：「我的時間已經結束。」[62]

五月十八日，當局作最後一次緩和局面的嘗試。這天上午十一點，學生領袖應邀來到人民大會堂，在高大寬敞、布置著舒適沙發的新疆廳，他們見到面容憔悴、神情緊張的李鵬。會議室裡架著攝影機，沙發之間的茶几上擺放著鮮花和茶杯。作為學生代表之一的吾爾開希，因為之前在廣場上暈倒而被送往醫院，現在身穿病人服來參加會議。他斥責總理來遲了，不是遲了幾分鐘，而是遲了幾個星期。李鵬對此表示歉意，隨後擺出一付屈尊俯就的架式，準備對學生說教。但很快，王丹打斷李鵬的話頭，指責他故意回避實質性的問題。李鵬看上去愈來愈失去耐心，他憤怒地說道：「北京這幾天，已經基本上陷入無政府狀態……中華人民共和國政府，是對全國人民負責的政府，我們不能對這種現象置之不理。」他還高聲警告學生：「我們要保護工廠，保護社會主義的成果，保護我們的首都。」會談持續大約一個小時。[63]

政府的強硬立場反令民眾對抗議的支持度急遽上升，在北京市中心，參與遊行的人數多達百萬人，同時還有無數學生從外地湧入北京。許多地方的火車站擠滿學生，人人都渴望登上開往北京的列車。就像二十年前的紅衛兵獲准免費旅行一樣，很多人連車票都沒買就擠上火車。北京大多數工廠和辦公機構都陷入停工狀態，因為大批工人也加入學生的行列。他們舉著印有各自工作單位的旗幟，在天安門廣場周圍的街道上遊行，其中既有戴著廚師帽的廚師，也有揮舞著算盤的文員，還有身著藍色工作服的工人。為了壯大聲勢，不少人把單位的汽車、卡車和巴士開出來，沿著長安街首尾相連。這次遊行的主角不再是學生，而變成工人。示威者的口號也與之前不同，民眾開始直接點名，要求鄧小平、李鵬和楊尚昆下臺。[64]

北京城裡到處洋溢著節日的氣氛，市民聚集在街頭巷尾，向示威者歡呼致意，許多辦公樓和公寓樓外懸掛出支持絕食的標語，還有職員從窗戶裡灑下紙屑以示支持。許多人相信中國的歷史來到了轉捩點，七十年前首次提出的民主中國的願望現在終於要實現了。嶄新的時代似乎即將來臨。[65]

中共黨內也有支持抗議的聲音。就在前一天晚上，肖克將軍給中央顧問委員會——由黨內元老組成的顧問機構——打電話，指出這一次是黨錯了，群眾才是對的。而在地方上，各省的黨組織都不接受《四．二六社論》的結論。浙江省政協經過投票，在大多數成員贊成的情況下通過一項決議，譴責使用「反對和制止動亂」這一說法。五月十八日，浙江省政協將這一決議遞交中央。其他省分也出現類似情況。[66]

不僅在北京，其他城市也爆發示威活動。在上海——這是戈巴契夫四天中國之行的最後一站，大約有十萬名抗議者走上街頭，令上海市中心陷入癱瘓。在浙江的杭州、金華、寧波、溫州等地，當局估計示威的總人數達到四十萬人，杭州一地即有八百多名學生參加絕食抗議。在各地檔案館裡，還可以找到許多類似的數據。例如，在遠離外國記者視線的甘肅省，當抗議運動達到高潮時，十二座城市的示威群眾達到近二十五萬人，僅省會蘭州就有約三百名學生參加絕食抗議。67

最激烈的衝突發生在新疆的首府烏魯木齊。大約一萬名學生走上街頭，抗議一本名為《性風俗》的書，因為他們認為書中內容對伊斯蘭教構成侮辱。但這只是個藉口，學生遊行時赫然打出「民主萬歲」和「打倒腐敗」的橫幅。第二天，抗議者強行衝進政府大樓，攻擊民兵和政府工作人員。不僅如此，聚集在人民廣場上的抗議者還掀翻公車，推倒電線桿，並割斷由政府控制的高音喇叭的電線。這次衝突共造成一百五十人受傷。68

五月十九日星期五，清晨五點左右，趙紫陽在李鵬陪同下來到天安門廣場，向絕食者表達關心。趙紫陽對學生說道：「我們來得太晚了。」講這句話時，他眼裡含著淚水，握著擴音器的手在顫抖。他說：「我們都是從年輕人過來的，我們也遊過行、臥過軌……」最後他還是勸告學生立即停止絕食。這是趙紫陽最後一次公開露面。

當晚十一點，李鵬來到中國人民解放軍總後勤部，在首都黨政軍幹部會議上發表講話，宣布制止動亂的各項措施。午夜剛過，李鵬出現在電視上，開始宣讀一份事先準備好的發言稿。他說：「我們如果再不迅速結束這種狀況，聽任其發展下去，很難預料不出現大家都不願意看到的情況。」為此，他呼籲「我們必須採取堅決果斷的措施，迅速結束動亂，維護黨的領導，維護社會主義制度」。北京正式開始實施戒嚴。[69]

凌晨三點，李銳站在陽臺上，看到有些人騎著摩托車在長安街上來回行駛，提醒抗議者注意軍隊的到來。他們自稱「飛虎隊」，跟絕食者一樣頭上裹著布條，摩托車上插著旗幟。[70]他們並不是唯一幫助抗議者的人。李鵬剛剛宣布戒嚴，就有數以萬計北京市民衝上街頭，試圖阻止軍隊前往天安門廣場。北京城地形複雜，既有好幾條巨型環城公路，同時又有無數高架橋、十字路口和狹窄蜿蜒的胡同。卡車司機用他們的車輛堵在通往市區的六個主要入口處，而人群則蜂擁而上，把軍隊的車輛團團圍住，有人甚至放空輪胎裡的氣。民眾對軍人的態度很是友好，大家紛紛向士兵贈送食物和水，並勸他們掉頭。到中午時分，在距北京城以西大約十八公里的地方，大約有兩百輛屬於第六十五集團軍的軍車遭到民眾圍堵。與此同時，在距天安門廣場以西十一公里、位於長安街上的中國人民解放軍總醫院附近，第三十八集團軍的部隊也遭到民眾攔截。而北京衛戍區的軍隊在從明十三陵、首都機場和頤和園向城內推進時，也遭遇到民眾阻攔。事實上，因為北京市民的阻攔，軍隊的行動不得不暫停。李鵬在日記中寫道：「沒有想到部隊進城受到極大阻力。」[71]

這種情況持續好幾天，成千上萬學生露宿在天安門廣場上，所有主要路口都臨時搭起路障。五月二十二日，軍隊開始撤退。學生歡欣鼓舞，膽大者甚至呼籲士兵發動兵變。一時間，謠言四起。有人說，李鵬處境艱難，正在力求自保——因為宣布戒嚴令的事，李鵬成了大家最討厭的國家領導人。還有人說，鄧小平已經辭職，許多最高層的領導人開始轉而支持趙紫陽。大家相信風向正在轉變，中國即將發生歷史性的巨變。官方對此沒有作出任何否認。就在此時，有七位退役上將發出聯名信，敦促中央軍委不要派軍隊進城。消息一經傳出，各種傳言更是滿天飛。[72]

五月二十三日，成千上萬示威者走上廣州街頭，來自香港和澳門的民眾也加入聲援活動，那天恰好電閃雷鳴，雨水模糊標語上的字跡。在上海，示威者擠滿外灘和人民廣場。而在地處內陸腹地的蘭州，數萬名群眾公然要求鄧小平和李鵬下臺，甚至有學生高喊：「推翻偽政府！」甘肅省委副書記表示：「市民支援他們的活動。」此外，南京、長沙、武漢等城市也爆發學生遊行。[73]

實際上，軍隊並沒有撤回，只是轉移到北京郊外集結待命。五月二十五日，來自十一個集團軍的十萬餘名士兵集結完畢，同時配備數百輛坦克、裝甲車、軍用客車和卡車。姚依林在內部會議上向幾位部長透露，最高層「不怕外國壓力，封鎖、戒嚴三五年沒關係」。當晚，在所有高層領導人從公眾視野中消失五天後，中央電視臺報導李鵬接見三位新任大使的消息。李鵬信心十足地宣稱中國政府是穩定的，有能力處理當前危機。[74]

這段時間，中央領導正四處聯絡，爭取獲得各地高級幹部支持。楊尚昆召集軍隊領導人舉行一次緊急會議，之後各支部隊的步調開始一致起來。[75]與此同時，空軍、海軍和各個省都發表支持戒嚴的聲明。[76]為了表示黨內的團結，包括陳雲、薄一波、李先念和鄧穎超（周恩來的遺孀）在內的老一輩領導人也紛紛現身，在電視裡表示支援中央的決定，其中有些老人坐在輪椅上，連話都說不清楚。[77]全國上下每個黨員都必須表明立場，並參加政治學習，認真研讀中央領導人的講話。[78]

李鵬在電視上露面後，強硬派便開始占據上風，各層各級都被教條主義者所掌控。在抗議者多次衝擊省委的甘肅省蘭州市，有些幹部敦促中央「向破壞分子採取有力的措施，堅決打擊，儘快平息下去」。[79]持類似觀點的人很多。五月二十七日，三位省級領導對喬石提出批評，同時要求政治局常委會立即採取行動。在中央顧問委員會一次會議上，甚至李鵬本人也受到批評。黨內元老對眼下的僵局感到不滿，以致氣憤地打斷李鵬的發言。[80]

這時，把守在各個路口的北京市民放鬆警覺，廣場上學生人數也減少了，而且學生組織內部出現各種內訌和分歧。對許多中國人來說，英國廣播公司（BBC）和美國之音（VOA）的短波廣播是他們的主要資訊來源，但現在這兩個電臺的短波訊號受到中國政府干擾。與此同時，大多數外國記者也離開北京。五月二十九日星期一這天，留在廣場上的學生只有兩千人左右，學生領袖建議就此結束靜坐。到目前為止，他們已經為自己的訴求抗爭過，也在國際媒體的鏡頭前與政府相對峙，並且在北京市民的支持下，逼退企圖進城的軍隊，如果學生這時撤離廣場，他們就會以勝利者的姿態離開。[81]

與北京不同，時任上海市長的朱鎔基採取較溫和的態度。他對示威者表現出關心和同情，並向他們保證不會派軍隊進城，不會實施戒嚴。市委書記江澤民也在人大代表中享有較高的支持率。上海的局勢因此日趨緩和，不再會發生停產或罷工事件，一般居民對運動的熱情也開始下降，政府派人撕掉牆上的大字報，街道也被清理乾淨。五月二十七日，為了慶祝上海解放四十週年，全市街道都掛上紅色的橫幅和國旗，學生也作好返回課堂的準備。[82]

令人意想不到的是，這一階段規模最大的示威活動之一竟然發生在香港。五月二十七日星期六，跑馬地馬場舉行民主歌聲獻中華的慈善音樂會，以聲援天安門廣場上的學生，現場人數多達二十餘萬。眾多演藝界名人在這次電視直播活動中露面，許多人熱淚盈眶地發表自己的感想。來自臺灣的歌星鄧麗君也獻歌一首，她頭上綁著白布條，上面寫著「民主萬歲」幾個紅字。次日，約有一百五十萬人——占香港總人口四分之一——走上街頭，遊行隊伍行經北角和銅鑼灣等繁忙的商業區，最終抵達維多利亞公園。人群中既有老人，也有頭綁黃布條、抱在父母懷中的嬰兒，還有身著商務服裝的上班族，甚至有人坐著輪椅。組織者為大家分發貼紙，上面寫道：「今日中國，明日香港」。[83]

五月三十日星期二，學生在天安門廣場豎起一尊十公尺高的民主女神像。女神用雙手高擎火炬，堅毅而驕傲的眼神直視著城樓上的毛澤東畫像——一週前，有人向這幅畫像潑墨水、扔雞蛋，現在這幅是新換上的。這尊女神塑像似乎是對中共四十年建國史的嘲諷，更重要的是，她為日漸低迷的民主運動注入新的活力。為了一睹女神芳容，前後有二十五萬人不顧政府禁令，從北京城四面八方擁向廣場。廣場上再次熱鬧起來，自行車和三輪車匯成洪流，汽車根本無法通行，有些計程車司機乾脆下車步行。但這一次，大家都很安靜，沒有人呼喊口號，也沒有人展示標語。廣場上的擴音器裡不斷播放著政府的警告，宣布這個雕像違法，但根本無人在意。傍晚時分，當局聲稱這尊塑像是「對國家尊嚴與民族形象的汙辱與踐踏」，下令把它推倒。[84]

這尊塑像的各個部分是在前一天晚上，由學生用三輪車運到廣場的。當時，留在廣場上繼續抗議的學生仍有數千名。他們之前曾打算撤離，但現在改變主意，決心在廣場上至少再堅持三個星期。與此同時，大批軍隊經由地下的祕密通道——這些密道一直通往北京城外的西山——已經入駐中南海、人民大會堂、中國歷史博物館和紫禁城。事情發展到這一步，想要避免流血，已經幾無可能。[85]

民眾的抗爭熱情再次高漲。北京市民紛紛捐款，來自香港的經濟和物質援助也在增加。民主歌聲獻中華的慈善音樂會籌得一百五十萬美元，此外香港各界民眾還捐助大約兩百頂野營帳篷。在此之前，學生只能用塑膠、帆布和硬紙板等材料搭成簡易的棚子棲身，如今這些紅色和藍色的帳篷在廣場上顯得格外耀眼。這段時期，大多數北京高校的學生晚上都會回學校過夜，在廣場上露宿的五千人中，大多是後來從外地趕到的學生。86

★　★　★

六月二日星期五，民眾聽到可靠消息，稱第三十九集團軍部分士兵即將進城。當晚近十一時，有人看到一輛掛著軍隊牌照的吉普車，沿長安街從西往東向天安門方向疾速行駛。開到木樨地附近時——老北京城的護城河就在此地與長安街相交，這輛車突然失去控制，撞上一群騎自行車的人，造成三人死亡，一人重傷。李銳站在自家陽臺上，看到現場聚集一群憤怒的民眾。87

六月三日凌晨兩點左右，有人看到大約八千名身穿白襯衫的年輕士兵，自西往東沿長安街列隊前進。幾名在城內巡邏的摩托車手發現這一狀況後，立即趕到隊伍前面，一邊騎一邊向民眾發出警報：快出來，快出來，當兵的來了！當士兵行進到距天安門廣場約三百公尺的北京飯店時，有市民從胡同裡跑出來阻攔，有些人還穿著睡衣，大家齊聲高喊：「回去！你們是人民的軍隊！」士兵沒有攜帶武器，而且明顯沒有軍官指揮，看起來個個疲憊不堪，像是迷失方向。他們遇到阻攔後，只好停下腳步，分成一小隊一小隊地坐在路邊，許多士兵還試圖把自己的臉遮起來，圍觀民眾則對他們抱以嘲弄和辱罵。經由質問大家得知，這些士兵屬於第三十九集團軍，來之前曾被上級告知，他們只會在天安門廣場上遇到一些流氓。週六凌晨，這批士兵開始撤退，其中有些人的襯衫被撕破了，有些人則丟了鞋。他們離開後，民眾開來幾輛公車以及裝滿煤和沙子的翻斗車，甚至還有一臺起重機，在北京飯店外建起路障。[88]

當天邊剛露出一線曙光時，長安街上便聚集一群群民眾。在天安門廣場西側靠近中南海的地方，大約有五百人包圍一輛吉普車和四輛軍用大巴，坐在車上的似乎都是精銳部隊。一名軍官亮出槍，但眾人無視他的存在，仍試圖掀翻吉普車，還有人砸碎大巴兩邊的窗戶，從受驚的士兵手中搶奪武器。在六部口附近，六、七個年輕學生跳上一輛軍用大巴車頂，在鏡頭前展示搶來的ＡＫ－47步槍的彈匣、警棍、匕首和刺刀等物品。還有人把士兵的頭盔和鞋子掛在中南海門外的路燈上，齊聲高呼反對政府的口號。[89]

一名解放軍軍官事後解釋說，他們當時的行動目的是封鎖天安門廣場，以避免傷害學生。這個笨拙的計畫遭到猛烈的反擊。六月三日上午，大批學生和他們的支持者再次湧入廣場，而當地民眾則在市內和城市周邊的主要路口設置更大規模的路障。[90]

中午時分，中南海內出現數百名士兵和武警。他們來到長安街，試圖清理從天安門到西單這段路面上的路障，同時收回六部口附近軍用巴士內的武器彈藥。此時，有人群沿長安街自西而來，要求為前晚被吉普車撞死的平民討回公道。長安街上的武警和士兵開始向民眾發射催淚瓦斯，並動用警棍毆打，但最終在民眾的反擊下不得不退回中南海。憤怒的人群繼而向中南海內投擲石塊，並放火燒毀一輛被丟棄的軍車。與此同時，其他幾個路口也爆發衝突。衝突持續幾個小時，雙方各有損傷，士兵和員警最終在傍晚撤離。[91]

現在，政府有足夠理由升級行動了。下午四時左右，喬石召開緊急會議，領導層一致認為當天凌晨六部口發生的民眾搶奪武器行為是令人震驚的「反革命暴亂」，因此決定在次日黎明前使用「和平手段」清理廣場，士兵獲准可以對暴徒的進攻實施自衛反擊。[92]

晚上六點三十分，公共場所的高音喇叭、廣播和電視開始反覆播放政府通告，告誡民眾不要上街。[93]

到目前為止，軍隊已經連續兩次蒙受羞辱。這一次，他們的戰略與之前一樣，還是決定兵分兩路，從長安街東面和西面同時向天安門廣場進攻。所不同的是，之前派出的是幾千名穿著膠鞋、沒有裝備武器的士兵，這一次出動的則是經過兩週時間部署和集結才準備好的精兵強將。十年前，人民解放軍在越南動用約二十萬名士兵和兩百多輛坦克。如今，在自己國家的首都，這支軍隊將使用同等力量來對付手無寸鐵的平民。

第一槍是晚上十一點十五分左右在公主墳打響的——公主墳是三環路與長安街交匯處的主要環島，位於木樨地的西面。到達這裡的部隊是駐紮在北京城以南的第三十八集團軍，士兵不僅攜帶著突擊步槍，還配有坦克和裝甲車。這支精銳部隊因為參加過韓戰而聞名。兩週前，軍長徐勤先因拒絕動用軍隊對付手無寸鐵的平民而被捕，後來被送上軍事法庭。當部隊到達公主墳時，已在路口守候數週的市民開始向躲在防暴盾牌後面的士兵投擲磚頭和混凝土塊。因為無法突破路障，數百名手持AK－47步槍的士兵奉命向平民開火。紅色和綠色的曳光彈劃過天空，坦克也向人群發射催淚彈。當晚天氣悶熱，市民大多穿著T恤和短褲，許多人身上濺上鮮血。[94]

下一個十字路口是木樨地，那裡也有市民設置路障。[95]有些人手持簡易武器，如切肉刀、竹竿和鐵鍊之類，甚至還有從建築工地上取來的鋼筋。士兵繼續用自動步槍向人群射擊，同時還向道路兩邊的居民樓胡亂開槍。在李銳所住的公寓樓裡，時任最高檢察院副檢察長關山復的女婿在廚房燒水時，被一顆開花彈擊中當場死亡。第二天早上，一位鄰居的女傭也被發現死於槍擊。幾天後，李銳在其所住的公寓樓外牆上發現上百個彈孔。[96]

在通往天安門、長達七公里的長安街上，上演一幕幕同樣的悲劇。數千名憤怒民眾聚集在一個個十字路口，奮力抵抗軍隊進攻，但是在裝甲車面前，用柵欄和自行車構成的路障根本不堪一擊。在西單路口，民眾把黃色和紅色的公車點燃，堵在馬路中央，但裝甲車輕易就把它們推開，打開一條通往天安門廣場的通道。隨後，坦克車每兩三輛排成一排在前面開路，後面跟著裝甲車和滿載士兵的軍用卡車。每個路口都有不少民眾倒下，有些士兵在胡同裡追趕圍觀者，然後用警棍、皮帶和槍托毆打。在西單附近一條巷子深處，有四人遭到槍殺，其中包括一個三歲孩子和一名老人。[97]

午夜時分，幾輛裝甲車從南邊高速駛入天安門廣場。人群迫使其中三輛停下來，並開始放火焚燒，車裡的士兵棄車逃跑時，憤怒的人群向他們撲去，將其中幾人活活打死。有一輛裝甲車設法開進廣場，然後一路向東，撞開長安街上的幾處路障，造成許多抗議者死傷。在接近建國飯店時，該車掉頭，急速衝向天安門廣場。但中途車輛失控，撞上幾輛被抗議者包圍的廢棄車輛，蜷縮在車裡的士兵隨後受到眾人攻擊。[98]

一小時後，大約凌晨一點三十分，從木樨地趕來的大部隊抵達廣場西北角。在昏黃的路燈下，士兵開始重新集結。幾十輛坦克隆隆駛來，停在天安門城樓下。接下來出現奇怪的平靜，直到一小時後，士兵開始沿廣場北面的紫禁城排成一列。[99]

有士兵向長安街以東的人群漫無目標地開槍，那一段路仍然被民眾所占領。聚集在廣場上的學生可以聽到AK－47步槍雜亂的射擊聲和催淚彈發出的巨響，憤怒的民眾則對著士兵高喊「法西斯」。在北京飯店附近，有救護車閃著藍燈、拉著警報從王府井駛來，以救助傷患和抬走屍體。此後又有路口爆發混戰，但救護車無法到達現場，只能靠三輪車把傷患拉往醫院。有人看到醫生抬著遇難者的屍體，就像抬著棺材一樣，護理師則緊緊跟在後面。[100]

此時，廣場上仍有三千多名學生聚集在人民英雄紀念碑周圍，官方則經由高音喇叭呼籲大家撤離廣場。隨後，學生和士兵展開一場奇怪的歌唱比賽，士兵唱著軍隊的歌曲為自己打氣，抗議者則一邊用自己的擴音器播放音樂，一邊齊聲高唱〈國際歌〉。[101]

刺眼的照明燈把廣場照得一片雪亮，直到凌晨四點左右才被當局關閉。[102]為了照明，學生點燃帳篷。這時，上萬名士兵從人民大會堂、中國歷史博物館和地下通道湧入廣場，空降兵第十五軍也從南邊的前門附近一路殺進廣場。進入廣場後，士兵沒有開槍，主要是為了防止彼此誤傷，而且大家都不願褻瀆人民英雄紀念碑，更不用說毛主席紀念堂。官方對學生發出最後通牒，有幾個學生提出希望與軍方談判，為準備撤出廣場的學生開闢一條安全通道。劉曉波也參加談判。三年前，他曾抨擊過中國的文學現狀，如今他是北京師範大學的一名年輕教師。他穿過學生和士兵之間的無人地帶，與軍隊的指揮官談判，最終達成協議：軍方允許學生從廣場東南角離開。部分抗議者堅持要留到最後一刻，柴玲提議雙方妥協，可以自願選擇離開或留下。[103]

凌晨五點，選擇撤離的學生手把手，排成兩列，走向廣場的指定角落。一大群民眾等在那裡歡迎他們，並為他們遞上食物和飲料。一輛坦克轟鳴著撞向民主女神像，隨後將其輾碎。與此同時，其他坦克和裝甲車輾過一頂頂帳篷，慢慢逼近人民英雄紀念碑，那裡還有學生在堅守，擴音器裡仍在播放〈國際歌〉。士兵朝擴音器開槍，直到它們發出嘶嘶聲和破裂聲，最後歸於沉寂。學生爭先恐後地跑向安全地帶，拒絕離開的則遭到槍托和警棍毆打。[104]

這時，從廣場東邊傳來隆隆巨響，一列坦克從灰暗的長安街緩緩駛來。第三十九集團軍姍姍來遲，但推進速度卻很快。坦克來到廣場以東約兩公里處的東單路口，直接撞開堵在馬路中央的一排公車，然後向人群發射催淚瓦斯。群眾則用石頭、瓶子、破碎的鋪路磚和用三輪車運來的磚頭還擊，還有人用自己製作的簡易汽油彈砸向坦克。許多沒有命中目標的自製燃燒彈掉落在長安街上，燃起一片片熊熊火焰。當坦克車隊接近王府井時，二十幾名男子將一輛單薄的公車推到馬路上，試圖加以阻攔，但根本無濟於事。此情此景，讓憤怒的市民忘記危險，他們在坦克旁一邊騎著自行車一邊大聲叫嚷，要求車隊掉頭離開。坦克後面跟著裝甲運兵車，還有載著士兵的卡車。士兵朝人群隨意開槍，有人在現場清楚地看到槍口噴出的火焰。軍車一輛接著一輛，一眼望不到盡頭，車隊裡甚至還有油罐車以及裝滿一桶桶燃料、布匹和各種物資的卡車。這分明是一支裝備齊全的占領軍。[105]

沿途還有更多車輛（包括另外二十一輛坦克）從南北向的小路駛出，加入這個車隊。隨後，整個車隊經過北京飯店，從東北角進入天安門廣場。然而，就在博物館北邊的空地上，有幾個平民和幾名士兵遭到坦克輾壓。[106]

第三十九集團軍的坦克駛入廣場後，在天安門和王府井之間的路面上，戰鬥仍在繼續。藏身在北京飯店裡的外國記者驚恐地看到，在廣場以東的長安街上，士兵仍在向人群開火。這些人主要是夜間失蹤人員的親屬，他們迫切想要接近士兵，希望能獲得一些與家人下落有關的資訊。一位目擊者指出：這些人就是上午在我們眼皮底下被殺害的人。士兵用AK－47步槍對著人群射擊，槍聲一響，大家會四處散開，槍聲暫停後，人群又會重新聚攏起來。這種情況發生在光天化日之下，一直持續到早上九點左右。大約十點二十分，在王府井附近另一處地點，有一個排的士兵槍殺大約四十名試圖與他們交談的民眾。這一切都被北京飯店裡的外國記者看在眼裡。107

此時的北京城，大部分地方看起來就跟戰場一樣。在頤和園附近，有二十多輛丟棄的坦克被民眾燒毀。在位於城西的八寶山革命公墓附近——胡耀邦的遺體就是在這裡火化的，道路兩側可以看到燒焦的軍車。公主墳的情景更加駭人，八十輛被燒毀的卡車和裝甲運兵車冒著濃濃的黑煙堵在環形路上，有人在混亂中被打死，其中包括幾名軍官，死者的屍體被人掛在街邊路燈上。108

有些膽大的市民在週日冒險外出，結果看到長安街上一片狼籍。李銳在木樨地附近的公寓樓外爬上一輛報廢的坦克，他看到無數損壞的汽車堆在大街上，一直綿延到遠處。所有主要的十字路口都堆滿各種碎片，公車殘骸被推到路邊，馬路中間堆著金屬圍欄、自行車和折斷的路牌，經過坦克的輾壓，這些東西全都扭曲得變了形。

零星的槍聲持續一整天，天上下起大雨，偶爾還伴有雷鳴。在靠近建國飯店的使館區對面，一百多名全副武裝的士兵列隊站立，試圖以此來恐嚇外國人。109

當晚，又有七十五輛坦克和四十五輛裝甲車沿長安街從東往西駛向天安門廣場，少數氣憤的市民再次衝出來，向車隊投擲汽油彈，但仍是徒勞。到了第二天，幾乎沒有人站出來繼續抵抗了。110

醫院裡全是死傷者。在離木樨地約一公里的復興醫院，入口處擠滿槍傷患者，有些人正在打點滴。因為停屍房已經裝滿，後送來的屍體只好用血跡斑斑的白床單蓋著放在外面。市中心的地下通道裡也堆放著屍體。在北京大學的校醫院門外，學生把十幾具同學的遺體安放在冰塊上，部分屍體因槍擊而殘缺。[111]

有人估算死亡人數。美國廣播公司（ABC）的記者凱特・菲力浦斯（Kate Phillips）觀看攝影小組帶回的錄影帶，並給北京當地的醫院和中國紅十字會打了電話詢問。但很快軍方便進駐所有醫療機構，並禁止醫護人員與記者交談。經由這種方式，菲力浦斯統計到的人數是二千六百人。英國駐華大使唐納德（Alan Donald）認為死亡人數介於兩千七百人至三千四百人之間。[112]

中國軍隊在此次事件中的表現受到外國同行的嚴厲指責。北約有一個特設小組花數週時間追蹤北京城外解放軍的動向。英國的軍事指揮官法爾（M. H. Farr）根據這個小組的報告以及英國國防部的情報，評估戒嚴部隊的清場行動。他最直接的感受是，中國軍隊「在軍事上完全不合格，其實本來是有可能不用流血就完成任務的，但他們根本沒有能力抓住這樣的機會」。[113]

星期日這天，仍有大批車隊湧入北京城，其中包括五十輛滿載士兵的卡車。在經過喜來登長城飯店時，竟有士兵持槍任意射擊。在各個十字路口和高架橋附近，不時有人從隱蔽處現身，試圖抬回躺在路邊的屍體，當槍聲再次響起時，人群又會立刻散去。[114]

六月五日星期一中午時分，一隊坦克正準備駛離天安門廣場。這時，一名男子雙手各提一只購物袋，獨自站在人行橫道上，擋住坦克的去路。坦克車隊猛地煞車，才在他面前停下。領頭的坦克試圖繞過這名男子，但他左右挪動，就是不讓坦克前進，雙方陷入僵局。隨後，這名男子爬上坦克頂部，與裡面的士兵簡短交談幾句，之後他從坦克的一側爬下，繼續阻擋坦克前進。兩名旁觀者趕緊跑上去將他拉開，並和他一起消失在人群中。這一幕日後成為二十世紀最具代表性的畫面之一。

第六章

分水嶺（一九八九－一九九一）

一連好幾天，北京市內許多地方都斷電，民眾帶著緊張的心情，在黑暗中蟄伏在家裡。沒人知道現在掌權的是誰，商店歇業，報紙也暫停出版，廣播裡只是語氣嚴厲地重複播放戒嚴令。中央高層領導全都保持沉默，各種謠言隨之而起，有人說李鵬被流彈擊中，有人說楊尚昆逃出城，還有人說軍隊各個派系正在北京郊外爭權奪利。[1]

週二晚上，國務院發言人袁木出現在電視上——此前，他曾在電視轉播中與學生代表對話，因態度強硬而遭到大家討厭。袁木宣稱，首都發生令人震驚的反革命動亂，在人民解放軍英勇干預下，這一陰謀被一舉粉碎。他估計大約有三百人在這次軍事行動中遇難，其中大部分是軍人。[2]

接下來的日子裡，士兵開始清理城市。沿長安街一線，可以看到吊車將燒焦的公車和裝甲車殘骸吊上平板卡車。士兵則身背ＡＫ－47步槍清掃雜物，然後把垃圾堆成一堆一堆。[3]整座城市一片空寂，只是偶爾聽到幾聲槍響。機場裡卻人潮湧動，無數人手持護照，爭先恐後地想離開中國。由於所有公共交通都停止了，成群結隊的人只好用三輪車推著行李，步行三十多公里前往城外的機場。[4]

六月八日星期四這天，民眾在電視上看到李鵬在人民大會堂現身。這一次他沒有穿西裝，而是穿著毛式中山裝。李鵬看上去心情愉悅，他表揚軍隊的任務完成得好，並對一群士兵說：「同志們辛苦了！」士兵則對總理報以掌聲。節目播出後，北京城逐漸恢復正常生活。自上週六起一直關門的商店開門營業，馬路上重新出現公車，路人都很安靜，狹窄的胡同裡還可以看到遛鳥的老人。長安街上有士兵列隊巡邏，他們一邊走一邊呼喊口號：「保衛祖國！人民萬歲！向雷鋒學習！」天安門廣場等戰略要地都由坦克、裝甲車和手持步槍的士兵把守。[5]

然而，隨著屠殺的消息傳開，其他城市開始出現抗議活動。六月五日，四川成都爆發抗議——鄧小平和楊尚昆都是四川人，當局被迫宣布戒嚴。警民衝突持續四天，當地最大的百貨商店毀於一旦。員警只動用警棍，沒有開槍。衝突造成幾十人死亡，但有傳言說死亡人數達到數百人。[6]還有更多城市爆發騷亂。在古都西安，為了防止軍隊進城，抗議人群堵住狹窄的城門。在廣州，三千名示威者封鎖所有進城的大橋。在蘭州，數以萬計抗議者占領中心廣場，並透過大喇叭播放美國之音，他們還占領火車站和市內主幹道，直到五天後才撤離。[7]

上海的狀況與其他大部分地區不同。關於大屠殺的消息在市民中隨意傳播，公共建築和公車站顯眼位置張貼著香港報紙的影本。抗議者徵用公車，將其用作路障。學生在其控制的街區裡播放美國之音新聞。許多市民對屠殺感到憤怒，但支持繼續抗爭的聲音愈來愈弱，即使在抗議者當中也是如此。而且，當局為了避免直接對抗，索性把馬路上的警察都撤離，這一舉動對緩和局勢很有幫助。[8]

六月八日，身著西服打領帶的市長朱鎔基出現在上海的廣播和電視節目裡。他呼籲大家保持冷靜，並反問道：難道你們希望上海亂嗎？對於戒嚴和軍事干預的可能性，朱鎔基揮揮手表示不可能，但他同時警告說，當局會「依法處理」任何挑起騷亂的人。他還說，上海人民將對城市的治安保持警惕。當天下午，上海市政府即派出由二十三萬名工人組成的民兵，讓他們分散到各個主要路口維持秩序。頭戴竹製安全帽的工人沒有攜帶武器，他們和示威學生保持著安全距離。[9]

朱鎔基的表現極為出色，他以一種平等對話的方式表明官方態度，但他拒絕就北京發生的事件發表看法。他解釋說，這些事情現在都過去了，將來會由歷史來評判。第二天，抗議者遊行到市政府，在提出他們的要求後，人群就安靜地解散了。大家似乎達成一致意見：現在他們輸掉第一回合，接下來需要保存實力，以備將來再戰。[10]

★ ★ ★

北京的屠殺尚未結束之際，各國政府就開始予以譴責。六月四日，柴契爾夫人說她「深感震驚」。澳大利亞總理鮑勃·霍克（Bob Hawke）為了「表達憤怒」，取消原定對上海的訪問。法國總統弗朗索瓦·密特朗（François Mitterrand）宣稱，年輕人為了爭取自由挺身而出，向他們開槍的政權是沒有前途的。德國總理海爾穆·科爾（Helmut Kohl）直言不諱地譴責中國政府「使用殘酷暴力的野蠻行徑」。[11]

戈巴契夫剛剛與中國實現關係正常化，因此態度有些曖昧。蘇聯國會通過一項不慍不火的決議，呼籲中國政府採用「智慧、合理、平衡的方法」來解決問題。對中國最堅定的支持者是東德。

東德政府公開支持鎮壓，並表示派軍隊干預是「經過群眾和學生同意的」。幾天後，東德第二號人物埃貢・克倫茲（Egon Krenz）發賀電給北京，讚揚中共領導人立場堅定。[12]

美國總統布希也作出低調的回應。屠殺發生後次日，他對中國政府使用武力表示遺憾，並呼籲領導層重新採取「克制政策」。他還表示，相信透過與中國貿易往來，可以消除這些「不幸事件」的影響，並推動中國不可避免地走向民主。三天後，即六月八日，布希在白宮東廂面對攝影機，再次譴責中國軍隊的暴力行為，但又補充說：「我認為我們不應該用這個可怕的事件來判斷整個中國人民解放軍。」不僅如此，他還試圖為中共領導層開脫罪責。布希提醒記者，鄧小平在文化大革命期間遭到過兩次清洗，因此是一個「卓有遠見的」領導人。他說自己曾試圖電話聯繫鄧小平，但因「線路繁忙」而無法接通。[13]

六月九日，幾週來一直不見蹤影的鄧小平突然現身，在李鵬和楊尚昆陪同下，他向部隊發表講話。鄧看起來老態龍鍾，不僅雙手顫抖，而且講話不時停頓，口齒不清。在由中國政府發布、並在國外廣泛流傳的官方聲明中，鄧指責「極少數人」挑起「反革命叛亂」，試圖「推翻共產黨和社會主義制度」。但在未經刪節的版本中，鄧小平聲稱挑頭鬧事的「主要是一些沒有改造好的刑滿釋放人員，一些政治流氓團夥，四人幫的殘渣餘孽和其他社會渣滓」。此外，他還指責以美國之音為代表的「境外敵對勢力」負有煽動暴亂和散布謠言的責任。[14]

在鄧小平向部隊發表講話後，官方發動一系列宣傳攻勢。英國駐華使館在六月十日報告說：「看來，六月三日至四日發生的事件將被從記憶中抹去。」為了掩蓋大屠殺，官方媒體聲稱軍隊才是真正的受害者，因為他們受到實施反革命陰謀的流氓和犯罪分子陷害。民眾在電視上看到，受傷士兵住在整潔的病房裡，不斷接受黨和國家領導人探望。有人為他們帶來鮮花，還有身穿白色制服的漂亮護理師面露微笑地陪護在身邊。電視臺反覆播放這一節目，其中還穿插著幾具燒焦的士兵屍體靠在被焚毀的軍車旁的鏡頭。美國記者哈里森・索爾茲伯里（Harrison Salisbury）在他的日記中寫道：「最殘忍的畫面是：一個當兵的男孩，赤身裸體，內臟被扯出，陰莖直立鼓起。」[15]

然而，最激烈的言詞是用來針對外國人的，首當其衝的就是美國。[16]其實，早在屠殺發生之前，中國政府就把美國作為群眾集會聲討的目標。六月二日，在北京城外約六十公里的密雲體育場，當局召集上萬名村民和中小學生開會。會場上有三名男子戴著假鼻子、身披藍色斗篷、頭戴星條旗圖案的高帽子，裝扮成山姆大叔來表演。表演者對民主運動極盡諷刺，被官方指控為幕後黑手之一的方勵之更是受到醜化。[17]

三天後，出於人身安全考慮，方勵之攜妻子躲進美國大使館尋求庇護，第二天即獲得批准。六月八日，中國外交部召見美國駐華大使李潔明（James Lilley），斥責其庇護煽動反革命活動的犯罪分子。這場外交較量隨後持續一整年。美方的做法讓中國政府更加堅信，方勵之就是資本主義陣營安插的內奸，其目的是為了推翻社會主義制度。[18]

美國國務卿詹姆斯・貝克（James A. Baker III）宣布中斷中美之間所有高層往來，但私底下，美國人的態度卻顯得更為溫和。亨利・季辛吉（Henry Kissinger）在六月中旬向中方傳達一條私人訊息，表示他依然是中國人可靠的老朋友。[19]

幾週後，美國國家安全顧問布倫特・斯考克羅夫特（Brent Scowcroft）祕密飛抵北京。七月二日，他在會見鄧小平時保證：「布希總統是一個真正的朋友，是您和中國的真朋友。」他還說：

「這麼多年來，我們兩人與亨利．季辛吉的關係都很親密。」布希本人希望繼續加深與中國合作，因此反對制裁中國。

鄧小平直言不諱地指責美國參與動亂，同時警告說推翻社會主義制度的企圖可能會「導致戰爭」。他還抱怨說，雖然中國有季辛吉和斯考克羅夫特這樣的美國朋友，但美國之音是最大的謠言傳播公司，而且美國已經相當大程度地傷害中國利益，因此最終要靠美方來「解開這個結」。[20]

斯考克羅夫特此行的結果是：他轉達美國政府的善意，但中國領導人卻由此意識到，美國政府公開發表的言論根本不值得關注。[21]

★ ★ ★

六月八日，廣播和電視上播放緝拿「反革命分子」和其他犯罪分子的命令。北京設立數條舉報熱線，當局宣稱「每個公民」都有「權利和義務」舉報參與動亂的人。兩天後，僅在北京就有四百多人被捕。一連好幾天，中央電視臺反覆播放拘捕嫌疑人的畫面，被捕者雙手被手銬或繩子綁在身後，他們的頭則被嚴厲的武警強行摁住。與此同時，那些向鄰居或親戚打探消息的告密者也出現在電視上，當局表彰他們勇氣可嘉。六月十三日，警方對二十一名學生領袖發出逮捕令，電視和報紙上都公布他們的照片。[22]

王丹先是躲起來，但幾週後他改變主意，因為他不想把那些願意幫助他的人置於危險之中。他回到北京向警方自首，隨後被判處四年監禁。任畹町因參加一九七八年的民主牆運動，早就嘗過單獨囚禁的滋味，如今他又被判七年徒刑。在六月四日凌晨說服許多學生離開廣場的文學理論家劉曉波也遭到逮捕，他在臭名昭著的秦城監獄被關押十九個月。

在被警方通緝的二十一名學生領袖中，吾爾開希和柴玲等七人在香港走私者和同情者的幫助下，成功逃離大陸，這次營救行動被稱為「黃雀行動」。與趙紫陽關係密切的顧問嚴家祺是第一批到達香港的知識分子之一，他抵港後即發表文章，譴責中共及其「超越法西斯主義的滅絕政策和恐怖統治」。[23]不久，曾呼籲為所有政治犯平反的蘇紹智也來到香港。《河殤》作者蘇曉康在偏遠的農村躲藏三個月，之後成功偷渡到香港。在接下來幾年裡，香港的組織者又派出好幾個小組前往大陸，尋找知名的異議人士，最終又營救出數百人。這些人到達香港後，有些住在酒店裡，有些住在私人家中，有些則藏身在祕密地點。在各國領事官員幫助下，他們先後通過香港海關審查，乘飛機前往歐洲或美國，開始各自的新生活。[24]

六月中旬，當局改變審判方式。在北京、上海和濟南，有些被捕者被當庭宣判死刑，並且立即執行。各地執行死刑的方式都一樣：當著一大群圍觀者的面，行刑者對著死囚後腦勺開槍。中央顧問委員會幾位元老甚至提出，當局應當採取更加嚴厲的措施。曾在一九七九年至一九八一年任農業部長的霍士廉就建議大規模處決：「必大開殺戒（不殺不能解決問題）。」儘管被判處死刑的人數相對較少，但這一做法還是招致各國普遍反感。柴契爾夫人說，她對此感到「極度震驚」。特別是在香港，中共司法制度的草率，引起當地居民極大不安。[25]

隨著時間推移，官方的宣傳勢頭有所減弱，但逮捕行動仍在繼續。六月三十日，中共中央發布第三號文件，要求「堅決鎮壓反革命分子」。文件寫道：「要態度堅決，毫不手軟。」國際特赦組織根據非官方資訊估計，全中國有數萬人被捕入獄，其罪名包括破壞、搶劫、擾亂公共秩序、參與「反革命活動」等等。[26]

被捕者來自各行各業，其中既有學生和教師，也有記者和藝術家，甚至還有軍官，但最多的還是一般民眾。中央三號文件指示說，學生比較天真，可能只是一時糊塗，但對幕後指使他們的流氓和犯罪分子則應予以堅決打擊。鄧小平在講話中把這些人稱為「社會閒散人員」，其中包括公車司機、工人、店員和無數不起眼的小人物。他們被捲入民主運動當中，並為自己的理想主義付出沉重代價，不得不忍受各種虐待、酷刑和苦役，刑滿釋放後還要經受失業和被歧視的痛苦。

張茂盛就是其中之一。他本來是一名機械公司的一般工人。一次偶然的機會，他看到一個在路邊玩耍時被子彈打得血肉模糊的八歲小孩屍體。之後，他一怒之下點燃一塊布，塞進汽車油箱，燒毀一輛軍用卡車。他在一次祕密審判中被判處死緩，後改判為十七年勞動教育。從長沙奔赴北京並向毛主席畫像潑墨水和扔雞蛋的三名工人，在湖南省第二監獄關押八至十六年，期間遇到反覆毆打，甚至還被電擊，其中一人因此變得神智不清。[27]

還有一名工人發現一輛拋棄在路邊的軍用卡車，裡面運輸的是各種補給。他和朋友把車裡的食物全部搬出來分給學生，自己只留一片烤雞肉。因為這一舉動，他被判處十三年徒刑。他後來在對採訪者講述這個故事時，感嘆說那是一隻昂貴的雞。另有一名身障人士被判刑十年，根據官方起訴書，其罪行是用拐杖不停拍打坦克，然後一瘸一拐地興高采烈地離開。[28]

準確的數字難以統計。在一年後舉行的一次祕密會議上，公安部副部長顧林芳曾宣布，一九八九年破獲的刑事案件超過一百萬起。[29]

在共產主義陣營裡，波蘭團結工聯（Solidarność）是第一個得到政府認可的非官方工會。自那以後，中共就一直擔心中國也會出現類似組織。「六四」前夕，北京的工人成立自治聯合會，如今遭到當局鎮壓，其領導人韓東方也被關進監獄。一九八九年七月，喬石在一次會議上說：「（團結工聯）不但代表工人，而且成為一個黨了；把共產黨代替了；這是一個教訓。」姚依林附和道：如果動亂持續下去，也許會出現一個華勒沙——華勒沙（Lech Wałęsa）是波蘭團結工聯的領導人，曾於一九八三年獲得諾貝爾和平獎。[30]

在波蘭，除了團結工聯，還有另一股力量也激發民眾對共產主義政權抗爭，那就是天主教會。一九七八年，出生於波蘭的卡洛爾·沃伊蒂瓦（Karol Wojtyła）被加冕為新任教皇若望保祿二世，他激勵波蘭以及許多其他地區人民的民主運動。長期以來，中共政權一直視羅馬為顛覆勢力的中心，因此要求所有中國境內的天主教徒必須切斷與梵蒂岡的任何聯繫，只能到官方認可的教堂作禮拜。一九八九年時，中國的「愛國教會」聲稱擁有三百多萬成員，但實際上仍有六百萬信徒效忠於教皇。在中國政府看來，梵蒂岡任命的牧師就是意識形態滲透的急先鋒。一九九〇年六月，國務院宗教事務局局長任務之大聲疾呼：「最近幾年境內外敵對勢力用宗教對我進行滲透和破壞活動明顯加劇，一些不法分子私辦地下修院，同我們爭奪青年一代。」中共高層認為，任何形式的宗教都是對社會主義制度的威脅，因此提出要「打擊、分化、瓦解地下敵對勢力」。[31]

一九八九年十二月，華北地區有三十多名地下教會的負責人被抓。[32]次年又有更多人被捕。在距香港只有幾小時車程的廣州，六十名國安人員來到林獻羔牧師家中，將其洗劫一空，並沒收數千本聖經，教堂使用的管風琴也被裝上三輪車拖走。一九九一年，被捕的天主教領袖猛增到一百四十多人。[33]

對宗教打壓最嚴厲的還是在帝國邊疆，那裡總是容易發生叛亂。一九八九年五月，在新疆的省會烏魯木齊，數萬人舉行支持民主的遊行。一九九〇年四月，巴仁鄉又發生一場規模更大的民眾起義，大約兩百名示威者衝進當地的政府大院，從公安與武警手中奪走武器，並殺死其中六人。政府迅速作出反應，派出大批武裝人員前往鎮壓，平息此次起義。事後，當地清真寺被迫關閉，神職人員遭到清洗，數千人被捕。[34]

這次事件具有分水嶺的意義。不僅是新疆，全國各地政府部門都在重新制定針對民眾抗議的對策，一九八〇年代所奉行的溫和政策如今被視為犯了戰術性錯誤。一九九〇年四月二日，中共中央頒布最新指示：「一旦社會上發生鬧事，當地黨政領導同志必須堅決果斷的處置。」李鵬在指導各地應對民眾抗議事件時，透過電話三令五申地強調：「槍打出頭鳥！」他說，無論是在學校、清真寺還是鄉村，任何動亂的苗頭都必須消滅在萌芽狀態，因為在外國敵對勢力暗中幫助下，一件微不足道的小事可能迅速擴大，造成社會不穩。在六四事件一週年之際，《人民日報》在頭版刊登這樣一句口號：「穩定壓倒一切！」這句話將成為未來幾十年裡中國官方的指導性思想。[35]

★ ★ ★

黨內最高層也發生清洗。在實施戒嚴令前一天，鄧小平決定讓上海市委書記江澤民取代趙紫陽。趙紫陽被迫靠邊站，在幾個星期內跟外界無法聯繫。政治局五位常委之一、主管宣傳工作的胡啟立也受到孤立。一週後，趙紫陽的得力助手鮑彤因「洩露國家機密」被捕。他被監禁七年，之後一直處於軟禁之中。[36]

六四事件之後，黨的各級主要官員都收到指令，必須立場明確地與前任總書記保持距離。此外，每個黨員都必須參加政治學習，認真研讀鄧小平對部隊的講話。[37]

六月十六日，鄧小平對中共中央委員發表講話。他說：「只有社會主義才能救中國，只有社會主義才能發展中國。」他指出經濟改革和對外開放政策不會改變，並強調快速發展的重要性——關於這一點，他又提到自己心心念念的目標：一九八〇年至二〇〇〇年間，國民生產總值要實現翻兩番。至於開槍鎮壓一事，鄧小平絲毫不感到後悔。他聲稱這次軍事干預為國家發展贏得一、二十年的穩定。[38]鄧的講話受到各級黨政領導歡迎，並在民眾中得到廣泛傳播。一位前《人民日報》編輯對此評論說：「只有他說得出，能使人信服。」[39]

如今，鄧獲得全黨支持，下一步就是批判趙紫陽了。從六月十九日到二十一日，中央召開一系列會議，黨內元老紛紛站出來表態。三年前，胡耀邦曾連續六天接受這樣的批判，如今對趙的批判會只開了三天。[40]

在六月二十四日舉行的四中全會上，大家沒有採取不記名投票方式，而是透過舉手表決，一致決定將趙紫陽趕下臺。江澤民接任總書記職務，他在發言中讚揚鄧小平，肯定其為了鎮壓「反革命暴動」而採取的一切措施，同時向軍隊和武警表示祝賀。這次會議僅持續一個小時。[41]

江澤民時年六十二歲，圓臉，花白頭髮。他於一九四七年在上海獲得電機工程學位，並在一九五〇年代被派往莫斯科的史達林汽車廠受訓——就是在那裡，他認識了李鵬。江的教育程度比身為總理的李鵬略高，他喜歡在與外國客人閒談時賣弄幾句外語，偶爾還會高歌一曲。他在擔任上海市長和市委書記期間，在經濟工作上乏善可陳，對參與民主運動的知識分子態度嚴厲，因此大家並不喜歡他。[42]

在多才多藝的外表下，江澤民其實是一個堅定的馬克思列寧主義者。他上任後頭幾個月裡，大力推行黨的路線，不斷強調外國的敵對勢力利用資產階級的宣傳向中國滲透，陰謀推翻共產黨的統治。一九八九年七月二十八日，中共中央發布的第七號文件詳細解釋資本家的陰謀：「整個帝國主義西方世界企圖使我們放棄社會主義道路，成為國際壟斷資本的附庸。他們透過各種方式進行政治、思想滲透，極力宣揚資本主義虛偽的『民主』、『自由』、『人權』，煽動、支持我國內的資產階級自由化思潮。」在六四事件中達到高潮的民主運動是「一場有計畫、有組織、有預謀的政治動亂」，是「國內資產階級自由化思潮氾濫和國際上反共反社會主義勢力加緊進行思想、政治滲透的惡果」。[43]

這個陰謀有一個名稱，叫「和平演變」。這個詞是在一九五七年由美國國務卿杜勒斯（John Foster Dulles）首次提出的。他當時的希望是用和平手段促進共產主義國家向民主演變，從而儘早終結共產主義在全世界的影響。杜勒斯提出，要用「除戰爭之外的所有道義和物質手段」——包括私人投資和國際銀行的信貸等——來支持波蘭和匈牙利這些「鐵幕背後被奴役的國家」，但他從未設想對中國採用這種方式。一九五八年十二月四日，杜勒斯曾明確表示反對承認北京政權，也反對與中國發展貿易。他認為，既然中共政權「立志要把我們從西太平洋驅逐出去」，美國沒有任何理由與它緩和關係並提供援助。[44]

杜勒斯的言論引起毛澤東注意。一九五九年十一月，毛召開一次會議，專門討論杜勒斯的問題——當時，全國正有三百六十萬黨員幹部因為質疑「大躍進」而遭受殘酷清洗。毛指出：美國想「用和平轉變、腐蝕我們」。幾年後，為了確保沒有「走資本主義道路的當權派」和「資產階級分子」滲入黨內、破壞社會主義制度，毛澤東發動文化大革命。[45]

中央第七號文件提出，全黨要對「壟斷資本主義」透過「和平演變」來「推翻」共產黨和社會主義制度的企圖保持高度警惕。曾經以強硬手段處理一九八六年十二月的天津學潮，並因此得到提拔的前天津市委書記李瑞環，如今晉升為政治局常委，分管意識形態宣傳工作。他下令全國的宣傳機器開足馬力，同時要求所有黨員參加政治學習，了解中央對六四事件的官方說詞。根據官方解釋，六四事件的發生源於幾個人「搞政治陰謀」，「同海外，國外敵對勢力相勾結」，學生則是被他們利用了。中央警告全體黨員：外國帝國主義勢力「亡我之心」不死，一有機會就加緊「和平演變」以求「不戰而勝」。所以說，反黨陰謀是「有預謀的、有計畫的、有組織的」，「從絕食到打、砸、搶、燒、殺」，每一步都是「有計畫、有組織的」。為了對抗和平演變，大家需要永遠保持警惕，但同時還需要讓國家變得強大，而只有透過持續的經濟改革和對外開放，這個目標才能實現。[46]

整個夏天，除了黨員，一般民眾也得接受教育，以認清六四事件背後的「反革命陰謀」以及「和平演變」的危險。廣播和電視上全是關於這些話題的節目，官方報紙上也連篇累牘地發表這類文章。中國歷史博物館舉辦展覽，回顧平息「反革命暴亂」的過程，展品包括被抗議者縱火焚毀的兩輛坦克、三輛裝甲車和幾輛卡車的殘骸，還有一輛由義大利政府捐贈的並未損壞的救護車。興趣盎然的參觀者還喜歡圍著玻璃櫃，看裡面展示的反革命海報和傳單。展廳的電視機裡播放著示威活動的影片，並配有語氣嚴厲的解說詞，說明學生是如何被利用的。民眾在暴力衝突中使用的一些武器也陳列出來，包括一把自製手槍、半塊磚頭和幾隻自製的燃燒瓶。北京所有單位都派人參觀這一展覽。[47]

八月下旬，《鄧小平文選》第二卷出版發行。官方對此大肆宣傳，媒體盛讚這位最高領導人是經濟改革的總設計師和毛澤東思想的主要傳播者。[48]

在返回課堂之前，大學生被迫接受六個星期的政治教育，參加過民主運動的人還必須上交悔過書。官方要求學生以雷鋒為榜樣，江澤民親自走訪幾所大學，並聽取部分學生的懺悔。學生講話時，他並未粗暴地打斷，而是認真地聽。[49]

大學一年級新生還必須參加為期六週的強制軍訓。然而，北京大學的新生卻受到特別對待，被送往北京以南約二百五十公里的石家莊軍事學院接受一整年訓練，其原因是北大學生在民主運動中起了帶頭作用。軍訓的規矩很嚴格：早上六點起床，早餐分量很少，然後是體育鍛鍊和政治課。學生自己帶的書會被沒收，晚上九點半關燈就寢。[50]

一場討伐資產階級自由化的戰役在全國打響了。八月二十五日，主管宣傳的李瑞環在一次電話會議上說，必須徹底清除過去幾年裡大量湧現的宣揚自由主義價值觀的書籍和音像製品。他還指出，為了麻痹中國人民的思想，外國敵對勢力正在中國境內大力傳播黃、賭、毒。這是一場沒有硝煙的戰鬥，用《人民日報》的話說，國外敵對勢力正大規模地傳播反動和色情材料，這是他們進行「和平演變」的主要手段。[51]

對當局來說，此時開展一場「掃黃運動」有幾個好處：首先，經過之前的嚴厲打壓，公開持不同政見的知識分子已經所剩無幾，一時間難以找到新的打擊目標，只好以色情製品代替。其次，掃黃運動緩和了緊張的政治氣氛，為即將在十月一日到來的四十週年國慶作了鋪墊。最重要的是，當局可以用「掃黃」作為藉口，進一步箝制思想文化。結果，只要與資產階級價值觀稍微沾邊的書都遭到審查和下架。趙紫陽的書不見了，被冷落已久的毛澤東的著作又赫然出現在《鄧小平文選》旁邊。《河殤》下架了，對中國多有批評的外國報刊如《時代雜誌》（*Time*）、《新聞週刊》（*Newsweek*）和《國際先驅論壇報》（*International Herald Tribune*）也從書攤上消失了。[52]

許多地方的省委書記親自領導這場運動，還成立專門的委員會對每種出版物的性質加以審查。有些地方甚至分配幹部掃黃任務，要求每人必須抓獲一定數量的色情商品販賣者或沒收一定數量的淫穢圖書。在有些地區，清查工作只是敷衍了事，而在另一些地方，一本書無論內容如何，只要標題出現「愛」或「女人」之類字眼，就會立即遭到清理。到九月底，這場掃黃運動取得豐碩的戰果，全國共銷毀三千多萬本圖書和四十萬部錄影帶。[53]

十月一日國慶日這天，鄧小平在江澤民、李鵬和楊尚昆等人陪同下，來到天安門城樓，向外界展示中共高層的團結。一九七〇年，史諾曾陪同毛主席站在天安門城樓上。這一次，獲得這一特殊待遇的是美國前國務卿亞歷山大·海格（Alexander Haig），他被安排在東德領導人克倫茲身邊。[54]

為了慶祝「制止動亂、平息反革命暴亂勝利後迎來的重大節日」，宣傳部在幾個月前就開始籌備這次國慶活動。[55]天安門城樓正前方——也就是六個月前民主女神像所在位置——擺放著一座用泡沫塑料製作的塑像，展示工人、農民、士兵和知識分子的形象，數以萬計表演者（其中許多是被迫參加的中學生和大學生）圍繞這座塑像演出精心排練的舞蹈。與此同時，擴音器裡在極力讚揚「對叛亂的鎮壓」，長安街上則布滿頭戴鋼盔的士兵和全副武裝的員警。[56]

★　★　★

戒嚴令直到一九九〇年一月才正式取消，但在此之前，坦克早已撤出北京城，只是在主要十字路口，可以看到士兵在紅白兩色遮陽傘下站崗。鎮壓似乎是很久之前發生的事。雖然外國遊客依然稀少，但秀水街上的乞丐已經回來，友誼商店也不情願地對當地居民敞開大門。[57]

當大多數軍隊返回軍營後，仍有一些部隊留下來。民眾可以在北京周遭建築工地上看到這些士兵辛勤工作的身影——他們的任務是建造酒店、餐館和購物中心，為即將召開的亞運會作準備。[58]

這屆亞運會定於一九九〇年十月舉行，距離屠殺僅十六個月。對中共政權來說，這是一次絕佳機會，因為一場體育盛會所激發的情感，可以最有效地抬高一個政權在國內外的聲望。在這方面，德國利用一九三六年的柏林奧運會所作的種種宣傳，為之後所有政權樹立標竿。一九七八年，一場精心策劃的世界盃足球賽迅速扭轉阿根廷軍政府的血腥形象，因為在這屆世界盃上，阿根廷國家隊擊敗荷蘭隊贏得冠軍。可事實上，距離舉行這場比賽的紀念碑球場僅兩公里，就是臭名昭著的海軍機械軍校，有數千人在那裡受到殘酷迫害。

為了建造亞運工程，兩千多座平房遭到拆除，受損的外牆刷上新油漆，彈坑則被填上水泥，柏油路上坦克輾過的痕跡也被抹平。全市有好幾個地方豎起看板，上面的巨型時鐘顯示著亞運會的倒數計時，官方希望以此團結分裂的民眾，共同迎接一場展示愛國精神的盛會。電視上每天都會報導亞運會消息，還會邀請體育界名人和其他知名人士發表評論。曾用叛逆的搖滾樂激勵過抗爭者的崔健，如今的想法也發生轉變，他開始巡迴演出為亞運會募款。59

亞運會的吉祥物盼盼，是一隻討人喜歡的毛茸茸大熊貓。牠贏得全世界歡迎，讓許多人打消抵制這場運動會的念頭。當局預計，到九月分會有超過十萬名遊客和六千五百名運動員來到北京。為了進一步增強市民凝聚力，衛生部門要求大家一起參與消滅「四害」，即蚊子、蒼蠅、蟑螂和老鼠，還要求兒童也上街幫忙清除菸頭等垃圾。當局要求民眾檢點自己的行為，並指派人員在街頭巷尾巡邏，防止有人搞破壞。北京市長陳希同還招募五十萬名志願者，在全市各個檢查站監督過往行人一舉一動，任何不良行為一經發現，當事人便會被罰款甚至拘留。乞丐、農民工和沒有相關執照的小販都遭到驅逐，路邊攤都被迫歇業。就在奧運會前夕，當局還處決幾十名犯人。北京城主幹道兩邊，特別是長安街沿線，隨處可見紅色標語在風中飄揚。60

中國隊在這屆亞運會上斬獲頗豐，贏得三百一十枚金牌中的一百八十三枚。運動會在一場盛大的閉幕式中畫上句號，上萬名表演者身著民族服裝，在挑選出的八萬名觀眾面前翩翩起舞。最後，一隻扮演「盼盼」的真熊貓坐在裝滿鮮花的小車中駛入北京工人體育場，與此同時，煙火齊發，照亮天空，現場氣氛達到高潮。出席閉幕式的江澤民、李鵬和楊尚昆看上去頗為開心。61

一九九〇年十二月，中共召開第十三屆中央委員會第七次全體會議。會議明確肯定社會主義制度的優越性，並再次確認鄧小平提出的一九八〇年至二〇〇〇年國民生產總值翻兩番的目標。會議開幕第一天，大家就開始傳誦鄧小平的名言：「我們千萬不要當頭，這是一個根本國策。這個頭我們當不起，自己力量也不夠。當了絕無好處，許多主動都失掉了。」[62]這句話成了此後二十年黨的基本指導方針。

★ ★ ★

一九八九年七月，中央頒布的第七號文件提醒黨員要防止外國勢力滲透及「和平演變」的陰謀，同時要求向社會各階層宣傳「愛國主義」，培養民眾對國家創造力的信心。八月，宣傳部進一步指示要宣傳社會主義制度的優越性，說明只有社會主義才能救中國，同時還要注重提高民族自信心和自豪感。[63]

從各方面來看，亞運會的成功極大地提振中共領導層信心。用陳希同的話說，亞運會象徵著中國人民站起來了。[64]此外，中央還決定採取更多措施來扭轉民眾思想。最重要的一項計畫是用幾年時間逐步開展愛國主義教育運動，爭取在世紀之交國民生產總值翻兩番的同時，建立起「社會主義精神文明」。[65]

這項計畫的第一步就是重新宣揚雷鋒精神。為了與腐朽的資產階級價值觀作鬥爭，官方開始大力宣傳雷鋒對黨無私奉獻和無限忠誠的精神。一九八九年十二月，《人民日報》在頭版重新呼籲「向雷鋒同志學習」。三月五日「學雷鋒紀念日」這天，電視臺會播放系列節目，各學校和單位也會召開各種形式的紀念大會，僅湖南省就超過六千場次。軍隊也很熱衷於宣傳這名模範戰士，國家主席楊尚昆同父異母的弟弟、中央軍委會祕書長楊白冰——一九八九年春負責調動軍隊的就是此人

——親自發表講話和撰寫文章，鼓勵官兵向雷鋒學習。[66] 北京還召開一次大會，表彰來自全國各地的四十五名「活雷鋒」。這些模範人物都是從農場、工廠和部隊中發掘出來的一般人，士兵張子祥就是其中之一，他的優秀事蹟包括從流氓手中救出一位老人和在醫院裡倒痰盂。張子祥在口頭報告時，充滿熱情地談到自己心中的偶像——雷鋒，還用顫音唱起共產主義歌曲，並稱自己最愛讀的書是奧斯特洛夫斯基寫的《鋼鐵是怎樣煉成的》。[67]

學雷鋒紀念日的兩個月後又迎來五四運動紀念日，江澤民在人民大會堂向三千名青少年發表講話。他宣稱愛國主義和社會主義是一體的，「只有社會主義才能救中國」。他號召在全國範圍內（尤其是針對中小學生）開展廣泛的愛國主義教育。[68]

六月三日是鴉片戰爭一百五十週年紀念日。從小學直到大學，全國學校都要求學生了解罌粟的害處，並把「資產階級自由化」比作現代的毒品。中國歷史博物館還舉行紀念大會，數百名員警為此封鎖天安門廣場。

官方宣傳的主要人物是林則徐。他品性正直，為了禁止鴉片貿易，把外國商人及其家人扣作人質，強行沒收並銷毀五萬多箱鴉片。與此相關的各種電影、講座和展覽，都旨在激發民族主義的激憤。《中國教育報》簡明扼要地指出：中國近代史是一部屈辱的歷史。黨內著名的歷史學家、中國社會科學院院長胡繩則撰文指出，如果中國偏離社會主義道路，必將再次陷入鴉片戰爭後長達一個世紀的屈辱和黑暗之中。[69]

一九九一年八月二十九日，官方把這一天定為「國恥日」，為的是紀念一八四二年簽署《南京條約》這件事。《南京條約》標誌著第一次鴉片戰爭結束，而在中共官方敘述中，這場戰爭開啟長達一個世紀外國列強侵略中國的歷史。從販賣鴉片的英國商人，直到殘害中國人的日本侵略者，無數電影、書籍、報紙和展覽向民眾呈現外國人在中國犯下的種種罪惡。所有這一切，都是為了提醒民眾：「勿忘國恥，振興中華！」[70]

★ ★ ★

中共用來宣傳民族團結、促進社會各階層凝聚力的重要手段是「統戰」。在國內，統戰部的工作主要是拉攏共產黨外的公眾人物。在一九八九年夏天的一次內部會議上，統戰部的領導曾大膽宣稱，對於這些人必須「信任他們、依靠他們、團結他們」。[71]在之後一次茶話會上，江澤民公開宣布，在所有重大問題上，中共都將徵詢八個民主黨派的意見，並希望他們為「社會的穩定和團結」作出貢獻。隨後發布一份正式文件對此解釋說，民主黨派接受中國共產黨領導，並與中國共產黨在社會主義事業上密切合作。[72]

在國外，統戰部控制著由不同團體組成的網路，其目的是為了「爭取人心，增進共識，使更多海外人士理解我們」。[73]雖然中央在各個方面壓縮開支，但對統戰部卻十分大方，一年後又撥鉅款成立海外宣傳部。一九九〇年六月，江澤民私下說：「要依靠統一戰線挫敗國內外敵對勢力的滲透、顛覆、和平演變的陰謀活動。」他還說，兩個陣營之間的對立和鬥爭將長期進行下去，因為「國際敵對勢力從來沒有放棄顛覆社會主義制度的和平演變戰略」。在這場長期鬥爭中，統一戰線的策略是「團結大多數，孤立少數」。[74]

無論從哪個方面來說——商品、服務、技術、人才和資本，香港對中華人民共和國的貢獻都是最大的。在民主運動高潮期，香港各界熱情高漲，大家紛紛參與請願和集會，並且慷慨解囊。屠殺發生後，大家對前景感到悲觀絕望，數萬人決定移民，申請護照的人則更多。當新加坡駐香港專署宣布發放二萬五千份永久居留權的申請表時，人群蜂擁而至，甚至發生踩踏事件。美國國會議員斯蒂芬·索拉茲（Stephen Solarz）到訪香港時，提議美國應該接納更多香港人。一名香港商人甚至建議把這塊殖民地整體搬遷到澳大利亞的達爾文（Darwin）附近，還有人提出聯合國應該租賃香港，使其成為亞洲的瑞士。[75]

自一九七六年以來，中共在香港一直致力於發展地下黨員、建立統一戰線，但所有努力至此毀於一旦。由北京派往香港負責籌備政權交接和拉攏人心的徐家屯報告說：「香港左翼團體全反了。」[76]左派知名人士全都參加支持民主的大遊行，工會失去地位，此前一貫傾向大陸的團體都對大屠殺表示反感。共產黨的喉舌、名義上受許家屯領導的新華社香港分社竟也公開支持抗議，呼籲李鵬下臺。許家屯本人則在幾個月後逃往美國。[77]

北京的結論是，香港成了反革命活動的溫床，是境外敵對勢力對中國進行意識形態滲透和破壞共產黨領導層內部穩定的活動基地。李鵬指出，香港對中國的國家安全已經構成威脅。北京譴責民主陣營的幾位領導人（特別是立法會議員李柱銘）支持「顛覆活動」。[78]

英國政府對此作出反應，但在北京看來，倫敦的每個舉動都證明其居心不良。柴契爾夫人宣布將向五萬個符合條件的香港家庭授予英國居留權，她希望透過這一舉措來遏止移民潮，並支撐大家對香港的信心，可北京卻憤怒地譴責這是陰謀劫持中國國民。當時，北京正在起草《基本法》，以便一九九七年後作為香港事實上的憲法。作為回應，中共領導人決定在《基本法》中加入一項新條款，禁止香港立法會的中國公民擁有任何外國的居留權。為了防患於未然，《基本法》第二十三條還規定：「禁止任何叛國、分裂國家、煽動叛亂、顛覆中央人民政府及竊取國家機密的行為，禁止外國的政治性組織或團體在香港特別行政區進行政治活動，禁止香港特別行政區的政治性組織或團體與外國的政治性組織或團體建立聯繫。」[79] 幾十年後，圍繞國家安全的爭議將造成香港社會分裂，而第二十三條的規定也將成為香港社會動盪的導火線。

由北京任命並主導的委員會所起草的《基本法》，於一九九〇年二月十六日獲得批准。三年前，鄧小平在接見起草委員會成員時，曾言詞尖銳地反對三權分立，認為這種「西方的制度」並不適用於香港。[80] 因此，《基本法》只承諾香港在一九九七年後可以實行「高度自治」，而沒有建立一個旨在保障香港公民權利和自由的民主框架。相反，對於香港領導人的產生辦法，它完全摒棄直選的可能，而是設計一套包括間接投票和由政府任命的選舉團進行投票的複雜程序。這部《基本法》的核心部分體現中共對「選舉」一詞的理解：它希望香港透過有限投票制，批准由中央提名的候選人，但它同時又非常擔心，任何形式選舉都有可能讓反對中央的民主派議員得以控制香港的立法會。儘管香港人口不足六百萬，而中國人口多達十幾億，一想到存在這種可能性，中共領導人便深感不安。未來，北京將不斷出手干預，以期進一步操縱香港的選舉制度。

★ ★ ★

六月四日是二十世紀人類歷史上的里程碑，因為一九八九年這一天，首次有社會主義國家——波蘭——舉行國會選舉。這次選舉儘管特意為共產黨保留一定席位，但最終團結工聯贏得壓倒性勝利，就連它的領導人華勒沙都感到意外。選舉前的一年中，波蘭各地爆發大範圍罷工和街頭抗議，迫使政權不得不與團結工聯談判，最終同意在新成立的兩院立法機構中開放部分選舉席位。一九八九年四月，華勒沙與政府達成協議後，動身前往羅馬，受到教皇若望保祿二世接見。此後，一九九〇年十二月，當團結工聯領導波蘭向民主制度轉變時，戈巴契夫並未予以制止。

頭綁白布條的中國年輕人在天安門廣場抗議的畫面，透過電視傳播到世界各地，也激發其他社會主義國家民眾渴望民主的熱情。六月二十七日，奧地利和匈牙利的外交部長站在攝影機前，剪斷幾十年來阻擋在兩國之間的鐵絲網。隨後，數以千計東德人來到匈牙利，穿過鐵幕上的缺口，前往西德與朋友和家人團聚。十月三日，東德當局關閉邊境，試圖阻止民眾出境，結果導致該國第二大城市萊比錫爆發大規模抗議活動。幾天後，正在東德訪問的戈巴契夫敦促該國領導人接受改革，並表示駐紮在東德各地兩百多個軍營裡的蘇軍不會出面干預。十月九日，大約七萬名抗議者再次湧入萊比錫市中心，許多人擔心會像天安門廣場上的學生一樣遭遇厄運。然而，抗議現場的員警雖然人數眾多，但始終沒有接到開槍的命令。一個月後，大批民眾擁向東西德交界處，東德警衛沒有使用武力制止，有些甚至主動打開大門。柏林圍牆就此倒塌。

類似情景出現在一個又一個東歐國家，獨裁政權在民眾抗議聲中紛紛崩塌。面對本國民眾的抗議，再想到中國軍隊向示威者開槍的鏡頭，這些國家的共產黨領導人最終都選擇認輸，因為他們知道自己國家的軍隊是不可能執行「中國式的解決方案」的。唯一的例外是羅馬尼亞，負嵎頑抗的尼古拉・西奧塞古（Nicolae Ceaușescu）下令軍隊鎮壓布加勒斯特的抗議民眾，然而，官兵反而掉轉槍口，推翻他的政權。

中國媒體對東歐巨變的報導異常謹慎，因為當局擔心這些新聞會造成巨大的負面影響。一九八九年十二月，中央政治局指示：「什麼報，什麼不報，何時報，以何種方式報，都要立足於我，有利於我。」在高層內部會議上，大家對之前處置民主運動的方法感到慶幸。公安部長王芳提交一份報告，指責戈巴契夫應對這場災難負責，並稱讚六個月前中共高層鎮壓動亂的決定是多麼明智。中共之前一直宣傳「只有社會主義才能救中國」，可如今薄一波提出：「只有中國能救社會主義。」因為不管國際風雲如何變幻，中華人民共和國才是社會主義陣營的「中流砥柱」。[81]

在中共的會議上，大家紛紛咒罵戈巴契夫，稱他是「叛徒」和「小丑」。然而，一九九一年八月二十一日，蘇共內部的保守勢力罷免戈巴契夫的企圖失敗後，中共高層陷入沉默，曾預言戈巴契夫會被趕下臺的鄧小平也不見蹤影。在鄧小平授意下，中共軍方一直支持蘇聯軍隊中最為保守的勢力，可如今這些保守派都成了階下囚。不僅如此，無數莫斯科民眾走上街頭，築起路障攔阻軍隊進城，這一幕令人不禁想起不久前北京發生的事情。如今，站在坦克頂部向人群發表演講的鮑利斯・葉爾欽（Boris Yeltsin）成了俄羅斯最新的英雄人物。[82]

八月二十三日，中央領導分乘一輛輛黑色奧迪和賓士轎車來到鄧小平私邸，同他商量如何應對蘇聯的變局。大家得出的結論是，必須運用更多手段來對付「和平演變」。隨後，媒體上開始大量宣傳「資產階級自由化」的危害。[83]

江澤民是這一信念最堅定的捍衛者之一。在一個月前召開的紀念中共建黨七十週年大會上，他再次提出要防止和平演變，反對帝國主義滲透，並稱這是一場決定共產黨命運的生死鬥爭。他強調四項基本原則的重要性，並宣稱：「不允許毒害人民、汙染社會和反社會主義的東西氾濫。」這次講話經由電視傳播到全國。

九月，江澤民上述發言經過修訂後得到廣泛傳播，並被官方譽為新時代的「共產黨宣言」。江澤民表示中國會繼續推動經濟改革，但他同時又指出，私營經濟永遠只是國有企業的補充，因為中國的經濟制度叫「社會主義」，而不是「資本主義」。[84]

中共內部的強硬派利用江這次講話，開始質疑經濟改革走得太遠，並提出要限制私營經濟發展。在意識形態上極端保守的鄧力群，不僅抓住這一時機大肆抨擊資本主義，甚至進一步提出要重新評價文化大革命。他指出，四項基本原則之一是毛澤東思想，而毛主席發動「文革」、鬥爭黨內走資本主義道路的當權派，這一做法是完全正確的。可現在，中共內部出現一批勢力強大的資產階級幹部，他們正企圖從內部顛覆社會主義制度，把中國引向資本主義。[85]

鄧力群並不孤單，一大批擁護毛澤東思想的人也站出來，呼籲對「資本主義改革」進行「堅決的鬥爭」，其中包括八十六歲的陳雲。他認為，計畫經濟並未過時，較為合理的比例應該是八〇%的計畫加二〇%的市場。對於成立「經濟特區」和「保稅區」以加速吸引外資的做法，他尤其表示反對。[86]

時任政治局五常委之一的宋平，正是陳雲的信徒。他負責發動一場農村的社會主義教育運動，旨在將九億農民變成集體經濟的忠實擁護者。各級政府派出數以萬計幹部前往偏遠的鄉村，向農民宣傳社會主義的優越性，並加強村級黨支部的領導。多年來，強硬派一直認為家庭聯產承包責任制削弱黨對農村的領導，現在扭轉這一趨勢的機會來了。李鵬發話說：「堅持不懈的發展村級集體經濟。」文革期間活躍在田間地頭為農民提供免費醫療服務的赤腳醫生，此時也重新出現了。[87]

毛澤東的幽靈現身了，他號召大家反對西方的言論重被提起。當列寧的雕像在蘇聯各地倒下時，《毛澤東選集》卻再度成為中國的暢銷書。《中國青年報》還發表文章，對認真學習毛澤東思想的年輕人大加讚賞。[88]

十二月二十五日，畫著錘子和鐮刀的紅旗最後一次從克里姆林宮降下。幾個月來，一個又一個蘇聯加盟共和國宣布獨立，這個國家已經土崩瓦解。中華人民共和國面臨前所未有的孤立，而黨內強硬派崛起，似乎預示著中國將重新回到毛澤東時代。

★　★　★

「六四」之後幾天裡，士兵濫用武力的行為並未受到控制，他們站在軍用卡車的車斗裡隨意開槍，結果打碎中國國際貿易中心一些窗戶。這個即將完工的建築當時是首都規模最大的工程項目，其中包括兩座酒店、一個會議中心、幾家商場，還有公寓樓。它高達三十八層，是改革開放的標誌性建築。可是，為了替換損壞的玻璃，國貿中心不得不花費三十多萬美元從比利時進口同類產品，並因此推遲開幕儀式。[89]

七月十五日，中國蒙受更大的損失。在巴黎舉行的G7峰會宣布，世界銀行原定借給中國的二十三億美元貸款將延期支付。日本原打算在幾年內向中國提供總計五十六億美元援助資金，現在也不得不宣布暫停這一計畫。

這些決定對北京不啻是巨大打擊。中共領導人曾竭力向外國政府申請低息或無息貸款，並因此得到丹麥、義大利、加拿大、澳大利亞、日本和科威特等國慷慨資助，而金額最大的貸款就來自世界銀行。世界銀行行長勞勃・麥納馬拉（Robert McNamara）還記得，一九八〇年四月他首次訪問北京時，鄧小平即對他說，為了對抗蘇聯為世界和平帶來的威脅，美國、歐洲、日本和中國聯合至關重要。[90]鄧的說詞頗有成效，至一九八九年，中國已經成為世界銀行最大受益國，先後獲得的貸款金額超過一百億美元，而且其中約有一半是貸款週期長達至少三十五年的無息貸款。[91]

然而，一九八九年，中國外債達到近四百二十億美元，而且即將進入還款高峰期，可是外匯儲備僅有一百億美元，只夠勉強支付九個星期進口貨物的費用。[92]此時，外國貸款又被凍結，旅遊業也瀕臨崩潰。為了賺取更多美元，中國只能採取一個辦法，即實行嚴格的外匯管控，在壓縮進口同時，不計成本地增加出口。

奢侈品（尤其是汽車）進口自然要限制，但其他一百多種一般商品進口也受到嚴格審查。凡是從國外購買糧食、糖、化肥、木材、棉花和殺蟲劑等重點商品的，必須得到中央批准，而羊毛、木漿、膠合板、化學製品和電視顯像管之類產品則不能超過規定數量。此外，有二十多種電子和機械產品不准進口——這一禁令對韓國和日本的企業打擊最大，由於對中國的出口下滑，這兩國的貿易餘額變成負數。[93]

與此同時，在原材料、能源和運輸方面，國家給予出口企業更多優先權，還為其提供更多信貸和補貼，以及更高額度退稅。隨著經濟改革倒退，大型國有企業得到更多發展機會，而小型企業

（特別是鄉鎮企業）被視為大型國有企業的不良競爭對手，因此無法獲得國家任何資源。一九八四年九月後，各地湧現一大批外貿公司，如今卻紛紛倒閉，大約有一千三百多家（占總數四分之一）關門大吉。[94]

最大的變化是一九八九年底，人民幣對美元貶值二一%，兩者的匯率變成一美元兌換四．七二元人民幣。對外經濟貿易部部長鄭拓彬對此解釋說：「我們堅持改革開放，打破西方國家制裁。」[95]一九九〇年八月，鄭拓彬自豪地宣布，中國商品出口同比增長六〇%，對美國和歐盟的出口更是創下歷史新高。儘管國際上對「六四」一片譴責，而且凍結對中國貸款，中國的出口依然保持增長，甚至超過之前水準。[96]

「六四」事件後，中國的外交一度陷入困境，但與臺灣的關係卻出現轉機。一九八八年一月蔣經國總統去世後，他的繼任者李登輝便迅速開放與中國在旅遊和商貿等領域的交流。北京抓住這一契機，將這個脫離大陸控制的島嶼作為「戰略重點」，試圖經由統一戰線的協調部署，加強與臺灣的經貿聯繫。「六四」之後，國務院曾指示在對臺交流時，所有資源都必須統一指揮、統一部署，以便經由經貿合作「遏制臺灣當局的分離傾向，促進祖國和平統一」。[97]

中國推出許多針對臺商的優惠政策，改善相關服務品質，簡化行政審批程序，結果得到巨大回報。一九九〇年，中國對臺灣的出口量飆升二五〇%以上，與此同時，大量臺資湧入中國，彌補因西方國家制裁而導致的損失。僅一九九〇年一年，臺商在中國的投資額就高達二十億美元。此時，大屠殺的衝擊波還未在香港消散，臺灣的介入幫助中國填補金融上的缺口。一九九二年，臺灣成為中國最大的外資來源地。[98]

一九九〇年七月，中國贏得另一個勝利。藏身於美國大使館的異議人士方勵之與中國政府私下達成協議，國際社會因此恢復對中國貸款。此前，布希總統曾派斯考克羅夫特祕密訪華，但未能舒緩外交上的困局。此後，總統又派出深受中國人信任的季辛吉前往北京，鄧小平趁機要求美國國會解除對中國的經濟制裁。作為和解的姿態，中國同意放方勵之夫婦出國，但他們必須保證不會在海外進行任何反華活動。一九九〇年六月二十三日，中央下發一份文件給黨的各級領導人，解釋方勵之和李淑嫻已經「承認他們的言行違反中華人民共和國憲法」，將其釋放是為了「適應當前國際鬥爭的需要」，可以說明中國恢復國際貸款和最惠國待遇。兩天後，方勵之夫婦在美國官員護送下到達首都機場，隨後登上一架美國空軍的飛機。[99]

七月十日，世界銀行恢復對中國貸款。幾週前，世行副行長莫因．庫雷希（Moeen Qureshi）就已著手相關準備工作。他在訪問北京時反覆強調，世行的章程沒有規定貸款必須和人權掛鉤。江澤民為此向他敬酒表示感謝。[100]一九九〇年至一九九一年，世界銀行為中國提供十六億美元的貸款，次年又增加至二十五億美元——這個金額比貸給其他任何國家的都多。不僅如此，為了恢復與中國的「正常經濟關係」，日本也向中國提供五十七億美元貸款。隨後，日本對中國的出口貿易額很快就激增四〇%。[101]

僅僅釋放一個異議人士就得到這麼多好處，中共頭一回嘗到人質外交的甜頭。這也再次驗證中國人的一句老話：「有錢能使鬼推磨。」

★ ★ ★

一九九〇年十一月十七日，中國央行決定對人民幣進一步貶值，令一美元可以兌換五．二二元人民幣。貶值有利於降低國產商品價格，因此有利於出口貿易，但同時也可能造成通貨膨脹。進口商品價格會因此增長，外債規模也會擴大。至一九九〇年底，中國的外債約為五百五十億美元。雖然數額並不算龐大，但每次貶值都會令這一數字按比例增加。一九八四年時，中國的外債僅占國民生產總值的五．九％，這一比率在一九九〇年上升到一六％。[102]

更大的問題是，貶值帶來的好處很快便因原料價格上漲而抵消，生產成本也隨之增加。鄭拓彬為此反覆強調，要「嚴格控制出口收購價格」，「不得任意加價」。[103]

為了限制原料價格，國家重新啟用計畫經濟手段，壟斷諸如塑膠布和棉花等部分原材料的供應和銷售管道。可想而知，這種做法的結果事與願違。由於國家規定的價格過低，許多企業不願以低於成本的價格出售產品，因此選擇減產。與此同時，各家企業還想出各種辦法規避價格限制，例如它們可以與出價更高的特定買家建立合作關係，或者以產品升級換代為由更改其名稱和級別，或者把產品賣給附屬企業，然後以市場價出售，或者只生產價格不受國家控制的商品。結果，相關產品的品質和貿易額雙雙下降，國家控制原料價格的期望落了空。[104]

此外，由於價格雙軌制的存在，中央不得不依靠地方政府來執行價格控制的政策，執行結果卻與政策制定者的初衷相差甚遠。以紡織品出口企業必需的原料原棉為例，在大連，由於當地政府對原棉及其製品實行限價政策，大連的紡織廠更願意以市場價把棉布銷往外地，而大連本地消費者只能買到山東產的棉布，價格卻要比大連生產的同類商品高出五〇％。[105]

還是以棉花為例，政府本希望經由壓低採購價格，從而為國營紡織廠提供穩定的廉價原料。可事實上，隸屬於地方政府的棉花管理部門經由收取各項雜費——如「勞務費」、「組織費」等等——變相抬高價格，而且還不能按時交貨，甚至把摻有石子的劣質棉當作高級棉花出售。[106]

由於上述原因，中國的紡織業呈現出一片亂象，生產成本不斷增加，出口成本也隨之增長。一九八八年時，每賺取一美元的平均成本為四．四四元，一九八九年七月漲到五．一五元，一九九〇年五月又漲到六．四六元。一九八九年九月人民幣貶值後，官方匯率是一美元兌換四．七二元人民幣。據此計算，全國一千二百九十二家國營紡織廠的淨利潤總體下降一〇％以上，而虧損額增加二八四％。也就是說，每生產一千公尺布，紡織廠就會虧損兩百元人民幣。[107]

國家實施價格控制，致使國有企業蒙受損失，因此不得不對其予以補貼，不僅如此，為了避免因消費品漲價而導致民眾不滿，國家還要對居民發放消費補貼。在北京，消費者價格指數每增加一％，市政府就需要多發放四億元補貼。一位外國經濟學家指出：「中國現在深陷於補貼陷阱之中，難以脫身。」自一九八八年九月開始實行緊縮政策後，在兩年時間裡，中國政府發放的各類補貼總量平均每年增加約四〇％。[108]根據一項估計，光是補貼一項就占據政府預算的約四〇％。如此一來，政府又不得不發行更多鈔票。一九九〇年，中國的貨幣供應量增長約三〇％。[109]

中央政府最擔心的是無法償還外債。可是，中共領導人既沒有進行真正的改革，也沒有想辦法提高效率，只是想著怎麼在匯率上做手腳，以獲得暫時的好處。為了應對國際制裁，他們作了些表面文章，但仍然牢牢控制著價格、資本和勞動力，可另一方面，他們又拿不出有效的財政策略解決赤字膨脹和貨幣供應過量的問題。結果變得愈發糟糕，經濟增長的速度急遽下降：一九八九年，中國經濟增長率為三．九％，一九九〇年降至一．六％。[110]

隨著國內市場萎縮，失業率也開始激增。據估計，全國不充分就業人數為一．五億，僅一九八九年一年，全國一千八百萬個鄉鎮企業中即倒閉三百萬家。111

於是，中國的經濟又出現庫存增加、信貸凍結、債務擴大的現象。對於中國這套由雙重價格體系主導的陳舊經濟制度來說，這些都不是什麼新鮮事，可這一次問題的嚴重程度前所未有。當局用「三角債」來描述國有企業之間因此形成的債務鏈：先是某一家國有企業因為債務過重，決定把有限的資金用於其他用途，對欠債要麼延期償還，要麼乾脆賴帳不還。結果，這家企業的供應商無法收回貨款，只好也拖欠自己的債務，如此惡性循環，形成債務鏈。這種債務關係發生於銀行系統之外，是各家國有企業之間非正式的集資行為。事實上，延期還款的做法有時候是由兩家企業協商好的，甚至用於借款的抵押品都是假的。企業之所以敢於這麼做，是因為它們知道作為國有企業，是絕無破產一說的。國有企業之間的債務不可能成為呆帳，它只會無限制地延期償還，直到最後由國家托底。當政府介入，命令銀行清理累積債務時，「三角債」的問題就會大爆發。

不僅如此，「三角債」還加劇通貨膨脹。隨著原材料和成品價格上漲，企業周轉資金的購買力出現下降。為了追求短期利潤的提高，國有企業會將產品按成本價入庫，然後把存貨升值的部分算作企業的直接利潤。這樣一來，企業帳面上的總利潤就會增加，而上繳國庫後可以留成的利潤也會相應增加，可事實上，這部分盈餘利潤是虛假的，並非來自真實的產品銷售行為。據估計，一九八八年至一九九〇年，全國的國有企業從存貨升值中計算得來的虛假利潤高達數百億元。但這種假象無法持續下去，許多國有企業很快便無法維持生產，商品短缺和債務擴大的問題隨之變得更加嚴重。而且，由於消費受到抑制，大量產品長期堆積在倉庫裡，有些最終腐爛。到一九九〇年底，全國範圍內的庫存總量逐年遞增近六百億元，[112]一九九二年竟達到一千三百億元，而且庫存商品中約有四分之一沒有任何市場價值，其損失相當於全國所有勞動者一個月的工資。[113]

事實上，供需不匹配是社會主義經濟的普遍現象，國有企業生產的許多產品根本無人問津。通常情況下，通貨膨脹是由於貨幣過多、商品過少造成的。可在中國，可以滿足消費者需求的商品實在太少，以致通膨的門檻變得如此之低，只要貨幣供應稍有增加就會出現問題。在市場經濟下，如果經濟出現衰退，無法賣出產品的企業就會宣告破產，其資產按市場價值出售後用來抵消債務。但在社會主義經濟中，國有企業面臨相同困境時，只會暫停生產，彷彿進入休眠期，一旦經濟復甦，它們積累的債務也會復活，同時國家會繼續投入資金，讓其繼續生產一些無人問津的產品。[114]等到下一次經濟衰退出現，這些無用的貨物又會堆積在倉庫裡，而所有這些生產活動都會被計入國民生產總值（GDP）——具有諷刺意味的是，「國民生產總值」這個概念來自市場經濟國家，其前提是所有商品最終都會售出。一家中國人民銀行分行的報告用委婉的措辭描述中國面臨的問題：「形成投入、產出、擠壓、拖欠、再投入、再產出、再擠壓、再拖欠的惡性循環。」[115]

一九九〇年，據政府統計，全國的三角債達到一千六百億元。為了清除這些債務，國家投入五百億元。但問題依然存在，一年之後，三角債又激增到三千億元——如果按一美元兌換五．四元人民幣的市場匯率而非官方匯率計算，這筆錢相當於五百五十億美元，與當時全國流通的貨幣總量相當，占到所有未償還貸款的五分之一。更嚴重的是，這場危機發生的時候，社會主義陣營正在瓦解。李鵬指出：如果再這樣下去，經濟將會崩潰，「說得嚴重一些，是社會主義生死存亡問題」。李銳則在日記中略顯誇張地寫道：「吃了爸爸吃媽媽，吃姊妹」，意思是債務吞噬了一切。[116]

一九九一年春，新晉升副總理的朱鎔基受命解決這一問題。當時中共領導人中懂得經濟的少之又少，而朱鎔基是其中之一。除了深諳計畫經濟的陳雲外，其他大多數參與決策的黨內元老都只是政治理論家。總理李鵬在經濟領域主要依靠袁木協助，而袁木在進入政府之前的二十年裡一直從事的是記者工作。就連國家主要金融機構的負責人也都是經由政治任命產生的，其中有些人對經濟一竅不通。李銳對各部門領導人都頗為熟悉，他在日記中提到，長期負責財政工作的王丙乾「連會計常識都沒有」，工作上全靠下屬幫助，而身為中國人民銀行行長的李貴鮮竟然是一名化學工程師，「更不懂銀行」。[117]

在接下來幾年裡，朱鎔基為清理三角債投入五百億元，他同時要求地方政府集中資金清還下屬企業的債務，並下令所有企業必須清空庫存，如果產品沒有銷路，企業就應當先停產，然後改進設備。他還建議經由合併、轉讓甚至關閉的方式清理國有企業，並相信將關鍵工業領域的企業合併後，可以成立強大的國有企業集團來與世界上最先進的公司展開競爭。當被問及如何應對因產量和庫存減少而帶來的利潤損失時，他回答說這些利潤並非真實存在，不過是紙上的數字而已。朱鎔基以遼寧省為試點，關閉幾家完全沒有市場的國營工廠。然而，一九九一年九月，當他提出將這一試驗推廣到全國時，卻遭到高層拒絕，因為黨內元老擔心這樣的改革會觸及社會主義制度的核心，從而造成社會動盪。[118]

當中共政權似乎正向更嚴格的計畫經濟回歸之際，朱鎔基的舉動卻表明他改革的決心。一九九一年十一月，他公開與鄧力群發生衝突，因為鄧力群希望重新提倡毛時代的價值觀，而朱鎔基卻呼籲進行更大膽的改革，並提出政府應減少對企業干預。[119]

然而，朱鎔基缺乏推動改革的權力。十一月底，以陳雲為首的保守派在中共十三屆八中全會上占了上風，朱鎔基未能進入中央委員的行列。這一年，鄧小平已經八十七歲了。他無法直接出面與保守派對抗，但又渴望鞏固自己的政治遺產，在經濟改革領域留下更持久的影響力。為了打破保守派對北京政局的把持，鄧小平決定向毛澤東學習：繞過黨，直接向人民發聲。

第七章
運用資本主義工具建設社會主義（一九九二－一九九六）

毛澤東精通宮廷政治，每當北京形勢不利時，他就會乘坐主席專用列車到各地巡遊，以爭取各省領導人支持。

一九九二年一月十九日，鄧小平突然出現在深圳。他曾在一九八四年視察這個經濟特區，並大為讚賞當地的經濟改革。這一次到深圳，是鄧小平近一年來首次公開露面。他乘坐高爾夫球車參觀遊樂園，又到世貿中心頂層的旋轉餐廳俯瞰城市全景，並向深圳市長表示祝福。他直截了當地說出自己的想法，聲稱改革開放是中國的唯一選擇。鄧小平特地關照在場記者，一定要在香港媒體上廣泛報導他說的話。他甚至還說：「誰不改革，誰就下臺。」聽者無不鼓掌歡呼。[1]

深圳之行是這次鄧小平南巡的重點。此外，他一路還視察武漢、長沙、廣州和上海等地，並向幾十位省級領導人表示對改革步伐停滯不前的失望。作為已經退休的前領導人，鄧小平的行程並未得到官方媒體報導，但他的講話被故意透露給香港記者，隨後又傳回國內。

鄧小平想傳遞的資訊很明確：不用害怕引進外資和經濟改革，因為公有部門仍是經濟的支柱，而且更重要的是，政權仍然掌握在中共手裡，所以外資企業可以為國家利益服務，但在政治上仍須服從黨的控制。社會主義和資本主義的本質區別是看政權掌握在誰手裡，而不是看計畫和市場誰多誰少。鄧還提出，應對和平演變最好的辦法是發展經濟和提高人民生活水準，以此證明社會主義制度的優越。他說：「改革開放膽子要大一些，敢於試驗。」鄧的觀點得到絕大多數人支持。[2]

鄧的南巡講話發表後，江澤民迅速改變論調。鄧的專用列車剛離開北京兩天，江即發表講話，表示繼續推動改革開放。二月二日正值農曆新年，江澤民特地打電話向鄧小平拜年，媒體公開報導這一消息。江還在人民大會堂發表新年講話，告訴與會四千名黨員幹部必須「大膽探索」，加快改革步伐。二月二十三日出版的《人民日報》則提出，國家應該向外部世界開放，並利用資本主義為其服務。[3]

在三月初的政治局會議上，精明的江澤民作了自我批評，表示不應該壓制官方媒體對鄧小平南巡的報導。其他領導人也紛紛表態，一致贊成鄧小平提出的快速發展經濟目標。李鵬悶悶不樂，但也無力反對。[4]

幾週後，名義上代表人民的全國人大代表也表明態度。他們閱讀鄧的南巡講話後，也提出加快改革步伐，同時要求中央給予地方更多資金和自主權。[5]

★ ★ ★

鄧小平視察的最後一站是上海。當時全國都在實行緊縮政策，上海卻是個例外。即使在「六四」之後地方權力遭到削弱、投資也被削減的情況下，上海仍啟動一個宏大的計畫，欲將黃浦江對岸的沼澤地建成未來的金融中心。這個計畫得以實施，一是因為現任總書記江澤民曾主政上海，但更主要的原因是，中共想藉此讓世界相信，中國不但會繼續開放，而且會蓬勃發展。不僅如此，中共高層甚至想把上海打造成香港的競爭對手，因為在他們看來，香港有太多境外敵對勢力，已經成了陰謀顛覆北京政權的基地，而未來浦東工業園區將取代香港，成為吸引數十億美元外國投資的東方明珠。

一九九〇年四月十八日，李鵬宣布浦東工業園區專案正式啟動，但起初進展十分緩慢。為了吸引外資，中國政府承諾許多優惠條件，包括允許外商在工業園區租賃大片土地和開設公司等，而且頭五年不用繳稅。在幾個月裡，數千個外商考察團紛至沓來，與此同時，市長朱鎔基也前往世界展開招商活動。然而，一年之後，僅有四十家外商在此投資建廠，工業園區的道路依舊坑坑窪窪，還有幾家破破爛爛的煤氣廠。而且，被優惠政策吸引來的外商很快便發現，這裡一切都充滿官僚氣息，外國人的一舉一動都受到種種限制。一位外國銀行家評論說：「這裡就像是為新來的鳥準備的一個大籠子。」[6]

鄧小平南巡後，外商在中國的投資有所上升。時年八十多歲的鄧小平在上海視察工廠、商店、證券交易所以及浦東的新建築。他前腳才走，剛接替朱鎔基履任上海市長的黃菊便邀請外國記者見面，承諾推出更多招商激勵措施，並在資金和自主權等方面給予外商更多優待。他還說，上海的外資公司也可以像深圳那樣從事轉口貿易，還可以發行股票和債券。據黃菊透露，中國政府將在浦東投入五百多億人民幣興建各項基礎設施，遠遠超過預算的需要。最後，他引用鄧小平那句名言：

「膽子大一點，步子快一點。」[7]

黃菊稱浦東將成為「社會主義大都市」。一九九二年，約有三十三億美元資金流入浦東，其中一半來自香港和澳門。僅在一九九三年上半年，成交合同額即超過四十五億美元。福特、貝爾、松下、夏普、日立和西門子等跨國公司爭先恐後來到這裡，有人估計，在浦東每十一分鐘就有一家新公司成立。與此同時，浦東開始挖掘隧道、興建大橋、鋪設馬路，到處可見吊車林立、塵土飛揚，一座座現代化摩天大樓呼之欲出。浦東成為世界上最大的建築工地，建設資金來自國外，施工隊員卻是頭戴竹製安全帽的農民工。[8]

不僅浦東，上海的中心地帶也開始大興土木。在法租界一排排老房子襯托下，豪華酒店和辦公大樓拔地而起。曾經家喻戶曉的知名企業也回到上海，例如永安百貨和怡和洋行。外灘等許多地方的現代建築，都以深灰色強化玻璃覆蓋外牆，而不再選用殖民地時代盛行的石材，現代化酒店裡也不見笨重家具和天鵝絨窗簾，而代之以深色木製家具、鍍金吊燈和滿牆鏡子。在遠離市區的城郊，緊挨著稻田，興建起一座座附帶網球場和草坪自動灑水系統的豪華住宅。[9]

發展浦東完全由中央拍板。在它的示範作用下，全國各地都掀起引進外資的熱潮。李鵬批准浦東工業園區項目後不到一個月，沿海各主要城市的黨委書記便聞風而動，紛紛推出吸引外資的優惠政策。珠海、廣州、廈門、福州、汕頭和溫州分別派出代表團前往香港招商，還宣布為臺商提供十年免稅等一系列優待條件。位於上海東南部的寧波更是使出絕招，劃出一片六十平方公里的土地興建工業園區，並宣布外商可以一次簽訂五十年土地租賃合同。北方的天津和大連也向中央提出申請，想興建自己的開發區。[10]

鄧小平南巡前，因為國際經濟制裁和北京所奉行的經濟緊縮政策，興建開發區並未形成風氣。但在鄧小平南巡後，開發區的數量開始爆炸性增長。一九九一年時，全國僅有約一百一十七個開發區，一九九二年底猛增到八千七百多個，其中許多是未經中央批准建立的。朱鎔基曾在信封背面計算過，如果這些開發區全由各地政府出資建設，那麼總共需耗資四兆五千億元。[11]

其實，興建開發區的模式很簡單，就是由各地政府提供土地——這種資源就連最貧窮的城鎮也拿得出來，然後將出租土地的收益用於基礎設施建設。據報導，全國用於租賃的土地達到二百二十萬平方公里，約等於五百個城市的面積，而租賃收益達到五百億元，但其中只有一小部分進入中央國庫。[12]

中國是社會主義國家，所有生產資料都歸國家所有，可是至於誰代表國家擁有這些土地、誰可以抵押土地、誰可以出租土地、租金又歸誰等等問題，在中國並沒有明確的規定。通常情況下，土地由代表國家的地方政府所有，而地方政府又會把土地的使用權分配給國有企業或政府機構，然後由這些企業或機構進行土地交易。在中國這樣的社會主義國家，各類國有企業和政府機構多如牛毛，大家都想趁機從土地交易和房產開發中大賺一筆。於是，無數大學、醫院、企業以及各層各級政府職能機構都成立專門管理房地產的部門。[13]

最壞的情況是，地方政府直接徵用農民的耕地，然後任其閒置，卻將本應用於開發建設的資金拿去吃喝玩樂、購買汽車和蓋辦公大樓。有些地方的做法則更加騙人。例如，一九九二年，一家叫熊谷組（Kumagai Gumi）的日本公司來到海南，在當地政府批准下，計畫將方圓三十平方公里的洋浦開發為自由港。根據規劃，這個只適合生長仙人掌的貧瘠地區在不久的將來會變成一座城市，熊谷組還因此獲准可以向本地或外國投資者轉讓土地使用權。可事實上，這家公司並沒有真正開發港口，而是將土地使用權轉賣給島上新成立的近兩萬家房地產公司——平均每八十個海南人就可以攤到一家房地產公司。結果，洋浦的土地價格一路飆升，最高時達到每平方公尺三千五百元。這個泡沫最終還是破滅了，留下數百個爛尾工程和三百億元債務。[14]

儘管如此，海南卻成了全中國房地產開發商最羨慕的榜樣，而類似騙局也開始在全國出現。在甘肅省一個貧困縣鎮遠，兩年內建造的房屋數量超過前三十年的總和，房地產廣告隨處可見，不僅出現在電視和廣播，還貼在卡車車身上。正如甘肅省委所說：「本屬國家財富的土地收益，大量甚至全部流失到一些單位和個人手中。」[15]一九九三年，全國投入房地產的資金超過一千一百億元，比上一年增加一倍多，一九九四年又增加到一千六百億元。可結果卻是，無數一般民眾的住房被拆毀，而高爾夫球場和豪華酒店的數量卻迅速增長。國務院對此非常不滿。[16]

各地政府紛紛要求當地銀行向本地企業發放貸款，以增強這些企業的戰略優勢。當無法從國有銀行借到更多錢時，各省市黨政領導便開始主動出擊，試圖從國際資本市場籌集資金。他們各顯神通，裝修豪華的招商大樓、厚實的紅地毯、親切的笑容和誘人的宣傳手冊都成了吸引外商的手段。來自資本主義國家的銀行家和公司高管到了社會主義中國，卻受到皇室成員般的接待。在各地政府安排下，他們住的是豪華酒店，坐的是高級轎車，出門還有警車在前面一邊開道，一邊用擴音器驅趕路上其他車輛。僅一九九二年一年，全國批准約四萬個外資項目，外商承諾的投資額超過五百七十億美元，是一九九一年的四倍，超過一九七九年以來的總和。一九九三年，國有企業的固定資產投資也同步增長七〇％，而地方政府的投資則猛增了八〇％。[17]

外商投資的規模如此巨大，但其中也可能有虛假成分。國內有數十億資金被偷偷轉移到香港，然後透過空殼公司偽裝成境外資本，再回到國內成立虛假的合資企業，以享受政府的稅收優惠政策。有人估計，這種情況占外商投資的三分之二。傅利曼對這種引進外資的方式頗不以為然。他指出，政府給予外商的所有優惠政策最終都要由納稅人買單，而浦東只不過是「為一個在位的皇帝建造的波坦金村」。[18]

對於中國的國有企業來說，香港還具有一個重要的利用價值，那就是透過香港的股票交易所融資。一九九〇年時，中國還沒有開放債券和股票市場。為了緩解財政赤字，中國政府從一九八一年開始發行國債，以彌補稅收不足。然而，這些國債並非真正意義上的債券，倒更像是強制借款，因為國有企業必須按照中央規定的配額，以中央銀行訂定的利率來購買國債，而且由於不存在二級市場，這些由國家發行的債券根本無法交易。這樣的國債每年發行，從一九八七年起又發行國家重點建設債券。此外，國家還強制個人認購國債，儘管個人購買的國債年利率比企業購買的略高。一九八九年時，一名一般工人可能不得不花六個星期工資來認購國債。[19]

國債完全由中央政府控制，當國家無力支付時，就會對其重組。一九九〇年就發生過這種情況。那一年，自一九八一年以來發行的二百四十多億元國債已經到期，可國家並未如期支付，反而又發行九十多億元新債券，次年再次增發七十億元。[20]

自一九八二年開始，部分國有企業獲准開始發行股票。然而，與通常意義上的股票不同，這些企業的股票更類似於債券，購買者對其沒有所有權，年回報率也極低，還設有結算日期。

一九八八年，因為通貨膨脹率飆升，中央勒令各家銀行收縮貸款，為了籌集資金，部分國有企業開始無視政府對二級市場的禁令，將其持有的債券大打折扣後組合出售給市場投機者。一九八九年至一九九〇年間，一個完全不受監管的債券和股票的場外交易市場出現了。用一位金融歷史學家的話說，這是中國第一個、也是唯一一個真正的股權和債務資本市場，但持續的時間僅僅不到兩年。[21]

為了控制非官方交易，中國政府分別於一九九〇年十二月和一九九一年七月在深圳和上海開設證券交易所，並設立相應監管機構控制交易價格和投資者，以服務政府的利益。在這兩個交易所裡，可以交易的產品包括國債、公司債券和企業股票，但其他類型證券（如金融債券和可轉換債券）交易仍受限制。一年後，中國首次允許上市公司發行所謂的「B股」，但只限外國投資者購買。一九九三年六月，部分國有企業獲准在香港發行「H股」，股東利益因此獲得更多保障，而企業募集到的資金也可以自由兌換成外幣。在香港上市的第一家大陸公司是青島啤酒，之後幾個月內，陸續有其他大陸公司跟進，但沒有一家享有青島啤酒那樣的國際知名度。這是中國企業首次公開募股（IPO），至一九九三年底，大陸企業在香港共募集八十多億港元。[22]

透過引進外資、開發房地產和發行股票，中國的經濟開始蓬勃發展起來。整個國家都變成大工地，在各大城市裡，轟鳴的挖掘機和竹子搭成的鷹架隨處可見，城市的面貌正一點點蛻變，緊挨著臭烘烘的下水道、坑坑窪窪的道路和低矮的棚戶區，一座座豪華酒店、摩天大廈和現代化辦公大樓拔地而起。

沿海地區獲得的資金不斷增加，廉價玩具、鞋子和衣服的出口量也隨之猛增。外國公司在中國可以使用大量廉價勞動力，既沒有諸多勞工權益限制，更無需應付獨立工會。福特、福斯、標緻等汽車製造商在中國生產一百多萬輛汽車，比一九九一年增加五〇%，還有些外資企業開始把在中國生產的商品銷往國外。僅在一九九二年，耐吉（Nike）就從中國出口兩百萬雙運動鞋。[23]

隨著中國人收入增加，進口商品的種類和數量也開始激增，從高級巧克力、電子琴、洗髮精、衛生棉條到按摩浴缸，無所不有。一個巨大的市場終於從沉睡中甦醒，無數外國商人多少年前的夢想似乎成真了。位於上海中心地帶的淮海中路——也就是以前的霞飛路，如今霓虹閃爍，嶄新的購物商場裡，國際大牌應有盡有。雅芳（Avon）就吸引了一萬八千多名在地的「雅芳小姐」銷售其化妝品。[24]

與此同時，鋁、銅、鎳、鈷、鋼鐵、木材和水泥等商品的進口量也飆升，價格自然也隨之上漲。在四川部分地區，水泥價格從每噸兩百元猛增到九百元，在一家水泥廠大門外，等待進貨的卡車排了五公里之長。甚至還有開發商從華北驅車兩千多公里，遠赴深圳採購鋼材和水泥。有人估算過，全國範圍內水泥的價格上漲四〇%，鋼鐵則上漲九〇%。[25]

一九九二年，中國經濟的增長率為一二%，但通貨膨脹率也達到兩位數。一九九三年五月，中國官方宣布年通膨率為一九．五%，但從消費者的角度計算，應該接近於三〇%或四〇%。[26]

中央在此時推出的兩項改革令通膨更加嚴重。一是廢除食品配給制。一九九三年春，糧食、肉類、雞蛋和食用油等各類食物的價格逐步開放，城鎮居民因此不得不按市場價、花更多錢用於購買食品。與此同時，煤炭等原材料的價格也開放了，雖然國家依然支配這些產品的生產和分配，但不再實行限價政策。這意味著價格雙軌制也被廢除了。[27]

此外，政府也取消對外匯調劑中心的限制。長期以來，國有企業一直透過外匯調劑中心彼此買賣或借貸外匯使用額度，如今取消這一限制，引發這些企業對外匯的更大需求，並導致人民幣進一步貶值。在取消限制之前，中國並存三種匯率：一是由中央銀行規定的官方匯率，一美元兌換五・七元人民幣；二是外匯調劑中心的匯率，比官方匯率低二五％，僅限國有企業和國有銀行使用；三是黑市的匯率，也是唯一由供需關係決定的匯率。如今，隨著國家開放外匯調劑中心，三種匯率有望趨於一致。[28]

可情況卻恰恰相反。到一九九三年五月底，無論在外匯調劑中心還是黑市，人民幣都暴跌，一美元可以兌換近十元人民幣。這讓民眾意識到，與其把錢存在銀行裡拿一點少得可憐的利息，還不如換成外匯更保值。就像一九八八年夏天的搶購潮一樣，許多人開始搶購珠寶首飾、囤積家用電器或者購買進口商品。[29]

不過，雖然通貨膨脹很嚴重，但工資增長的速度更快，因此大多數城市居民雖然心有不滿，但日子還過得下去，而且生活水準也不斷提高。受影響最大的是九億農民。與之前曾經發生的劇情一樣，各地政府把本應用於收購農產品的經費挪作建設資金。至一九九二年十月，中央下撥的六百多億用於徵購糧食的款項中，只有一七％真正發給農民，至於欠下的錢，地方政府只能向農民打欠條。更糟糕的是，農民工從城裡寄回的郵政匯票也無法兌現，當地郵局也只是向農民打欠條。就在一個月前，央行曾明令禁止打欠條的行為，現在則不得不緊急干預，向農村追加更多貸款，但成效並不明顯，以致一年後打欠條的現象依然嚴重，央行也只能嚴詞譴責而已。[30]

除此以外，農民還在其他許多地方被邊緣化，農村家庭收入與支出的比率每年遞減五％以上。農業生產的成本不斷上升，收益卻出現下降。即使收入有所提高，也被通貨膨脹抵消了。同時，地方政府還以資助公共服務為名向農民徵收額外稅費，這些錢大部分進了幹部的私人腰包。一九八九年後，愈來愈多資源向城裡大型國有企業集中，曾經充滿活力的鄉鎮企業倒閉數百萬家。[31]

隨著農村失業率持續上升，愈來愈多農民不得不外出打工。在許多沿海城市的火車站裡，常年可以看到數以千計的農民工。他們衣著簡陋，每個人都扛著大包小包行李，三五成群坐在火車站前寬闊的水泥廣場上大聲聊天。新來的人手裡拿著牌子，上面寫著自己會幹什麼活。這些農民工大多來自內陸省分，他們被沿海城市的經濟發展所吸引，紛紛來到城裡尋找工作機會，許多人連車票也是借錢買的，除了隨身衣服，什麼值錢的東西都沒有。正是這些農民工為城市的發展提供動力，他們在建築工地上從事繁重的體力勞動，每天只能掙二到四美元。不僅工資低廉，他們還沒有集會和罷工的自由，甚至連在城裡定居的權利也沒有，而且隨時可能遭到解僱。每天都有成千上萬農民工來來去去，他們集中居住的地區漸漸形成了「城中村」，參觀過「城中村」的外國人無不印象深刻，因為在其他發展中國家很少見到這樣的情景。不過，這些城中村隨時可能被地方政府夷為平地。

★　★　★

國家主席楊尚昆是經濟改革的熱情支持者。他曾陪同鄧小平一路南巡。到達珠海時，他向數百名群眾揮手致意，大家則對他報以熱烈掌聲。到達上海時，他鼓勵當地領導人採取更快、更大膽的措施，將這座城市變成國際貿易中心。當時在場的還有楊尚昆同父異母的弟弟、手握重權的中央軍委祕書長楊白冰。[32]

就在鄧小平南巡的同一年，身兼解放軍總政治部主任的楊白冰清除三年前未能完成戒嚴任務的軍中將領，隨後用自己的親信取而代之。南巡之後，他更是公開表態支持鄧小平的改革設想，並宣布軍隊將為經濟改革保駕護航。這一舉動令不少人為之驚愕，因為在大家的理解中，軍隊本應置身於政治之外。楊白冰的膽子愈來愈大，幾個月後，他竟然私下召集中央軍委會議，討論鄧小平接班人的問題。江澤民聞訊後立即趕到鄧小平家中，控告楊白冰搞派系鬥爭，要求鄧剝奪他一切職務。結果一九九二年九月，楊白冰和楊尚昆都被解除手中權力。[33]

這次事件之後，江澤民鞏固自己的地位，成為鄧小平無可爭議的接班人。幾週後，在人民大會堂舉行的中共第十四次全國代表大會上，經過兩千多名代表投票，三百多名中央委員中近一半遭到替換，許多直言不諱批評改革的人因得票太少而落選。在儀式性會議結束時，鄧小平拖著虛弱的身體，在女兒攙扶下走上主席臺。代表們掌聲雷動，鄧小平則擺好姿勢讓攝影師拍照。他隨後轉身，對站在身邊的江澤民說這次大會取得巨大成功。[34]

更多變化接踵而至。例如，中央顧問委員會遭到解散。這個委員會的成員都是黨內元老，其中許多人對經濟改革深感不滿，擔任中顧委主任的陳雲就是其中之一。中顧委解散後，一向主張計畫經濟的陳雲從此不再公開露面。[35]

工程師出身的江澤民身材渾圓，戴著一副大大的黑框眼鏡，在許多人眼裡，他只是一個平淡無奇的技術官僚。然而，隨著地位提高，他迅速施展手段，撤換一千多名軍隊幹部，實現一九四九年以來軍隊內部規模最大的改組。此外，他還在宣傳和安全部門安插自己的親信。[36]

許多新任命官員來自總書記的權力基地——上海，被提拔為政治局常委的朱鎔基便是其中之一。李鵬在一九九三年四月發作過一次心臟病，此後經濟工作便由朱鎔基負責。甫一上任，朱鎔基就收到無數面臨支付危機的銀行從全國各地發來的電報。[37]

為了應對鄧小平南巡所引發的經濟過熱現象，江澤民和朱鎔基決定採取緊縮政策，其措施與陳雲等保守派曾經的做法頗為相似。一九九三年六月，中央下令削減一大批基建項目，同時限制貨幣供應量、壓縮銀行貸款規模。不僅如此，中央還要求各家銀行收回已經借出的幾百億元貸款，因為這些錢都被各級政府投入未經批准的項目。為了確保貫徹中央的指令，朱鎔基決定取代李貴鮮，親自兼任中國人民銀行行長一職。[38]

結果，全國有一千多個開發區被關閉，三分之一高風險貸款被收回。由於失去穩定的資金流，東北的老工業基地和部分沿海地區的製造企業幾乎陷入停產。「三角債」重新出現，而且危害變本加厲，致使有些國營企業無法支付工人的工資，即使在相對富裕的江蘇省，失業工人也多達二十萬人。[39]

與一九八八年九月那次緊縮政策相比，這次中央遇到來自地方政府和國有企業的更大阻力。朱鎔基抱怨說，他派往二十多個省市的「整頓小組」在工作中受到公開阻撓。有紀錄表明，廣東省只歸還向央行所欠貸款的四〇％。[40]

與他的前任不同，朱鎔基不得不作出妥協，放鬆緊縮政策的相關規定，延長清理呆帳的期限，並且印製更多鈔票。在電視鏡頭前，朱鎔基的表態總是堅定無比，可在實際執行政策時，他又時常作出讓步。之所以如此，是因為朱陷入兩難的困境，而在未來二十年裡中共政權都無法走出這一困境。鄧小平南巡時曾提出，在社會主義國家運用資本主義的手段是安全的。但這只是他的美好願望，而且暴露他對經濟學基本規律的無知，因為這裡面存在一個矛盾：在基於三權分立的政治體系中，中央銀行可以透過金融手段——主要是調整利率和銀行的存貸款比例來調節經濟。可在社會主義中國，銀行歸國家所有。一九七九年後，由於中央不斷下放權力，致使地方銀行只能服從當地政府領導的命令，市場和計畫都對其失去約束力。儘管中央三令五申，但在金融領域始終未能確立有效的市場機制，也無法透過黨的紀律管理。既然中共從未考慮放棄控制資本等生產資料，解決這一難題只有一個辦法，那就是把權力從地方上收回，由中央統一管理金融機構。這麼做需要出現一個強人，發動一場大範圍的「燒殺砍伐」，迫使每個地方領導人都絕對服從中央指令。正如一位地方銀行負責人所說，中國需要一個開明的毛澤東。[41]而現任總書記江澤民既沒有這樣做的打算，也缺乏這麼做所需的手段。一個強勢領導人的出現還有待時日。

目前來說，中央能對地方加以管束的一個方法，是要求各地多向中央上繳稅收。此前，中央政府曾與各地方政府磋商，要求後者按比例上繳賦稅，但近年來這一比例一直呈下降趨勢。一九九四年一月一日，在緊縮政策失敗後，朱鎔基改革稅收制度，將國稅與地方稅分開徵收，並把兩種稅種的比例固定下來。如此一來，地方政府在稅收截留上失去自主權，而中央政府則加強集中徵稅的能力。

稅制改革並不受到地方政府歡迎。為了緩解廣泛的牴觸情緒，朱鎔基不得不作出幾項讓步。他承諾在新稅制實行的頭三年內，中央會大舉返還地方上繳的賦稅，以確保地方政府的財政收入不會低於一九九三年水準。這意味在未來幾年內，中央政府所占的稅收份額會繼續下降，但稅收總量則會增加。中央的讓步令地方政府恢復收稅的動力，因為只要收的愈多，他們留成的就愈多，而且從中央獲得的返還也愈多。[42]

就在新稅制推出的同一天，外匯調劑的匯率與官方匯率合二為一，被定為一美元兌換八．七〇元人民幣，這意謂中國政府將人民幣貶值三三％。[43]匯率改革使人民幣向自由兌換邁進一步。與財政改革一樣，這樣做的目的是為了使中國獲得加入關稅暨貿易總協定（GATT）的資格。關貿總協定是世界貿易組織（WTO）的前身，其成員國承諾彼此之間不實行歧視性的貿易政策，因此一旦加入這個組織，就相當於獲得所有成員國給予最惠國待遇，也意謂打開一個巨大的全球市場。然而，加入關貿總協定的先決條件之一，是各成員國在貨幣兌換、市場准入、司法透明、智慧財產權保護和消除非貿易壁壘等方面執行類似制度。

中華人民共和國實行的是生產資料公有制，而且中共一黨獨大，壟斷權力，自然不符合關貿總協定的要求。但朱鎔基的財政和貨幣改革令人感覺到，這個政權正有系統地摒棄計畫經濟，並逐步向市場經濟轉變。從一九九三年開始，愈來愈多外國專家開始用「轉型」一詞描述中國的變化。美國總統柯林頓的一位高級顧問對此解釋說，中國目前正處於從計畫經濟轉向市場經濟的過渡階段，因此美國「非常希望」中國能加入關貿總協定。關貿總協定的總幹事彼得．薩瑟蘭（Peter Sutherland）也認為，讓中國加入世界貿易體系比拒諸門外要好，而且他非常希望在任內實現這一目標。對此最為熱心的是外國公司，對它們來說，中國是尚未向全世界打開的巨大市場，只要能進入這個國家，未來必定「錢」景無限。[44]

將人民幣貶值到更合理的水準後，中國對外貿易實現從逆差到順差的轉變：一九九三年，中國的貿易逆差為一百二十二億美元，一九九四年則變成順差五十四億美元。但與此同時，約有三百零五億美元外資注入中國，致使中國國內外匯供應過剩，人民幣在黑市交易中開始升值，從一美元兌八・七〇元人民幣變為一美元兌八・四四元人民幣。為了防止人民幣進一步升值——這種情況還是頭一回出現，中國人民銀行決定出手干預，下令禁止在中國境內流通外匯。這是中國財政史上的關鍵時刻，因為從此以後，中國的外匯儲備開始一路增長，到一九九六年一月已增加到七百七十九億美元。在此後二十年裡，中國的外匯儲備將持續升高，二〇一五年竟達到數兆美元。[45]

從帳面上來看，財政和銀行改革成效顯著，但很快，中央政府又不得不把工作重心轉移到應對通貨膨脹上來。為了防止人民幣升值，必須印製更多人民幣來置換市場上的美元。一九九五年第一季度，人民幣的供應量為七千二百七十億元，比前一年同期增加二四・四%。[46]隨著貨幣量增加，通貨膨脹也開始飆升，一九九四年七月達到二四%，是官方既定目標的兩倍多，統計局的內部數字則是二五%至三〇%。[47]

與此同時，中央採取的收緊信貸政策也充滿政治風險，因為銀行貸款是維持數千家國有企業正常運轉的保證，一旦壓縮貸款規模，將直接影響這些企業的資本來源。此外，在沿海和長江中下游等經濟發展較快的地區，中央要求降低發展速度的指令也未得貫徹。朱鎔基和李鵬發表許多講話，呼籲各地服從大局，但無人理會。為了降低糧食價格，中央要求工業較發達的省分必須將更多土地用於種植水稻和小麥，可同樣得不到地方政府積極回應。中央還試圖恢復對部分商品的價格限制，但除了那些門可羅雀的國營商店外，幾乎沒有商家遵照執行。[48]

一九九五年六月，身為副總理的朱鎔基卸任人民銀行行長職務。在執掌央行的兩年裡，他將通貨膨脹率從二四%降到二〇%以下，這是值得稱讚的成績，但代價卻是犧牲財政和銀行改革，「三角債」再度猖獗，銀行系統充斥不良貸款。貨幣供應量繼續以每年超過二〇%的速度增長，建立全新商業銀行系統的計畫也被擱置一邊。不僅如此，中央銀行在這兩年裡非但沒有更加獨立，反而成為朱鎔基個人的領地。他卸任後，把中國人民銀行行長的職位交給自己的親信戴相龍。[49]

國有企業的改革也毫無進展。一九九四年，國有企業的虧損高達每月四十八億元，其中七〇%是無法按時支付職工的工資。[50]企業因此不得不打欠條給工人，用以支付基本工資和加班費，以及報銷醫藥費等福利費用。還有些企業用賣不出去的產品抵償工資，或者強迫提前退休（即「內退」），工資也相應減少。這種狀況再加上高達兩位數的通貨膨脹，造就大量城市貧困人口，規模為十多年來所未見。例如，一位任職於北京一家針織廠總務室的全職職工，每月工資為三百元，是國家規定的絕對貧困線的兩倍，但這樣的收入只夠買些柴米油鹽等生活必需品，用以維持基本生活。[51]

北京以外的許多地區情況更糟。一九九四年，在全國範圍內，官方紀錄的工人靜坐、遊行等抗議活動就超過一萬起，例如黑龍江的產煤重鎮雞西市就發生數起罷工事件，參與人數多達上萬。日益加劇的社會動盪令北京政權深感害怕。一九九五年上半年，政府不再提重組國有企業的事，轉而強調維護社會穩定。[52]

★　★　★

反腐敗是黨中央貫徹其意志的重要手段。在一黨制國家裡，既沒有獨立的司法系統，也沒有新聞自由，所以腐敗是常態。一九五一年，中共建政後僅兩年，毛澤東就在黨內發起第一次反腐運動：三反運動。那些犯有嚴重貪汙罪行的黨員幹部被稱為「老虎」，情節較輕者則被稱為「蒼蠅」，從中央到地方，各層各級都成立專項小組負責「打老虎」。從此以後，中共頻繁發動反腐運動，規模較大的有一九六三年的「社會主義教育運動」和一九七一年的「一打三反」運動，其他還有一些小規模運動。這樣做的好處有兩個：由於幾乎每個黨員都存在或多或少腐敗行為，反腐運動為政治清洗提供方便的藉口。此外，反腐運動總是廣受民眾支持——有些人可能真的相信黨中央反腐的決心，有些人則樂於旁觀黨內的政治鬥爭。

在鄧小平時代，每隔三、四年就有一次打擊腐敗行動。然而，隨著中央下放更多權力給地方以刺激經濟增長，腐敗現象也變本加厲嚴重起來。從省市縣到鄉鎮村，各級政府為了保護當地經濟利益，無不想方設法阻止外來競爭者。結果，各地的權力和利益全被當地強勢領導人或利益團夥把持，用中央的話說，就是形成一個個「獨立王國」。

從中央到地方，領導幹部普遍捲入錢權交易，無論資本、原材料、能源，還是土地和房地產，全都可以用來謀取個人私利。形形色色腐敗無處不在：在農村，誰向幹部行賄，誰就可以分到好的耕地；在城裡，開發商從豐厚的商業利潤中分一部分給政府官員，或者透過官商勾結，以低廉價格租用政府土地。一個地方吸引的投資愈多，腐敗也就愈嚴重。特別是在資本市場缺乏的情況下，手裡掌握著銀行貸款權力的政府官員，更是有數不清的機會貪汙。

職位愈高，撈到的好處也愈多。在民主運動期間，學生曾把聲討目標對準高幹子女，因為這些「紅二代」是一黨獨大的最大受益者。一九八九年一月，鄧小平長子鄧樸方被曝從一家公司的進口貿易中賺取巨額佣金，鄧樸方隨後被迫退出這家公司。但在「六四」之後，鄧的其他子女仍繼續經商或參與商業項目，並從中獲得巨大回報——其他中央領導人的後代也是如此。鄧小平的小兒子在首鋼集團下屬一家香港子公司擔任董事長，他最小的女兒是深圳一家房地產公司負責人。[53]鄧家的情況遠遠不是特例。據一項統計，一九九三年時，全國有一千七百名高幹親屬占據三千一百個黨政高級職位，另有九百名高幹的家族成員掌控中國的主要貿易公司。正如李銳在日記中所說，這些人把國家的公共財產變成私人財產。[54]

一九九五年二月二十五日，十幾位著名知識分子向全國人民代表大會遞交一份請願書，要求對領導層內部的腐敗進行獨立調查。請願書寫道：「權錢交易」的腐敗現象是引起公眾不滿的主要問題。請願者大膽提出，徹底根除這一問題的唯一辦法是建立憲政民主，允許立法和司法獨立。請願書的署名者包括《人民日報》前副主編王若水——他因在一九八三年發表一篇關於人文主義的社論而被解職，此外還有作家劉曉波——他對中共政權踐踏公民自由的批評異常尖銳。自大屠殺以來，知名人士公開發聲的現象已不多見，而這次請願主要是因為《第五個現代化》的作者魏京生再次遭到拘捕而引起的。當時，魏京生剛剛服完十五年徒刑，並與美國國務院負責人權事務的助理國務卿約翰．沙特克（John Shattuck）會面。[55]

一般情況下，這類請願書會被直接扔進垃圾桶。這一次卻很湊巧，就在這份請願書發出五天前，手握大權的首都鋼鐵公司「第一把手」周冠武剛剛被迫辭職，而他在香港一家公司擔任董事會主席的兒子周北方也被國安部門從賓士車上抓走。周北方的被捕令外國投資者和黨內幹部心生警覺，因為周家與鄧小平家族在商業利益上一直保持密切聯繫。如今，鄧小平的影響力正在逐漸褪去，爭奪最高權力的鬥爭已經打響第一槍。香港的股票指數應聲下跌四．八％。[56]

四月四日這天，春光明媚，北京市副市長王寶森乘坐專車來到北京城外西北方向的山區，他在這裡打發走司機，獨自一人在山坡上抽了支菸，然後朝自己頭部開了一槍。這件事是幾十年來中國最為轟動的政治醜聞之一。中共黨內負責紀律監督的機構——中央紀律檢查委員會——本來已經準備對王寶森展開調查。他死後，中紀委發布一份通報，稱王生活墮落，經常在別墅和豪華酒店套房裡尋歡作樂。作為主管北京城市規劃的官員，王寶森輕而易舉就能貪汙數百萬元。在其擁有的眾多財產中，包括一棟淡黃色的高級別墅，室內建有一座高大的樓梯，正門口豎著白色大理石立柱。他的贓款有一半投入商業，但結果全部賠光，另一半則分給自己的弟弟、情婦和同夥。[57]

北京市委書記陳希同就是王寶森的同夥之一。王死後僅幾週，陳希同便被迫引咎辭職。隨後的調查發現，陳希同幫助其下屬從市裡騙取超過二．二億元公款用在香港的投資。此外，他還追求放蕩不羈的生活方式，購買幾座豪華別墅，在其中舉辦奢華的宴會，並與情婦私會。王寶森死後被開除黨籍，陳希同則被判處十六年徒刑。調查小組還逮捕數十名北京市官員，並唆使他們互相揭發，其中有幾人最終被判處死刑，其他人則被開除公職或予以紀律處分。[58]

江澤民出手大膽而果決，他利用這些反腐措施既打擊對手，又鞏固自己的地位。對於「大老虎」他嚴懲不貸，對其他人則嚴加訓誡，例如貴州省委書記即遭到撤職，其妻則被判處死刑。這年五月，李鵬出訪蘇聯時，臉色比平時顯得更加凝重。[59]

幾個月後，在中共第十四屆五中全會上，江澤民完全推翻鄧小平關於發展經濟的論述。他不再遵循鄧小平提倡的「多談些經濟，少談些政治」原則，而是鄭重提出強調政治，因為「黨的思想政治工作是經濟工作和其他一切工作的生命線」。江澤民模仿毛澤東〈論十大關係〉的講話，把自己的報告命名為〈論正確處理十二大關係〉，儼然以新的「哲學王」自居。經由這次報告，他想證明自己富有遠見卓識，能夠把經濟改革與正統的馬克思主義思想相結合。與此同時，他也向全黨傳遞一個明確訊號，即國家應該控制市場，而一切非公有制經濟只能為社會主義經濟服務。江的這番講話標誌經濟快速增長的階段已經結束，接下來改革不再是重點，計畫經濟將再度回歸。[60]

這次全會確定江澤民作為最高領導人的地位，他的幾個親信也被提拔到關鍵職位，由於這些人大多來自上海，因此人稱「上海幫」。「上海幫」裡有一名原復旦大學國際政治系的年輕教授——王滬寧。此人戴一副細框眼鏡，平時言語不多，不苟言笑，看上去書生氣十足。一九八九年時，他竭力反對學生參與民主運動。[61]「六四」事件後幾年，王滬寧出版一本名為《美國反對美國》的書，並因之聲名鵲起。王在這本書裡肯定馬克思主義的傳統觀點，斷言資本主義即將滅亡。一九九五年，年僅四十歲的王滬寧調入北京，擔任中共中央政策研究室政治組組長，主要工作是負責為江澤民撰寫發言稿。[62]日後，他成為中共最主要的理論家，為江澤民及之後歷任最高領導人打造最新的意識形態術語。他就是另一個鄧力群——這個極端教條主義者罵了一輩子資本主義，如今，鄧力群未盡的工作將由王滬寧接手推進。

★　★　★

在距離福建海岸不到十公里的地方，有一個建在島上的海上堡壘——金門。與北面的馬祖一樣，這個離島也屬於臺灣的一部分。幾十年來，金門和馬祖一直是臺灣與大陸對峙的前沿，島上建有掩體、堡壘、碉堡和機槍哨所，常年駐紮數千守軍。一九五四年和一九五八年，大陸兩次砲擊金門和馬祖，企圖把島上的國民黨軍隊趕回往東一百五十公里的臺灣。在一九五八年八月二十三日爆發的第二次臺海危機期間，大陸發射上萬發砲彈，艾森豪政府因此決定派兵增援駐守在南海的太平洋第七艦隊。此後，大陸對臺灣雙管齊下，時而砲擊，時而呼籲統一，但都未能奏效。

一九七一年，臺灣在聯合國的席位由北京取代，同時美國開始與中華人民共和國重新接觸。大陸對臺灣的調門也隨之改變。一九七四年，鄧小平在會見外賓時表示，中國優先考慮和平統一臺灣，但絕不排除使用武力的可能。他警告臺灣不要宣布獨立，同時以西藏為例，說一旦臺灣完全解放，就會逐步融入中國。一九八二年，鄧再次提出警告，並提出以「一國兩制」方式解決臺灣問題。一九八五年，時任中共總書記的胡耀邦公開表示，美國是祖國統一的主要障礙，有朝一日，等中國擁有現代化軍隊，就可以用武力解決臺灣問題。[63]

就在雙方對峙過程中，臺灣一步步實現向民主體制的轉變。一九八六年，臺灣出現第一個反對黨：民主進步黨。與此同時，國民黨政府宣布結束戒嚴令，同時取消對旅行和新聞自由的限制。在隨後幾年裡，儘管電視臺在名義上仍受政府控制，但實際上各種合法或「非法」的有線電線節目傳遍千家萬戶，觀眾甚至還能收到一個專門的「民主頻道」。[64]臺灣與大陸的商貿往來也開始飆升。大陸停止對金門砲擊，轉而向其出口魚和肉製品，國民黨對大陸的政治宣傳也停止了，大喇叭裡改為播放鄧麗君的抒情歌曲。一九九三年，隨著兩岸關係緩和，臺灣政府開始允許遊客前往大陸觀光。[65]

臺灣民眾不僅享有更多自由，而且也更富有。一九九二年，臺灣的平均收入超過西班牙、希臘、波蘭或捷克。國際投資不斷湧入，使該島成為世界第十三大貿易體，貿易總量甚至略高於中國。政府開始投入大量資金，用於建設公路、鐵路、地鐵、汙水處理系統等基礎設施，同時從法國和美國購買戰鬥機、護衛艦和防空導彈，以加強軍隊的現代化水準。[66]

對於變化中的臺灣，江澤民卻沒有作出任何有新意的回應。與他的前任一樣，江堅稱中國對臺灣擁有主權，認為兩岸屬於同一個民族，同一個國家，同一個中央政府。他與鄧一樣，對臺灣時而以言語恫嚇，時而以愛國主義相呼籲，但絕不放棄使用武力的權力。[67]事實上，不僅是江，中共黨內許多人都迫切希望看到祖國統一，因為在他們看來，社會主義國家必須實現大一統的目標。

一九九四年五月，李登輝總統訪問中美洲後返回臺灣，中途請求美國政府允許其專機在夏威夷加油並過夜。這是自一九七九年美國與臺灣斷交後，中華民國總統首次踏上美國領土——與之前所不同的是，如今臺灣是新興的民主政體，而李登輝是其民選領導人。然而，柯林頓政府擔心激怒中國，只同意李登輝的飛機在夏威夷停留兩個小時，李登輝只好待在飛機上沒有下來。美國國會因此向總統提出抗議。一年後，柯林頓總統放寬對李登輝的限制，允許他前往母校康乃爾大學發表演講，條件是這次活動只能算私人性質的訪問。江澤民對此很生氣，威脅美國將為此「付出代價」。[68]

一九九五年六月九日，李登輝站在康乃爾大學講臺上，呼籲美國幫助臺灣擺脫外交孤立的狀態。他以挑戰的姿態宣稱：「我們會留在這裡。」李登輝在美國停留四天，取得令人振奮的成果：他向美國提出請求，希望購買價值一億九千兩百萬美元的戰鬥機零組件。這一舉動令江澤民大為惱火，他嚴詞譴責美國試圖分裂中國。[69]

七月，中國在臺灣沿海附近發射六枚彈道飛彈，八月又發射第二輪飛彈。十一月，數千名士兵參與一場軍事演習，他們在戰鬥機、驅逐艦、潛艇和登陸艇的配合下，搶占海灘。演習地點在距離金門和馬祖不遠的福建，其用意不言而喻。江澤民在指揮艦上目不轉睛地觀看整個過程。演習結束後，他高興地向大家祝賀：「同志們好！你們辛苦了！」70

一九九六年三月，中國發射更多飛彈。就在六年前，數千名要求總統直選的臺灣學生聚集在臺北市中心的中正紀念堂廣場（後更名為「自由廣場」）舉行抗議活動。他們頭上纏著布條，發表支持民主的演講，有人用噴漆在中正紀念堂的建築上塗寫口號，還有人絕食抗議。作為國民黨唯一的候選人、被六百四十一名年邁的國民大會代表間接選舉為總統的李登輝，在總統府與學生代表會面，承諾將舉行全民直選。他信守這個承諾。一九九六年三月二十三日，臺灣選民生平第一次參與總統選舉。江澤民擔心民主制度導致臺灣走向獨立，因此下令舉行軍事演習，並要求確保飛彈落在距臺灣沿海五十公里內的海域。然而，江的計畫適得其反，許多臺灣選民因為反感大陸的威嚇，轉而將選票投給李登輝，令其以巨大優勢當選為總統。71

這是第三次臺灣海峽危機。鑑於兩岸的緊張局勢，柯林頓總統派遣兩艘航空母艦來到臺灣附近的國際水域。美國在一九七九年承認中華人民共和國後，廢除與臺灣的《中美共同防禦條約》，但同時又通過《臺灣關係法》，從而得以與臺灣保留廣泛的非官方聯繫。透過《臺灣關係法》，美國既想勸說臺北不要宣布獨立，同時也想阻止北京單方面吞併該島。這一政策被美國外交官稱為「戰略模糊」，其用意旨在贏得時間，希望將來中國會逐漸緩和其強硬立場，提出令臺灣民眾能夠接受的統一條件。事實證明，這種希望只是空想，中共領導人一再表示，收復這個叛逆的省分只是方式和時間的問題。

在處理西沙群島和南沙群島問題上，北京也是如此強硬。這兩個有爭議的群島由數百個小珊瑚島、沙洲和礁石組成，位於一條戰略航道中間，與中國、越南、菲律賓和馬來西亞的領海都很接近。在第二次世界大戰期間，這裡曾被日本占領。戰爭結束後，多個國家對這兩個群島提出主權要求，其中中國和臺灣都堅稱擁有全部群島的所有權。一九七二年，尼克森和季辛吉訪問中國之後，北京抗議美國船隻入侵西沙群島，試圖以此試探華盛頓的反應。結果，季辛吉並未對北京的主張提出異議，反而要求美國船隻和飛機與這兩處群島保持十二海里以上距離。他還派溫斯頓・洛德（Winston Lord）傳話給北京：「改善與中華人民共和國的關係比什麼都重要。」[72]

一年後，美國簽署《巴黎和平協約》，得以從越戰中脫身。隨後，西貢減少駐守在西沙群島部分島嶼上的軍隊，美國也縮減派往南海的第七艦隊規模。然而，北越和南越之間的內戰很快便再次爆發，北京趁機從海南派出四艘軍艦和兩艘獵潛艦，在空軍和兩棲部隊配合下，占領全部西沙群島。西貢向美國第七艦隊求援，但美國人置之不理。[73]中國抓住的時機恰到好處。

南沙群島比西沙群島更遠，但在外交和軍事上，中國從未放鬆對這一地區的主權要求。一九九二年二月，北京更是立法宣稱對南海擁有完全的主權，其邊界一直延伸到砂勞越（Sarawak）海岸。北京選擇這個時機對其很有利，因為鄧小平南巡之後，東南亞等許多地區國家都渴望進入中國這個巨大市場，所以不願意在此時與中國衝突。三年後，菲律賓漁民發現，中國海軍竟然在美濟礁上建造堅固的碉堡——這個島嶼距離菲律賓以西不到兩百公里，距中國卻有一千多公里遠。馬尼拉派出船隻，將記者送到美濟礁報導那裡的情況，中國政府卻譴責這一舉動「嚴重侵犯中國的主權」。事實上，就在中國向臺灣近海發射飛彈時，風度翩翩的中國外交部長錢其琛仍穿梭於東南亞各國，到處宣稱中國希望創造和平的國際環境。正如安全專家羅伯特・A・曼寧（Robert A. Manning）所分析的，中國實行的是一種「精心策劃的模糊性」政策：說一套、做一套，兩者自相矛盾，其實就是喬治・歐威爾（George Orwell）所說的「雙言巧語」（doublespeak）。[74]

★ ★ ★

從上海出發沿長江南岸驅車幾小時，就可以到達張家港。這裡的街道掛著許多橫幅，歡迎來到張家港這座「中國最乾淨的城市」。這座繁榮的港口城市是中國未來城市的樣板：街道橫平豎直，樓房整整齊齊。房屋周圍滿是綠色灌木和紅色杜鵑花，寬闊的馬路兩邊則種植著芬芳的香樟樹。主要的十字路口點綴著工人形象的青銅雕像，步行商業街在彩色投影燈的照耀下顯得異常乾淨。環衛工人遍布城市各個角落，還有人潛伏在街角，對吸菸、吐痰或亂扔垃圾的行人開具罰單。紅色標語隨處可見，上面寫著「做模範市民」、「嚴格遵守法規」等口號。在這個歐威爾式天堂裡，官員可以任意闖入私人住宅，突擊檢查衛生狀況，學校教室裡也裝著可以轉動的監視器，監視學生的一舉一動。這裡不像大多數中國城市那樣嘈雜、混亂和擁擠，也不像深圳那樣存在賭博和賣淫行為，沒有人說髒話，犯罪率也很低，甚至司機遇到紅燈會主動停車。[75]

張家港這個社會主義烏托邦，是全國創建「文明城市」（即「精神文明」和「物質文明」相結合）運動中推出的榜樣。鄧小平時代流行的口號是「致富光榮」，但江澤民指出不能只追求物質發展，還應重提社會主義的正統價值觀。他宣稱民眾不僅要致富，還要講道德。

其實，江澤民還有一個更重要的考慮：毛澤東推出過大寨，鄧小平推出深圳，因此他需要樹立一個新榜樣供全國學習。每天都有成千上萬參觀者從四面八方奔赴張家港這個「精神文明」的「聖地」，官方媒體發表數十篇社論，對這座城市的道德素質大加讚揚，當然這一切都是為了讚美江澤民的智慧和遠見。北方的港口城市大連緊跟風氣，率先行動起來。時任大連市長薄熙來是薄一波的兒子，他下令拆除全市貧民窟，將綠地面積增加一倍，並對亂扔垃圾、隨地吐痰和說髒話的人處以罰款，學校還組織學生分組學習馬克思主義。[76]

隨著創建社會主義精神文明運動開展，所有與外國文化相關的事物再次成為批判對象，這不禁令人想起一九八三年和一九八五年的反對精神汙染運動。一九九六年一月二十四日，江澤民穿著卡其色的毛式中山裝，在電視上向全國民眾發表講話，宣稱「對那些毒害群眾、毒化社會空氣的精神垃圾，要堅決取締，絕不能手軟」。幾週後，《解放軍報》直接引用毛澤東的話，聲稱盲目學習和不加選擇地抄襲外國事物是危險的。[77]

即使在臺海危機期間，國家對「境外敵對勢力」仍保持高度警惕。所有外國觀念和名字都被視為新帝國主義的標誌，因此不符合「精神文明」的要求。從廈門到重慶，各地都在清除帶有外國色彩的名字，無數酒店、餐館和電影院被迫更名。據北京市政府統計，因為名字帶有殖民或封建意味，全市有二百六十三條街道、三十四個商業中心、二十七個旅遊景點和至少兩萬三千八百七十三個公司更改名稱。[78]

年輕人被要求不要吃麥當勞、肯德基和可口可樂，女性被教導裙子不能太短，穿高跟鞋也被視為認同資本主義的腐朽價值觀。總書記還決心把米老鼠從兒童和成人的頭腦中趕走，新的卡通人物「足球小子」被創造出來取代米老鼠的地位。這個年輕足球運動員具有順從、努力和奉獻的美德，最終成功加入國家隊。民眾熟悉的雷鋒再次受到推崇，中央要求各省市開展學雷鋒標兵的評選活動。上海推出水電工徐虎作為模範人物，因為他在業餘時間不計成本為市民疏通下水道。[79]

外國品牌在中國的發展也受到限制。一九九五年十二月，國務院發布一份報告，抨擊外國資本家試圖征服中國市場。報告稱，外國公司透過電視、廣播和報紙大作廣告，並且虧本銷售，以建立壟斷地位；他們像惡霸一樣打倒或兼併中國企業，還拒絕向中國人傳授各項技術——就像可口可樂公司保密飲料配方一樣。報告寫道：「社會主義市場經濟沒有市場了，我國豈不淪為殖民地經濟。」中共領導人意識到，即使將資本主義工具控制在社會主義手裡，一旦中國的經濟真正向國際市場開放，本土企業很快就會因競爭而倒閉。[80]

當然，中國政府依然歡迎外國投資，但為了保護本土產業，外企不得不遵循更嚴格的限制。外貿部一位副部長指出，如果對國內銷售不設限制，那麼外國人就可以在中國建立各種工業專案，並征服整個市場。[81]

境外媒體編發的金融新聞也無法在中國傳播，宣傳部還有權對雜誌、廣播和電視節目處以停刊、停播的處罰。無論是進口電影，還是中外合作拍攝的電影，都受到種種限制。陳凱歌（《霸王別姬》的導演）和張藝謀（《大紅燈籠高高掛》的導演）等廣受讚譽的幾位導演被指控為「背叛歷史」，不得不中斷與國外合作。那些偏離黨的路線、擅長描寫國家快速發展之下底層民眾生存狀態的流行作家（如王朔和莫言）也受到官方媒體指責，作品則被封殺。正如王朔所說：「他們先是攻擊電影，然後是電視，然後是小說，一步一步來。」[82]

異議人士再度被消音。最先被捕的是劉曉波——他曾在提交給全國人民代表大會的反腐請願書上簽名。官方未對他提出任何指控，卻將他關押七個多月，隨後送回他父母在大連的家中。可是，劉曉波並未沉默，他又發表聲明，要求當局兌現一九四五年作出的保護宗教、新聞和言論自由的承諾。他迅即再度被捕，未經審判便被判處三年勞改。一九九三年剛被釋放的學生領袖王丹則因「陰謀顛覆政府罪」再度重判十一年徒刑。[83]

嚴打運動捲土重來。在北京，武警突襲眾多賣淫場所和地下賭場，當局鼓勵民眾相互揭發。從大連到深圳，全國各地都在抓捕毒販和其他罪犯。被捕者遭到捆綁，或者被迫戴著鐐銬遊街示眾，然後遭處決。[84]

國營書店下架有爭議的作家小說，取而代之的是宣傳江澤民思想的圖書。這些書的封面上印著總書記的照片，他身材臃腫，頭髮向後梳理得一絲不苟。無論他到農村還是工廠視察，或者會見外賓，都會在報紙上大加報導。[85]

一九九七年一月一日，中央電視臺連續十二個晚上播放一部歌頌鄧小平的紀錄片：《我是中國人民的兒子》。這位最高領導人已經近三年沒有公開露面。據估計，全國有兩億兩千四百萬人觀看這部片子。在片頭中，鄧小平顯得精力充沛，背景則是滿天霞光。然而，這部片子卻幾乎沒有提及五年前引發爭論的那次南巡，反而極力讚揚鄧小平對社會主義精神文明建設的貢獻。江澤民不僅按照自己的需要打造鄧小平的形象，還親自為紀錄片部分內容配解說詞。在這部片子的結尾，總書記出現在螢幕上，稱讚鄧小平是「傑出的馬克思主義者和堅定的共產主義者」。[86]

二月十九日晚，鄧小平因帕金森氏症和肺部感染的併發症去世，享年九十二歲——這不啻是他送給江澤民的最後禮物。鄧去世的時間差不多在農曆新年之後兩個星期。次日，天安門廣場上颳起大風，國旗降到一半以示哀悼。警察裹著大衣在廣場上巡邏，以防有人前來獻花。事實證明這種擔心毫無必要，當天只有一個年輕人拿著花束走近廣場，後來查明他只是想為自己的花店打廣告。深圳的上班族中確實有人為鄧的去世感到難過，但全國大部分民眾對此並無太多關注。[87]這種平淡的反應恰恰說明鄧成功地改變中國，更何況他還實現最高權力的平穩過渡。

第八章

大就是美（一九九七－二〇〇一）

一九九七年六月三十日，在〈天佑女王〉樂曲伴奏下，英國的米字旗最後一次從香港總督府降下，彭定康站在濛濛細雨中強忍著淚水。當天晚上，在灣仔新建的香港會展中心內舉行政權交接儀式。滿面春風的江澤民大步走上舞臺，高聲宣布香港終於回到祖國的懷抱。

交接儀式結束後，末代港督乘坐皇家遊艇「不列顛尼亞號」離開這個在一八四二年成為英國殖民地的港口。黎明時分，一支由補給卡車和軍車組成的長長車隊載著四千多名人民解放軍官兵駛入香港。隨後，又有十幾輛裝甲車加入車隊，每輛車上都站著身穿迷彩服的機槍手。上一次民眾見到這樣的車輛和士兵還是一九八九年六月。數百名香港市民在雨中向解放軍歡呼，還有人為領頭的軍官獻上花環。[1]

八年前，江澤民曾警告香港「井水不犯河水」，意思是不要干涉大陸政治。在他看來，香港就是境外敵對勢力試圖破壞共產黨統治的基地。一九八九年十月，倫敦建議在香港新修一座機場，以增強當地民眾對未來的信心。江澤民卻認定這是英帝國主義又一個陰謀，既可以從工程項目中獲利，又能乘機消耗香港資產。英國首相約翰·梅傑（John Major）為此不得不前往北京，與中方簽署一份關於新機場的諒解備忘錄。[2]透過這場爭執，中共領導人找到一個干涉香港事務的方法：他們開始對香港政府預算提出批評，還任命一批私人顧問，意在削弱香港立法會和香港政府的功能。不僅如此，北京開始挑選和培植未來香港政府的高級職員。在公開場合，中國政府總是說希望香港穩定和繁榮，可私底下卻表現得頑固僵化。一九九一年九月，當一批擁護民主制度的候選人在香港立法局的選舉中大獲全勝後，北京極為不滿，特意向倫敦表達憤怒。[3]

一九九二年十月，剛剛上任的總督彭定康提出立法局成員選舉時應擴大選民範圍，這一改革是為了回應香港民眾希望立法機構能代表更廣泛民意的要求，卻沒有照顧北京政權的感受。北京對彭定康提出的政改方案甚為惱火，認為其目的是為了顛覆香港現行政治制度。中國政府先是想方設法試圖逼迫彭定康撤回這一方案，甚至以經濟手段相威脅。然而，香港政府還是在一九九三年三月公布政改方案。北京立即對彭定康發動一系列精心策劃的攻擊。開第一槍的是李鵬。他在全國人民代表大會上發言，譴責彭定康「背信棄義，一意孤行」，違反之前中英兩國達成的所有協定。幾天後，國務院港澳事務辦公室主任魯平罵彭定康是「千古罪人」。《人民日報》則罵他「小偷」，還有人罵他是「毒蛇」、「娼妓」、為民主派跳「最後的探戈」。[4]

不過，北京政權最害怕的，是大陸民眾——特別是那些一直呼籲中共向更多群體開放政權的活動人士——以香港為榜樣也提出政治改革的要求。正如李鵬在全國人民代表大會上指出的，維護共產黨的一黨專制至關重要。[5]就在他發表這番講話前幾週，中國作家協會有一名具有自由主義思想的女作家，被其所在省分提名為政協委員，但最終遭到北京否決。[6]這樣的事情並非個例。在上海組織過「民主沙龍」的楊周就曾上書全國人大，要求將「四項基本原則」從憲法中刪除。在北京，一項針對一千六百六十名學生的調查顯示，大多數人對共產黨持批評態度，並要求中共向民眾開放更多參政管道。[7]事實上，彭定康在大陸就有不少支持者，正如前廣東省委書記任仲夷所說，許多黨員幹部透過衛星電視關注著事件發展，並且在內心認同彭定康的政改方案。[8]

儘管魯平竭力勸說香港立法局成員投票棄權或反對，彭定康的政改方案最終還是獲得通過。[9]一九九四年九月，支持民主的陣營取得壓倒性勝利。一九九五年三月，民主黨贏得市政局五十九個席位中的二十三席。為了應對彭定康的政改，北京在一九九三年七月成立單方面的工作委員會，隨後又設置一個預備工作委員會，負責遴選香港特別行政區首任行政長官及臨時立法會成員。一九九七年七月一日，由中共主導的臨時立法會取代由選舉產生的立法會，同時推翻彭定康實施的大部分選舉改革，重新採用團體投票制，並進一步縮小選民範圍。不僅如此，臨時立法會還對集會示威等公民權利設置新的限制。就在臨時立法會舉行會議的同時，數千名香港民眾聚集在立法會大樓外抗議，所幸並未受到員警刁難。[10]

★　★　★

七月二日，即香港政權交接後次日，陷入困境的泰國政府再也無法維持泰銖與美元的固定匯率，不得不宣布實行浮動匯率制，結果導致泰銖暴跌，許多負有外債的本地公司還債成本劇增。這場被稱為「冬蔭功危機」的金融危機，造成外國資本爭相逃離泰國，並引發一系列連鎖反應。幾週之內，馬來西亞和菲律賓的貨幣競相貶值，隨後印尼和南韓的貨幣在巨大壓力下，對美元的匯率也跌至歷史最低點。

這標誌著「亞洲經濟奇蹟」結束。之前幾年，東南亞的經濟經歷高速增長，高利率吸引大量境外游資，外債與國民生產總值的比率也迅速提高。當艾倫．葛林斯潘（Alan Greenspan）領導的美聯準會開始提高美元利率以阻止通貨膨脹時，美國反而成了更具吸引力的投資目的地。結果不僅國際資金的流向發生逆轉，而且美元走高也增加東南亞國家的出口成本，因為這些國家的貨幣都是與美元掛鉤的。一九九八年上半年，隨著危機發展，世界各地資本投資者都變得愈來愈謹慎，紛紛避開新興市場。盧布也大幅貶值，俄羅斯的經濟隨之崩潰。這次金融風暴的破壞力異常巨大，以致國際貨幣基金不得不緊急投入四百億美元救助款。

然而，中國幾乎沒有受到危機影響。由於人民幣不能在市場上自由兌換，因此資本外逃幾乎沒有對中國造成什麼衝擊。一九八九年至一九九四年間，人民幣已經有過幾次大幅貶值，從一美元兌換三．七一元人民幣變成一美元兌換八．七〇元人民幣。隨著境外投資增長，中國出現外匯過剩的情況，人民幣開始升值，一九九四年達到一美元兌換八．四四元人民幣。此時，央行出手干預，以阻止人民幣在黑市上繼續升值。到一九九七年，央行平均每天需花費一億美元才能確保將匯率穩定在一美元兌換八．三〇元人民幣。[11]

此外，中國剛剛起步的股票市場基本未對境外投資者開放。而且，與湧入東南亞的熱錢集中於債券和證券市場不同，大部分進入中國的資金都投入開辦工廠和開發房地產，因此很難在短期內撤出或轉移。

然而，占中國經濟比重最大的出口貿易受到嚴重打擊。其實早在危機發生前，中國的消費行業就已經因為無節制的擴張和過度生產而出現庫存過剩的狀況。到一九九六年底，國營企業倉庫裡積壓的產品數量驚人，其中包括一千六百萬臺電視機、兩千萬輛自行車、十三億件襯衫、一千萬隻手錶和二十五萬輛汽車，另外全國三千家化妝品廠有七〇%的產品賣不出去。這些存貨總價值高達六百四十億元，占到全國所有商品總產量約五分之一。這還是中國政府提供給外國記者的官方數字。根據李銳的說法，實際數額約是官方數字的兩倍，積存商品總值達到一千兩百億，占地面積約為六千八百萬平方公尺。在大量境外投資和廉價信貸雙重推動下，中國主要工業部門幾乎都出現產能過剩。有人估計，全國工廠的平均產能使用率不到六〇%。[12]

產能過剩不僅拉低國內商品價格，同時也令出口商品的價格愈來愈低。一九九六年，中國出口的廉價商品充斥著東南亞市場，對這些依賴出口經濟的國家造成巨大衝擊。在泰國、馬來西亞、菲律賓和印尼等國，一方面進口大量中國商品，一方面不得不降低本國出口商品價格，貿易赤字隨之出現。以泰國為例，一九九四年至一九九五年，該國每年的出口貿易都以二〇%的速度增長，但到一九九六年，由於中國商品的激烈競爭，泰國的出口貿易額竟然下降二%。這也是導致泰銖貶值的原因之一。[13]

隨著金融危機爆發，一九九七年中國的出口貿易急遽下降，出口商品的價格連續四個月下跌，商品積壓量年增長率達到一一．七%，超過經濟增長的速度。積壓商品中包括過量生產的玻璃、過度進口的化肥、因為收購價格過高而賣不出去的棉花以及大量閒置的辦公樓，還有許多靠銀行貸款才能生存的鋼鐵廠，生產出來的鋼鐵根本無人問津，浦東新區則出現房地產過剩現象。最讓人難以置信的大概是購物商場過剩。一九九二年，全北京只有十五家大型百貨公司，但到一九九八年夏，北京的購物商場激增到七十多家，而且兩年內還有七十多家預計開業。但事實上，大多數商場都在虧損營運，所有商家都在打折，為顧客發放各種優惠券和禮品券。[14]這種情形在接下來幾十年裡將成為全國的常態，許多裝潢精美的大商場裡，櫃員的數量比顧客還要多。為了刺激國內生產，一九九八年上半年，中央政府要求銀行向國有企業提供更多貸款。至七月底，廣義貨幣供應量比一年前增加一五％，國有企業獲得大量貸款，結果生產出更多積壓產品。[15]

一九九七年最後一個季度，官方報告稱中國的通貨膨脹率為負，這種情況自一九八六年以來還是首次出現。一九九八上半年，隨著物價下跌，通貨緊縮進一步加劇。無論是一般商品和服務行業，還是房屋租賃與買賣，價格全面滑落。到了夏天，上海和青島等城市的商品價格同比下降六‧五％至八‧四％。根據官方公布的數字，一九九八年上半年，中國的經濟增長率下降到七％。這次通貨緊縮一直持續到二〇〇〇年三月才結束，前後長達二十九個月，是中國現代歷史上最長的一次。[16]

在所有商品中，石油、化肥和各種金屬的價格尤其脆弱。通貨緊縮發生時，數百家重工企業和小型鋼鐵廠剛剛耗費鉅資改造和更新設備，也因此背負沉重的債務。然而，就在此時，作為鋼鐵生產基礎原料的生鐵價格卻突然崩潰了。一九九八年夏，國內需求放緩，從水泥到汽車全部滯銷。與此同時，從韓國進口的低價商品卻在湧入中國——因為韓元對人民幣剛剛大幅貶值，而日本對華出口也不甘落後，正在奮起直追。結果，進口鋼材的價格甚至比國產鋼材的成本還要低，中國幾家大鋼鐵公司的出口量被迫削減一半，而全國數以萬計的鋼鐵廠和水泥廠則面臨著生存的危機。[17]

為了應對通貨緊縮，有人提出將人民幣貶值，但朱鎔基堅決反對，他在公開場合反覆重申中國政府將努力維持一美元兌換八．三〇元人民幣的匯率。儘管如今，幾年前絕跡的黑市交易如今又開始活躍起來。許多銀行和豪華酒店的門口都可以看到「黃牛」在徘徊，他們提供的匯率比官方牌價要高出三個百分點。這一跡象表明出於對通貨緊縮的擔憂，部分資本開始外逃。由於人民幣從來不能自由兌換，所以長期以來，國有銀行和國有企業對如何規避外匯管制早已熟門熟路，許多企業透過偽造信用證或貨物進口文件的方式將資金轉移到國外。中國人民銀行行長戴相龍稱，經審計發現，在亞洲金融危機爆發後的一年裡，中國有兩千多家企業與外部勢力相「勾結」，在合法管道之外向境外轉移約六十億美元資金。此時，國務院主管金融工作的是副總理溫家寶——此人學地質出身，性格溫和，容易相處，於一九八〇年代在胡耀邦提拔下進入中央委員會，後被朱鎔基任命為中央金融工作委員會書記。對於資金外流問題，溫家寶在一九九八年七月頒布一系列針對外匯交易的管理法規。[18]

隨後，中央推出更多通知、措施、指令、規則和條例，與現行規定（有些已經實行許多年）發生大量衝突，結果造成外匯管理一片混亂，令人更加擔心人民幣會貶值，國有企業向境外轉移資金的要求更加迫切。儘管中國對歐洲和美國的貿易順差愈來愈大，但由於大量資金被轉移到國外，中國的外匯儲備一直維持在一千四百五十億美元而未見增長。逃避外匯監管的花招不斷翻新，例如預付大筆貨款、虛構交易或偽造合同等等。一個常見伎倆是按照規定向國家外匯管理局申請外匯撥款，一旦獲得批准，立即將資金匯往國外，根本不存在什麼貿易行為。參與騙取外匯的主要是各省銀行以及與之合謀的當地企業，而外匯管理系統最大的漏洞則在香港。雖然立法會上空飄揚著中國的國旗，但為了避免引發不良的政治影響，大陸對香港銀行、金融公司和企業營運只能放任不管。[19]一九九八年七月，中央發動一場打擊走私運動。多年來，走私日益猖獗，難以禁止，而且一直得到官方容忍。根據江澤民的說法，最主要的原因是走私活動最大的組織者恰恰是黨的領導人和軍隊幹部。金融危機期間，走私貨物的規模激增，約占商品總進口量的五％，從而加速資本外流。在總值高達數十億元人民幣的走私物品中，既有進口商品，也有國產商品。例如，許多菸廠先是將一半以上產品出口，然而再透過走私把這些產品運回國，這樣既可以免交國內的稅收，也逃避進口的關稅。[20]

雖然經濟不景氣，但在這場亞洲金融危機中，中國似乎並未受到多少衝擊。對於大多數身在中國的外國遊客來說，經濟困境的唯一跡象是俄羅斯商人消失。自從蘇聯解體以後，大批俄羅斯商人來到中國，成了秀水街之類批發市場的常客。他們從中國購買服裝和日用品，然後運回伊爾庫次克（Irkutsk）、哈巴羅夫斯克（Khabarovsk，也譯為伯力）、海參崴和莫斯科等地販賣，北京的日壇公園附近就開了好些俄羅斯商店和餐館。然而，盧布大幅貶值令批發生意難以為繼，這些商人一夜之間就消失了。[21]

中共領導人竭盡所能想維持穩定形象，因此對一切有可能產生負面效應的事件都極為敏感。當加拿大皇家銀行（Royal Bank of Canada）決定關閉其上海分行時，朱鎔基擔心這一舉動會動搖外界對中國經濟的信心，竟然親自致電加拿大駐華大使，請求取消這一決定。[22]

形象就是一切。然而，在穩定表象之下，中國卻面臨著兩個日益加劇的危機：瀕臨破產的工業系統和無力兌付的銀行系統。

在亞洲金融危機開始之前，中國的國有企業早就舉步維艱，而且相關改革一拖再拖，始終無法落實。根據經濟學家王紀寬的說法，一九九六年時，國企總共擁有四兆元資產，但債務卻達到三．二兆元，資產負債率至少為八〇％。如果這些企業能更有效地利用貸款實現增長，那麼這樣的負債率可能並不是個大問題，可事實上國企的利潤率逐年下降，經營日益困難。根據朱鎔基披露的數字，一九九七年第一季度，全國四萬兩千家國企的總利潤僅為三十三億七千萬元——貸款回報率為〇．一％，而短短一年之後，這些國企竟虧損一百一十多億元，其中有五六％的企業根本無法實現盈利。這就是經過二十多年改革、投入數不清貸款後所得到的結果，更不用說堆滿一個個倉庫的積壓產品了。[23]

不僅國企如此，中國的金融體系也很脆弱。貸款總額每年都在增加，而且主要用於兩個目的：一是維持國有企業運轉，二是實現鄧小平多年前制定的快速增長目標。外國專家認為，在一九九七年之前，中國銀行的不良貸款率約為二四％，而在亞洲金融危機後，這一數字增加到二九％，甚至高於東南亞國家。然而，東南亞國家的貨幣不僅可以自由兌換，而且經濟體系具有透明度，這兩點都是中國所缺乏的。考慮到這一因素，有人估計，中國的不良貸款率可能接近四〇％。事實上，至於中國金融系統債務規模的真實情況，其實就連中國人民銀行的行長戴相龍都不可能知道。[24]

隨著一家又一家地方銀行向中央政府求助，不良貸款的問題再也無法掩蓋。在浙江省，僅兩家城市信用合作社的赤字就高達一千兩百萬元。寧波有三家信託公司總共欠下三十四億元債務無力償還，而該市的農村信用合作社也背負八億三千六百萬元債務。溫州二十家金融機構所發放的貸款中，有三分之一（約兩億元）成了無法收回的呆帳。用戴相龍的話說，化解中小財政機構的債務危機，就像抗洪一樣「嚴防死守」。[25]

這些債務絕大多數是以人民幣計算的，因此政府可以透過多印鈔票來解決，但這種方法無助於解決中國政府所欠外債的問題。一九九七年十一月，國務院特地提醒各地方政府，如果不按期支付向外國政府所貸款項的利息，將令外國人對中國產生「壞印象」，有損於中國的國際聲譽。浙江省向外國政府貸款的數量算是少的，只占全國總量的一・二%，可即便如此，浙江對其中四〇%的貸款（約五千萬美元）竟也無力支付利息。[26]

雖然債務危機如此嚴重，但直到一九九八年底，一家省級信託投資公司倒閉才真正讓這一問題暴露出來。一九七九年，榮毅仁創辦中國國際信託投資公司（英文縮寫為ＣＩＴＩＣ），以期透過吸引外國資本和先進技術來促進中國的四個現代化——榮是一位實業家，一九四九年後他留在大陸，選擇與共產黨合作。各省為了吸引外資，紛紛仿效這一模式，成立自己的國際信託投資公司，至一九八二年國務院不得不出面干預時，這類公司的數量已經達到約六百二十家。福建省國際信託投資公司的英文簡稱為ＦＩＴＩＣ，廣東省國際信託投資公司的英文簡稱為ＧＩＴＩＣ，海南省國際信託投資公司的英文簡稱為ＨＩＴＩＣ，浙江省國際信託投資公司的英文簡稱為ＺＩＴＩＣ，上海國際信託投資公司的英文簡稱為ＳＩＴＩＣ，大連國際信託投資公司的英文簡稱為ＤＩＴＩＣ，類似英文縮寫很快就用完了，新成立的公司只好使用地名的全名，如深圳國際信託投資公司的英文簡稱為Shenzhen SITIC 或 SZ SITIC。與此同時，這些國際信託投資公司還成立眾多下屬機構，以高出國有銀行的利息吸收存款並違規交易。十年後，國務院開始推出限制措施，但當時全國正因鄧小平南巡而掀起一股房地產投機浪潮，數百家這類機構不僅得以存活，還趁機發展壯大起來。三年後，為了防範系統性金融崩潰的風險，國務院要求這些公司必須切斷與商業銀行的所有聯繫，許多公司因此失去最主要的資金來源，不得不清算資產，或與其他公司合併。[27]

在此過程中，許多由地方政府成立的貿易投資公司不斷擴大規模，興建起豪華的辦公室、購物廣場和酒店。例如，在廣州的中信廣場往西幾公里的地方，廣東省國際信託投資公司新建一座國貿大廈——在芝加哥的川普大廈（The Trump International Hotel and Tower）建成之前，廣州的中信廣場是世界上體積最大的混凝土建築。到一九九七年，廣東省國際信託投資公司已經發展成為擁有兩百多家子公司的企業集團。

與其他國家的信託投資公司不同，中國這類公司基本上類似於地方政府開設的商業銀行，而且其營運不用接受嚴格監管，因此很容易出現管理混亂的問題。早在亞洲金融危機爆發前就有報導稱，中國第三大投資信託公司——中國農村發展信託投資公司（CADTIC）的主要業務不過是靠高利息吸儲、走私食糖、炒作房地產和逃漏稅。該公司於一九九七年一月被關閉，其高管因挪用公款而被捕，留下一百多億元債務。[28]

這起案件促使中央政府下令清查全國數百家金融機構。在此後一年裡，因為受到亞洲金融危機衝擊，信託投資公司的營運「多次」出現問題，央行不得不對此展開調查。[29]最令人震驚的是，一九九八年十月，廣東省國際信託投資公司開始接受清算。這家公司的規模在全國排名第二，而且廣東是全國最富有的省分，從來沒有人懷疑過這家公司的實力，但清算結果卻顯示，這家公司的債務總額超過二十五億美元。一時間各種傳言蜂起，大家都說中國的商業銀行實質上都已經破產了。

此事發生之後，全國又有數百家信託公司以及數以千計的城市和農村信用合作社被關閉。朱鎔基利用這個機會重組銀行系統，將四家國有銀行的控制權重新收回中央政府手中，為此他投入兩千七百億元人民幣用於各家銀行的資本重組——這筆錢相當於當年發行的全部國債，或者等於外匯儲備的二五％以及國民生產總值的四％。實際上這筆錢很大一部分來自居民的存款，因為央行將存款準備金率從一三％降到八％，由此釋放出的資金被四家銀行用於認購財政部發行的兩千七百億元國債，年利率為七．二％，而財政部再反過來以貸款形式向四家銀行注入兩千七百億元資金，貸款利率也為七．二％。透過這番操作，四家銀行帳面上的資本金得以提高，而財政部手裡實際控制九百三十億元的資金可以用來註銷各家銀行的不良貸款。接下來，在一九九九年，國家成立四個所謂的「資產管理公司」，其實質是為了接管各家銀行的呆帳，每個公司各負責一家國有銀行。為了融資給這幾家公司，財政部又發行更多債券。透過這種不良資產的置換，朱鎔基希望可以把呆帳造成的問題無限期地向後推延。這些資產管理公司的十年期債券於二〇〇九年到期，隨後又被延長十年。[30]

與此同時，迫於亞洲金融危機的壓力，中央開始著手解決國有企業的問題。過去幾年來，中央政府一直計畫培養有潛力的企業，並希望它們組成規模龐大的企業集團參與國際競爭，對於那些效益不好的企業則允許其自生自滅。一九八九年底，姚依林建議組建一百個巨無霸的國企，同時停止對剩餘的企業提供支持。[31]一九九三年十二月，國家經濟結構調整委員會再次提出這一建議，但領導層擔心引發失業潮，因此未予採納。[32]然而，亞洲金融危機令中共領導人意識到，國企改革刻不容緩，否則只有死路一條。

一九九七年九月，江澤民宣布要對國企作結構性改革。在黨的第十五次全國代表大會上，他把新政策總結為「抓大放小」四個字。換句話說，就是要把國企做大，「大即是美」。這個政策意味著國家將集中力量發展大型國有企業，同時擺脫數以千計規模小、效率低的工廠。這種做法與南韓培養財閥的方式非常相似，所不同的是，中共不允許企業家主導這一過程，而必須由中央政府的官僚來決定中意的人選，然後透過國家巨額投資來幫助這些被選中的企業獲得成功。因此可以說，這項政策事實上加強而非削弱國家對經濟的干預。[33]

中央給國有企業的出路很簡單：要麼擴張，要麼滅亡。那些在中央領導看來最好和最大的企業，將獲得國家提供的優惠貸款、發展基金和其他形式的各種支持，但條件是它們必須接管一些瀕臨破產的國營工廠，並且發展成為具有國際競爭力的企業集團。透過這樣的兼併和收購——或者用中共十五大的說法叫「鼓勵兼併、規範破產」，那些效益較好的國企和規模臃腫的國企被綁在一起。[34]

到一九九八年一月，中央政府選定五百一十二家國有企業作為第一批重點扶持對象。儘管這些企業的數量只占所有國企一小部分，但它們的總資產卻幾乎占全部國有資產的一半。幾乎是一夜之間，數千家製藥廠、電視機廠、棉紡廠、水泥廠、石油化工廠等等企業全被捲入兼併和收購的熱潮之中，甚至連區域性航空公司也不例外。結果，全國一下子冒出好多家巨型企業，北京的首鋼集團和上海汽車工業（集團）總公司——桑塔納汽車的製造商——就是其中兩個。這些新成立的企業集團直接隸屬於財政部和中國人民銀行管轄，而原先分管各工業領域的國家部委（如煤炭部、機械部、冶金部、輕工業部、紡織部、化工部和石油部等）紛紛遭到降級。與此同時，中央新成立一個機構：中共中央大型企業工作委員會。這個機構手握大權，可以決定哪些企業應該合併，哪些應該被清算。[35]

這次國企改革的核心是國家所有權向股份制的轉變。新的企業集團和老的國有企業都獲准進行公司化改制，並有權在國內發行股票以籌集資金。但即便如此，國家的控制依然顯而易見，因為中央同時規定，具有決定權的大股東必須是發行股票的公司本身或者是政府。正如江澤民在黨的十五大上所說的，股份制不等於私有化。[36]

接下來，大型國企集團開始陸續在國外上市。最早是在一九九三年，少數國有企業開始在海外首次公開募股（IPO），但並沒有更多企業跟進，因為中國企業在國際上的知名度實在太低，而且根本不具備吸引國際資本的規模和盈利能力。但是，這種情況在一九九七年十月發生改變：透過合併一些省級電信公司組建的中國電信在香港和紐約上市，首次公開募股就籌集到四十五億美元，一躍成為全球第五大電信公司。令投資者感到驚訝的不僅僅是這次交易的規模，而且據說幕後操盤的高盛公司因此獲利超過兩億美元。[37]

中國電信的成功為其他國企指明方向：即把某個領域分散的小型企業合併成一個大型集團，由中國人民銀行監管其資金帳戶，讓國有銀行把大量一般居民的儲蓄作為貸款投入這個集團，同時僱用國外金融服務機構以確保其運作遵守國際金融和公司法，然後根據對該企業未來的估值，在國外股市上以高價出售少量股份。這簡直就是運用資本主義工具為社會主義服務的絕佳案例，因為在境外上市並未改變這些企業的國有性質，如中國電信實質仍是郵電部下屬的一個公司，其招股說明書的小字部分寫道，郵電部有權任命全體董事會成員，並可以未經小股東同意而購買資產。[38]

發現這一路徑後，中央政府開始與國外銀行家合作，將更多大型國企帶入國外股市，完成一項又一項大宗交易。值得注意的是，所有這些中國企業發行的股票，其價格都不是根據對現有資產的評估而定，都是基於對未來盈利能力的預測。例如，由六家獨立公司合併而成的中國電信在其上市時，合併過程其實尚未完成，所以從嚴格意義上來說，該公司只存在於高盛的電子試算表中——當然，其銀行帳戶是絕對真實的。至二〇〇一年，在外國投資銀行家、股票分析師、公司律師、全球銷售人員、貨幣經理和各大銀行經濟學家幫助下，中國石油、中國聯通、中國石化、中國海洋石油和中國鋁業公司都在紐約順利上市，還有五十多家中國大型企業在香港上市。[39]

經過幾年兼併和清算的高潮，至世紀之交時，中國人民銀行對國有企業（包括新成立的大型企業集團）進行一項信用調查，結果顯示，這些企業每向銀行借出三元，產值僅增加兩元。換句話說，有三分之一貸款打了水漂，這就是國企改革歷經二十五年後所取得的「成效」。至二〇〇〇年，中國的國民生產總值中，仍有近一半出自國企，但在全國的稅收收入中，國企所占比率卻從一二％下降到不足八％。[40]

★　★　★

透過合併，數千家國營工廠組成大約五百家龍頭企業。政府對這些企業寄予厚望，希望它們緩解工人失業問題，從而避免社會動盪。但事實上，一些集團企業剛剛成立便開始以各種方法遣散職工，例如將多餘人員轉入空殼公司領取名義工資，但實際無需上班。可最為棘手的是，中國國營企業多達二十餘萬家，真正有所盈利、值得合併或改制為股份公司的少之又少，如何處理這麼多效益不好的企業，即便是最好的財務專家對此也無計可施。更為糟糕的是，眾多虧損企業也開始變相地裁員，許多工人被迫減薪回家，而且得不到任何補償或福利。

與此同時，數以萬計鋼鐵廠、製藥廠、紡織廠、鑄鋼廠和煤礦等企業被迫倒閉，特別是在東北這個老重工業基地，狀況尤其慘烈。遼寧省擁有中國十分之一大中型國企，可是至一九九七年底，破產或停產的企業就多達五千餘家。在瀋陽鋼鐵廠，偌大廠區裡空無一人，大門緊鎖，窗戶破碎，起重機被棄置一旁，鐵軌上雜草叢生。[41]據主管工業的副總理吳邦國說，該市有十分之一工人失業或賦閒在家，而全國範圍內的失業人數則接近一千三百萬，其中一七%是城市裡的失業工人。他們本可享受從出身到死亡的福利保障，現在卻突然失業，只有不到一半的人能重新就業。[42]

在接下來幾年裡，失業或減薪的工人多達兩千萬至三千萬，具體數字誰都不知道，因為政府不允許工廠宣布破產，最多只能說暫停生產。有些工廠雖然沒有正式解散，但經營者把屬於國家的設備和資產私自出售，結果這些人發了財，職工卻一籌莫展。不僅如此，只有主動去政府機構登記的人員才會被統計為失業人口，而大多數人根本就懶得去登記。為了出售企業或吸引外國投資，工廠經營者想盡各種辦法來美化業績，最常見的是誇大銷售數字，將巨額虧損偽裝成成本支出，或者篡改職工人數。據吳邦國估計，大約有九〇%的下崗工人連政府就業中心的大門都從未進過。[43]

失業工人中有一半沒有存款，有些人獲准繼續住在破舊的單位宿舍裡，但室內光線昏暗，有些連窗子也用磚頭封起來，而且他們既拿不到退休金，也不能享受曾經令人羨慕的單位福利或公費醫療。少數人把工廠多餘產品或生鏽的廢金屬偷出來出售，這種行為跟廠長經理大肆變賣國有資產比起來，只能算小巫見大巫了。大多數人為了維持生計，不得不在路邊擺地攤，賣一些諸如襪子、髮夾、櫻桃、馬桶蓋和護膚霜之類的小商品，還有人從事洗車和修鞋等服務業，或者蹬起人力車。在瀋陽的馬路上，甚至可以看到有人不顧危險，向過往司機兜售廉價的方向盤套。[44]

在一九七八年後國企擴張所產生的諸多問題中，城市人口失業只是比較明顯的一個，另一個問題則出在農村。遍布全國的數百萬家鄉鎮企業曾是中國經濟增長的主要動力，它們提供四〇%的國民生產總值。然而，在所有權方面，這些企業一直處於灰色地帶：名義上是由鎮政府或鄉政府舉辦，但營運方式更像私營企業。當金融危機發生時，鄉鎮企業所面臨的困境與城市裡的國營企業並無二致：債務沉重、產品劣質、技術落後、庫存積壓、管理混亂、生產分散。正如甘肅省經濟委員會主任所說，鄉鎮企業和國有企業之間存在「同構關係」，特別是在所有權結構上具有同樣的不明確性。鄉鎮企業利用計畫和市場之間的不平衡，對國有企業提供一種補充，「從歷史上看，沒有國有企業就不會有鄉鎮企業」。鄉鎮企業有助於改善市場供應，但也不得不受到計畫阻礙。[45]最突出的問題是，鄉鎮企業與國有企業一樣，也嚴重依賴當地銀行貸款，結果無論是城裡的國營企業還是農村的鄉鎮企業，產品雷同與過剩現象都普遍存在：城裡建無數水泥廠、鋼鐵廠和自行車廠，農村則湧現眾多瓷磚廠、青蛙養殖場和床墊廠。[46]

許多鄉鎮企業不僅效率低下，債務纏身，而且還經常發生生產事故。事實上，這類企業正因為無視環境保護以及員工的健康與安全，才得以如此迅速地發展起來。典型例子就是由村民自己開辦的小煤礦場。勞動部發布的一份報告稱，在一九九二年的一至九月，死於這類小型煤礦場的礦工多達三千八百多名，占採礦業所有死亡人數的六五%。[47]這一數字不僅比前一年有所增長，而且還在持續攀升。據勞工專家估計，一九九八年全國發生的礦災超過一萬起，平均每小時即發生一起。針對這種情況，中央政府下令關閉兩萬五千八百多座礦井。與此同時，國家投入鉅資，重組合併幾百家建在城市裡的國有大型煤礦場。當年，由於供應大量過剩，全國煤炭的產量減少約兩億五千萬噸。[48]

正如江澤民所說，國家政策是「抓大放小」，即把各種資源盡量輸送給城市裡的大型企業集團，同時關閉兩百萬家各類鄉鎮企業，致使其數量減少到兩千萬個。各地鄉鎮企業不再向銀行借款，也無法吸收農村大量剩餘勞動力，這些都是二十年來首次出現的狀況。農村失業人口猛增至一億三千萬，幾乎達到農村總勞動力的三分之一。與此同時，許多城市為了給本市失業人口創造再就業的機會，開始把農民工趕回農村，在城市裡打工的農民工數量隨之出現萎縮，從最高峰時約九千萬下降到一九九八年的約七千五百萬。那些堅持留在沿海地區、繼續在工廠和建築工地打工的人則不得不接受更低的工資，甚至得做白工。[49]

農村失業率持續升高。由於鄉鎮企業是各地稅收的主要來源，因此各地政府紛紛要求當地銀行對其發放貸款，以維持其生存，但農村稅收仍不可避免地出現崩潰。國務院在一九九九年五月指出，有些農村的政府官員把經濟和政治混為一談，向銀行大舉借債，然後「揮霍浪費」，卻無力償還。[50]由於大量資金被投入虧損的鄉鎮企業，致使許多地方政府陷入債務危機。一九九九年，全國（尤其是中西部）許多農村地區的政府部門連工資也發不出來了，有些地方已經連續欠薪好幾個月。在甘肅省，農村的稅收下降大約一四％，而支出卻增加五％，政府工資的缺口超過兩億五千萬元。[51]

在此後兩年裡，地方財政危機愈發嚴重。真實的資料很難獲得，因為官方只注重維護正面形象，不會提供準確事實——一黨專制的國家莫不如此。然而，根據朱鎔基的說法，二〇〇一年，甘肅省的八十六個縣，有五十九個（約占六八%）無法足額或及時地支付公務員的工資。在經濟相對較好的四川，也有約二四%的縣面臨這種困境。位於「鐵鏽地帶」東北的吉林省，這一比率為四六%。內蒙古則高達八〇%，鄉鎮兩級則達到七〇%。當然，從理論上說，工資少了一塊錢都可以稱為減薪。但事實上，僅以甘肅為例，二十四個縣的公務員人均少發六千元。二〇〇一年七月，該省大約有五十九個縣共拖欠公務員工資三億元，致使部分地區的政府工作陷入癱瘓，司機不開車，電話沒人接，會議也全部取消。為了彌補欠薪，有些地方政府只好進一步向銀行貸款，累積債務高達數千萬乃至數億元。[52]

在農村地區，提供信貸業務的機構叫農村信用社，也稱為農村信用合作社。這一機構最早成立於一九五〇年代，其功能是負責管理政府投入人民公社的資金。一九七六年後，農村信用合作社開始為農民提供信貸和儲蓄業務，其上級部門為中國農業銀行。到一九九六年，由於負債累累，農村信用合作社的管轄權被移交給中國人民銀行。

一九八〇年代初，農業部在全國農村組建另一個非正式的金融機構：農村合作基金會。這一機構更傾向於為一般農戶和個體經營者放貸，而這些人很少有其他途徑可以申請到貸款。農村合作基金會的營運成本較低，因此在吸收農民儲蓄的業務上與信用合作社形成競爭關係。但兩者也有共同點，那就是管理不善、監管不嚴。溫州的農村是全國最富裕的地區之一，一九九七年，農村合作基金會在該地區設立一百七十五個網點。根據當地一項調查，這些農村合作基金會普遍存在管理無序和政治干預的狀況。地方幹部往往不允許外部監督，只根據自己的喜好發放貸款，而且很多地方官員直接擔任農村合作基金會的負責人。其結果是，早在金融危機爆發之前，很多農村合作基金會的貸款量就達到存款量的一二〇%。這種狀況不僅溫州如此，全國都是一樣。最終在一九九九年，中國人民銀行不得不採取行動，關閉所有農村合作基金會。[53]

農村信用合作社又成了農村唯一的金融機構。然而，由於幾十年來一直經營不善，至一九九九年底，農村信用合作社的淨資產只剩下負數，二〇〇〇年時，虧損更高達八百六十二億元。但合作社領導人並不擔心，因為他們知道中央政府不會見死不救。正如財政專家王慧玲（Lynette Ong）所說，如果農村信用合作社倒閉，數千萬農民就會失去他們的積蓄。最終，央行按照農村信用合作社擁有的「有毒資產」的帳面價值，投入一千六百五十六億元人民幣，允許其有條件地實行債轉股。央行當然只是奉命行事，農村的金融制度並未因此發生任何變革。[54]

二〇〇四年，一項深入研究揭示出農村債務的規模：村級債務達三千七百億元，鄉鎮級債務達兩千一百五十億元，縣級債務達四千一百億元。幾乎所有地區的村辦企業都處於虧損狀態，對當地經濟的貢獻為負值。經過二十多年的經濟改革，農村實際上已經破產。[55]

在央行救助下，農村信用合作社得到紓困，而從自身利益出發要求其亂放貸款的地方政府也隨之擺脫困境。此後再遇到工資發不出來的財政危機時，地方政府便模仿中央政府，將債務轉變成債券，並將債券的兌付期限不斷向後延長。[56]

農村稅收下降後，地方政府為了籌集資金，開始向農民個人及其經營的企業開刀，各種額外徵收的費用、攤派以及過路費、消費稅和捐款（無論是否自願）多得數不勝數。一九九八年夏，上級檢查小組在甘肅蘭州附近的農村發現，村辦企業需要上繳政府五十七種稅費，其中四十二種是違法的。在蘭州西北約三百公里的酒泉地區，非法收取的費用占到當地財政收入的三〇％。[57]

這種狀況絕非甘肅獨有。國務院對此高度重視，於二〇〇一年派出六個小組奔赴各省調查，結果表明農村亂收費的現象極其普遍和嚴重：農民家裡殺一頭牛、養一匹馬或者建一棟房子，全得繳費。更離譜的是，許多小學強迫村民支付學校的水電費。在河南杞縣，學生使用學校的自行車棚要交三塊錢，缺一堂課要交一塊錢，體檢也要交三塊錢。在雲南省，農民被迫參加保險，每人每年要交四十四元。在山西省清徐縣，農民結婚要交九塊錢，有些村子甚至收五十元。在黑龍江木蘭縣，婚前體檢要交五百元。此外，地方政府還常常以專案投資或提供公共服務為名強迫農民捐款。在浙江省上虞市，每個村子每年必須交四千元訂閱當地報紙。從縣裡到鄉鎮，再到村，各級政府層層施壓，全都以各種名義向農民收費，農民疲於應付，正應了一句成語：「僧多粥少。」[58]

一般老百姓處於這個等級制度的底層，負擔自然也最重。有人對全國的情況作過粗略估計，一般農民每年要拿出收入的二五％至三〇％繳納各種費用。傑出的社會學家曹錦清則指出，在部分地區，地方政府向農民非法徵收的各項費用占到農民年收入的四〇％，許多人只好向農村信用合作社申請貸款才能維持生活。[59]

★　★　★

金融危機爆發迫使中共不得不改革集體企業，與此同時，私營企業卻成功創造新的就業機會，也因此令當局對其刮目相看。自一九七八年以來，政府對私人企業主從來沒有正眼看過，雖然允許他們存在，但制定各種規章制度限制其發展。可如今，在上海和青島等城市，有三分之二從國企下崗的職工在私營企業找到新工作。一九九八年四月，《人民日報》竟然宣稱，如果雷鋒還活著，也肯定會成為一名私營企業家。一年後，中國修改憲法時，將個體和私營企業等「非公有制經濟部門」的地位從單純的「補充」提升到國家經濟的「重要組成部分」。[60]

然而，措辭的變化最多只具有象徵意義，因為修改後的憲法並未提到要保護私有財產，而只是強調「社會主義的公共財產神聖不可侵犯」。雖然政府開始鼓勵私營企業發展，但它們的數量仍然有限。經過二十多年改革後，官方在一九九九年發布的資料顯示，兩億三千九百萬城市就業人口中，受僱於私營企業的只有三千兩百萬人。[61]

私營企業的發展規模十分有限，因為它們無法享有與國有企業平等競爭的條件。不管是稅務部門，還是國有銀行或者法院（許多法官是忠實的黨員或者退伍軍人），全都以歧視的態度對待私營企業。不僅如此，從上到下每個國家機構都由黨的書記把持，彼此之間互相通融是常有的事，只要共產黨執政，這種情況就不可能改變。正如黨的官員反覆強調的那樣，在任何情況下都不允許私營經濟的發展超越公有制經濟。一位軍隊代表對此解釋說：現在我們允許私營經濟有一點發展，因為就目前而言，這對國家經濟有好處，但這並不意味著我們正在走向資本主義社會，中國是共產主義國家，因為它是由共產黨領導的，這一點永遠不會改變。[62]

中國領導人不斷重複類似的講話，但許多外國人不以為然，他們自以為對中國很了解。一九九三年，不知道誰偶然用「轉型」（transition）一詞，大家都開始跟風，紛紛用這個詞來描繪中國從計畫經濟走向市場經濟的願景。一九九七年九月，江澤民宣布將著手改變國有企業的所有權結構，於是這些外國人又開始用「私有化」（privatisation）來描述這一改變。江澤民好幾次否定這種說法，明確表示絕不可能將國有企業私有化。一九九九年新的憲法修正案通過後，他重申這一點，指出國外有些人錯誤地認為中國要搞私有化，黨內有些同志也產生類似誤解。一九九八年，朱鎔基也曾向老布希解釋說，大型國有企業公司化只是鞏固國家所有權的一種方式，與「私有化」並無關係。這位前美國總統點點頭，擠了下眼睛說：「我們明白是怎麼回事。」[63]

中國官方從未使用過「私有化」一詞，而只是說「所有制改造」或「股份化」。[64]事實上，就連「私有」這個詞都很少出自領導幹部之口，更常聽到的說法是用「非公有制經濟」來指稱個體戶和私營企業。經過所有權變更後的絕大多數企業——無論是分散在農村的小型企業還是城市裡的大型工廠，其實際控制權仍掌握在國家或代表國家的眾多機構手中。例如在紐約證券交易所上市的中國電信等巨型企業集團，只是將少數股權賣給境外投資者，國家仍保留任命全體董事會成員的權利。不僅是中國電信，其他大多數中國企業的狀況也是如此，大股東往往是各級政府部門、國家部委或其他代表共產黨的實體機構。

也有一些股份賣給企業的員工，這種做法是集體所有制的殘餘，但更多時候是地方政府向員工變相籌款的一種方式，不願購買股份者只好被迫離職。不僅如此，許多企業的合併和收購僅僅是名稱和帳目改變，所謂股份制改革其實只是企業資產重新分配，而國有經濟的整體效率並未得到提高。這樣的改制只對國家有利，其目的是為了擺脫幾千萬為國企奉獻一輩子的工人，從而挽救企業的命運。[65]

★ ★ ★

勞資糾紛的數量急遽上升。根據官方公布的數字，一九九九年達到十二萬起。全國各地都有得不到工資的工人和退休人員包圍工廠、封鎖道路，並到當地政府部門抗議。嚴重的腐敗甚至激發幾起數萬人參加的抗議事件，示威者焚毀汽車、砸破窗戶，與員警發生激烈衝突，直到政府派出軍隊才平息事態。遼寧省楊杖子鎮的礦區就發生過這樣的騷亂。[66]

大多數抗議者是被迫下崗的國營企業職工，但吉林省約有一萬名教師也加入進京上訪的隊伍，當地政府不得不出動員警加以阻攔。農村也時而會發生此類事件，例如在氣候乾旱的山東，數千農民因為得不到飲用水而群起抗爭。全國範圍內因各種原因引發的騷亂此起彼伏。[67]

雖然各地情況不盡相同，但大多數抗議者在表達各自的訴求後，便會自行散去，他們雖不甘心，但也清楚自己根本無力與強大的國家機器對抗。一九八二年的憲法剝奪工人罷工的權利，而工會也完全控制在國家手中。因此，所有抗議者都是分散行動，彼此沒有聯繫，也沒有人想到要建立全國性組織，或者實現更廣泛的目標。

面對民眾抗議，地方政府通常會作出一些虛假的承諾，以避免事態升級，但對於膽敢提出政治訴求者則會嚴懲不貸。江澤民一再要求安全部門必須將反對政府的任何企圖「扼殺在萌芽狀態」。一九九八年十二月，他在人民大會堂發表講話時，幾乎一字不差地重複一九八九年夏天說過的話：「任何時候都決不能動搖、削弱和丟掉」中國的政治制度，「決不能照搬西方的政治制度模式」，同時「要始終警惕國際國內敵對勢力的滲透、顛覆和分裂活動」。[68]

就在江澤民發表這番講話的六個月前，柯林頓總統剛剛訪問中國，而且對江大加讚賞。一九九八年六月，這位美國總統對國際媒體說，江澤民是富有遠見的領導人，他正在推動中國變得更加自由。柯林頓甚至預言他在有生之年會看到中國實現民主。許多外國觀察家也宣布中國進入政治開放的新時代。在這次歷史性訪問開始前幾週，江澤民為對美國表達善意，釋放了政治異議人士魏京生和王丹，並允許他們流亡到美國。[69]

一九九八年六月二十五日，就在柯林頓抵達中國當天，一群政治活動人士試圖在杭州註冊成立中國民主黨。短短幾個月內，該黨就在二十三個省和主要城市成立籌備委員會，有數百名志願者參與其中，組織和協調工作進行得有條不紊，令當局大感意外。中國民主黨的發起人之一徐文立和其他參與者迅速遭到逮捕——徐早在一九七九年就曾因參與民主牆運動被捕過。一九九八年十月五日，中國政府簽署《公民及政治權利國際盟約》，贏得國際社會更多讚譽——事實上，這項公約從未得到中國政府正式批准。就在中國駐聯合國大使簽署這項公約、承諾將給予中國公民基本權利和自由的同時，中國民主黨的發起者正在接受審判，徐文立再次入獄，被判處十三年徒刑。[70]

隨後，更多人遭到逮捕。《中國經濟時報》的專欄作家施濱海便是其中之一，他在主流媒體中較為偏向自由主義的立場。此外還有方覺，他是一位企業家和前政府官員，寫過一些關於政治改革的文章，但從未提出推翻共產黨統治，結果也被判刑四年。勞工活動人士受到的懲罰更為嚴厲，例如張善光就因向自由亞洲電臺講述農民抗議情況而被判處十年徒刑。一九九九年六月，甘肅有三名男子準備成立獨立的勞工監督機構，結果被當局控以顛覆政權罪。[71]

★　★　★

波蘭的團結工聯已經執政十年，中共領導人卻日夜擔心民主活動人士和下崗工人聯合在一起。然而，他們雖然百般防範，卻還是被一場意外的抗議活動打個措手不及。一九九九年四月二十五日，約一萬名「法輪功」成員悄悄進入北京，並包圍最高領導人的居住地——中南海。抗議者大多是老年信徒，他們在長安街上四、五個人一排，沿中南海朱紅色圍牆靜靜地坐著或站著。或許是因為抗議者人數眾多，警察表現得相當克制。這場示威活動雖然是和平的，但依然震動最高層，因為再過幾個星期即是六四屠殺十週年的日子，居然有人在此時包圍中南海，這是連學生都不敢做的事。72

法輪功的創始人叫李洪志。他自創一套鍛鍊身體和調整呼吸的方法，以幫助學員獲得內心平靜——也有人稱之為開啟心靈和修煉來世。許多外國人和中國的員警一樣，對這一組織的性質感到困惑，有人覺得它是一種宗教，有人覺得可以算一個教派，有人則視之為邪教。

後來流亡到紐約的李洪志來自長春。他於一九九二年開始傳播法輪功，這種「功法」融合佛教和道教的一些說法，同時也吸收較簡單的武術動作，結果吸引愈來愈多練習者。到一九九九年，國內外的法輪功學員已經達到數千萬人。就像早年的共產黨一樣，法輪功成員中有許多對生活感到失望和無權無勢的底層民眾，但也有受過高等教育的人，甚至還包括中共的高級幹部。曾任職於公安部的退休幹部李昌便是其中之一，他在法輪功的組織裡參與領導一個紀律嚴明的部門，該部門由許多小組構成，負責管理人數眾多的學員。一九九九年四月，天津的一本流行雜誌把法輪功稱為邪教，這一說法激怒眾多法輪功學員，因此他們決定前往北京示威，要求得到官方認可。73

示威者受到朱鎔基接見，他們甚至對總理說只有法輪功而非共產主義才能救中國。江澤民對此大發雷霆，大罵安全部門失責，說穩定壓倒一切，但現在穩定被破壞。[74]

中央成立特別工作組，由國家副主席胡錦濤負責，專門處理法輪功的問題。胡錦濤的個性沉悶木訥，但手段很強硬，一九八九年三月，就是他宣布在其管轄的西藏實行戒嚴，並派軍隊鎮壓大規模抗議活動。一九九九年七月二十日，法輪功被當局宣布為非法組織，隨後遭到打壓。員警驅散法輪功成員的聚會，拘留數萬人，並逮捕一百多名核心成員，其中有許多是老年婦女。還有員警來到法輪功成員家中搜查，沒收相關資料，焚毀法輪功書籍，並撕碎李洪志的畫像。在接下來幾個月裡，又有數千人被送入勞改營。[75]

十月底，全國人民代表大會匆匆推出一部反對「邪教」的決定。當局將「邪教」定義為「冒用宗教、氣功或者其他名義，採用各種手段擾亂社會秩序，危害人民群眾生命財產安全和經濟發展」的「非法組織」。這一舉動再次引發三十多個城市的大規模抗議，數以萬計法輪功成員包圍當地政府大樓，進行無聲的抗議。員警將他們拖走，並對為首者展開突擊抓捕。至年底，被拘留的人數猛增至三萬五千人左右。與此同時，官方的宣傳機器也開足馬力，對法輪功大肆抹黑。[76]

然而，法輪功成員似乎愈抓愈多，他們的信仰並未因當局打壓而動搖。二〇〇〇年四月二十五日，也就是包圍中南海一週年當天，一百名信徒來到天安門廣場示威，但很快就被便衣員警拖走。又過半年，十月一日國慶日這天，又有數百名信徒突破嚴格的安保，出現在天安門廣場上。員警剛把一群抗議者拳打腳踢地拖走，又冒出另一群抗議者，有幾個人甚至在毛澤東畫像前展開一條紅色橫幅，上面寫著「法輪大法好」。數萬名參加慶祝活動的黨員幹部和外國政要目睹這一切。[77]

二〇〇一年一月農曆新年前夕，有五名法輪功成員在天安門廣場自焚，這件事令許多一般民眾認為法輪功確實是危險的邪教組織。[78]

自焚事件後，當局加強對法輪功的打壓力度，每個工作單位都在清理法輪功練習者，員警一個社區一個社區地排查，將他們認為有可能製造麻煩的人關進所謂的「學習班」。「學習班」裡普遍存在系統性的暴力迫害，信徒遭到毆打和電擊，或不得不連續幾個小時蹲在地上。一位電機工程師被迫靠牆站立長達九天之久，他說：「我整個人都崩潰了，現在我一看到員警和電棍，就會感到噁心想吐。」[79]

各省、市、縣都分配了清理法輪功信徒的指標，不達標者當地的領導會受到黨紀處分。中央還要求各地想方設法轉化這些「邪教」成員，效果好的可以為其他地方有償提供轉化服務——這一點充分體現中共領導人實用主義的一面。有些地方僱用下崗工人來監視法輪功信徒，僅北京就招募了數千人。無情的打壓卓有成效，修煉法輪功的人數迅速減少。二〇〇一年七月二十日，即當局宣布鎮壓法輪功兩週年之際，天安門廣場上只出現幾名絕望的抗議者。[80]

當局還趁機加強對其他宗教組織的控制。江澤民在一九八九年上臺後不久，就對宗教發起過一場凶猛的討伐行動，因為在他看來，宗教的發展會對社會主義構成威脅。此後，中共對宗教的打擊就像嚴打和反腐等政治運動一樣從未停止，只不過會隨著需要和時機的變化時緊時鬆。

在中國，大約有四千萬基督徒參加家庭教會的祕密活動，這些人也被中共視為對其政權的潛在威脅。在反邪教法頒布幾個月後，全國有十個地下教會被當局判定為「邪教組織」，一百多名教會負責人遭到逮捕並關進勞改營。[81]

第二年，當局對宗教的打壓進一步升級。僅浙江省就拆毀或炸毀大約一千兩百座寺廟、教堂和祠堂。在擁有七百萬人口的溫州，大約有兩百座教堂被關閉，還炸毀一個占地四百平方公尺的教堂。儘管不可能成功，當地民眾有時也會反擊。例如，當一座建於一九八六年的寺廟即將遭到政府拆除時，大批群眾湧入廟內，輪番守衛這座建築，但最終自然不是員警的對手。[82]

信仰宗教的黨員也會受到審查。一九九九年七月一日，江澤民發表講話說，只有堅持馬克思主義，才能防止黨員偏離正道，踏上封建迷信和拜金主義的錯誤道路。他還警告說，一旦黨員失去對共產主義的信仰，中國就會滅亡。幾週後，中共中央和宣傳部下達指示，要求每個黨員都要學習辯證唯物主義和無神論，試圖以此消除法輪功對廣大黨員的有害影響。[83]

這場運動被稱為「三講」，即「講學習、講政治、講正氣」，而負責領導這場運動的則是被指定為下一代接班人的胡錦濤。不過，僅僅提高黨員的思想覺悟還不夠，黨組織也必須得到加強——這在馬克思主義的術語中被稱為「黨的建設」。江澤民指出，過去大家急於實現經濟增長的目標，因此忽視黨建工作，導致黨紀渙散。二〇〇〇年五月，江澤民又發動一場學習「三個代表」的運動。「三個代表」這一概念是由王滬寧提出的，幾年前，這位教條主義的理論家曾為江澤民寫過〈論十二大關係〉的發言。[84]

至於「三個代表」的確切含義，其實大多數人都不清楚。大概的意思是說，黨不應該削弱自己的政治權力，必須確保在所有領域保持其先進性，要代表「中國先進文化的前進方向」、「最廣大人民的根本利益」以及「先進社會生產力的發展要求」。其中最引人關注的變化是，「三個代表」的理論取消禁止私營企業家加入共產黨的規定，這一點令眾多外國學者稱讚不已。其實，這些話術不過是典型歐威爾式的雙關語，「三個代表」的真實目的是為了擴張而非限制國家權力，尤其是在私營經濟領域。此時，數以萬計的國有企業正轉變為股份制公司，並裁減數百萬工人，但黨對國有企業的控制絲毫沒有改變。而「三個代表」的提出則意味著，即使在私營企業內部也必須建立黨支部，以便接受黨的密切監督。江澤民聲稱，這些黨支部將團結、教育和指導私營企業主的工作，確保他們遵守法律，同時支援黨的政策，為國家和社會作出貢獻。85

就在提出「三個代表」的二〇〇〇年五月，江澤民特地來到溫州視察。這裡大概是全中國最像資本主義的城市，當地約有八〇%的工業產值來自私營企業，而且在這些私企裡，僅有二%的員工是中共黨員。江澤民對溫州明確指示說，每家私營企業都必須建立一個黨支部，「如果不搞好這些企業的黨建工作，就等於放棄黨的領導的一大塊陣地」。86

隨後，更多領導人（包括胡錦濤和中央組織部官員）來到溫州考察。一年後，溫州成為首批正式吸收私營企業主加入共產黨的城市之一。溫州大虎打火機廠的老闆周大虎就是一位入黨積極分子。當組織部的官員問他將來如何處理個人財富時，他提供完全正確的答案：最後一切都屬於黨。周大虎後來成為中國首批紅色資本家之一。87

「三個代表」進一步加強中共的主導地位。根據列寧主義的基本原則，共產黨只能自我監督，而絕不能接受黨外機構或獨立司法系統監管。溫家寶說，中共的黨章在序言中就寫明「從嚴管黨治黨」的原則，只要不斷強化意識形態教育和組織建設，黨完全可以對任何事務——不僅是國營企業——實行更嚴格的監督和管理。88

然而，中共內部有一群頑固的毛派人物（包括時年八十六歲的鄧力群）竭力反對企業家入黨。

一九八九年曾代表政府對學生訓話的袁木就認為，這麼作是「復辟資本主義」。他們的觀點經由兩份黨的刊物發表，令江澤民無比憤怒。江下令取締這兩家雜誌，理由是它們不能代表「中國先進文化的前進方向」，與此同時，江澤民要求每個黨員都必須認真學習「三個代表」的理論。[89]在二〇〇二年十一月召開的中共十六大上，「三個代表」被寫入黨章，與毛澤東思想和鄧小平理論一起成為黨的指導思想。

★ ★ ★

一九九九年五月七日是個星期五，距離上萬名法輪功成員包圍中南海還不到兩週，幾架隱形轟炸機於午夜時分在貝爾格勒上空投下五枚制導炸彈，擊中中國大使館所在大樓的南部區域——武官辦公室，但大樓的北部區域（包括大使的賓士車和四盆花）卻毫髮無損。這次事件是北約對南斯拉夫轟炸行動的一部分。在此之前，北大西洋公約組織（NATO）曾與南斯拉夫政府談判，希望其停止迫害科索沃的阿爾巴尼亞人，但談判最終破裂，北約隨後對南斯拉夫的數百個防空點、軍隊總部和其他軍事目標發動轟炸。美國國防部長威廉·科恩（William Cohen）將這次行動描述為「有史以來最精準的空中打擊」。然而事後查明，這次對中國大使館的襲擊是悲劇性的錯誤，因為美軍使用的是過時地圖，所以制定的轟炸目標也是錯誤的。這次襲擊造成三名中國記者身亡，另有二十人受傷。北約在同一天發表聲明稱，當天遭到轟炸的幾個目標——包括中國大使館以及位於尼什（Nis）的一座醫院大樓和一個集市——並非既定的打擊目標，對於因此造成的傷亡和損失深表遺憾。[90]

北京立即發表聲明，譴責北約的「野蠻」行徑和「罪行」。報紙、電視和廣播也開始大肆報導，將這次轟炸描述為一次精心策劃的戰爭行為，旨在迫使中國增加軍費開支，以阻撓其經濟發展。還有人說中國是因為支持南斯拉夫才受到美國的報復，美國人想遏制中國崛起，因此藉這次轟炸達到「敲山震虎」的目的。[91]

中國民眾的怒火瞬間被點燃了。在北京，數萬名憤怒的學生湧向美國大使館，並向大樓扔石頭、瓶子和垃圾，還有人焚燒美國國旗，旁觀者一片歡呼。美國駐成都的領事館也被眾人包圍，甚至被自製的汽油彈點燃。上海、杭州和廣州的情況也與此類似。美國的公司也蒙受損失，例如長沙就有一家麥當勞和兩家肯德基被搗毀。國家副主席胡錦濤罕見地發表電視講話，他神情木訥地宣布，政府將依法支持和保護所有合法的抗議活動。在各地抗議活動中，參與者和員警之間偶有推擠，但總體來看雙方關係頗為融洽。[92]

五月十日，柯林頓總統公開向中國政府道歉，並對遇難者及其家屬表示「深切的哀悼」。然而，《人民日報》對此隻字未提，仍然指控這次轟炸是一次蓄意攻擊。一篇發表在頭版的社論宣稱：「中國不會被嚇倒！」[93]

這一觀點在全中國廣泛傳播，大多數民眾和中共領導人對此都深信不疑。事發後第二天，江澤民在政治局常委會上發言，認為這次襲擊「絕不是偶然的」。他說：美國人「表面上不露出來，骨子裡對我們恨得要死」，貝爾格勒事件就是一個教訓，它提醒我們「要加緊把我們自己的工作做好，大大增強我國的經濟實力、軍事實力和民族凝聚力。從現在的形勢看，軍事鬥爭的準備要進一步抓緊。」江最後說：「中華民族是不可欺的！」94

次日，即五月九日，政治局再次召開常委會。江澤民在發言中引用鄧小平的格言：「韜光養晦，決不當頭」。他解釋說，儘管中美之間的差距縮小，但中國還需要更多時間來發展壯大，因此目前「既要對美堅決鬥爭，保持壓力，又要在鬥爭中注意有理、有利、有節，做到『鬥而不破』，保持中美關係的基本框架」。江澤民同時又指出：「在加入WTO的問題上，他們對我們提出苛刻的無理要求，我們絕不能讓步。」對江來說，最重要的一點是維持社會穩定，因為動亂會為境外敵對勢力製造機會「實施他們的政治陰謀」，也就是對中國實行「全盤西化」，並企圖「分裂國家」。95

轟炸事件是個轉捩點，此後中共領導人開始不斷重複江澤民的觀點，認為敵對的資本主義陣營一心想要摧毀正在崛起的社會主義中國。二〇〇一年四月，在全國公安會議上，江澤民和朱鎔基都提出要警惕「外國敵對勢力的顛覆和滲透」，特別是企圖分裂中國的陰謀。江澤民甚至說，西方才是真正的獨裁制度，因為幾個世紀以來，資產階級一直牢牢地控制著一切：「西方國家的政府、法院、員警和軍隊，也都要運用法律、行政和先進的技術手段，履行專政職能。」96

這種觀點在各級黨政領導中獲得廣泛認同。溫州是中國自由度最高的城市。二〇〇一年夏，溫州市委書記蔣巨峰在慶祝共產黨成立八十週年的大會上發言稱，「西方敵對勢力不願意看到社會主義中國發展」，他們永遠不會改變「分化」中國、「西化」中國的戰略。97

五月十四日，柯林頓總統終於打通江澤民的電話，並親口向他再次道歉。中國的宣傳機器把這次通話說成是「沉重打擊了美國的霸權主義氣焰」。對中共來說，民族團結和愛國主義是維護其統治的一線希望。事後，中共中央在一份機密文件中指出：這次事件「進一步增強民族凝聚力」，

「廣大幹部和群眾更加認清美國和西方所標榜的『人權』、『人道』、『自由』和『民主』的虛偽性」。[98]

中央說得很對，那些襲擊美國使館的學生與一九八九年的大學生在思想觀念上已經大相逕庭。十年前開始的愛國主義教育透過教科書、廣播和電視等宣傳媒體，已經滲透到生活的方方面面，政府還向全國學生大力推廣一百部愛國主義電影、一百首愛國主義歌曲和一百本愛國主義書籍。闞超群在二十世紀九〇年代還是一名小學生，她記得每間教室的黑板上都寫著愛國主義的名言，牆上也貼著這類格言，所有人都得不斷重複同樣的口號：「熱愛祖國、熱愛人民、熱愛中國共產黨」。她說：「我不斷被告知要忠誠，只有黨才能讓中國人民生活得更好，保護中國不受日本和美國等敵對國家的威脅。」轟炸事件發生後，她所在的學校降了半旗，校長在全校大會上控述美帝國主義的罪惡，還有學生主動到學校、商場、郵局和醫院張貼反美的大字報。[99]

在政府鼓動下，許多城市在週末舉行示威活動，之後又有人呼籲抵制美國的商品。在北京，兩部美國電影被撤下，取而代之的是關於朝鮮戰爭的愛國主義影片。但這場反美運動僅僅持續幾天就降溫。許多人一邊高喊反美口號，一邊卻捨不得放棄自己喜歡的耐吉運動鞋和麥當勞漢堡。中共領導層也開始與抗議活動保持距離。在貝爾格勒遇害的三名中國記者骨灰被運回國內，同時中央電視臺播放柯林頓總統的道歉聲明。五月十一日，中國外交部敦促美國繼續推進中國加入世貿組織的進程。在中國頗有影響力的《第一財經日報》竟然發表評論說，為補償這次襲擊造成的傷害，華盛頓應該加快與北京展開有關中國加入世貿組織的談判。[100]

第九章 走向世界（二〇〇一－二〇〇八）

一九九九年十一月十五日，距離上一次被抗議者圍攻六個月後，美國駐華大使館再次被人群包圍，但這一次主要是記者，大家都在等待中美兩國簽署一個重要協議：即將於二〇〇〇年生效的《美中關係法》。這個協定實際上給予中華人民共和國永久的正常貿易關係，也就是此前所謂的「最惠國待遇」，從而為二〇〇一年十二月十一日中國加入世界貿易組織鋪路。

對中國來說，這個協議來得正是時候。朱鎔基擔任總理後，一直試圖解決重大的經濟問題，結果卻發現這些問題比他預期的複雜得多。例如國企改革，儘管中央給予大量補貼和貸款，並廣行兼併和收購，大批國企仍處於虧損營運。與此同時，數以百萬計的村辦小廠持續生產賣不出去的商品。由於產能大量過剩，二〇〇一年再次發生通貨緊縮，根據較為保守的估計，緊縮率大約為三%，但有專家認為真實數字要高得多，只不過被銀行等服務業的高價格所掩蓋了。[1]

事實上，農村的銀行因為向當地企業提供太多貸款，從技術層面來說早已破產，急需央行大規模干預。而四大國有銀行也因呆帳過多陷入癱瘓，中央不得不投入兩千七百億元進行資本重組。同時，在中國大部分地區，就連政府部門也無法按時發放工資。為了維持農村經濟發展，政府在一千五百億元計畫外，又發行更多國債，用於修建道路、橋梁和水壩等基礎設施。至二〇〇〇年，國庫幾乎耗盡，銀行全面赤字，大量貸款無法收回。安永會計師事務所一項研究顯示，全國金融機構發放的貸款中，有四四％毫無收益可言，其總值高達四千八百億美元。[2]

根據世界銀行的資料，一九七六年中國人均國民生產總值在全世界排名第一百二十三位。到了二〇〇一年，經過四分之一個世紀的不懈努力和對經濟高速增長的追求，這一排名下降至第一百三十位。國際貨幣基金提供的數據略有不同，但同樣表明中國的人均國民生產總值跟其他國家相比實在很低。考慮到諸多因素影響——例如制度不透明，以及缺乏專業而獨立的會計師等等，這些數字可能並不準確，但它們至少表明，中國的經濟發展並非如一些外國人讚嘆的那樣是個「奇蹟」，它實際面臨的問題比表面看到的嚴峻得多。

不僅如此，上述排名還掩蓋一個結構性問題：與所有主要經濟體比起來，當前中國的家庭收入占國民生產總值的比例是人類現代史上最低之一。中國老百姓（特別是一般農民）工作非常勤奮，但收入的增長卻少得可憐。他們習慣存錢，因為只有這樣才能維持生活，並為教育和醫療等基本服務支付昂貴的費用。即使物價下跌，一般民眾也不願或不敢多消費。他們通常把錢存進國家控制的銀行，或者購買國債以及國營公司發行的股票，但很少有人敢買私營公司的股票，因為欺詐和腐敗實在太普遍了。

儘管如此，中國還是實現鄧小平提出的目標，即在世紀之交使經濟總產值翻兩番。中國由此成為國際貿易的主要參與者，不再被世界所忽視。而且在江澤民和朱鎔基領導下，中國出現股票、商品和債券市場，雖然這些市場仍然操控在政府手裡，但給人的感覺是中國正從計畫經濟逐步轉向市場經濟。一九九七年後，中央開始鼓勵國有企業彼此合併與收購，並在紐約進行國企集團首次公開募股，與此同時，私營企業的前景似乎也比以往任何時候都要光明。最重要的是，朱鎔基的承諾打動世界貿易組織各個成員國。他說，一旦中國加入夢寐以求的世貿組織，國有企業將不得不面臨更激烈的競爭，而中國的經濟改革也必將因此加速。正如時任財政部副部長的金立群所指出：加入世貿組織就像啟動一個大鐵錘，必將徹底摧毀計畫經濟的一切殘留。而在改善法治、加強智慧產權保護和推動政府治理公開等方面，中國政府也作出大量承諾。[3]

對於中國政府作出的種種承諾，特別是削減進口關稅、減少官方補貼和取消其他貿易壁壘，世貿組織由衷表示歡迎，因為這意味著外國的企業將獲得更多機會進入中國市場，包括金融和電信業。而且各國都確信，只要中國加入世貿組織，必將實行更多改革，因此並未要求中國在加入世貿之前必須滿足匯率浮動、貨幣自由兌換或改革國企等條件。

當然，也有不少人反對，其中包括擔心本國工人會失業的工會組織，以及對中國人權紀錄深表擔憂的人權團體——他們質問：「沒有自由的工會，怎麼可能有自由的貿易？」還有人擔心假冒偽劣產品因之氾濫，外國企業將被迫轉讓技術給中國，以及普遍的腐敗增加貿易風險和成本。常駐上海的風險管理專家韓飛龍（Peter Humphrey）把這一交易比喻成「裝滿誘惑的蜜罐」，因為中國的監管體制本身就充滿混亂——多年後，此人遭到中國警方逮捕，被控非法竊取中國公民個資。此外還有人質疑：既然中國的法官都是由各級黨委書記任命的中共黨員，那麼中國的法院怎麼可能保持獨立？而且中國這麼大，地方政府各自為政的現象屢見不鮮，中央政府如何有效地在全國貫徹指令？[4]

儘管存在種種疑慮，中國市場的誘惑畢竟巨大。從農業到工業，各領域外國公司都渴望把業務拓展到中國。多年來，電信、保險和半導體等行業的跨國公司一直為進入中國市場而努力，如今它們全都摩拳擦掌，準備占領地球上最後一個尚未開發的市場。甚至有私人銀行家預測，一旦外國金融服務機構進入中國，中國民眾會立即把存款從國有銀行提出，轉而存入外國銀行，從而令國有企業全部破產。

經濟學家也加入爭論，指出該協議將減少美國和中國之間的貿易逆差。布魯金斯學會的中國問題專家尼古拉斯．拉迪（Nicholas Lardy）稱，美國早已取消限制中國公司進入市場，現在輪到中華人民共和國敞開大門、降低關稅，以便讓美國公司從雙邊貿易中獲利了。經濟學家弗雷德．伯格斯滕（Fred Bergsten）曾擔任季辛吉的國際經濟事務助理，他甚至精確計算出美國對中國的出口將增加三十一億美元。還有人這麼評論道：「他們給我們，我們拿過來，有什麼不好呢？」美國觀察家認為這一交易相當划算，「用不著多想」。[5]

經濟學家開始運用各種科學理論和方法預測未來對華貿易赤字的多少，同時對歷史發展的必然規律充滿信心。就像當年馬克思預言資本主義必然滅亡一樣，現在許多人樂觀地相信，自由貿易一定會催生一個自由的社會，而經濟改革必定會帶來政治改革，這一切就像牛車必然跟著牛往前走一樣篤定。甚至有學者經由計算得知，中國將在二〇一五年左右變成民主國家。政治家稍微謹慎些，但無論民主黨還是共和黨，許多美國人都相信，他們正在見證中國從計畫經濟走向市場經濟的歷史性轉變，而北京也必然會遵守國際貿易的所有規則。[6]

這樣的觀點得到廣泛認同。儘管世界貿易組織並不允許對侵犯人權的國家實施單邊貿易制裁，但一些民主活動人士仍然表達謹慎的樂觀。總部設於紐約的「人權觀察」預言，加入世貿組織可以對中國施加更大的壓力，以促使其「加大開放的力度，允許更多的新聞自由，給予工人更多權利，並提高司法的獨立性」。支持民主的香港立法會議員李柱銘也認為，加入世貿組織將「為中國早日實現法治鋪平道路」。[7]

★ ★ ★

在不到一年的時間裡，中國對美國的貿易順差就猛增至每個月高達近一百一十億美元。二〇〇八年，中國對美國出口價值三千三百八十億貨物，但只進口七百一十五億美元商品，貿易順差達到兩千六百六十億美元。不僅對美國如此，對墨西哥也是一樣。從二〇〇〇年至二〇〇七年，以生產服裝、鞋子和電子產品為主的墨西哥，對華貿易赤字竟然增加十倍，以致該國不得不向世貿組織提出申訴。總體來看，從二〇〇二年至二〇〇八年，中國對世貿組織各成員國的貿易順差從兩百八十億美元增加到三千四百八十億美元。[8]

自一九七六年以來，中國一直採取同樣的發展戰略：吸引外國投資，提高本國企業產能，然後將產品出口到國外，同時創造國內就業機會並增加國民的儲蓄。一九九九年十一月中美兩國簽署貿易協定後，境外投資在短短幾個月內迅猛增長，扭轉中國經濟自一九九七年亞洲金融危機爆發後持續下滑的趨勢。這是中國加入世界貿易組織的第一個實際好處。二〇〇一年九月十一日美國遭受恐怖攻擊後，全球經濟增長開始放緩，但流入中國的外資卻依然高達四百七十億美元，增幅達到一五%，而且還有更多資金源源不斷湧入中國。[9]

外國資本流入伴隨產能大量過剩。二〇〇一年，中國每年可以生產三千六百萬臺電視機，但只能賣出一千五百萬臺；冰箱的年產量是兩千萬臺，但國內市場的需求量只有一千兩百萬臺。幾十年來，中央政府和地方官員為了追求經濟增長，不惜使用一切手段激勵企業提高產量，即使無利可圖也不能停產。工廠不能倒閉，只好向銀行申請更多貸款，結果導致更多債務和更多積壓產品，從鋼鐵、水泥到電風扇、自行車和床墊等等，無不如此。寬鬆的信貸、受到國家保護的企業、賣不出去的積壓產品，這種惡性循環是計畫經濟固有的惡疾：先是由國家制定生產指標，隨後各級幹部爭相完成或超額完成生產任務，結果造成巨大浪費和巨額虧空。外國資本湧入進一步加劇這一現象，為中國帶來更多工廠、更多設備和更高產能。至二〇〇五年，中國大約有九〇%產品長期處於供過於求的狀態。[10]

由於供應與需求脫節，商品價格暴跌，導致通貨緊縮持續二十九個月之久，直到二〇〇〇年三月才有所緩解。但由於產能仍然過剩，商品價格在二〇〇一年又開始下跌。不僅如此，數千萬工人因為企業兼併或收購而失業，致使廉價勞動力過剩，更加劇這一趨勢。國產摩托車的價格下降三分之一，光碟機的價格下降二〇%至三〇%，生產商紛紛降價來彼此競爭，許多廠家甚至以低於成本的價格銷售產品。為了生存，這些廠商唯一的出路就是增加出口。[11]

然而，這時適逢全球經濟萎縮，中國出口的廉價商品也為其他國家造成通貨緊縮。亞洲首當其衝，美國也不可避免地受到影響，消費者價格指數開始逐年降低。自一九三〇年代的經濟大蕭條以來，這一現象只在一九五五年短暫出現過。二〇〇二年六月，一件普通衣服的價格跌到一九八四年的水準。從高爾夫球杆到電視機，各類商品和服務的價格都急遽下降，個人電腦價格的跌幅甚至高達三〇%。[12]

消費者對此當然感到高興，但眾多企業的利潤卻大幅下滑，不得不降低工資甚至裁員。中國有一億多廉價的農民工，工廠主可以隨時招到新員工，也可以任意將其解僱。世界各地的製造企業根本無力競爭，選擇只有兩個：要麼倒閉，要麼到中國設立工廠。

結果，大批外國企業來到中國，有些把生產分包給其他工廠，有些則自己開工廠。在柯林頓總統於一九九九年底與中國簽署貿易協定後，短短兩年內，就有五百多家外資工廠從墨西哥遷往中國。其中有一家是位於提華納（Tijuana）的高爾夫球杆製造商，在搬到中國之前，這家工廠新手的時薪是一．五至兩美元；搬到中國後，這一標準降到二十五美分。美國工人的時薪當然更高，因此遷往中國的廠家也愈來愈多。至二〇〇四年，俄亥俄州、伊利諾州、科羅拉多州和麻薩諸塞州等地均有大批工廠關閉，空留下外觀漂亮的磚砌廠房，或者有上百年歷史的石頭建築。雖然也有一些企業將工作外包給印度、墨西哥和加拿大的公司，但絕大多數都轉移到中國。美國和墨西哥最早將工廠搬到中國，其他國家很快也開始這麼做。二〇〇四年，幾乎每週就有一家日本工廠在中國開張，與此同時，大批日本本土的工廠關閉，工人失業，就連東南亞也受到影響。[13]

至二〇〇三年，沃爾瑪銷售的商品中大約有七〇%採購自中國。美國的製造企業紛紛叫苦，要求向世貿組織提起正式投訴，但在中國投資並獲利頗豐的美國公司和跨國集團卻不希望激怒北京。其他國家的情況也差不多，因為中國幾乎一半的出口產品是由美國、歐洲和日本的公司在中國投資生產的。[14]

外國公司在中國投資，可以利用其廉價的勞動力，而且中國政府對環境保護和生產安全的要求也比較低，但這些外資公司也得付出相應代價：它們不得不面對被稱為「中國價格」的商業模式。在這種廣泛存在的模式中，外國公司只要推出一款新產品，不出幾個月就遭到中國本土廠商仿製，而且各家廠商為了彼此競爭，不斷壓低價格，直至虧本銷售。創業的熱情，加上國外的先進技術，令盜版現象在中國迅速氾濫，幾乎所有外國商品在中國都能找到仿製品。為了不斷降低成本，中國生產商一心想著如何仿製以及逆向拆解國外產品，對於研究和創新根本不關心。在這種商業模式中，盜版可不是什麼小範圍行為，它實際是經濟繁榮最主要的驅動力。[15]

盜竊智慧產權的行為在中國由來已久，並且受到領導人鼓勵。一九八〇年，中國加入世界智慧財產權組織，但對相關承諾僅是口惠而實不至。一九八九年，美國商務部稱中國的盜版活動十分「猖獗」，有些國有企業甚至組建工程師團隊，專門研究如何破解外國軟體的保護密碼。一九九二年，中國又加入《世界版權公約》，但與此同時，對音樂、電影、書籍和電腦軟體的盜版活動卻愈發頻繁。[16]

於是，熟悉的一幕在中國不斷上演：外國貿易官員不斷批評中國盜版猖獗，並要求中國政府解決這一問題，否則將實施對華貿易制裁。作為回應，中國政府派出檢查人員，邀請外國記者一起突擊檢查幾家工廠，並把盜版商品用推土機銷毀。同時，在北京著名的秀水街服裝市場裡，再也見不到仿冒的卡地亞手錶和路易威登提包了。中國外交部長會鄭重申明中國尊重智慧產權，並是一個法治國家，接下來中國與外國簽署一項新協定，而中國政府也會對版權法作出些微完善。然而，當外國政府官員正為此慶祝時，盜版行為和竊取商業機密的活動在中國又開始活躍起來。據估算，美國公司因盜版而蒙受的損失高達數十億美元，而且這個數字每年都在上升。雖然其他國家也存在類似行為，但無論從哪個方面來看，中國的盜版活動都是規模最大的，而且也更加明目張膽。二〇〇一年中國即將加入世貿組織時，在國際上享有並不好聽的名稱：「世界頭號造假者」。[17]

與此自相矛盾的是，世界貿易組織各成員國依然歡迎中國加入，因為他們希望中國加入世貿組織後，會按照有關商標、版權和專利法的國際準則修正自己的行為。可現實恰恰相反，紙上承諾與實際行為之間的差距愈來愈大。二〇〇二年十一月，有專家稱中國是「世界上侵犯版權和商標最嚴重的國家」，由此對世界各國藝術家、作家、電腦軟體發展商、設計師、醫藥公司和洗髮精製造商等商品所有者每年造成的損失高達數十億美元。[18]

在中國銷售的醫藥產品中，假貨占一半以上，甚至連尚未在國外上市的處方藥也可以買到盜版貨，而好萊塢大片幾乎每一部都會先在中國——而不是在美國——以DVD形式出現在市場上。其他如農藥、石化以及化工等領域也都面臨同樣狀況，中國廠商幾乎完全靠仿製或逆向工程來盜版外國產品，甚至連仿製品也有人模仿。例如《哈利波特》系列，當英文版只出到第四冊時，幾名中國作家竟已聯手創作出第五、第六和第七冊，其中一冊改編自另一本偽書，把長相清秀的年輕巫師寫成身披長毛的巨魔。偽書擁有龐大市場，僅二〇〇五年初全國就出版一百多種這類圖書。[19]

仿製並不局限於較簡單的物品。到二〇〇二年，中國的國企已經有受過高等教育的工程師為其工作了。在二〇〇三年上海車展上，當通用汽車公司推出新款的家用廂型車時，就在同一排另一個展位上，中國的汽車製造商奇瑞也展示類似車款，但價格只有通用的三分之二。[20]

據各方估計，至二〇〇四年，外資公司在中國的損失高達六百億美元，超過它們對中國的直接投資。但蒙受損失的遠不止這些被侵權的外國公司，中國生產的山寨商品還大量湧入貧窮國家，重創當地經濟。例如，肯亞的稅務部門稱，該國大約有八〇%假貨來自中國，一家獲准生產 Bic 原子筆的肯亞公司就是受害者之一，它們根本無法與廉價的中國假貨競爭，而且由於大部分假貨都是透過走私入境的，當地企業和政府每年都要損失數百萬美元收入。[21]

假冒偽劣商品還會讓消費者承擔間接損失：電水壺會爆炸，高爾夫球杆會折斷，煞車片會失靈，假冒的機油會損壞汽車，仿冒的洗髮精則會損傷頭皮，而諸如廉價的電池、刮鬍刀，甚至假藥之類商品則經由走私進入其他國家，對各國消費者帶來風險。不過，受到傷害最大的還是中國老百姓，他們經常買到含有石蠟的調味料、添加致癌紅色染料的麵條、用工業酒精勾兌的白酒，還有各種假豬肉、假米，甚至假雞蛋。二〇〇四年，有一個品牌的廉價嬰兒牛奶被發現蛋白質含量不足，有些父母卻將孩子的相關症狀誤以為是餵得太飽所致，最終有五十名嬰兒因營養不良而死亡。然而，這些問題企業總是受到各地政府包庇，甚至連中央政府也無力徹查。幾年後，更大的災難發生了，有些品牌的嬰兒配方奶粉中被查出摻入三聚氰胺，這一醜聞被中央政府掩蓋好幾個月，媒體報導有三十萬嬰兒因食用這些奶粉而生病，但實際人數可能更多。二〇〇七年，政府的抽檢報告顯示，有五分之一食品和其他商品品質不合格或有缺陷。[22]

許多工廠不僅漠視產品品質，甚至連生產安全也無法保證。因為政府不允許減薪，所以企業只能透過降低或忽視安全標準來節省資金，而且地方政府對這一做法往往坐視不管，因為它們與這些企業——無論私營還是國營——關係都很密切。對於數千萬在沿海地區打工的農民來說，最大的問題是缺乏基本人權。在法律上，他們只擁有農村戶口，因此不能成為城市居民，而只能暫住在城市裡以便出賣勞動力。和所有人一樣，他們沒有集會自由，更不能罷工，每天不得不工作很長時間，而且沒有保險，有些工廠連生產許可證也沒有，工廠主還會任意扣留工人的身分證和工資。無論是在燈光昏暗的血汗工廠，還是技術更為先進的現代企業，工人都需要不停重複同樣動作，例如在機械錘下移動金屬條，或者組裝模具的某個部分。一位名叫王成華（音譯）的農民工說：「要是你稍微走神一秒鐘，你就完蛋了。」他的中指和無名指就是這樣被機器碾碎的。失去手指的工人最多，還有人失去手和胳膊，甚至腿，醫院裡斷指或斷肢再植的手術量也因此而飆升。位於上海南邊的永康被譽為中國的五金之都，這裡聚集大約七千家私營工廠，產品包括鉸鏈、輪圈中心蓋、鍋碗瓢盆和塞子等各類金屬製品。非官方資料顯示，這些工廠每年發生約兩千五百起生產事故。二〇〇三年，全國約有十四萬人死於工傷事故，受傷致殘者則更多。法律規定企業支付工傷賠償，但實際上得到足夠賠償的人少之又少，而且仲裁過程可能一拖就是好幾年。[23]

斷了手指的工人很難再找到工作，但兒童的雙手通常更為靈活，而且企業僱用童工的成本更低。二〇〇三年一月一份政府內部報告指出，在溫州地區，生產鞋子、雨傘、玩具和燈具的工廠僱用童工的現象「相對普遍」。[24]很難找到相關的統計資料，但到二〇〇五年，沿海地區的農民工數量愈來愈少，因為許多人情願留在家裡種地，而不願到城裡一邊忍受惡劣的工作條件、一邊冒著生命危險去掙那麼點工資。結果各地開始出現綁架農民工和強制勞動的現象，有些受害者年僅十歲。每年都有新的醜聞曝光，有報導稱某地警方從磚窯廠裡解救出數百名未成年童工，還是些貧困地區的兒童被綁架到廣東的工廠裡，每個月被迫工作三百個小時。[25]

在有些村莊，每家都有一個未成年的孩子在工廠裡打工。由於農村的教育系統幾乎已經崩潰，有些學校為了賺錢，甚至將整班學生承包給城裡的工廠。此外，家庭作坊在農村也很普遍，農民可以在家裡工作，領取計件工資，許多兒童也會加入其中，幫忙摺紙盒或者編竹製品。26

中國的廉價商品令出口商很高興，但進口商卻開心不起來，因為進口商品沒有價格優勢。兩種不同理念在中國產生碰撞，一種主張自由貿易，認為國家不應限制進出口，這樣對大家都有好處，但這個主張並未成為現實，因為想與一個不自由的國家自由貿易，這在邏輯上首先就說不通。另一派則信奉社會主義，認為國家應該壟斷生產資料，這樣才能促進社會整體利益。這個主張在中國占據主流。事實上，中國所有生產資料——從原材料、土地、勞動力到能源和資本，全都直接或間接控制在國家手裡。有了這麼多資源，政府自然可以用各種方式為其中意的企業提供無窮無盡補貼。例如，有些地方政府為了追求經濟發展，允許企業免費租用土地，有些商品的價格則被人為壓得很低，還有些國企可以獲得廉價的能源供應。典型例子是南方的中石化和北方的中石油。這兩家巨型國企由數千家獨立經營的小企業合併而成，並在香港和紐約成功上市。然而，這麼大的兩家國企集團銷售利潤卻少得可憐，全靠政府巨額補貼才能支撐營運。二〇〇五年時，中國的汽油零售價竟然低到無法收回煉油成本。二〇〇八年，當各國汽油價格不斷飆升時，中國的成品油價格卻僅為國際水準的一半左右。除了能源，國家手裡還掌握資本。無論中央政府還是地方政府，常常為了實現某個政治目標而給予相關企業大量補貼。只要領導人大筆一揮，獲得補貼的私營公司和國有企業就會變得資金充足，並能發展壯大，而且這麼做通常並不違反世貿組織規定。27

一九八五年，中國政府首次推出退稅政策，目的是為了保持出口優勢，從而推動經濟快速增長。在亞洲金融危機之後，各類出口商品的退稅率更被提高五%至一七%不等。然而，這筆支出對中央財政造成沉重負擔，占總支出的五分之一至三分之一。其他預算專案（尤其是教育和社會保障）則因此不得不削減開支。[28]

其實，中國政府的補貼政策從一開始就受到很多外國公司（特別是那些竭力贊成與中國增進貿易關係的團體）反對。二〇〇三年，北京的美國商會宣稱：「蜜月期結束了。」然而，如果就此向世貿組織提起投訴，不僅耗錢耗時，而且幾乎不會改變任何現狀，因為中國政府給予出口企業的補貼形式多種多樣，除了由財政部直接轉帳，還可以透過各類其他機構間接轉給企業，根本防不勝防。一位部級領導說：如果世貿組織說不能這麼做，那麼我們就會換一種方式去做。由於中國的金融交易並不透明，而且國家的一切都控制在一個政黨手裡，所以外國人跟中國打交道時，很難有勝出的機會。[29]

自由貿易有一條鐵則，即國家賺取外匯後，應該將其用於國外的消費或投資，這樣才會使貿易關係中的各方受惠。然而，這條確保相互交換的自由貿易規則被中國政府的強硬手腕所顛覆。中國民眾總體缺乏消費能力，他們不得不將錢存入國家所有的銀行，政府因此積累巨額盈餘，而且還以固定匯率的形式進一步鼓勵民眾儲蓄。這樣做的目的是為了讓出口商品的價格一直低於進口商品。為了實現這一目標，國家需要大規模干預，尤其是不斷增加貨幣供應量以維持人為設定的匯率。從經濟學來說，道理很簡單：就是要把賺取的美元全部花掉。隨著這麼多外匯透過商品出口和外國投資進入中國，美元相對於人民幣的成本就會下降，人民幣應該升值才對。可是，為了防止人民幣升值，中國央行發行大量貨幣，以一美元兌換八．二八元人民幣的價格收購市場上所有新增加的美元，然後用這筆錢購買美國的國債。國內人民幣的流通量因此持續增長，二〇〇三年八月同比增幅竟達二一．六％，銀行裡堆滿現金。由於人民幣的價值被低估一五％至二五％，中國的出口商品能一直維持較低的價格，甚至連孟加拉都無法與中國競爭，儘管孟加拉的工資水準比中國低二〇％至三〇％。[30]

直到二〇〇五年七月，中國政府才允許人民幣的價值在二％的範圍內波動，而且國家實施嚴格的資本控制，以確保人民幣兌美元的匯率不會迅速上升。與此同時，央行繼續大規模收購美元，至二〇〇七年已經積累一兆兩千億美元的外匯儲備。[31]

那些原本以為可以把商品賣給無數中國消費者的外國企業，如今都深感失望。就算它們能開發出一個市場，也會有眾多中國本土企業參與競爭，並且透過與地方政府的深厚關係把外國公司排擠出去，即使大型跨國公司也只能從中國市場勉強分得一小杯羹。以銀行業為例，二〇〇二年，有一百多家國際銀行來到中國，渴望向數億中國民眾提供服務，其首要目標客戶就是中國的新富階層——從理論上來說，中國的國有銀行都已破產，但儲戶除了國有銀行別無選擇。和平飯店是上海外灘一座地標建築，花旗銀行（Citibank）的上海分行就設在這裡。二〇〇二年三月二十一日，畢業於哈佛大學、擔任中國一家門戶網站高管的唐海松成為這家銀行第一位本地客戶。其實早在一九〇二年，花旗銀行就已是首家在上海營業的美國銀行，直到一九四九年共產黨上臺後才撤出中國。[32]如今，重新回到中國的外資銀行不得不面對嚴苛的管理和限制，相關法規也異常複雜，而且不斷改變。此外，它們還時常受到地方政府為難，而中國銀行卻可以享受許多照顧。最大的問題是，外資銀行從未獲准大規模設立服務據點，因此很難吸引夠多的中國客戶。例如花旗銀行只有上海外灘一家分行，一般民眾很少有人願意跑那麼遠去辦理業務。其結果是，即使到二〇一一年中國加入世界貿易組織後，外資銀行在中國金融資產總額中所占的比重仍不足二%。在中國政府竭力保護下，中國的銀行系統成了堅不可摧的堡壘，外國銀行根本無法競爭。[33]

電信業的情況也是如此。關稅降低曾讓外國公司滿懷希望，因為中國有十億用戶即將加入3G網路。可是，中國政府完全禁止外國營運商進入中國，這樣一來，外國公司在中國的唯一機會只剩下銷售設備了。然而，中國政府又迅速著手修改國際通行的行業標準，試圖制定自己的技術指標。二〇〇三年十二月，中國政府頒布一項最新規定，要求所有進口的通訊設備必須符合中國自己制定的無線網路加密標準。這一要求對英特爾（Intel）、諾基亞（Nokia）到索尼（Sony）等行業巨頭在華業務勢必產生巨大衝擊。在美國威脅將向世貿組織提起申訴後，中國政府才決定暫不執行此項規定。[34]

就像保護國有銀行一樣，中國政府對國有電信企業也給予類似保護，以防外國企業參與競爭。諾基亞和阿爾卡特（Alcatel）等公司別無選擇，只能按中國政府的要求與中國公司組建合資企業——這意味著它們必須對中方轉讓或分享相關技術。與此同時，中國政府採取一系列措施大力扶持華為和中興這兩家本土最大的通訊企業。二〇〇〇年至二〇〇八年，美國、歐盟和日本在全球通訊設備出口中的份額從六〇%下降到四三%，而中國所占的份額則從六．八%提升到二七%以上，年平均增幅高達三〇%。[35]

★　★　★

為了維持龐大的製造業，必須保證原材料和能源不間斷供應。中國對石油、煤炭、木材、鐵礦石和棉花等自然資源的需求似乎永無止境。許多以製造業為主的國家雖然出現巨額貿易逆差，但靠出口原材料到中國依然能掙到錢。在太平洋上，來自澳大利亞和巴西的貨輪來回穿梭，為中國運送大約一億六千萬噸鐵礦石——這是用於生產汽車和建築鋼材的重要原料。不僅如此，雖然中國的鋼鐵產量已躍居世界第一，但仍然進口大批廢舊鋼鐵，導致全球金屬庫存下降到歷史最低水準。為了獲得更多銅用於生產空調，中國甚至從法國進口大量硬幣，然後將其熔化，而棉花的進口量則在二○○三年的前九個月增加七倍。因為中國的需要過盛，導致各種原材料價格飆升，從而緩解因出口過多造成的通貨緊縮。例如，在中國加入世貿組織後不到兩年的時間裡，氧化鋁——一種從鋁土礦中提取的化學物質，是製造鋁的原料——的價格就翻了一倍，鎳的價格也同樣增加一○○％。全球原材料供應鏈隨之出現緊張的局面，用一位專門研究商品價格的專家的話說：「原材料全被中國搞走了。」[36]

中國進口最多的是石油和煤炭，運送這些貨物的巨型油輪通常有三個足球場那麼大，但無論進口多少都無法滿足需求。電力供應面臨巨大壓力，以至經常出現停電現象，一些工廠不得不減少開工時間。許多人為此購買發電機，而這又增加對石油的需求。由於從合法管道經常買不到柴油，一些工廠被迫求助於黑市，並因此放棄政府發放的高額燃油補貼。[37]

中國的經濟愈來愈依賴於全球貿易，中國政府特地啟動一項名為「走出去」的計畫，也可以翻譯成「走向全球」（Going Global）。這項計畫最早發端於一九九七年，當時黨的十五大宣布要利用好「兩種市場、兩種資源」，換言之，即中國應該在世界舞臺上占據主動，充分探索國內社會主義市場和國外資本主義市場的各自優勢，並利用好各自的資源。具體來說，這項政策鼓勵國有企業將國內市場上豐富的商品出口到國外，同時也要走出國門，在全球市場上尋找國內短缺的自然資源。十五大過後幾個月，江澤民開始使用「走出去」這個詞。他認為，僅僅鼓勵外國企業到中國投資和開工廠還不夠，國家還必須「積極引導和組織國內有實力的企業走出去，到國外投資開工廠，利用當地的市場和資源」。這一提法得到全國上下支持，最終在二〇〇一年被寫進國家的五年計畫。[38]

在最早一批「走出去」的人當中，胡錦濤便是其中之一。他於二〇〇二年十一月接替江澤民成為中共中央總書記。胡出訪拉丁美洲、東南亞和非洲，渴望尋找各類能源，以保持中國經濟高速發展。二〇〇五年六月，他第三次出訪俄羅斯，洽談修建一條輸油管道，以便將西伯利亞的原油直接運往東北煉油廠。[39]

很快，許多國企獲得銀行優先貸款，派出成批測量員、勘探員和工程師，追隨胡錦濤的腳步走出國門。二〇〇一年前，中國只有兩百餘家企業獲准到境外投資，但這個數字在三年內增長四倍。由於巨大的貿易順差帶來大量外匯，中國企業的境外投資金額從二〇〇〇年的五億美元飆升到二〇〇五年的七十億美元。[40]這不禁令人想起一九八〇年代的日本，但中國的戰略野心更大：它謀求的是既確保資源安全，又不依賴於資本主義陣營（大致等同於「西方」）。為了實現這一目標，中國試圖透過海外投資，將新興國家捆綁在一起，以形成獨立於西方的供應鏈。

從北非沙漠到裏海沿岸，中國在許多重大專案上投入大量資金。短短兩年內，中國企業成為全球併購的主要參與者，它們致力於收購陷入困境的公司，以獲得其品牌、技術或市場，同時又與當地生產商建立合資企業，達成原材料獨家交易，並四處購買煉油廠和港口等設施。二〇〇〇年時，中國在非洲的石油項目只有一個，即中石油在蘇丹建造的輸油管道。但沒過幾年，中國石油公司的業務便遍及非洲近二十個國家。中國政府將石油採購提升到「國家安全」的高度，這意味著為了實現這一目標將會動用全部國家資源。除了石油，中國還在其他領域投資，例如有幾十家國有公司來到非洲，開採銅、錳、鈷、鋅、鉻、金等各類基本金屬，還有中國企業從非洲採購原棉，以供應國內的紡織企業。中資企業一方面把國外原材料運回中國，同時又把大量中國廉價商品出口到這些國家，從而對諸多貧窮國家的製造業造成毀滅性打擊。無論當地工資水準有多低，這些非洲國家的工廠都無法與中國的企業競爭。而且，與西方國家不同，中資公司及其背後的銀行在向非洲各國提供貸款和援助時，幾乎不會附加任何條件，這個所謂的「不干涉」原則尤其受到蘇丹、辛巴威、厄利垂亞等強權政府歡迎。41

隨著經濟發展，中國人的胃口不再局限於金屬、礦產和能源，他們也開始進口豬肉、家禽和牛肉，甚至包括作為動物飼料的大豆——這就好比對於缺水的國家來說，進口糧食也等於進口水資源。二〇〇四年，胡錦濤訪問拉丁美洲時，承諾在未來十年內將向這一地區投資一千億美元——在計畫經濟中，經濟指標和配額通常喜歡用整數來表示。作為交換，厄瓜多和委內瑞拉將向中國供應石油，秘魯和智利供應銅，阿根廷和巴西則供應富含蛋白質的大豆。二〇〇〇年至二〇〇五年，這兩國向中國出口的大豆總量翻了兩番。二〇〇六年，巴西除了向中國出口大量鐵礦石外，還供應一千一百萬噸大豆，首次超過美國成為中國最大的大豆供應國。42

「兩種市場，兩種資源」政策不僅要求戰略性利用國外原材料，還要求更加協調有序地開發國內資源。為此，江澤民提出不僅要「走出去」，還要「到西部去」，意思是開發中國西北地方蘊藏的豐富資源，其中最重要的地方是新疆。與其從蘇丹建一條長達一千六百公里的天然氣管道穿山越嶺、橫跨沙漠，為什麼不想辦法把新疆的天然氣輸送到上海呢？

從雲南的亞熱帶森林一直到甘肅的沙漠和草原，中國西部地區占全國土地面積一半以上，但人口卻不到全國人口的四分之一。這一地區比沿海省分貧窮許多，吸引的外國投資也很少。西部地區的經濟發展主要由國家主導，在新疆更是如此。新疆的面積是法國的三倍，在這裡擁有最多土地的是新疆生產建設兵團——這是一九四九年後由軍方成立的開發公司，旨在馴服這片荒蕪的土地及其居民。成千上萬復員軍人、政治犯和農村移民加入建設兵團，被派往各地修建水渠、開墾大型農場，種植小麥和棉花。在新疆，建設兵團勢力龐大，儼然是個國中之國，它不僅設有自己的學校、醫院、實驗室、員警和法院，還建有監獄和勞改營，因此可以說是人類現代史上最成功的殖民行動之一。一九四九年時，來自東部的移民只占新疆總人口不到三％；但大約四十年後，當地一千七百萬人口中有四〇％是外來殖民者，其中許多人是移民或刑滿釋放的囚犯，他們來到新疆時，除了隨身攜帶的衣物別無所有——儘管如此，相對於在北京統治下心懷憤懣的維吾爾人，這些人的生活要好過得多。[43]

由於國家號召擴大棉花生產，新疆的局勢變得愈發緊張起來。一九八二年，趙紫陽在西部地區視察時，表示中國要向中亞學習，因為那裡每平方公里的棉花產量已經超過美國。[44]當時蘇聯為了減少對進口商品的依賴，指示位於中亞地區的烏茲別克使用強制勞力專門種植棉花。然而，就像一黨專制國家的大多數奇蹟一樣，令趙紫陽印象深刻的棉花產量其實是假的。為了騙取來自莫斯科的經費，烏茲別克的地方官員對棉花產量的統計數字做手腳。一九八三年秋，衛星圖片揭穿當地官員的騙局，因為照片顯示棉花田裡空空如也。[45]

一九八三年，趙紫陽和胡耀邦來到新疆巡視。在他們看來，這裡是有待征服的新邊疆，蘊藏豐富的自然資源，將對二十一世紀中國的經濟發展發揮巨大作用。[46]然而，此後幾年裡，中央把沿海地區的發展置於優先地位，直到一九八九年的動盪發生後，才重新致力於發展新疆。一九九〇年，江澤民宣布中央政府將為新疆提供更多資金，同時將採取更嚴厲的手段鎮壓叛亂分子，以期把新疆發展成為棉花、糧食、糖、畜牧業以及石油和天然氣的「生產基地」。在接下來幾年裡，大約有五十萬紡織工人從全國各地遷往新疆，從而加劇漢人與當地居民的緊張關係。一九九五年，為了把這片廣袤的土地與中國其他省分更緊密地聯繫在一起，中央制定的第九個五年計畫規定，新疆應在世紀之交建成中國最大的棉花產地。為了實現這一目標，需要將大片大片沙丘改造成棉田，為此中央將撥給新疆一百億元的援助和補貼。[47]

中共領導人認為，只要新疆的經濟有所發展，就一定會帶來社會穩定和民族團結。然而，當地民眾的不滿從未減少，偶爾還會爆發出來。一九九七年，幾個城鎮爆發騷亂，省會烏魯木齊甚至發生爆炸，反抗者還從鄰近的阿富汗和巴基斯坦運來武器、爆炸物和宗教傳單。一場無情鎮壓隨之而來，在此後兩年裡，有數千人遭到逮捕，大約有一百九十名分離主義者被處決，任何涉及新疆獨立的言論都被視為犯罪。[48]

一九九九年的科索沃戰爭再次敲響種族分裂的警鐘，而中國大使館被炸更加劇中共領導人對分裂主義叛亂的擔憂。在慶祝共產黨執政五十週年的發言中，江澤民宣稱維護中國五十六個民族大團結是一項神聖的使命和職責，他同時警告，有些外國敵對勢力正試圖分裂中國。幾個月後，江澤民發出「西部大開發」的號召，並承諾中央在第十個五年計畫中將向西部地區每年投入一千億元，而實施西部開發的總體戰略將需要五十年時間。[49]

在開發西部資源的戰略中，石油和棉花是重中之重。二〇〇二年，一條長達四千公里、從新疆通往上海的天然氣管道正式動工，並於二〇〇四年底由中石油投入營運。二〇〇三年六月，胡錦濤訪問哈薩克時簽署一項協定，將該管道一直延伸到裏海的油田。土庫曼和烏茲別克也於二〇〇七年加入，從而將上海與中亞大部分地區連接起來。未過多久，中亞沙漠裡便建起一條條輸送液體財富的管道。[50]

與此同時，新疆還新修幾條高速公路、一條鐵路和大約十座機場。成群結隊的移民隨之而來，不僅令新開墾的耕地面積增加五〇％，而且為採摘棉花提供大批廉價勞動力。新疆的棉花產量因此增加一倍多，從之前的不足一千八百萬包飆升至二〇〇七年的三千七百萬包。到二〇〇八年，中國消耗全球棉花產量的四三％，其中有三三％產自新疆。這意味著，中國不僅成為全世界最大的棉花消費國，同時也是最大的棉花生產國。[51]

★　★　★

其實，在境外投資湧入之前，中國就已經掀起一股新的基建熱潮，與一九九二年鄧小平南巡後的情景頗為相似。一九九七年六月，中國政府擔心受亞洲金融危機影響，於是決定開放國內的基礎建設。二〇〇〇年三月後，為了應對美國網際網路泡沫崩潰導致的全球經濟放緩，中國進一步擴大基礎建設規模。各地政府傾盡財力資助各類大型項目，試圖努力將經濟增幅保持在七％以上——自從一九八二年鄧小平提出「翻兩番」的目標後，中國政府就一心追求這個經濟增長率，據說這個神奇的數字是避免大規模失業和社會動盪的關鍵。進入二十一世紀後，中國領導人繼續將這個數字作為增長的目標，就像重複口頭禪一樣。幾年後，這一比率被提高到八％。二〇〇一年，儘管出口有所減弱，上海的經濟增幅竟然超過一〇％，其祕訣就是以基礎建設促進經濟增長。這一年，上海不僅拓寬馬路、新建一個科學館和一座城市航廈，而且升級全市電網，開闢新的地鐵線，並開始建造連接浦東金融中心與浦東機場的磁浮列車。類似基建工程也在其他城市開工，例如廣州和天津也開始興建新的地鐵線。[52]

這個趨勢持續不斷。在二〇〇二年的十一個月內，各級政府、國有銀行、公司和外國投資者共為中國政府興建的基礎設施專案投入兩千億美元。中央計畫到二〇〇五年新增鐵路約一萬四千公里，並且建造一條連接北京和上海的高速鐵路。此外，華中地區還將投入六百億美元用於南水北調工程（即透過泵站和輸水隧道把長江水引入黃河），同時還將啟動西氣東輸工程（即把西部的天然氣運往東部沿海地區）。[53]

江澤民和朱鎔基主政中央後，上海從中央獲得巨額財政資助，這一發展模式被稱為「上海模式」，從此受到各級官員仿效。最典型的例子莫過於重慶。這座長江邊的城市位於四川腹地約一千五百公里處，四周群山環抱，如今被中央確定為西部大開發的中心城市。為了全面改造市容，中央每個季度都向重慶撥付數十億元資金。曾在一九九〇年代擔任上海副市長的黃奇帆也被中央調往重慶，負責城市改造工程。為了儘快把錢花出去，而且為了吉利，重慶計畫修建八條高速公路和八條新的鐵路——其中一些需要穿山而過，同時還計畫在十年內修建八座大橋，把重慶所有河流都連接起來。重慶市容迅速改變，出現嶄新的市政中心、摩天大樓和機場，還新建許多公園、林蔭大道和河濱步道。黃奇帆得意地透露，他每個月花掉的錢超過十億美元，而且這還只是開始，他對一位外國記者說：未來十年我們都會這樣花錢。[54]

建設項目並不僅限於基礎設施。由於預期加入世貿組織將帶來大量商機，各地開始出現興建房地產的熱潮。從大連到深圳，全國各地新建數億平方英尺的公寓大樓、商辦大樓和豪華酒店。在北京城，無論往哪個方向看，都可以看到塵土飛揚的工地和高高聳立的吊車。有人數過，地平線上能看到的吊車多達數千臺。無數住宅社區被夷為平地，居民被迫遷往別處。二〇〇二年上半年，全國房地產投資額增加約四二%，達到二十六億美元，但空置的地產也多達六千一百五十萬平方英尺。各大城市新建許多購物中心，而且還在成倍增加。在上海浦東江邊，號稱亞洲最大、高達十層的正大廣場拔地而起。購物中心的走廊上裝飾著光潔照人的大理石，但大部分商鋪卻都空著。儘管如此，上海至少還有十個購物中心正在建設中，而且大部分專案資金來自銀行貸款。[55]

建設狂潮導致對鋼鐵、水泥和其他建築材料的大量需求。供過於求的日子早已一去不復返了。冶金部一位前官員不禁感嘆道：到處都在建鋼鐵廠。二〇〇三年，中國消耗全球大約一半水泥，三分之一鋼鐵，四分之一銅和五分之一鋁。[56]

建設經費大多來自國有銀行。中國民眾樂於儲蓄，就像外國人樂於投資一樣，因此這些銀行資金都很充足。更關鍵的是，為了維持人民幣與美元的固定匯率，政府發行大量貨幣，並要求銀行盡可能將這些錢放出去。於是，銀行不僅向國有企業和基建項目大舉貸款，同時也樂於向富裕的消費者放貸，而且對貸款者的信用調查通常很簡單，即使欠款不還也不會有實質處罰。房地產市場隨之日益火熱，因為愈來愈多人開始用積蓄支付頭期款，中古屋交易也頻繁起來。浙江大學一位研究人員說：「大家都相信房地產價格會一直上漲，沒有人覺得會有風險。」57

這種現象令經濟學家莫衷一是，有人認為經濟正在失控，有人則主張現在正是投資良機。政府也開始擔心起來。統計局的一份報告稱，某省正在建設中的工業園區多達八百個，而且絕大多數都是浪費。此外，各地掀起一股建造機場的浪潮，以致許多機場容量過剩，全國一百四十三個機場中有一百二十七個出現虧損。58

另一方面，巨額投資並未改變中國的經濟體系。一九九二年鄧小平南巡後出現的房地產熱助長十位數的通貨膨脹，最終泡沫破裂，導致銀行產生大量不良貸款，再加上國企的巨額虧損，以至於朱鎔基不得不成立四家公司來接管各大銀行的呆帳。如今，這一幕再次上演，全國近兩兆美元的未償貸款中，有五千億至七千五百億無法收回。這些國有銀行的呆帳，加上公務員養老金的缺口以及國家的官方債務，達到全國經濟總產值的一四〇%，與日本經濟泡沫破裂時的水準相當。59

面對新產生的債務，中央政府卻失去改革金融體制的意願。接替戴相龍擔任央行行長的周小川成立一家名為中央匯金投資的國有公司，而匯金公司則全資擁有一家名為中國建銀的子公司——這兩家公司與一九九九年為處置四家國有銀行的有毒資產而成立的四家資產管理公司並無關係。二〇〇四年，匯金公司及其子公司從外匯儲備中提取四百五十億美元，用於中國建設銀行和中國銀行的資本重組。然而，當周小川提議允許外國投資者與資本重組後的銀行合作，幫助其提升內部管理和風險管控水準時，卻招致反對意見，因為有人擔心與外國人合作將威脅國家金融安全。結果，重組後的銀行仍然不得不聽命於各地黨政官員，並繼續按其要求發放貸款。[60]

為了回籠資金，匯金公司及其子公司還收購一些破產的證券公司，並計畫整頓這些證券公司，然後出售給包括外國銀行在內的投資者。然而，央行這一建議也在二〇〇五年十月遭到國務院否決。[61]

事實上，中國加入世貿組織四年後，改革就已經結束了。一九九八年時，脆弱的金融系統有可能導致整個經濟體系瓦解，正是迫於這樣的壓力，中央才不得不實施銀行重組。到二〇〇五年，銀行系統的重組計畫完全停頓下來。中國的經濟正在蓬勃發展，只要有大量外匯儲備和巨額貿易順差，還有什麼值得擔心的呢？

與此同時，國有企業的改革也被擱置。江澤民在一九九七年提出要「抓大放小」，隨後成立的一些國企巨頭如今主導整個經濟發展。到二〇〇四年時，全國五百強企業的總資產中，國企占據九六%。從電信、石油、天然氣、煤炭、電力、菸草到航空和航運，每個經濟領域都被少數巨型國企集團所壟斷，其中許多在香港和紐約的證券交易所上市。[62]

二〇〇五年，中國政府對外商直接投資設置新障礙，從而進一步保護國企。這年十月，首次有一家國外的股權公司試圖收購中國的國企——生產工程機械的徐州工程機械集團有限公司（徐工集團）。這一收購最終被中國的競爭對手阻止，但這件事促使中國政府制定一系列規定，禁止對「國家經濟安全」構成威脅的外商投資行為。根據這些規定，禁止外商投資的領域包括石油、電信、設備製造和汽車工業，以及定義模糊的所謂「主要工業部門」和「著名品牌」。[63]

而在私營企業中，成立中共黨支部的行動仍不斷推進——這一做法始於二〇〇〇年江澤民發起的學習三個代表運動。二〇〇二年十一月，胡錦濤在當選總書記後不過幾天，便前往西柏坡參觀。西柏坡被稱為革命聖地，因為這裡是一九四九年毛澤東入主北京前中共中央所在地。胡錦濤此行極具象徵意義，他重溫毛的講話，告誡大家不要對勝利自滿，並強調黨的路線無比重要。二〇〇三年一月三日，《人民日報》發表胡的這次講話。[64]

一個月後，胡錦濤發起一場反腐行動，其矛頭主要針對黨的幹部，但也首次懲罰一些富商，從而對私營經濟發出警告。靠行騙發家、巔峰時期身價高達九億美元的楊斌，被控犯有欺詐和賄賂罪，判刑十八年。其他還有房地產商和汽車行業高管也紛紛落馬。二〇〇三年十月，為人心直口快、經常維護貧困村民利益的億萬富商孫大午，因非法吸收公眾存款等罪名被判處有期徒刑三年，緩刑四年。這些行動取得預期效果，私營企業主人數開始下降。二〇〇四年，政府以違反土地使用規定為由，終止或推遲審批許多私營企業的經營項目。二〇〇六年，全國私營企業數量減少一五%，而在全國十三億人口中，受僱於私營企業的僅有兩千六百萬人。[65]

在胡錦濤時代，「改革」和「開放」這兩個詞很少一起出現。事實上，當局已不再提倡「開放」，而是反覆強調要建設「和諧社會」，其用意是為了維護所謂的社會穩定，以便各級黨政官員謀求特殊利益。

★ ★ ★

經濟快速增長的另一個結果是環境汙染。其實，對自然的破壞早在改革之前就開始了。毛澤東認為修建水壩是發展農業的關鍵，因此在「大躍進」高峰期，全國有上億農民被組織起來，建造無數規模龐大的水利工程。然而，許多水壩的設計和建造品質都很差，結果導致山崩、河流淤塞、土壤鹽鹼化以及洪水氾濫。不僅如此，人類把大自然視為需要馴服的對象，不斷加以野蠻破壞，有些省分竟然損失近一半樹木。「大躍進」的目標是將農業社會迅速轉變為工業強國，並趕超資本主義國家，可事實上卻使排放到河流中的汙水和工業廢棄物數量激增。在北方的工業基地，有些河流完全被有毒物質汙染，造成魚類死亡，當地居民也受到毒害，而且當汙水流經管道和涵洞時，毒物便深深滲入土壤之中。與此同時，工廠不停排放廢氣，令許多工業城市籠罩在一片灰濛濛的霧氣中。[66]

一九七六年後，中國的環境汙染變得愈發嚴重。一九七九年，浙江全省每天向河水中排放未經處理的工業廢棄物多達一百五十萬噸，其中新開張的十九家造紙廠就占十萬噸。全省超過三分之二的飲用水不符合安全標準，向空氣中排放的工業廢氣也達到數百萬噸。在省會杭州，空氣中的懸浮顆粒濃度超過國際規範的十倍。然而，杭州的情況還算好的，在盛產硫磺的溫州市平陽縣，空氣中的酸甚至腐蝕衣服、磚頭和瓦片。一位當地居民說：「一頂帳子兩年就爛掉。」在浙江有些地方，甚至連放射性廢棄物都得不到妥善處理，因此致病者達到數萬人。[67]

浙江並非特例。從地處內陸的重慶到位於東部沿海地區的南京，許多城市都下酸雨。在蘭州，數百家工廠擠在黃河邊一處狹窄地帶，排放出的煙霧在冬季一連幾個月都不會消散。根據一項非常保守的估計，一九八一年全國有兩百四十億噸工業廢棄物被排放到河流中，這個規模大約是日本的三倍，而日本的經濟規模當時是中國的四倍。[68]

為了應對環境汙染，作了無數承諾，頒布無數法律，工廠也安裝汙物處理設備。但是，正如較早關注環保問題的全國人大環境與資源保護委員會主任委員曲格平在一九九一年所指出的，最主要的問題是缺乏保護環境的動力。雖然許多企業按要求安裝相關設備，但能正常運轉的只有三分之一，另有三分之一因機器故障，只能時開時關，還有三分之一則完全不能工作。據國務院估計，每年因空氣汙染造成的經濟損失達到五百億元，因水汙染造成的損失則為四百億元。[69]

在此後十年裡，汙染問題繼續惡化。到二十世紀末，全國有超過四百億噸汙水未經處理排入河流，同時有兩千三百萬噸二氧化硫被排入空氣，三分之二城市空氣懸浮顆粒含量高於最低標準。據估計，僅酸雨造成的損失每年就達一千一百億元。此外，受到土壤侵蝕、森林砍伐、沙漠化和鹽鹼化影響的國土面積超過三百六十萬平方公里，占全國總面積三八%。[70]

加入世貿組織後，中國的環境汙染進一步升級。為了保持一兆美元的出口規模，中國政府對那些生產鋼鐵、鋁、水泥、化工、塑膠、皮革和紙張等產品的汙染大戶從寬管理。新疆的天然氣煉油廠和煤廠向空中噴出褐色廢氣，北京則每年夏天都會受到沙塵暴襲擊，天空一片昏黃，地平線模糊不清。政府一份報告稱，全國農村有三億人別無選擇，只能飲用被化學品和其他物質汙染的水。有些河水甚至會傷害皮膚，還有些河流在入海前就已經乾涸。全國城市的地下水約有九〇%被汙染。在上海，即使天氣寒冷，運河也會因汙染冒出氣泡，自來水則散發異味。全國大約有三分之一地區受到酸雨影響。[71]

像出口商品一樣，中國的汙染也走向世界：中國煤廠排放的二氧化硫，隨氣流飄到首爾和東京上空後形成酸雨，而美國環境保護署的資料顯示，洛杉磯空氣中所含的微小顆粒物竟有四分之一來自中國。當然，也有個別地方從中國的汙染中獲益，但從全球角度來看，絕非共贏的局面。例如，一些因汙染嚴重而被關閉的德國企業，將設備搬到中國後得以繼續營運，而德國因為在環保方面取得的成就，一躍成為全球綠色運動的領導者，梅克爾總理也因努力推動各國減少碳排放量而被人稱為「氣候總理」。曾經以煤礦和鋼鐵業為主的魯爾河谷（Ruhr Valley），如今變得山清水秀，被汙染的土壤也得到治理，並在基礎上建起公園。不僅德國如此，其他國家也將鋼鐵生產轉移到中國，從而降低本國碳排放並從中受益。可另一方面，根據歐洲議會的報告，中國的鋼鐵廠由於效率較低，每出產一噸鋼所排放的二氧化碳是德國的三倍。而且在社會主義中國，一旦鋼鐵廠投入營運，無論效益如何，都不會輕易倒閉，只能一直生產下去。結果，至二〇〇七年，中國出現七十七家大型鋼鐵廠和數百家小型鋼鐵廠，產能嚴重過剩，相關產品在國內和國外都變得無利可圖。[72]

二〇〇四年，中國國家環境保護總局的工作人員僅為美國環境保護署的一％。像其他政府部門一樣，環保總局經常發表一些響亮的聲明，但相關指令下發到各地環保部門後就沒了下文。那些因汙染問題被當局勒令關閉的工廠，經常不出幾個星期就會重新復工。在地方官員眼裡，環保法規無足輕重，他們更看重汙染企業上繳的賦稅。[73]

因環境汙染引發的抗議，全國都有發生，有時民眾還會與防暴員警發生激烈衝突。新昌縣位於杭州以南約八十公里，這裡建有許多工廠。二〇〇五年，約一萬五千名當地民眾舉行抗議，要求搬遷一家向水源地排放危險化學品的製藥廠。示威者冒著催淚瓦斯向員警投擲石塊，並掀翻警車。時任公安部長周永康報告說，二〇〇三年，全國發生五萬八千起群眾抗議事件，二〇〇四年增加到七萬四千起，二〇〇五年再次增加到八萬七千起，其中有一起事件是村民抗議建造發電廠，結果員警在衝突中開槍，至少打死三人。然而，大多數抗議活動並未引起公眾廣泛關注，而且引發抗議的原因也多種多樣，其中包括強制拆遷、拖欠工資、掠奪土地和官員腐敗等，但環境汙染是一個主要原因，因為那些可能對環境造成破壞的企業在動工前連一場公開的聽證會都不會舉行，民眾除了抗議，根本沒有其他管道表達自己的不滿。74

然而，同樣是面對環境汙染，不同地區的應對方式卻不盡相同。中國的經濟發展極不平衡，從大連往南直到深圳的東部沿海地區發展最快，與此同時，大部分農村地區仍陷於貧困之中，許多家庭只能靠在城裡打工的家人匯款維持生計。地方政府通常無視環保規定，但一旦發生大規模民眾抗議，而且在財政資金也較充足的情況下，官員也會對汙染企業嚴加規範。事實上，中央撥付大筆資金，用於更新廣州和上海等重點城市的基礎設施，而這些城市則會反過來利用手中財力，將那些會對空氣、土壤和水質造成汙染的企業轉移到欠發達地區。

二〇〇四年十二月三十日，從新疆通往上海的天然氣管道正式開通，與此同時，部分對空氣造成汙染的上海企業則被搬遷到四千公里外的西部地區。此外，由於上海的水源地——太湖——的水質受汙染過於嚴重，二〇〇七年上海開始建造四座水庫以儲存長江水。二〇一〇年，耗資一百七十億元的青草沙水庫率先完工，開始供水上海。75

其他大城市也開始將汙染企業遷往外地。在全國三分之一出口商品的原產地——珠江三角洲，當地政府花費數十億元建造汙水處理廠，並將主要製造企業遷往更偏遠的地區。二〇〇六年，深圳和廣州推出新的環保標準，迫使更多汙染環境的小企業向內陸搬遷。還有一些工廠則主動遷往農村，因為那裡的官員更熱衷於追求經濟增長，可以提供更便宜的土地和更優惠的稅收政策。76

然而，在治理環境汙染方面，沒有任何一座城市比北京做得更徹底。原因很簡單：二〇〇八年夏天，北京將要舉辦奧運會。在許多人看來，這將是中國在全世界面前嶄露頭角的一次盛會。

★　★　★

二〇〇一年七月十三日，國際奧林匹克委員會宣布北京贏得二〇〇八年奧運會的舉辦權，全國上下一片歡騰。投票是在戒備森嚴的莫斯科世界貿易中心進行的，會場外有一些西藏活動人士在抗議。為了慶祝這一時刻，北京放起煙火，民眾開心地跳舞、歡呼、雀躍。滿面春風的江澤民透過電視向北京市民表示祝賀，也向「全世界的朋友」表示感謝。[77]

在投票前的幾個月，電視和廣播等宣傳機器一直在鼓動民眾支持北京中奧。官方發起「新北京、新奧運」的宣傳活動，聲稱申辦奧運關乎到每個中國人的民族自豪感。然而，有批評人士提出，如果由中國政府舉辦奧運會，將會助長其侵犯人權的行為；而支持者則認為，讓中國更多地走向世界，將有助於這個國家向民主過渡，就像加入世界貿易組織有助於中國完善法治一樣。中國政府也對此作出保證——用北京市副市長劉敬民的話說：中國的民主和法治建設已經取得進步，並且在繼續發展。[78]

兩年後，中國迎來一次考驗。二〇〇二年十一月中旬，一種源自果子狸的冠狀病毒開始在廣東傳播，數百人感染所謂的「非典型肺炎」。官方竭力壓制疫情消息，並阻止醫務人員向國際組織和鄰近的香港當局通報。二〇〇三年一月三十一日，一名魚販住進廣州中山大學孫逸仙紀念醫院，隨後該院有幾十名醫務人員相繼感染病毒。到二月十六日，大家都在傳說有一種神祕的蟲子會傳染病毒，數百萬人開始囤積食醋，據說將其煮沸後可以薰殺空氣中的病毒。有人把醋放在煤爐上煮一整夜，結果死於一氧化碳中毒。廣州的商店裡口罩全部售罄，居民還囤積許多白米、食用油和鹽。政府官員試圖透過廣播和電視平息恐慌，副市長陳傳譽勸告市民不要相信謠言，要相信政府。[79]

二月二十一日，中山大學孫逸仙紀念醫院一名叫劉劍倫的醫生為了參加婚禮來到香港，此時他已感染病毒，但自己並不知道。劉醫生入住京華酒店，結果將病毒傳給二十多名酒店的客人，這些客人離開香港後，又將病毒帶往河內、多倫多和新加坡等地。

三月一日，世界衛生組織發布全球警報。但北京拒絕合作，一位衛生副部長聲稱沒有線索表明病毒源自廣東。甚至當疫情引發各國關注，世界各地的實驗室紛紛開始研究病情時，中國政府仍下令國內媒體不要發布相關資訊。三月二十一日，香港當局宣布，經調查證實，香港的疫情源於劉劍倫。五天後，中國衛生部才公開承認，疫情的嚴重程度遠遠超過之前的認知，儘管如此，中國政府仍拒絕世界衛生組織派遣的調查小組進入廣東。[80]

四月四日，一名退休軍醫蔣彥永發一封電子郵件給香港鳳凰衛視，詳細講述他打電話給幾家醫院從而得知感染者人數過程。幾天後，這封信在國外發表，中國隱瞞疫情的事實得到揭露，隨後衛生部長和北京市長被迫引咎辭職。然而，當《華爾街日報》一篇社論呼籲暫停與中國航班往來時，《人民日報》卻在四月十七日發表評論，斥責這個建議是「惡意炒作、於事無補」，這篇文章還重複中國官方的說法，聲稱沒有證據表明病毒源自中國。[81]

香港衛生當局果斷採取措施，SARS才沒有失控。總共有八千多人被感染，七百多人死亡，其中大多數是香港居民。香港民眾對大陸的不信任感由此進一步加深。一位前世衛組織官員對此評論道：「SARS是一場並未發生的大流行病。」[82]

然而，除了香港，世界各國並未從這次疫情中汲取任何教訓。相反，中共為「維穩」而壓制資訊傳播的手段卻大有長進。兩年後，當亞洲各國爆發禽流感時，一位中國病毒學家透過研究，得出與官方截然相反的結論，結果當局威脅要以洩露國家機密罪將其逮捕。二〇〇四年「六四」前夕，在官方例行的治安突擊行動中，蔣彥永被捕。十六年後，即二〇二〇年二月，當另一種冠狀病毒再次席捲全球時，蔣彥永再次被當局軟禁在家中。[83]

因為SARS爆發，北京不得不推遲啟動二〇〇八年奧運會的行銷活動，其他活動（如奧運歌曲創作比賽的截稿日期等）也隨之延後。[84]但是比賽場館的建設並未停止，北京出現一批搶眼的前衛建築，其中許多是由國外建築師設計的，包括小阿爾伯特·施佩爾（Albert Speer Jr）——此人的父親是希特勒最喜歡的建築師，曾經參與一九三六年柏林奧運會的設計工作，建造一條橫貫柏林市中心的凱旋大道。如今，小阿爾伯特·施佩爾也為北京規劃一條長達八公里的大道，從新火車站經過天安門廣場一直延伸到奧林匹克公園。

北京為奧運工程砸進四百億美元，投入規模之大在奧運史上前所未有。首都面貌煥然一新，馬路變寬了，新的地鐵線開通了，數十座鋼筋水泥的龐大建築拔地而起，隨處可見塵土飛揚的工地。二〇〇二年後，北京新增建築面積超過十七億平方英尺。無數老舊社區、胡同和四合院被拆毀，居民被迫搬遷到遠離市中心的地方，有時當局不得不運用警察和卡車強制執行拆遷命令。位於日內瓦的非政府組織「住屋權與驅離中心」（Centre on Housing Rights and Evictions）估計，大約有一百五十萬人被迫離開北京，占該市總人口約十分之一。中國外交部對此予以否定，並聲稱受到影響的居民人數僅為六千零三十七人。[85]

北京奧運還有一個令人擔心的問題，即環境汙染。中國政府承諾將舉辦一屆綠色奧運，因此發起控制車輛排放的運動，用燃燒天然氣的新型巴士取代柴油動力車，並將數百個汙染嚴重的工廠搬遷到城外，用電爐取代使用煤炭的傳統設備。然而，就在奧運會開幕前幾個星期，群山環繞的北京城仍然籠罩在褐色的霧霾之中。當局採取緊急措施，下令從東北直到內蒙、距離北京數百公里之遙的所有工廠全部停工。結果，因礦井關閉導致煤炭短缺，而煤炭是全國大約八〇％的電力來源，動力煤的價格因此幾乎翻了一番，中央政府不得不重新實施價格控制。[86]

開幕式在灰濛濛的天空下舉行，但沒有運動員戴著口罩入場。從各方面來看，表演都很精彩。在俗稱「鳥巢」的國家體育場裡，包括鼓手、兒童、舞者、幾位歌手和一位鋼琴家在內，總共有一萬五千名表演者參與演出，現場還施放煙火。安保人員多達十萬人。世界各地觀眾為之著迷，許多人認為這次開幕式堪稱奧運史上「最偉大」的表演。[87]

不過，也有人對部分節目提出批評。其中一個節目是，一位身穿紅裙、天使般的小女孩唱一首讚美祖國的歌曲，俘獲許多觀眾的心，但事後證明，她只是對著口型假唱，而為她配音的是另一名七歲女孩，因為牙齒不整齊被認為有損中國形象，在表演前最後一刻由一位政治局委員決定將她替換下場。另外，民眾從大螢幕和電視上看到煙火從天安門廣場直到鳥巢形成一連串腳印圖案，其實大多是由電腦合成的，而五十六名身穿少數民族服裝、象徵民族大團結的兒童，其實大多數屬於占中國人口九二％的漢族。然而，全球幾十億電視觀眾，對這些細節感興趣的沒有幾個，批評意見反而更多來自中國國內的觀眾。幾天後，天氣也開始好轉，風向改變終於讓北京呈現出湛藍的天空。[88]

奧運會顯然很成功，但它也在中國與西方之間製造新的緊張局面。一方面，中國向全世界展示取得的成就，許多中國人為此深感自豪，但另一方面，他們發現有些外國人故意利用這一時機「破壞」中國形象，這又令他們感到氣憤。這些外國人當中就包括支持西藏的抗議者。二〇〇八年三月十日，即一九五九年西藏武裝起義紀念日這天，數百名和尚與尼姑在拉薩舉行和平抗議活動。員警試圖以武力驅散，但局面迅速失控，示威者開始焚燒商店，砸爛警車。當局隨即展開強力鎮壓，對抗議者動用電擊棒和催淚瓦斯，甚至開槍，還派出全副武裝的士兵在街頭巡邏，決心對達賴喇嘛等「敵對勢力」和「反動分裂勢力」發動一場「人民戰爭」。這次事件至少造成數十人傷亡，但由於中國政府不允許外國記者報導，因此準確的數字不得而知。此外還有數千人被捕入獄。[89]

對少數民族的抗議予以堅決鎮壓，這是中國政府的常規做法，但這次事件發生在奧運前夕，結果引發世界各地聲援西藏的抗議活動。在倫敦、巴黎、德里和雪梨，抗議者對當地中國大使館發起衝擊，並呼籲抵制北京奧運。三月二十四日，在雅典舉行的奧運聖火點燃儀式上也出現抗議者的身影，而在聖火前往北京途中，抗議者和北京支持者不斷發生衝突。在巴黎，坐在輪椅上的運動員金晶因為用身體護衛奧運火炬，得到中國媒體和民眾大肆讚揚。聖火傳遞到坎培拉時，超過一萬名澳大利亞華人舉行集會支援北京，數百輛汽車舉著中國國旗在市內開過，還有六名保鏢陪同運動員跑完十六公里路線。在首爾，南韓當局出動八千多名警力維持秩序，但仍有一名年長的南韓抗議者遭到中國留學生踢打，還有人向抗議北京的人群投擲石塊。中國的網站上出現許多憤怒的評論，認為中國不應該受到這樣的「羞辱」。對眾多從小接受愛國主義教育長大的人來說，支持西藏就是反對中國統一，就是公然阻止中國實現歷史性的偉大崛起。在他們看來，好像全世界都在聯手與中國作對。[90]

中國政府利用國民深厚的民族主義心理，透過宣傳機器將自己塑造成祖國的捍衛者。但民眾的激情被挑動起來後，也可能發生危險的轉向。因此到四月中旬，中國的審查人員開始對網路上的文章、部落格、聊天室等內容加緊審查，以防反對西方的情緒在民眾中繼續發酵。[91]最重要的是不能讓任何形式的抗議活動妨礙奧運會舉行。為此，北京被改造成一座巨大的堡壘，當局在電線杆、網咖和酒吧安裝數萬個監視攝影鏡頭，驅趕各類不受歡迎的人群（如農民工、小攤販、乞丐、算命師等等），還僱用許多市民戴著紅袖章四處巡邏。在全國範圍內，所有單位、工廠和學校都進入高度戒備狀態，以防有人潛入北京製造麻煩。民主活動人士胡佳批評政府沒有在奧運會前改善人權，結果被判刑數年。[92]

根據對國際奧會的承諾，北京在三個公園內設立「特區」，允許民眾經過當局批准後，在此範圍內公開發表自己的觀點。然而，七十七名申請者中沒有一人獲得批准，兩位年齡分別為七十七歲和七十九歲的老太太甚至因此遭到拘留。個別外國人設法躲過保安，在公開場合展示「自由西藏」的標語，但很快就被便衣員警拖走。就在奧運會結束之際，美國大使館發表一份聲明，直言北京沒有表現出「更大的寬容和開放」。[93]但是，當中國領導人觀看閉幕式時，他們有充分理由為自己的成就感到驕傲：他們推動中國經濟迅猛發展，利用巨額的貿易順差改造北京城，擊敗抵制北京奧運的企圖，粉碎反對者的抗議，控制住環境汙染，奧運會組織得井然有序，不僅震驚外國人，也團結全國人民，鼓舞民心。而取得這一系列成功的關鍵，正是加緊控制，而非更加開放。

第十章
狂妄自大（二〇〇八－二〇一二）

二〇〇八年九月十五日，成立於一八四七年的全球金融服務公司雷曼兄弟（Lehman Brothers）遞交破產保護的申請，其債務規模超過六千億美元。與此同時，美林投資公司（Merrill Lynch）為了避免金融危機，與美國銀行（Bank of America）舉行收購談判，但在最後一刻雙方未能達成協議。就在這兩家華爾街最強大的公司消失前不到一週，美國政府剛剛接手房利美（Fannie Mae）和房地美（Freddie Mac）——這兩家由政府支持的抵押貸款機構在次貸投資中積累巨額損失。

七年前，美聯準會為了減輕通貨緊縮的影響，決定將利率降至一・七五％，這是自一九六一年以來從未見過的水準。二〇〇二年十一月，美聯準會再次降息至一・二五％。與此同時，市場上出現只需支付利息的抵押貸款，而且只需提供最低限度的擔保，這種貸款一經推出，便吸引大量之前無法負擔房貸的購房者。由於貸款的門檻和利率都很低，抵押貸款的需求迅速增加，這反過來推動住房價格上漲，而次級抵押貸款的比例也隨之增加一倍。然而，幾年後利率開始上升，至二〇〇六年六月，回升到五・二五％，致使許多房主再也無法負擔每月的房貸。從二〇〇七年開始，房貸危機逐步加深，導致房價下跌、信貸市場凍結。金融業在這場危機中損失巨大，尤其是對沖基金和投資銀行，它們無需像一般經營存款業務的銀行那樣遵守相關規定，可以將次級貸款的抵押物重新包裝後變成新的投資產品。

過去大家都以為美國的金融體系牢不可破，可如今這一系列出人意料的事件暴露這個體系的脆弱。民眾擔心其他銀行也會步其後塵，全球股市因此急遽下跌。為了應對這一局面，各家銀行停止相互借貸，美聯準會出面干預，日本和歐洲的央行也迅速跟進，光美國政府計畫投入的紓困資金即接近一·五兆美元——在變賣相關資產後，這筆款項的三分之一最終被收回。實施多年的寬鬆貸款政策，最終導致嚴重的經濟衰退，造成巨大的經濟損失和無數人的痛苦，失業率飆升至一〇%，數百萬人失去自己的房子。

隨著美國、歐洲和日本陷入衰退，嚴重依賴出口的中國也受到衝擊。數以萬計中小企業被迫關閉，失業工人四處尋找工作，許多人不得不返回農村。據中國人民銀行一項內部調查，二〇〇八年最後一個季度，溫州所有企業的利潤減少五〇%，至二〇〇九年三月，減少六〇%，全市企業被迫裁員一〇%。在沿海各大城市，往常擠滿進城工人的火車站，如今卻滿眼是返鄉的農民工。有些企業主逃跑了，還有些則拒絕支付拖欠的工資，導致工人抗議和勞資糾紛事件迅速增加。為了「維穩」，地方政府軟硬兼施，有時用錢平息，有時則動用員警鎮壓。[1]

其實早在全球金融危機之前，許多企業主就因勞動力和原材料成本飆升而感到不安。二〇〇五年七月，中國政府宣布允許人民幣上下浮動兩個百分點，當時一美元可以兌換八·二八元人民幣。此後人民幣持續升值，至二〇〇八年七月達到一美元兌換六·八三元人民幣。這一匯率保持兩年。

除了成本上漲，北方許多企業還因奧運期間政府執行嚴格的環保標準而被迫暫時停工，這進一步加劇經濟低迷。

隨著金融危機爆發，通貨膨脹消失了，但全球商品價格也開始暴跌，導致中國的鋼鐵、水泥和建築公司利潤蒸發，無數工程被迫停工，煉鋼廠也不得不停產。[2]

中國的領導人原指望奧運結束後出現經濟繁榮的局面，沒想到卻遇上金融危機。因經濟萎縮而受到衝擊的工人開始走上街頭，引發領導層恐慌。中央立即推出政策，對出口貨物實行退稅，同時透過干預貨幣市場阻止人民幣進一步升值，以確保中國的出口產品更具價格優勢。銀行也得到指示，要以較低利率向小型企業發放更多貸款。為了促進經濟增長以維持就業率和社會穩定，溫家寶提出刺激國內消費的計畫，企圖使中國逐步擺脫對出口的依賴。由於一般民眾收入太低無法增加消費，溫家寶宣布國家將投入五千八百六十億美元（約等於四兆人民幣），主要用於基礎設施建設——這一數量相當於中國國內生產總值的一四％，而華盛頓推行的經濟刺激計畫只占美國國內總產值的六％。香港上海滙豐銀行的首席經濟師評論說：「他們花起錢來，就像明天不要過了一樣。」[3]

到二〇〇九年第二季度，銀行發放的大量貸款開始產生效果，儘管出口值較去年同期下降二二％，但經濟增長率又開始上升，僅是建造鐵路就花費一千億美元，其中作為「西部大開發」運動的一部分，政府投入一百七十六億美元新建一條穿越新疆沙漠的鐵路，此外還有超過八百億美元用於修建城際鐵路，包括新建從北京通往廣州的高鐵。自二〇〇四年春以來，一旦出現經濟過熱的現象，政府就會禁止各地政府興建基建專案，如今這一禁令被取消了，全國各地都出現大規模的建設熱潮。[4]

與美國不同的是，中國政府有充足現金投資各項工程。多年來，央行一直透過購買美元來阻止人民幣升值，因此積累大量美元儲備，足以支撐為了推動經濟增長而啟動的大規模投資行為。與此同時，為了防止用於購買美元的人民幣流入市場推高貨幣供應量，央行多年前就要求各家銀行提高儲備金，並向央行購買「消毒債券」。如今，銀行系統儲備的巨額資金全都釋放出來，用於政府發起的投資項目。[5]

至二〇一〇年，中國消耗全球四〇%的水泥和鋼鐵。不僅如此，在實施經濟刺激政策後，中國在三年內消耗掉的水泥超過美國整個二十世紀的用量。全中國人口超過一百萬的城市就有兩百二十一座，每個城市都渴望擁有現代化的購物中心、電影院和豪華酒店，最好外表看起來光輝照人，還要裝有透明的觀光電梯。此外，僅二〇一一年一年，全國就新建三百九十家博物館，其規模有大有小，既有私人開的，也有政府建的。摩天大樓更是如雨後春筍般湧現，而且往往是一、二十座連成一片。城市之間互相競爭，樓房愈建愈高，剛在浦東落成的上海中心大廈創下一百二十七層的紀錄，而與此同時，芝加哥、莫斯科、杜拜和世界其他城市的摩天大樓建案都因金融危機而擱淺。[6]

政府資金除了來自銀行，還有部分來自土地。早在一九九二年鄧小平南巡後的建設熱潮中，地方政府就開始向開發商出售土地，然後將賺取的資金投入基礎設施建設。二〇〇九年，各地政府出售土地使用權共獲利兩千一百九十億美元，比前一年增加四〇%以上。二〇一〇年，這一數字飆升至四千一百七十億美元。為了追求財政收入的增長，地方政府紛紛從農民手中奪走土地。著名經濟學家吳敬璉指出，自一九七八年以來，如果按土地的市價來算，全國農民因土地被收回而蒙受的損失高達二十兆至三十五兆元人民幣，約等於三·一兆至五·四兆美元。一九四九年後，農村的財富就開始不斷向城市轉移。如今，這一過程仍持續中。[7]

建設之前先要破壞。為了讓路給各項工程，任何建築只要妨礙建設計畫都遭到強制拆除。各地都在上演類似的故事：某個社區的居民一覺醒來，發現自己的房子被貼上拆遷通知，大家拒絕接受國家提供的微薄補償，堅守在房子裡不肯搬走。接下來，拆遷隊以各種方式騷擾居民，並在半夜三更開來推土機，把屋子裡的居民強行趕走，許多人因此失去自己的財物。有時候，在那些拆了一半的屋子裡，還能看到一家人擠在一起吃飯，房子的外牆已經完全倒塌，但客廳的一角和廚房周圍還剩些斷垣殘壁。這種事情每天都在發生，受害者也愈來愈多，到後來甚至連一些特權階層（如醫生、金融家和退休的黨員幹部等）也無法保住自己的老房子。[8]

有些建成不到五年的新房子也被強制拆除，北京甚至有幾家人的房子在被拆的當年才剛剛完工。根據一家公司的研究，二〇〇五年至二〇一〇年間，中國拆除一六％的住房。在經濟刺激計畫的高峰期，每年有兩千多平方公里的土地被徵用，大約相當於模里西斯（Mauritius）的面積。全國各地興建無數嶄新的辦公大樓和高層住宅，與新房子一牆之隔就是拆遷後留下的廢墟，一塊塊混凝土裡伸出扭曲的鋼筋，破碎的瓷磚在陽光下熠熠發光。[9]

除了一般建築，許多從戰爭和革命年代倖存下來的歷史建築和文化地標也遭到拆毀。毛主席曾在文化大革命的鼎盛時期號召民眾剷除舊社會的一切殘餘，如今這一目標終於經由土地徵用的方式實現了。無論是古代的寺廟，還是宮廷的院落，抑或裝飾藝術風格的洋房，都遭到大規模破壞，而國家文物局的工作人員甚至比國家環境保護局的還少。據該局局長李曉杰透露，全國七十六萬六千個文物保護建築中，被拆除的大約有四萬四千個，而開發商因為破壞保護建築而支付的罰款最高額度僅為五十萬元。[10]

新建築的品質也令人擔憂，因為開發商普遍偷工減料，而且工期匆促、建築材料品質差，專案規劃也考慮不周到，結果新建商用建築的平均壽命縮短到二十五年左右，大約只是日本、歐洲或美國同類建築的三分之一。建築事故時常發生，媒體報導過有八車道的吊橋倒塌，有房子像紙糊的一樣脆弱，還有歌劇院的窗玻璃掉落下來。品質低劣的建築被稱為「豆腐渣」，因為它們就像軟軟的豆腐塊一樣無法承受壓力。二〇〇八年四川發生一場大地震，造成大約八萬七千人死亡，當地七千多棟學校建築中，有相當一部分即因品質不達標而倒塌。[11]

房地產投機的行為很普遍。這主要是因為那些手中持有現金的人缺乏其他投資管道，因此紛紛購買房產，從而進一步推高房市價格。這種行為也導致隱性通貨膨脹。據一位專家估計，杭州大約有一半新建住房掌握在一小群投機者手中，同一套住房會在這些人當中幾經轉手，賣價也不斷抬高，而每次交易都會令買家從銀行獲得更多抵押貸款，最終房屋會出手給圈外人，獲利則會被這一小群炒房者瓜分。由於大量新房被用於投機，所以建成後根本無人入住，全國到處可以見到空蕩蕩的公寓大樓和荒廢的購物中心。[12]

由於國家慷慨的退稅政策，中國的商品出口呈現蓬勃發展的態勢。而且除了五千八百六十億美元的經濟刺激計畫，二〇〇九年全國新增銀行貸款達到一．二七兆美元，這些都有力地支持工業生產。此外，為了幫助出口，中國政府一直將人民幣保持在較低價位。金融危機後，美元對歐元、日元和大多數其他貨幣的匯率急遽下降，中國人民銀行則繼續操縱匯率，讓人民幣與美元同步貶值。僅在二〇〇九年三月至十月間，人民幣便對歐元貶值一六％，對澳元貶值三一％。[13]

銀行發放的貸款大多給了大型國有企業。胡錦濤延續江澤民提出的「抓大放小」策略，並且特別欣賞被大家稱為「國進民退」的經濟政策。結果，大量資金被投入航空、鋼鐵、煤炭、鋁和風力發電機等重點工業部門。一九九八年後，國有企業經由合併和收購誕生一批巨型企業集團，如今這一趨勢仍在繼續，國有企業運用政治壓力和經濟實力，不斷兼併規模比自己小的私營企業，從鋼鐵到房地產，各個行業的私企都遭到國企的輾壓。在一系列惡意收購中，幾年前成立的私營航空公司幾乎都被虧損的國有航空公司收購。[14]

中國加入世貿組織的十年來，國有企業才是最大贏家。從帳面上看，二十一世紀初的中國國企早已擺脫一九九〇年代的困境。在二〇〇〇年至二〇一〇年間，國企的總利潤額增長七倍，接近兩兆元人民幣，同時為政府創造兩倍的股東價值。但是，經由審查二十五萬家國有企業的官方資料，香港貨幣研究所的兩位經濟學家發現這些所謂的利潤被誇大了，如果國企也向銀行支付與私營企業相同的貸款利率，那麼它們將毫無利潤可言。換句話說，中國的經濟結構幾乎沒有發生變化，一般民眾的儲蓄和沿海出口企業賺取的外匯，統統被用來維持國有企業運轉。[15]

廉價的信貸只會導致效率低下。國有企業的固定投資比私營企業多出二〇％至三〇％，完成投資的週期也多出一半。由於國企牢牢控制整個經濟體系，它們可以把產品價格定得較高，還可以對消費者收取額外費用，其實就是變相地讓消費者繳納更多稅。[16]一些重點工業部門（如鋼鐵、鋁和風力發電機等）重新出現產能過剩，生產商為此增加對外出口，但這又進一步加劇中國與外國之間的貿易緊張。美國總統歐巴馬（Barack Obama）即宣布，要對進口輪胎徵收懲罰性關稅，而且將著手調查中國傾銷鋼管的證據。[17]

北京則指責美國實行貿易保護主義，並為此向世貿組織投訴。二〇〇九年，比利時宣布對從中國進口的鋼鐵緊固件徵收反傾銷關稅，歐盟因此也捲入與中國的貿易爭端。中國政府予以反駁，而且使用的語言與歐美國家對中國的批評如出一轍。[18]

在此過程中，中共領導人的態度愈來愈趨於傲慢。美國的金融體系一直備受世人推崇，如今卻宣告失敗；與此同時，當希臘面臨主權債務違約的危機時，同屬歐元區的十六個成員國卻無計可施。西方各國普遍出現經濟增長率下降和失業率飆升的局面，資本主義似乎正如馬克思預言的那樣正在走向崩潰。中共領導人開始頻繁抨擊美國，指責華盛頓未能適當監管市場和控制財政赤字。二〇〇九年一月，溫家寶在達沃斯世界經濟論壇上指出，資本主義基於「盲目追求利潤」的發展模式不可持續，他還批評西方各國的銀行對金融「監管不力」。中國人民銀行的行長周小川更是對美國領導的全球秩序提出挑戰。他於二〇〇九年四月宣稱，中國應對金融危機的快速反應證明其政治制度的優越。中共領導人有了揚眉吐氣的感覺，他們開始仿效美國人，試圖就如何管理經濟為全世界提出建議和經驗。根據北京的說法，資本主義模式無法持續下去，現在應該向全世界推廣一種更為優越的制度，即所謂「中國特色社會主義」——胡錦濤稱之為「中國道路」。[19]

★ ★ ★

二〇〇八年十二月十八日，中央在人民大會堂召開會議，慶祝對外開放三十週年。胡錦濤發表講話，指出中國必須堅持四項基本原則，因為黨的領導和無產階級專政是「完全正確」的。他聲稱中國將「堅持高舉社會主義偉大旗幟」，「絕不照搬西方政治制度模式」。胡還強調，維護穩定是壓倒一切的任務，「沒有穩定，什麼事情也辦不成」。這一點一直為中國領導人所強調，如今他們特別擔心全球金融危機會加劇國內社會動盪。[20]

為了「維穩」，政府加大打壓異議人士的力度，同時開始加強愛國主義教育。在胡錦濤發表上述講話之前，打壓就開始了：當局以「煽動顛覆國家政權」的罪名逮捕劉曉波。劉的罪行主要是參與起草一份名為《零八憲章》的公開宣言。這篇宣言的靈感來自三十多年前以哈維爾（Václav Havel）為首的一批捷克斯洛伐克持不同政見者所發表的《七七憲章》。《零八憲章》最初有三百多人簽署，並於二〇〇八年十二月十日《世界人權宣言》發表紀念日這天對外公布，隨後獲得數千人簽名。這份宣言呼籲中國實行三權分立，要求司法獨立、廢除戶籍制度、賦予公民結社、言論和宗教自由，並提倡公民教育等等。被捕一年後，劉曉波被當局判處十一年徒刑。

接下來是對網際網路的打壓。中國已經建立起一套複雜的控制機制，所有通往國外的通訊電纜都必須經過三個大型電腦中心中的一個，而從境外輸入的資料則會遭到政府攔截，以檢查是否包含被禁的網址和關鍵字——這就是所謂的「長城防火牆」。然而，僅僅控制來自境外的資訊還不夠，因為國內還有數百萬活躍的部落格用戶，有些人甚至在網上爆料，並發布相關證據，以揭露政府官員的腐敗行為。二〇〇九年一月，當局關閉數以千計的網站，許多人的聲音從網上消失了。[21]

儘管如此，許多國內外的社會評論家都相信，網際網路將推動社會變得更加開放，讓政府的行為變得更加規範。艾未未就是這麼想的。他是一位當代藝術家，曾參與設計北京奧運會的國家體育場（即俗稱的「鳥巢」），同時又是一位公開批評中國政府人權紀錄的知名活動家。他相信當局對網際網路的嚴厲控制只會更加激發民眾對民主的嚮往，他自己的部落格就有眾多讀者。然而，當局在二〇〇九年十二月再次頒布一系列措施以限制個人開設網站，對網際網路的第二次全面打壓接踵而至。公安部部長孟建柱嚴肅地表示：「網際網路成為反華勢力對我進行滲透破壞、放大破壞能量的重要手段。」一年後，谷歌（Google）因拒絕審查其搜索結果而被迫撤出中國，其他如臉書（Facebook）、YouTube和推特（Twitter）等網站也被封鎖，中國的網民只能使用模仿這些網站的國內產品，並不得不受到政府管控。官方僱用一小批網路審查人員，專門監視網上的內容，還會在網路聊天室裡發布大量支持中國政府的評論。在中國的網際網路上，這些審查人員的身影無處不在。河南省焦作市是一個擁有約三百萬人口的礦業城市，當地共有三十五名網路審查人員和一百二十名負責監管網路的警察。二〇〇九年，北京市發布廣告，計畫招聘一萬名網路審查員。[22]

各類活動人士則面臨更多監視，有時還會遭到逮捕。二〇〇八年五月四川發生地震後，中國政府派出的士兵和救援人員超過十三萬人，其兵力調動的規模是「六四」以來最大的一次。學地質出身的總理溫家寶在幾個小時內就趕到現場，並且親自監督救援工作。然而，這些部隊平時訓練的目標是為了攻打臺灣，而不是救災，士兵不僅缺乏救災經驗，裝備也很簡陋，只能在山裡艱難行進，甚至徒手作業。幾天後，中國政府以極為罕見的坦誠態度向國際社會求助。最先到達災區的是來自臺灣的救援小組和救援物資，日本、韓國、美國和其他國家的人員與物資也隨後抵達。與此同時，世界各地的捐款也紛至沓來，其中最慷慨的是香港居民，他們在一週內就募集十多億元港幣，立法會還額外捐助九十億元港幣。[23]

受災地區有許多校舍倒塌，導致數千名兒童死亡，當地政府承諾將調查這些豆腐渣工程。然而，記者離開災區後，調查就沒有下文。對當局提出質疑的人則遭到拘留和騷擾，少數人還被冠以「煽動顛覆」的罪名受到警方調查。遇難學生家長組織的抗議活動也被防暴員警驅散。人權活動人士黃琦和譚作人試圖為受害者發聲，結果於二〇〇九年八月遭到審判，罪名是「危害國家安全」。[24]

在對政府的救災行動提出質疑的人當中，最有影響力的人之一是艾未未。他決心調查清楚每一個遇難學生的名字，並公布在自己的部落格上。二〇〇九年三月，一名外國記者評論說：「迄今還沒有人能夠解釋為什麼艾先生得以在政府控制的網站上如此坦率地發表意見。」兩個月後，艾未未的部落格被關閉。譚作人受審時，他試圖出庭作證，結果遭到警察毆打。不僅如此，二〇一一年一月，他的工作室也被當局認定為違章建築而推倒。[25]

法律工作者也受到更廣泛的打壓。二〇〇六年，山東臨沂一位名叫陳光誠的盲人律師對強制執行獨生子女政策提出質疑，結果被判刑四年。即使釋放後，當局仍對他實施軟禁，甚至派出數百名身分不明的人員阻撓他與外界聯繫。這些人經常毆打陳光誠，切斷他家中的電力供應，並在房屋窗戶上安裝金屬的百葉窗。其他法律從業者也受到更為嚴厲的管控。中共不僅要求私營企業成立黨組織，還指示律師事務所也成立黨組織，並約束那些給當局製造麻煩的律師——包括不更新這些人的律師資格證。如果有律師事務所拒絕服從黨組織的命令，則會被當局勒令關閉。[26]

為了加強控制，政府還成立新的機構，特別是「維護穩定領導小組辦公室」（維穩辦）和「社會治安綜合治理委員會」（綜治委）。在一黨制國家，許多機構的名稱都是這麼冗長拗口，但這些新成立的政府部門的基本職責很簡單，就是揪出「反黨分子」，將所有不穩定的力量消滅在萌芽狀態。二〇〇九年，這類機構像皮疹一樣蔓延到全國各地，在大多數沿海城市，每個區都設有「維穩辦」和「綜治委」，有些地方甚至在街道一級也成立這兩個機構。各個大型和中型城市還成立以市委書記為首的國家安全領導小組，國家安全部部長耿惠昌將其稱為「國家安全人民防線」。[27]

擴張國家安全機構的目的是為了打擊黑暗勢力的滲透和顛覆，其幕後黑手就是西方各國——或者更準確地說叫「境外敵對勢力」。中國領導人相信這些境外敵對勢力一直在精心策劃，陰謀透過「和平演變」的方式讓中國走向資本主義，而劉曉波、艾未未和陳光誠的背後一定有華盛頓、倫敦和布魯塞爾的大力支持。二〇〇八年十二月，歐盟授予持不同政見者胡佳沙卡洛夫獎（Sakharov Prize），這一舉動更加坐實中國領導人的猜測，表明境外敵對勢力正互相配合，試圖破壞中國的社會主義制度。更惡劣的是，法國總統尼古拉・薩科吉（Nicolas Sarkozy）竟然在諾貝爾和平獎得主的聚會上公開支持達賴喇嘛，而他當時正擔任歐盟委員會主席一職。一年後，即二〇一〇年十一月，劉曉波獲得諾貝爾和平獎。時任外交部副部長崔天凱對此嚴辭譴責，認為諾貝爾獎委員會這一決定是對中國崛起的政治攻擊，並威脅任何挑戰中國司法體制的國家都將「承擔後果」。《人民日報》也發表評論，譴責諾貝爾和平獎是西方國家對不符合其政治標準的國家實施和平演變的工具。[28]

中國政府在公共安全方面的開支急遽上升，二〇一〇年達到約七百七十億美元。據一些媒體報導，位於東北老工業基地的遼寧省將一五%的預算用於維持社會穩定。廣東省有一個城市在二〇一〇年花在「維穩」上的經費等於前五年的總和，該市的主要十字路口全部安裝監視器，並在各個社區僱用數千名資訊員協助警方平息不穩定因素。二〇〇九年七月，新疆的維吾爾人與漢族移民之間爆發致命衝突，中央政法委書記、被外媒稱為「政法沙皇」的周永康，隨即下令對維吾爾人實施嚴厲鎮壓，僅烏魯木齊就安裝一萬七千個監視器。在重慶這個「西部大開發」的示範城市，新安裝二十萬個監視器，令全市的監視器的總數達到五十一萬個，而北京和上海兩個城市總共安裝三百多萬個監視器。與此形成鮮明對比的是，在倫敦這個全歐洲率先安裝監視器的城市，警方可使用的監控設備僅有七千臺。[29]

二〇一一年，中國的安全機構迎來一次考驗。那一年，突尼西亞爆發廣泛的公民抗議運動，迫使長期擔任總統的本・阿里（Zine al-Abidine Ben Ali）下臺。這場被稱為「茉莉花革命」的運動引發整個阿拉伯世界的抗議浪潮，最終導致埃及、利比亞和葉門的獨裁者被推翻。二〇一一年二月二十日，中國的網路上也出現「茉莉花革命」的呼聲。隨後，在北京和上海等十幾座城市，有數百名示威者走上街頭呼籲民主。當局派出數以萬計員警加以阻撓，好幾個省的大學奉命關閉校門，防止學生外出參加抗議。一週後，抗議者重新回到街頭，但在龐大警力監視下，他們採取無聲抗議的方式，從外表上很難將其與路人區分開來。於是，員警轉而對外國記者下手，沒收他們的相機，粗暴對待英國廣播公司（BBC）的工作人員，並拘捕大約十五名外國記者。在隨後的幾週裡，草木皆兵的警方逮捕數十名人權活動人士，被傳喚並遭到嚴密監視或軟禁的人則更多，甚至連茉莉花也禁止出售，導致批發價大跌。[30]

在受害者當中，最受關注的是艾未未。他於四月三日在機場被捕，並被蒙著頭塞進一輛警車，隨後遭到三個月的關押，受審五十次以上。在國際社會強烈抗議下，當局最終釋放艾未未，但以逃稅為由處以巨額罰款，並對他繼續實施嚴密監視。[31]

北非和中東的公民抗議運動讓中共心生警覺，政府對大眾文化再次加強控制。在此之前，雖然當局對政治抓得很緊，但在娛樂領域卻日益寬容，電視上充斥各種喧鬧的選秀和綜藝節目，有些微博博主的粉絲甚至多達上百萬人。二〇一一年十月，周永康以建設「社會誠信」和「社會道德」為由下令整治文化市場。電視臺奉命減少娛樂節目的分量，每晚不得播放兩個以上這類節目，而且每次娛樂節目時間不得超過九十分鐘，另外每天必須播出兩個小時左右官方新聞。國家廣播電影電視總局這一歐威爾式的機構聲稱，這樣規定的目的是為了根除電視節目過度娛樂化和低俗的傾向。但事實上，當局禁止播放一些選秀節目還有其他考量，因為這些節目鼓勵觀眾在家中透過手機簡訊為自己喜歡的選手投票，這種不受國家控制的投票，無論以何種形式出現，都令當局感到不安。此外，周永康還提出要嚴格而即時審查網路上的娛樂活動，至於那些傳播黨員幹部醜聞的部落格更是監管的重點對象。為了響應中央的號召，一些網際網路公司除了已有的網路審查員，又特地增設專門負責「闢謠」的編輯，其任務是調查和揭露那些被認為是「虛假」的資訊。就在這些措施實施前幾個月，恰好是世貿組織要求中國政府對外國的電影、音樂和書籍放鬆控制的最後期限，但中國並未執行這一裁決。[32]

二〇一二年三月五日，當局再次大張旗鼓要求民眾向雷鋒學習。這場不合時宜的運動令許多人感到荒謬，網路上出現大量嘲諷的評論。但有人注意到，這是最後一次網民可以匿名發表批評意見，因為一個多星期後，國家頒布新的規定，要求所有網際網路用戶都必須實名註冊，而且任何「對國家利益有害」的貼文都將在五分鐘內刪除。[33]

胡錦濤和溫家寶的十年任期在二〇一二年接近尾聲。在他們的領導下，中國已經徹底成為獨裁國家，不僅擁有龐大的安全機構，還具備全世界最先進的監控系統，這一切肯定是此前歷代中共領導人夢寐以求的。儘管如此，這十年來不斷有各色人士——大學教授、令人尊敬的政治家和外國學者等等——預言中國即將實行政治改革。之所以如此，原因很簡單：每隔一段時間，中共領導人就會擠出笑容，在發言中公開談論「改革」，這樣的言論總能激發各路專家熱烈討論，大家紛紛猜測中國即將啟動以民主為導向的政治改革。這樣的戲碼不斷上演，從而為黨內那股深藏不露的勢力贏得足夠的時間，最終占據優勢地位。二〇一〇年十月三日，溫家寶在接受美國有線電視新聞網（CNN）的記者法里德．扎卡利亞（Fareed Zakaria）採訪時表示，言論自由是「不可或缺的」，他的這番講話隨後引發諸多猜測。事實上，這次採訪的內容在中國國內受到審查，而且異議人士都不相信這是溫家寶的真心話。就在幾個月前，遭到軟禁的作家余杰剛剛出版一本書，書名就叫《中國影帝溫家寶》。二〇一一年三月，在一年一度的全國人大會議上，人大委員長吳邦國面對三千名代表，再次明確表示中國絕不會採用「三權分立」、「多黨輪流執政」、「兩院制或聯邦制」等西方政治制度，改革的希望再次破滅了。此外，吳在發言中還提到反對「私有化」，他說：「堅持中國特色社會主義道路，最重要的是堅持正確的政治方向，在涉及國家根本制度等重大原則問題上不動搖。」34

★　★　★

北京奧運會後，隨著言論控制加緊，中共中央又於二〇〇八年九月十四日發起新一輪思想政治學習運動——這一天恰好是雷曼兄弟公司倒閉的前一天。中共領導人認為，在不斷變化的世界中，更需要正確理解馬克思列寧主義、毛澤東思想、鄧小平理論和江澤民的「三個代表」理論。中央要求全體黨員全心投入經典著作的學習中。馬克思、恩格斯和列寧的書也被重新印刷，分發給高中學生。這場學習運動前後持續一年半的時間。[35]

二〇〇九年是中共建國六十週年，北京舉行隆重的慶典和閱兵式。胡錦濤身著毛式中山裝，站在天安門城樓上自豪地宣稱：「今天，一個面向現代化、面向世界、面向未來的社會主義中國巍然屹立在世界東方。新中國六十年的發展進步充分證明，只有社會主義才能救中國，只有改革開放才能發展中國、發展社會主義、發展馬克思主義。」參與慶祝遊行的隊伍簇擁著國家領導人的巨幅畫像走過天安門廣場，數千名軍人排成一個個方陣，踢著正步接受檢閱，緊隨其後的是新式彈道導彈等各色武器，戰鬥機則以緊密的隊形從空中掠過。[36]

慶祝活動結束幾個月後，中央黨校的校長習近平向名為「中國馬克思主義論壇」的會議發出賀信，呼籲全國學者推動馬克思主義研究。中央黨校是中共進行意識形態灌輸的最高機構，習近平在信中則強調馬克思主義是黨和國家的意識形態基礎。隨後，由中共中央委員會主辦的《求是》雜誌也發表文章呼應稱馬克思主義是中共建黨立國的基本指導思想，文章號召大家認真學習、理解、相信和應用馬克思主義，最重要的是「不斷推進馬克思主義中國化、時代化、大眾化的戰略任務」。[37]

習近平身材高大，抹了髮膠的頭髮梳得一絲不苟。他曾短暫擔任過上海市委書記。在上海期間，他為人低調，只發表過一些平淡的講話。習來自陝西，學技術出身，擁有清華大學化學工程的學位。與其他技術官僚一樣，他從湖南農村的基層職位幹起，步步升遷至私營經濟頗為發達的浙江省的省委書記。

習近平具備幾個優勢，特別是他平時盡量少說少做，以免被潛在對手抓住把柄。他很少選邊站，讓人感覺立場比較中立，而且看到誰都面帶笑容。在眾人眼裡，這個人不具任何威脅性，因此黨內不同派別都能接受他。此外，習近平還有一張王牌——他的父親習仲勳是個老革命，三十年前曾為深圳的發展出過力，因此習屬於「太子黨」，而且他與軍隊的關係也很密切，被軍方視為自己人。因為具備以上這些優勢，時年五十七歲的習近平很可能成為下一任總書記的人選。[38]

除了對國內民眾進行常規性的意識形態灌輸，中共也開始在國際上積極塑造自己的形象。二〇〇八年一月，中共領導人指示意識形態工作也必須「走向世界」，以期在臺灣、西藏、新疆、人權和法輪功等問題上對國際輿論加以引導並展開鬥爭。為了展示中國的軟實力，當局決定大打「文化」牌，在國際上推廣「中國文化年」、「中國文化週」和「文化中國」等活動，尤其是在各國建立孔子學院。二〇〇四年，首家孔子學院在烏茲別克成立，隨後又出現在華盛頓附近的馬里蘭大學。這一機構將在全球迅速擴張，為中共意識形態工作的「組織和發展」提供載體。[39]

中共在海外宣傳上花費重金。二〇〇九年，歐洲和美國的媒體都因經濟衰退而陷入困境，中國政府卻投入約一百億美元用於宣傳活動，其中大部分資金撥給中央電視臺。這個國家電視臺的總部大樓高達兩百三十公尺，是全中國造價最高的單體建築。中央電視臺（CCTV）透過六顆衛星，將其製作的多語種節目送往世界各地（其海外頻道在二〇一〇年更名為CGTN）。與此同時，新華社也將海外辦事處從一百個增加到一百八十六個，而《人民日報》社則創辦一份英文報紙，名為《環球時報》（*Global Times*）。用一位宣傳工作者的話說：「我們必須讓全世界聽到中國人講述民主、自由、人權和法治的故事。」[40]

至二〇一〇年底，共有八十個國家成立兩百八十多所孔子學院，其運作全部由設於北京的國家漢語國際推廣領導小組辦公室操控。[41]此外，在文化部協助下，中國駐外使領館紛紛組織「中國文化週」活動。二〇一一年，「中國文化年」專案率先在澳大利亞啟動，二〇一二年又推廣到義大利、德國和土耳其。中國政府這些海外宣傳偶爾也會遭到質疑，並有外國民眾對艾未未和劉曉波的境況表示關注。但總體來說，來自中國的舞蹈、戲劇以及具有社會主義特色的藝術表演受到廣泛好評，新華社和《環球時報》總是稱讚這些活動極為成功地促進中國人民和世界各國人民之間的理解和友誼。

中共所說的「文化」特指「社會主義文化」，也就是所謂的「有中國特色的社會主義」，胡錦濤稱之為「中國道路」。具體來說，這個概念在國內指的是嚴格遵守四項基本原則，在國外則被描述為尋求政府與市場之間的平衡，而不是像失敗的西方模式那樣提倡有限政府和開放市場。很快，中國政府開始使用「中國模式」這個詞，也稱為「北京共識」，以示與「華盛頓共識」相區別和相競爭。許多人堅信，二十世紀是「美國世紀」，而二十一世紀將屬於中國。

有關這個話題的文章、小冊子和書籍層出不窮，還召開無數學術論壇和研討會。其中影響比較大的有北京大學國際政治學教授潘維的《中國模式》，以及復旦大學國際關係學教授張維為的《中國浪潮：一個文明國家的崛起》（*The China Wave: Rise of a Civilisational State*）。張維為斷言中國有能力向西方學習，但西方卻沒有這種學習能力，他還說中國可以為西方提供新的思維和智慧。學者在世界各地發表演講，對中國的新型發展模式和經濟奇蹟大加讚賞。《人民日報》也為之歡呼，宣稱「中國模式創造了奇蹟」，「取代對優越的美國模式的信仰，標誌著其終結」。[42]

中國不僅向世界推廣其軟實力，同時也開始提升硬實力。加入世貿組織後，隨著外匯儲備激增，中國開始在全球範圍內大肆採購武器以發展其軍事力量。二〇〇一年，中國的軍費預算為兩百億美元，二〇〇七年增加到四百二十億美元，二〇一一年則飆升至九百億美元。由於中國政府的不透明，一些國際組織估計，真實的數字大約是官方數字的兩至三倍。[43]

中共政權最迫切需要的是發展海軍，因為中國的戰略重點正從陸地轉向海洋。中國進口的大部分石油必須通過蘇門答臘和馬來西亞半島之間狹窄的麻六甲海峽，此外還有銅、煤和鐵礦石等進口原料也是由海路運往中國，與此同時，中國的商品出口也主要靠海運，而無論是集裝箱船還是油輪，都需要得到保護。最重要的是，一九九六年江澤民下令在臺灣附近海域試射飛彈後，美國便向該地區派出航母戰鬥群，而中共領導層決心一定要改變南海和西太平洋的軍事平衡，阻止美國向臺灣、日本和南韓等長期盟友提供軍事支持。[44]

中國的藍水海軍已經擁有兩百六十艘各式戰艦，包括護衛艦、軍艦和導彈驅逐艦等，還有一支由六十多艘潛艇組成的潛艇部隊，其中一些潛艇配備俄羅斯製造的專門用來對付航母的巡航飛彈。二〇一二年，中國的洲際彈道飛彈技術不斷推進，提高向美國發射核彈頭的能力。該年年底，中國第一艘航空母艦下水試航——這艘船是在原蘇聯一艘舊船的基礎上改造的，被命名為「遼寧號」。[45]

二〇〇二年後，中國在面對臺灣的海岸線上布置的飛彈數量增加了一倍多，至二〇〇七年達到約九百枚，二〇一一年又增加到一千二百枚。華盛頓偶爾會表示對這一變化的關注，但仍堅持「戰略模糊」的政策，對是否會干預臺海衝突故意不作出明確表態。「戰略模糊」政策是在中美關係正常化後出現的，其目的是為了爭取時間，希望臺灣問題最終能和平解決。而北京恰恰利用美國的模糊立場，不斷增強自己的軍事實力。

此外，中國還向空中和太空擴張其軍力。空軍增加數百架戰鬥機，包括一架可避開雷達的隱形飛機。同時，中國正著力研發天基動能武器和能量武器，以期在未來戰爭中摧毀敵人的衛星及其他太空資產。而在網路戰方面，中國也取得長足的進步，世界各地的專家都注意到，入侵電腦系統的數量激增，其中許多顯然來自中國。[46]

隨著信心和能力的提高，中國愈來愈頻繁地對抗其他國家。軍方開始不吝展示自己的實力，特別是在中國聲稱擁有主權的南海地區，同時與日本爭奪無人居住的尖閣諸島（即釣魚臺列嶼）的主權，在印尼水域與當地漁船發生衝突，並暗示要攻打臺灣，同時與越南就南沙和西沙群島的主權發生爭執。二〇一〇年七月，當美國國務卿希拉蕊・柯林頓站在東南亞國家一邊，質疑北京對整個南海的主權要求時，外交部長楊潔篪幾乎無法抑制自己的憤怒，聲稱這是在「攻擊中國」。在他看來，該地區的其他國家都是微不足道的小角色，用他的話說：「中國是個大國，其他國家是小國，這只是一個事實。」鄧小平曾要求他的同事「謙虛謹慎」。如今，中國的領導人已經放棄韜光養晦的策略，他們明確地表達自己的訴求，並且不容置疑，因為他們堅信中國必將主導這個世界。[47]

這種轉變的另一個表現，是中國開始毫不猶豫地騷擾在公海執行任務的美國海軍。二〇〇九年三月，在海南島以南約一百二十公里處，五艘中國船隻包圍美軍「無瑕號」潛艇監測船，並在其行駛路線上拋灑碎片。這只是一系列小規模衝突中的一個，其他衝突還包括船隻幾乎發生碰撞，甚至飛機近距離地擦肩而過。[48]

二〇一二年底，隨著中國與印度、越南、菲律賓和日本產生領土爭端，南海的緊張局勢有所加劇。習近平身為中央海權領導小組的組長，似乎對南海問題興趣尤濃，而這一領域同時又屬於他領導的外交事務領導小組的職責範圍。二〇一二年十二月，海南省通過新的規定，允許在有主權爭議的南海地區對任何船隻實施攔截和登船檢查。此時，距習近平擔任新一任國家領導人還不到一個月，可以想見，將來中國政府將祭出更加強硬的手段。49

尾聲

二〇一〇年代初，中央政府開始縮減幾年前為應對全球金融危機而推出的經濟刺激計畫，但地方政府為了保持經濟增長，仍不斷投資各項工程，並因此欠下巨額債務。全國有幾十個城市爭相展開大規模的基礎設施建設，都想成為所謂中國經濟奇蹟的代言人。例如，武漢制定一個耗資一千二百億美元的發展規劃，包括興建兩座新的機場航廈和一個全新的金融區，還有與之配套的豪華氣派的政府辦公大樓、新修的高速公路、隧道和橋梁，以及雄心勃勃的地鐵系統。為了規避中央對地方政府借貸規模的限制，各級地方政府紛紛成立自己的城市建設投資公司，其實質是充當地方政府的融資平臺。這些城投公司向銀行申請貸款，同時發行債券，但其債務並不計入當地政府的負債表中。全國總共有一萬多家這種城投公司。據一項估計，在習近平於二〇一二年十一月十五日接替胡錦濤就任總書記之前，地方政府的債務規模就已接近三兆美元，與國家外匯儲備的數額相當。[1]

各地政府向銀行貸款的抵押品是土地，其操作方式很簡單：當它們需要貸款時，就將手裡的土地拍賣給開發商。在大約十年的時間裡，中國的土地價格一路飆升，而銀行對土地的估價甚至比市價更高，地方政府因此獲得大量貸款。隨著債務不斷增長，地方政府只有拍賣更多的土地，然後向銀行借更多的錢來償還舊債。這種融資方式對地方政府極具吸引力。二〇一〇年時，全國地方財政大約有一半的收入來自土地轉讓和租賃。但這帶來一個問題：如果房地產市場下跌，地方政府就會面臨龐大的債務虧空，這種可能性將中央政府置於一個兩難的境地：如果它試圖抑制房地產市場的泡沫，就可能不得不從各地政府手裡承擔更多的壞帳。而各級地方政府則認為，即使有朝一日自己無力償還欠款，自然會有上級政府出手相救，因此借起錢來毫無顧忌。[2]

地方債務的規模到底有多大，根本無從統計，因為各級政府通常資訊混亂，帳目不清，而且還有影子銀行參與其中。中央對此一籌莫展。二〇一三年，國家審計署奉命派出檢查小組，赴各地統計債務狀況。這年九月，中國社會科學院的經濟學家劉煜輝推算出，地方債務在短短兩年內翻了一番，達到約二十兆元（約等於三．三兆美元），其中九．七兆元是直接的銀行貸款，四至五兆元是影子貸款，另外六至七兆元則是地方政府開具的各類欠款證明。由於這些債務得到中央政府的暗中支援，部分經濟學家認為它們理應屬於國債的一部分。這樣算下來，二〇一三年全國地方債務的規模達到國民生產總值的二〇〇％，而二〇〇八年時，這一比率為一二九％。[3]

隨著大筆資金流向地方政府和大型國有企業，國有銀行剩餘的現金再也無法滿足實體經濟（尤其是小型公司和企業）的需求，更談不上資助創新專案。二〇一二年，三角債之類的老問題重新出現，期票再次成為普遍現象。最令人擔憂的還不是這些債務的規模，而是這一現象說明中央政府要麼是沒有能力、要麼是沒有意願來推動國內消費和支持私營經濟。[4]

中國這種自上而下的經濟管理方式還產生另一個長期無法解決的難題，那就是產能過剩，而那些得到國家支持的國有企業根本不願縮減規模。二〇一四年政府發布的數字表明，自二〇〇九年以來，全國有六．八兆美元被浪費在「無效投資」上，包括興建許多鋼鐵廠和空蕩蕩的體育場。產能過剩又導致價格下跌，從而給金融系統帶來更大壓力，並使中國遲遲不能從出口導向型經濟轉向國內消費型經濟。[5]

然而，即使經濟放緩，企業利潤下降，中國的股市卻仍在飆升。長期以來，證券交易在中國的經濟中一直處於次要地位，絕大部分股票都不向外國投資者開放。但是，由於急需資金，主管經濟的第二號領導人李克強總理在二〇一四年宣布，中國政府將允許外國投資者對在國內證券交易所上市的公司股票進行直接交易，不僅如此，政府還鼓勵一般民眾把個人儲蓄投入股市。結果，全國湧現出數千萬「股民」，有人甚至借錢炒股。在不到一年的時間裡，股市幾乎翻了三倍。在最高峰的時候，深圳和上海交易所有一半上市公司的股價竟然超過本益比八十五倍以上。在政府的鼓動下，股民們根本無視其中存在的風險。二〇一五年七月，股市突然崩盤。為了釋放更多的資金救市，中央銀行降低利率和存款準備金，但仍無濟於事。中央政府還命令幾大證券公司購買一百九十億美元的股票，還是無法化解危機。最終，政府使出最擅長的一招：禁止拋售股票，並威脅任何干擾政府抬高股價的人都會遭到逮捕。不僅如此，中共官員還聲稱，將對那些操縱股市的「境外勢力」進行打擊。一位經濟學家對此評論說，中國政府「為了救市反而毀掉股市」。經過這一事件，部分外國專家終於不再信心十足地預言中國必將走向市場經濟。[6]

到了八月和九月，外匯市場仍在衰退，中國政府為了支持出口，卻將人民幣逐步貶值約四．五%，結果股市再次下跌，資本大量外流。因為害怕財富縮水，許多人將個人存款轉移出境，其規模達到近一兆美元。資本外逃給人民幣帶來壓力，迫使政府介入市場，從其外匯儲備中拿出美元大量買進人民幣，同時政府對資本的管控也進一步加強。不過，經過幾十年的實踐，許多企業家已經掌握種種規避國家管控的技巧和手段，例如虛開發票，或者請朋友和家人攜帶現金出境等等。[7]

二〇一五年是中國經濟的一個關鍵時刻，也是在政治上具有轉折意義的一年。和之前每一位新上任者一樣，習近平也開始以反腐為由來對付其潛在的對手。他在就職講話中誓言要打擊腐敗，並要求各級黨員幹部務必嚴格遵守黨的紀律。曾在國有銀行任職，與朱鎔基有過密切合作的王岐山，如今被任命為中央紀律檢查委員會的負責人。他向全國各地派出巡視組，從各個部門和機構的領導幹部中抓出一百多名腐敗分子。在被打倒的官員中，最受人矚目的是薄熙來。他曾任大連市市長，於二〇〇七年調到重慶，並在那裡推出一套所謂「重慶模式」的治理手段，主要包括重新發揚毛澤東時代的「紅色文化」，集中打擊有組織的犯罪活動，同時下重手整治腐敗官員。二〇一二年二月，與他關係密切的重慶市公安局局長王立軍逃往美國領事館尋求庇護，並揭發薄熙來與其妻谷開來參與謀殺一名英國商人的祕密。未過多久，薄熙來就倒臺了。他的親密盟友、執掌中國政法大權的周永康也在一年後被捕，同時被抓的還有軍中的幾隻「大老虎」。至二〇一五年十月，全國範圍內落馬的腐敗官員超過十萬人。[8]

按照此前的慣例，反腐運動通常會抓幾個級別較高的領導幹部，然後中央向全黨發布通告，運動就此宣告結束。但這一次卻不同，習近平絲毫沒有結束運動的打算，反而將其常態化。二〇一五年，反腐的矛頭轉向商界，許多企業負責人因在海外投資中存在欺詐行為而被捕，眼看著幾名億萬富翁相繼消失，商界領袖們開始紛紛向黨表達忠心。

在反腐過程中，中央紀律檢查委員會和其他一些黨的機構變得日益重要。從二十世紀五〇年代開始，中共中央成立一系列領導小組，其職責是為領導人提供建議，並協調各部委合作執行某些政策。這些領導小組類似於黨的神經中樞，它們居於權力結構的頂端，凌駕於所有其他機構之上，最高領導人可以利用這些小組繞過反對者，按照個人的意志行事。中央文革領導小組就是一個極端的例子，這個小組的負責人是毛澤東的祕書陳伯達和毛的妻子江青。

在各種非正式的中央機構中，最重要的一個是外交事務領導小組，習近平在二〇一二年前就擔任過該小組的負責人。二〇一四年，習近平又成立兩個領導小組，從而將更多的權力集中到自己手裡，其中一個小組負責國家安全，所有與國內外安全有關的機構和部門都要聽其指揮；另一個叫全面深化改革領導小組，負責監督重大決策的制定。二〇一八年，包括外交事務領導小組在內的四個領導小組升級為委員會，從而擁有更大的權力。[9]

透過這些領導小組和委員會，習近平試圖將所有權力收歸中央。他親自擔任其中十一個小組和委員會的負責人，其職務比毛澤東以來的任何領導人都要多，從而將國家安全、外交、金融、國防、軍事和意識形態等各方面的事務都控制在自己手裡。隨著習的權力不斷擴張，其頭銜也愈來愈多。至二〇一七年，這些頭銜至少有如下七個：「開創性的領導人」、「偉大鬥爭中形成的黨的核心」、「為人民謀幸福的勤務員」、「有擔當的國家改革發展戰略家」、「重塑軍隊和國防的統帥」、「國際舞臺上的大國領袖」和「新時代現代化建設的總設計師」。有人評論說：習近平成了世間一切的主席。[10]二〇一八年，經過全國人大代表們的踴躍投票，中國廢除對國家主席的任期限制，習成了終身主席。

全國開始掀起個人崇拜的熱潮，黨的官員們卻堅稱，民眾對最高領導人的熱愛完全是自發和由衷的。二〇一七年，北京推出一首新歌，名字叫〈跟著你就是跟著那太陽〉。同年，習近平思想成為學生們的必讀書目。從飾品、徽章、宣傳海報到每份報紙的頭版，習的形象無處不在。[11]

起初，人們對打擊行賄受賄、索要回扣、貪汙和浪費公款等猖獗的腐敗行為表示讚賞，但很快大家就發現，當局打擊的目標遠不止腐敗的官員和商業大亨。二〇一五年，全國有數千名律師、人權活動人士、記者和宗教領袖受到人身限制，甚至遭到驅逐或逮捕，其打擊力度之大，有人認為是近幾十年來最嚴厲的一次。[12]

在這些鎮壓的背後，有一個中共政權堅信不疑的論調，即以美國為首的「境外敵對勢力」一直在陰謀削弱共產黨的統治。僅在二〇一四年，《人民日報》就刊登四十二篇文章，將中國的種種弊端全部歸咎於「西方」、「外國」和「海外」勢力。只要國內出現什麼問題，無論多麼微不足道，似乎都是外國人暗中破壞的結果，需要安全部門迅速展開全面調查。[13]

與毛澤東時代一樣，外國記者被視為祕密情報人員，其任務是顛覆中共政權。二〇一四年三月，全國人大的一位女發言人對外國記者說，她很清楚這些記者來到中國的目的就是為了顛覆中共政權。一年後，部分外國記者在中國政府的逼迫下不得不離開中國，而且人數逐年增加，二〇二〇年竟達到十七人之多。《紐約時報》只獲准留下一名記者對這個十四億人口的國家進行報導。[14]

毛澤東曾說，筆桿子和槍桿子一樣危險。當外國的記者不得不面對日益頻繁的恐嚇和驅逐時，中國的記者則奉命必須對黨保持「絕對忠誠」。習近平指出：「最根本的是堅持黨對新聞輿論工作的領導。黨和政府主辦的媒體是黨和政府的宣傳陣地，必須姓黨。」與此同時，大學教授也受到當局指令，不僅要限制使用外國的教材，還要把馬克思主義的價值觀灌輸進學生的頭腦。[15]

在這場新的意識形態冷戰中，中國的審查制度得到進一步強化。喬治．歐威爾所寫的《動物農莊》（*Animal Farm*）和《一九八四》遭到查禁，甚至連小熊維尼也不能公開出現，因為據說它與習近平長得很像。《小豬佩奇》（*Peppa Pig*，臺灣譯為《粉紅豬小妹》）的卡通片和相關書籍也被下架，因為它傳播危險的西方意識形態，是一種顛覆性的象徵。二〇二〇年七月，全國各地的中小學開展一場圖書清查行動，剔除所有被當局斥為政治不正確的書籍。教育部同時提供一份向學生推薦的閱讀書目，其中包括《共產黨宣言》和毛主席的詩詞。[16]

當局對網際網路的控制更加嚴厲。至二〇一九年，大多數外國的應用程式（如Google、Facebook、Dropbox、Twitter、YouTube、Reddit、Spotify）和新聞媒體（如英國廣播公司〔BBC〕、《金融時報》〔*Financial Times*〕、《華爾街日報》〔*Wall Street Journal*〕、路透社〔Reuters〕、美國有線電視新聞網〔CNN〕等）都遭到封禁。網路上出現兩個彼此獨立的空間：一個向世界開放，一個把世界遮罩在外。那些出國的人只要還帶著國內使用的電子設備，就依然逃不過中國政府全天候的數位監控。[17]

不過，境外敵對勢力帶來的最大威脅發生在邊境地區，對此當局發動持續不懈的鎮壓。二〇一四年四月，幾名維吾爾族武裝分子在一個火車站刺傷數十人，習近平隨後發出指令，要求專政機關對「恐怖主義」、「極端主義思想的滲透」和「分裂主義」予以毫不留情的全面打擊。結果，超過一百萬的維吾爾族人和其他穆斯林少數民族被關進再教育營——官方稱之為「職業技能教育和培訓中心」。[18]

在香港，要求普選行政長官的抗議者於二〇一四年九月走上街頭，發動一場和平的公民抗命運動，並占領位於城市中心的中環。《人民日報》指控抗議者是受美國操縱的反華力量，一位軍隊的將領指出，這次示威活動是西方國家直接和間接包圍中國計畫的一部分。[19]

二〇一九年六月，香港再次爆發抗議運動，超過一百萬人走上街頭，反對將香港的犯罪嫌疑人引渡到中國大陸受審。這一次，示威者和警方陷入愈演愈烈的暴力衝突，雙方在街道、商場和大學校園裡發生激烈的戰鬥。十一月，香港三百萬民眾參加區議會選舉的投票，民主派大獲全勝。在北京看來，這次選舉更加坐實境外敵對勢力對香港政治的干預。隨後，抗議活動因新冠疫情的爆發而逐漸平息，但中央仍然在二〇二〇年六月三十日頒布影響巨大的《香港國安法》，幾乎扼殺一切形式的民主反對活動，將香港立法會變成完全聽命於北京的工具——早在二十三年前香港回歸時，北京就有這個企圖，現在終於實現了。世界各國的領導人迅速作出反應，譴責新的法律違反《基本法》，有些國家還對香港實施制裁和簽證限制，美國則終止香港享有的豁免出口許可證和低關稅等諸多優待政策。

北京確信敵人正試圖包圍中國，因此在外交上採取更加堅定大膽的行動，在與印度、菲律賓、印尼、越南、日本、南韓、北韓、新加坡、汶萊、尼泊爾、不丹、寮國、蒙古和緬甸等國的邊界糾紛上，立場日趨強硬，至於臺灣自然更不在話下。

中美兩國的關係日益緊張。二〇一八年，美國對中國的貿易赤字達到六千二百一十億美元，華盛頓決定對中國商品提高關稅，同時樹立起一系列貿易壁壘。美國指責中國不遵守公平貿易原則、盜竊智慧財產權、強制技術轉讓、限制市場准入。其實，即使沒有貿易戰，許多外資公司也會離開中國，除了成本上升的原因外，政府的監管也愈來愈嚴格，而且在中國經商的風險日益增大，外國公司也可能成為反腐運動的打擊目標。二〇一三年，在上海工作的風險管理專家韓飛龍與他的妻子雙雙被捕，並被迫在電視上公開認罪，隨後被關入監獄，由於罹患前列腺癌才提前獲釋。還有其他一些外國公民遭到中國政府拘捕，有些人沒有受到任何指控，但依然被關了好幾年。

二〇二〇年初的幾個月，當新冠疫情從武漢迅速蔓延到全球後，美國對北京已經毫無信任可言。七月，美國國務卿麥克・龐培歐（Mike Pompeo）宣布與中國接觸的時代已經結束。長期以來，北京一直堅信美國是遏制中國崛起的敵對勢力，如今現實終於如其所願。事實上，美國多年來一直是中共政權在全世界最主要的支持者之一，而且也為這個政權的維繫提供種種必要條件，中國不僅得到美元和石油，還獲得參與全球貿易的機會和世界各國的市場。可以說，中國已經深深捲入美國創造的世界秩序之中。可如今，克服重重困難之後，中國終於成功地疏遠美國。鄧小平曾告誡說中國應該保持低調、韜光養晦。現在卻恰恰相反，北京決定要與強敵正面對抗。

新冠病毒加上咄咄逼人的「戰狼外交」，令中國與其他國家的關係（特別是印度、日本、澳大利亞、英國和歐盟）也出現惡化。從巴布亞紐幾內亞（Papua New Guinea）到巴西，北京硬是憑空製造出敵人。甚至連奄奄一息的北約也因中國而重新煥發生機——北約祕書長延斯・史托騰伯格（Jens Stoltenberg）反覆警告說，北約各國需要加強聯盟，以應對一個「與我們的價值觀相左」並會「影響我們安全」的國家。[20]

二〇二一年，外國公司開始紛紛撤離中國，日本政府甚至出錢鼓勵日資公司將工廠從中國遷往其他地區。[21]國際社會的反彈令本已陷入困境的中國經濟雪上加霜。幾十年來，中國的經濟增長一直依賴於債務。一九八〇年時，中國的債務仍然處於很低的水準，此後一直緩慢增長。然而，從二

○一○年至二○二○年，中國的經濟增長翻了一番，債務水準卻增加兩倍，達到國民總產值的二八○%。消解債務最有效的辦法，應該是減少對基礎設施建設的投資，同時刺激國內消費。然而，中國家庭的消費水準很難進一步提高，原因很簡單：大部分財富流向國家，而不是一般民眾。李克強在二○二○年五月披露，全中國有六億多人每月收入僅為一百四十美元，連在城市裡租一個房間都不夠。為了刺激居民消費，必須對財富進行大規模的再分配，增加一般民眾的收入，但這種事情幾乎不可能發生。[22]

人口危機使中國面臨的問題變得更加複雜。幾十年來，中國的廉價勞動力一直都很充足，但這種情況在二○一○年前後發生逆轉：由於獨生子女政策，勞動人口開始減少。勞動力的萎縮對生產力的提高提出要求，但事實上中國的生產力卻在不斷下降。[23]幾十年來，農村一直為城市提供廉價的非技術型工人，但其自身的發展卻無人重視。各地政府可以為城市的基礎設施建設一擲千金，卻很少把錢用在居民身上，至於農民享受的福利更是等而次之。在全國範圍內，僅有三分之一的兒童有機會接受高中教育，農村的近視人口中買得起眼鏡的也是少數。與同等規模或發展水準相當的國家相比，中國農村勞動人口的受教育程度處於最低的等級，這一切都是長期忽視農村發展的結果。[24]

近幾十年來，中國的經濟增長主要靠以下這些手段：吸引外國資本、剝削不受法律保護的勞動力、透過拍賣土地增加財政收入、政府補貼出口企業、組織國有企業集團到國外上市、借錢建設日後再還。如今，這些捷徑都已走到盡頭。共產黨目前面臨的挑戰是：如何在繼續壟斷政權和控制生產資料的前提下，解決由其自身所造成一系列長期形成的結構性問題。看起來，前方只有死路一條。

誌謝

本書的研究得到香港大學文學院徐朗星學術研究基金資助，在此謹表謝意。我要感謝以下諸位閱讀書稿並提出建議，他們是 Gail Burrowes、Fraser Howie、Christopher Hutton、Willy Lam、Priscilla Roberts，以及其他不希望公開姓名的讀者。Peter Baehr、Jean-Pierre Cabestan、Rowan Callick、Simon Cartledge、Ron Gluck、Paul Gregory、Charles Hill、Carsten Holz、熊景明、李南央和 Michael Sheng 也慷慨地給予評論和建議，並回答我的相關疑問。威格拉姆資本顧問有限公司（Wigram Capital Advisors Limited）的 Rodney Jones 不僅閱讀整部書稿，還提供非常寶貴的資料。此外，我還得到許多中國大陸的朋友和同事幫助，但由於眾所周知的原因，他們的名字在這裡不便公開。

胡佛研究所圖書檔案館的工作人員對我熱情相助，我在那裡查閱李銳的日記。在法國科內夫（Courneuve）的外交部檔案館，Ariane Morais-Abreu 對我幫助頗多，尤其是協助解密一批一九九二年以前的檔案資料。我還要感謝我的出版商：倫敦的 Michael Fishwick 和紐約的 Ben Hyman，還有我的編輯 Richard Collins、Francisco Vilhena，以及所有布魯姆斯伯里出版社（Bloomsbury Publishing PLC）的工作團隊。我要向我的經紀人——紐約的 Andrew Wylie 和倫敦的 James Pullen 表示謝意。最後，感謝愛妻 Gail Burrowes 對我一如既往的支持。

注釋

前言

1 James Palmer, 'Nobody Knows Anything about China: Including the Chinese Government', *Foreign Policy*, 21 March 2018.

2 趙紫陽〈沿著有中國特色的社會主義道路前進〉，《人民日報》一九八七年十一月四日；BArch, Berlin, DY 30/2437, Meeting Between Erich Honecker and Zhao Ziyang in Berlin, 8 June 1987, pp. 10–20; Charlotte Gao, 'Xi: China Must Never Adopt Constitutionalism, Separation of Powers, or Judicial Independence', *The Diplomat*, 19 Feb. 2019.

3 Wenzhou, J1-28-51, Conference on Guangdong and Fujian, 24 Dec. 1980, transcript dated 21 Jan. 1981, pp. 43–7.

4 Barry Rubin, *Modern Dictators: Third World Coup Makers, Strongmen, and Populist Tyrants*, McGraw-Hill, New York, 1987.

5 'China Has Over 600 Million Poor With $140 Monthly Income', *PTI News*, 28 May 2020.

6 Xiang Songzuo, 'The Pitiful State of the Chinese Economy', *AsiaNews*, 21 Jan. 2019.

第一章

1 關於天安門廣場的建築史，參見 Adrian Hornsby, 'Tiananmen Square: The History of the World's Largest Paved Open Square', *Architectural Review*, 12 Oct. 2009; Wu Hung, *Remaking Beijing: Tiananmen Square and the Creation of a Political Space*, Reaktion Books, London, 2005.

2 關於一九一一年後中國在言論、結社、信仰和集會自由等方面的改善，參見 Frank Dikötter, *The Age of Openness: China Before Mao*, University of California Press, Berkeley, CA, 2008.

3 Lu Xun, *Diary of a Madman and Other Stories*, translated by William A. Lyell, University of Hawai'i Press, Honolulu, 1990, p. xxvii.

4 Frank Dikötter, *The Tragedy of Liberation: A History of the Chinese Revolution 1945–1957*, Bloomsbury, London, 2013.

5 金沖及主編，《周恩來傳，1898–1949》，中央文獻出版社，北京，一九八九，下卷，頁一九〇八。

6 Roderick MacFarquhar and Michael Schoenhals, *Mao's Last Revolution*, Harvard University Press, Cambridge, MA, 2006, pp. 393–7.

7 Li Zhisui, *The Private Life of Chairman Mao: The Memoirs of Mao's Personal Physician*, Random House, New York, 1994.

8 Yan Jiaqi and Gao Gao, *Turbulent Decade: A History of the Cultural Revolution*, University of Hawai'i Press, Honolulu, 1996, pp. 489–92.

9 Roger Garside, *Coming Alive: China after Mao*, Deutsch, London, 1981, pp. 115–28.

10 Hoover Institution, 'Zhongguo Gong Chan Dang Issuances', Box 1, Minutes of Politburo Meeting, 1 April 1976, transcript dated 2 April 1976.

11 Hoover Institution, 'Zhongguo Gong Chan Dang Issuances', Box 1, Minutes of Politburo Meeting, 4 April 1976.

12 Hoover Institution, 'Zhongguo Gong Chan Dang Issuances', Box 1, Mao Yuanxin to Mao Zedong, 5 April 1976.

13 Hoover Institution, 'Zhongguo Gong Chan Dang Issuances', Box 1, Minutes of Politburo Meeting, 6 April 1976; see also Ezra F. Vogel, *Deng Xiaoping and the Transformation of China*, Harvard University Press, Cambridge, MA, 2011, p. 168.

14 Hoover Institution, 'Zhongguo Gong Chan Dang Issuances', Box 1, Minutes of Politburo Meeting, 5 April 1976; Hoover Institution，李銳 Papers, diary entry dated 18 May 1995.

15 Hoover Institution, 'Zhongguo Gong Chan Dang Issuances', Box 1, Mao Yuanxin to Mao Zedong, 6 April 1976; the role played by Hua Guofeng only came to light a few years later; see Shanghai, B250-5-128, Chen Guoding, Report on the Sixth Plenum, 13 to 15 July 1981, pp. 39–71; Li Zhisui, Mao's doctor, saw Jiang Qing watching the crowd through

binoculars: Li, *The Private Life of Chairman Mao*, p. 612; on the contents of the broadcast and lingering questions about Hua's role in the Tiananmen incident, see PRO, FCO 21/1609, 'Your Telno 953: Hua's Watergate', 21 Dec. 1978.

16 Hoover Institution, 'Zhongguo Gong Chan Dang Issuances', Box 1, Mao Yuanxin to Mao Zedong, 7 April 1976; the role played by Hua Guofeng only came to light a few years later; see Shanghai, B250-5-128, Chen Guoding, Report on the Sixth Plenum, 13 to 15 July 1981, pp. 39–71.

17 Pamela Tan, *The Chinese Factor: An Australian Chinese Woman's Life in China from 1950 to 1979*, Roseberg, Dural, New South Wales, 2008, p. 228; PRO, FCO 21/1552, 25 Feb. 1977, 'Internal Situation'; see also MacFarquhar and Schoenhals, *Mao's Last Revolution*, pp. 431–2.

18 在毛的官方傳記裡，記述這張紙條的唯一出處是張玉鳳未公開出版的日記，而這本日記如今保存在中央檔案館裡，外界無從得見。參見逄先知和金沖及主編的《毛澤東傳，1949–1976》，中央文獻出版社，北京，二〇〇三，下卷，頁一七七八－一七七九頁。然而，原《人民日報》社社長秦川曾讀過這本日記，並提供另一種說法，參見胡佛研究所藏李銳日記中所記載的李銳與秦川的談話，日期為二〇〇〇年四月二十七日。

19 MacFarquhar and Schoenhals, *Mao's Last Revolution*, pp. 443–7.

20 PRO, FCO 21/1493, 'Confidential Wire', 25 Oct. 1976; Hoover Institution, Hongda Harry Wu Collection, Box 2, Document issued by the Central Committee, zhongfa (1976) no. 16, 18 Oct. 1976 as well as Document issued by the Central Committee, zhongfa (1977) no. 10, 6 March 1977; on the removal of all references to the Gang of Four, see Hubei, SZ120-4-380, 23 Oct. 1976.

21 Hoover Institution, 'Zhongguo Gong Chan Dang Issuances', Box 1, Deng Liqun, Talk at the Capital Garrison, 7 and 8 July 1981, pp. 37–42; on posters in Beijing, see PRO, FCO 21/1550, Roger Garside, 'The Force of Public Opinion', 17 Jan. 1977.

22 Hoover Institution, 'Zhongguo Gong Chan Dang Issuances', Box 1, Deng Liqun, Talk at the Capital Garrison, 7 and 8 July 1981, pp. 37–8.

23 Hoover Institution, 'Zhongguo Gong Chan Dang Issuances', Box 1, Deng Liqun, Talk at the Capital Garrison, 7 and 8 July 1981, pp. 37–8; Li Xiannian's attack on Deng is documented in Ruan Ming, *Deng Xiaoping: Chronicle of an Empire*,

Routledge, London, 2018, p. 40.

24 PRO, FCO 21/1551, Roger Garside, 'Where are Hua's Men?', 7 March 1977.

25 關於毛的這次講話，有好幾個公開版本，並有三種譯文，但都沒有呈現講話的全部內容。一九五六年五月十六日中央下發的講話原文可見於山東省檔案館的檔案 A1-2-387，頁二一一七頁；關於這次講話的詳細歷史背景及大鳴大放運動的情況，參見 Dikötter, *The Tragedy of Liberation*, chapter 14.

26 Dikötter, *The Tragedy of Liberation*, chapter 14.

27 毛澤東，《建國以來毛澤東文稿》，中央文獻出版社，北京，一九九八，第十三卷，頁四四四。

28 PRO, FCO 21/1550, R. F. Wye, 'Mao Tse-tung's Speech on the 10 Major Relationships', 14 Jan. 1977.

29 MAE, 752INVA/2118, 'La Chine se tourne de nouveau vers les pays occidentaux', 8 Nov. 1976.

30 John P. McKay, 'Foreign Enterprise in Russian and Soviet Industry: A Long Term Perspective', *Business History Review* (Autumn 1974), 48, no. 3, p. 353; a great primary source is the gripping account of Eugene Lyons, *Assignment in Utopia*, George G. Harrap, London, 1938.

31 Frank Dikötter, *Mao's Great Famine: The History of China's Most Devastating Catastrophe, 1958–62*, Bloomsbury, London, 2010, in particular chapter 10 ('Shopping Spree') and chapter 37 ('The Final Tally'). See also chapter 20 ('Housing') on how the capital became a giant building site.

32 Dikötter, *Mao's Great Famine*, p. 79.

33 Frank Dikötter, *The Cultural Revolution: A People's History, 1962–1976*, Bloomsbury, London and New York, 2016, pp. 260–61; on living standards see also the conclusion reached by Lein-Lein Chen and John Devereux, 'The Iron Rice Bowl: Chinese Living Standards 1952–1978', *Comparative Economic Studies*, 2017, no. 59, pp. 261–310.

34 Frederick C. Teiwes and Warren Sun, 'China's New Economic Policy Under Hua Guofeng: Party Consensus And Party Myths', *The China Journal*, no. 66 (July 2011), p. 7.

35 PRO, FCO 21/1553, John Gerson, 'The Chinese Leadership Observed', 11 Oct. 1977; Gerson attended a banquet given at a later date in October 1977.

36 PRO, FCO 21/1554, 'PRC Internal Situation', 17 Oct. 1977; on the Four Modernisations see Lawrence C. Reardon, *The*

Reluctant Dragon: Crisis Cycles in Chinese Foreign Economic Policy, Hong Kong University Press, Hong Kong, 2002, chapter 3.

37 Hoover, 'Zhongguo Gong Chan Dang Issuances', Box 1, Minutes of Politburo Meeting, 9 Feb. 1978.

38 Teiwes, 'China's New Economic Policy', p. 11. Shanghai, B250-5-128, Chen Guoding, Report on the Sixth Plenum, 13 to 15 July 1981, pp. 39–71.

39 Dikötter, *The Cultural Revolution*, p. 157.

40 Shanghai, B1–8-11, Report from the State Council, 6 Nov. 1978, pp. 14–16; Hebei was one such province: see Hebei, 919-1-148, 11 Dec. 1968.

41 O. Arne Westad, 'The Great Transformation', in Niall Ferguson, Charles S. Maier, Erez Manela and Daniel J. Sargent (eds), *The Shock of the Global: The 1970s in Perspective*, Harvard University Press, Cambridge, MA, 2010, p. 79.

42 Dikötter, *Tragedy of Liberation*, pp. 137–8.

43 Hebei, 979-10-512, Speech by Gu Mu, 13 April 1980, pp. 51–60.

44 'Interest in Technology', *South China Morning Post*, 24 Sept. 1977.

45 Guangdong, 235-2-242, Report on Trade Mission, 20 Oct. 1977, pp. 157–80.

46 Wenzhou, J1-27-60, Nationwide Conference on Foreign Trade, 18 Dec. 1979, p. 189; Hoover Institution, Milton Friedman Papers, Box 188, 'Report of Trip to the People's Republic of China', pp. 6–7 and 20.

47 Ruan, *Deng Xiaoping*, p. 28.

48 Ruan, *Deng Xiaoping*, p. 36.

49 PRO, FCO 21/1609, Roger Garside, 'The April the Fifth Movement', 12 Dec. 1978; Percy Cradock, 'The Politburo and "Democracy Wall"', 18 Dec. 1978.

50 Robert D. Novak, 'China's Saviour', *Washington Post*, 24 Feb. 1997.

51 湖北，SZ1-4-808，中發1978(77)，一九七八年十二月二十八日，包括華國鋒於一九七八年十一月二十五日在中央工作會議上的講話，以及華國鋒和葉劍英於一九七八年十二月十三、十八日在三中全會上的發言；關於這次工作會議及三中全會的詳細介紹，傳高義曾根據官方公開資料詳細記述，參見Vogel, *Deng Xiaoping*, pp.

229–47。另見 Ruan, *Deng Xiaoping*, pp. 44–8.

52 Westad, 'The Great Transformation', p. 76.

53 See, among others, Katherine G. Burns, 'China and Japan: Economic Partnership to Political Ends', unpublished paper, Stimson Center, accessed on 25 Sept. 2020; Tomozo Morino, 'China-Japan Trade and Investment Relations', *Proceedings of the Academy of Political Science*, 38, no. 2 (1991), pp. 87–94; Wang Hong, *China's Exports since 1979*, St Martin's Press, London, 1993, p. 143.

54 Richard L. Walker, 'What We Should Know About China', *National Review*, 2 May 1980; Walker also quotes Laszlo Ladany, *China News Analysis*, 14 June 1974, pp. 1–2.

55 Hoover Institution, Henry S. Rowen Papers, Box 62, Minutes of Meeting with Committee on the Present Danger, 27 Nov. 1977; see also Box 62, 'Hao Te-ching's Discussion with Governor Edmund G. Brown', 16 July 1977.

56 Fox Butterfield, 'Brzezinski in China', *New York Times*, 24 May 1978.

57 Document 191, 'Telegram From the Liaison Office in China to the Department of State', 11 Jan. 1979, and document 208, 'Memorandum of Conversation', 30 Jan. 1979, *Foreign Relations of the United States, 1977–1980*, vol. XIII, United States Government Printing Office, Washington: 2013, pp. 709–10 and 778.

58 On normalisation and the MFN status, a profitable read is Jean A. Garrison, 'Explaining Change in the Carter Administration's China Policy: Foreign Policy Adviser Manipulation of the Policy Agenda', *Asian Affairs*, 29, no. 2 (Summer 2002), pp. 83–98.

59 Don Oberdorfer, 'Teng and Khrushchev', *Washington Post*, 5 Feb. 1979.

60 PRO, FCO 21/1686, J. S. Wall, 'Secretary of State's Talks with Mr Vance: China', 23 May 1979.

61 MAE, 752INVA/2090, Claude Arnaud, 'Manifestation paysanne à Pékin', 15 Jan. 1979; PRO, FCO 21/1685, 'Peking's Democracy Wall', January 1979; Roger Garside, 'April 5th Movement: Organisation and Attitudes', 6 Jan. 1979.

62 The essay appears in Gregor Benton (ed.), *Wild Lilies, Poisonous Weeds: Voices from People's China*, Pluto Press, London, 1982; readers should also turn to another invaluable compendium of primary sources, namely Geremie Barmé and John Minford (eds), *Seeds of Fire: Voices of Conscience*, Hill and Wang, New York, 1988.

63 MAE, 752INVA/2093, Claude Arnaud, ‘Politique intérieure de la Chine du 9 mars au 5 avril 1979’, 4 April 1979; see also ‘Strains of Gershwin in Peking’, *South China Morning Post*, 17 March 1979.

64 PRO, FCO 21/1685, Percy Cradock, ‘My Telno 354: The Internal Situation’, 9 April 1979; FCO 21/1686, ‘Tightening Political Control’, April 1979.

65 Deng Xiaoping, ‘Uphold the Four Cardinal Principles’, 30 March 1979, *Selected Works of Deng Xiaoping*, vol. 2, various editions.

66 劉豔、王濤〈「堅持四項基本原則」的形成和歷史地位〉，《當代中國史研究》22，no. 2（二〇一五年三月），頁二一。

67 PRO, FCO 21/1686, Christopher O. Hum, ‘May Day and After’, 7 May 1979.

68 Nigel Wade, ‘Brave Editor who Defied Hua’, *Sunday Telegraph*, 21 Oct. 1989; see also the entire folder in PRO, FCO 21/1689, ‘Political Prisoners in China’, 1979; on the meeting to discuss the Most Favoured Nation status, see ‘Trial, Conviction and Imprisonment of Wei Jingsheng’, *Hearing before the Subcommittee on International Operations and Human Rights, 18 December 1995*, U.S. Government Printing Office, Washington, 1996, p. 5.

69 Tianjin, X211-1-503, Central Work Conference on Public Security, 25 April 1981.

70 Pitman Potter, *From Leninist Discipline to Socialist Legalism: Peng Zhen on Law and Political Authority in the PRC*, Stanford University Press, Stanford, CA, 2003, p. 113; Tan, *The Chinese Factor*, p. 257.

71 James H. Mann, *About Face: A History of America’s Curious Relationship with China, from Nixon to Clinton*, Alfred A. Knopf, New York, 1998, p. 103.

72 Rough pollution measurements can be found in MAE, 752INVA/2117, Claude Martin, ‘Pékin: Les embarras d’une capitale’, 20 Aug. 1979.

73 Bryan Johnson, ‘First Week in Peking is Mental Overload’, *Globe and Mail*, 5 Oct. 1979.

74 Wenzhou, J1-27-60, Report by the Ministry of Culture, 4 Jan. 1980, pp. 150–56.

75 PRO, FCO 21/1552, Mark Fenn, ‘Culture in China’, 13 June 1977; FCO 21/1800, Percy Cradock, ‘Youth in China’, 27 June 1980; Earl Vinecour, ‘The Teresa Teng Craze’, *South China Morning Post*, 23 May 1982.

76 Timothy McNulty, 'China has TV Thirst', *Boston Globe*, 1 Jan. 1980.

77 Bryan Johnson, 'Status in China Now Requires TV and Fan to Cool it', *Globe and Mail*, 1 Jan. 1980.

78 Bryan Johnson, 'Masses Hypnotized by a Doctored Medium', *Globe and Mail*, 2 Dec. 1980.

79 Paul Theroux, *Riding the Iron Rooster: By Train Through China*, Houghton Mifflin, New York, 1988, p. 127.

80 關於這一決議的形成，參見 Robert L. Suettinger, 'Negotiating History: The Chinese Communist Party's 1981', Project 2049 Institute, Washington, 2017.

81 See Hoover Institution, 'Zhongguo Gong Chan Dang Issuances', Box 1, Outline the Sixth Plenum, pp. 19–22, quoting Deng Xiaoping's talk at the Four Thousand Cadre Meeting to discuss the draft resolution on 25 October 1980.

82 'Resolution on Certain Questions in the History of Our Party since the Founding of the People's Republic of China', 27 June 1981, History and Public Policy Program Digital Archive, Wilson Center, translated from the *Beijing Review*, 24, no. 27, 6 July 1981, pp. 10–39.

83 關於這些會議的情況，官方只披露其中一次的部分內容，其他具體細節仍不得而知。不過，一九八一年七月鄧力群曾在首都衛戍部隊作過一次長篇講話，介紹這些會議的大致情況，參見 Hoover Institution, 'Zhongguo Gong Chan Dang Issuances', Box 1, Deng Liqun, Talk at the Capital Garrison, 7 and 8 July 1981, pp. 37–42 in particular；一九八〇年十一月十九日胡耀邦講話的刪節版見於中共中央文獻研究室編《三中全會以來重要文件彙編》，人民出版社，北京，一九八二，第二卷，頁七三五－七四七；另見上海市檔案館，B250-5-128，陳國棟關於六中全會的報告，一九八一年七月十三至十五日，頁三九－七一。

84 'Resolution on Certain Questions'.

第二章

1 Dikötter, *The Tragedy of Liberation*, pp. 215–17.

2 Li, *The Private Life of Chairman Mao*, p. 392.

3 Patrick Tyler, 'Chen Yun, Who Slowed China's Shift to Market, Dies at 89', *New York Times*, 12 April 1995.

4 關於黨內元老復出後所帶來意想不到的結果，目前的最佳分析可見 Ruan, *Deng Xiaoping*, chapter 2。

5 Wenzhou, J1-26-84, Report from the Ministry of Finance, 5 May 1979, pp. 7–25.

6 Nai-Ruenn Chen, *China's Economy and Foreign Trade, 1979–81*, Department of Commerce, Washington, 1982, pp. 1–2.

7 Robert Service, *Comrades: A History of World Communism*, Harvard University Press, Cambridge, MA, 2007, p. 6.

8 Dikötter, *Mao's Great Famine*, chapter 23, 'Wheeling and Dealing'.

9 Dikötter, *Mao's Great Famine*, p. 211.

10 Hebei, 979-10-512, Han Guang, Report on Capital Construction, 23 March 1980, pp. 22–46.

11 Hubei, SZ43-6-183, Speech by Zhao Ziyang at National Conference of Heads of Province, 15 Nov. 1980, pp. 1–5.

12 Wenzhou, J1-26-81, 26 Sept. 1979, pp. 31–46, as well as Report from the Zhejiang Provincial Planning Committee, 31 May 1979, pp. 120–52.

13 Hebei, 979-10-512, Gu Mu, Speech on Capital Construction, 13 April 1980, pp. 51–60.

14 The cut in the state budget is in Wenzhou, J1-26-81, 27 March 1979, pp. 6–30; the figures from local investment were made public and are reported in Chen, *China's Economy and Foreign Trade, 1979–81,* Department of Commerce, Washington, 1982, pp. 1-2.

15 Wenzhou, J51-29-40, 7 Nov. 1979, pp. 90–93.

16 Nanjing, 5093-4-69, 10 Dec. 1979, pp. 1–4; Wenzhou, J1-28-51, 7 March 1981, pp. 49–54; Tianjin, X199-2-1958, 6 July 1979, pp. 37–40.

17 Hubei, SZ48-2-310, Report on Investigation of Prices, 16 Jan. 1979, pp. 20–29; the HSBC estimates are in MAE, 2882TOPO/2936, 'L'économie chinoise en 1981', May 1982, p. 6.

18 Nanjing, 5054-5-216, 4 Aug. 1982, pp. 29–33; Hubei, SZ43-6-183, Speech by Gu Mu at Work Conference on Imports and Exports, 23 Dec. 1980, pp. 134–9; MfAA, Berlin, ZR481/86, 'Sozialökonomische Widersprüche in China', April 1982, p. 4.

19 Hubei, SZ43-6-183, Speech by Gu Mu at Work Conference on Imports and Exports, 23 Dec. 1980, pp. 134–9; the foreign debt is detailed in Yao Yilin, Report to the Politburo,28 Nov. 1980, pp. 31–7.

20 Hubei, SZ34-11-91, 22 May 1980, Report by State Council on Speculation and Smuggling, pp. 46–51.

21 Wenzhou, J87-31-25, 22 Jan. 1981, pp. 249–51.

22 On the budget see Hubei, SZ43-6-183, Speech by Zhao Ziyang at National Conference of Provincial Leaders, 15 Nov. 1980, pp. 1–15, as well as Speech by Wang Bingqian, 21 Dec. 1980, pp. 76–81.

23 Ruan, *Deng Xiaoping*, p. 98.

24 Hubei, SZ43-6-183, Speech by Zhao Ziyang at National Conference of Heads of Province, 15 Nov. 1980, pp. 1–15.

25 Dikötter, *The Tragedy of Liberation*, p. 81.

26 Dikötter, *Mao's Great Famine*, p. 81.

27 PRO, FCO 21/1687, Christopher O. Hum, 'Back to Basics', 13 Nov. 1979.

28 Hubei, SZ43-6-183, Speech by Zhao Ziyang at National Conference of Heads of Province, 15 Nov. 1980, pp. 1–15; Ruan, *Deng Xiaoping*, p. 98.

29 Michael Parks, 'Dream for a Steel Complex Turns into a Nightmare', *Los Angeles Times*, 29 Nov. 1981; Jonathan Sharp, 'Baoshan: Model of a Planning Disaster', *South China Morning Post*, 24 July 1981; Takashi Oka, 'Peking Shelves Grandiose Plans', *The Christian Science Monitor*, 8 Dec. 1980.

30 MAE, 2882TOPO/2935, 'Statistiques monétaires chinoises pour 1981', 19 April 1982, p. 5; Wenzhou, J34-32-57, National Conference on Banking, 30 April 1982, pp. 126–36.

31 Wenzhou, J20-17-23, Report by the State Bureau for Statistics, 31 Oct. 1979, pp. 76–8; the numbers appear in MAE, 2882TOPO/2936, François Lemoine, 'Réformes économiques et finances publiques en Chine', Dec. 1983, p. 5.

32 Wenzhou, J34-32-36, Report by State Council, 9 Dec. 1982, pp. 20–26 as well as Report on Problems with Daily Goods, 24 July 1982, pp. 66–9; Nanjing, 5020-5-208, 6 Sept. 1982, pp. 94–8.

33 Wenzhou, J1-27-60, Nationwide Conference on Foreign Trade, 18 Dec. 1979, p. 197.

34 Wenzhou, J1-27-60, Nationwide Conference on Foreign Trade, 18 Dec. 1979, p. 201.

35 Shanghai, B76-5-112, Comments on Foreign Trade by Zhao Ziyang, Gu Mu and Yao Yilin, 11 Dec. 1980; Shanghai, B1-9-1340, Document by State Council and State Economic Planning Commission, 18 Oct. 1984, pp. 28–30.

36 See Lin Guijun and Ronald M. Schramm, 'China's Foreign Exchange Policies since 1979: A Review of Developments

and an Assessment', *China Economic Review*, 14, no. 3 (Dec. 2003), pp. 250–58; see also Nicholas R. Lardy, *Foreign Trade and Economic Reform in China, 1978–1990*, Cambridge University Press, Cambridge, 1992.

37 Lin and Schramm, 'China's Foreign Exchange Policies since 1979', p. 251.

38 Dikötter, *The Cultural Revolution*, chapter 2, 'The Silent Revolution'.

39 Dikötter, *The Cultural Revolution*, pp. 262–3 and 270.

40 Dikötter, *The Cultural Revolution*, pp. 275–6.

41 MAE, 2882TOPO/2951, 'Production et consommation des produits agricoles en Chine', 1 Sept. 1986, p. 4; Guangdong, 235-2-284, Report by State Council, 12 March 1978, pp. 144–8; Hubei, SZ107-6-52, Report by Central Agricultural Committee, 15 Aug. 1979, pp. 3–8.

42 The purchases abroad are detailed in Fox Butterfield, 'China's New Dialectic: Growth', *New York Times*, 5 Feb. 1978; MAE, 2882TOPO/2951, 'Production et consommation des produits agricoles en Chine', 1 Sept. 1986, pp. 3–5; Dong Fureng, *Industrialization and China's Rural Modernization*, The World Bank, Washington, 1992, p. 91.

43 Wenzhou, J1-26-81, National Conference on Pricing, 4 Oct. 1979, pp. 188–218; the estimate of 8 billion is from Shanghai, National Conference on Planning, B1-8-113, 17 Jan. 1980, pp. 40–54; the estimate of 30 billion is in MAE, 2882TOPO/2951, 'La fin des communes populaires', 23 Feb. 1983, p. 6.

44 Wenzhou, J1-26-83, Draft by the Centre on Decisions to Speed up Development in the Countryside, 22 Dec. 1978, p. 13.

45 Hebei, 979-10-508, Talk by Deng Xiaoping, Based on Notes by Deng Liqun, 2 April 1980, pp. 10–23.

46 Wenzhou, J1-27-32, Document No. 75 on the Countryside, 14 Nov. 1980, pp. 113–26.

47 Wenzhou, J87-31-25, National Conference on Agriculture, Jan. 1981, pp. 153–8.

48 Wenzhou, J87-31-25, Investigation into the Countryside, Jan. 1981, pp. 159–64; Hebei, 925-2-188, Report on Lulong County, 27 Oct. 1982, pp. 1–7.

49 On living standards, see Dong, *Industrialization*, p. 36; MfAA, ZR 2629/90, Report from Bernd Jordan, 7 Dec. 1983; Kate Zhou, *How the Farmers Changed China: Power of the People*, Westview Press, Boulder, CO, 1996; see also Daniel Kelliher, *Peasant Power in China: The Era of Rural Reform, 1979–1989*, Yale University Press, New Haven, CT, 1992.

50 Dikötter, *The Tragedy of Liberation*, pp. 224–5.

51 MAE, 2882TOPO/2951, 'La fin des communes populaires', 23 Feb. 1983, p. 20; the figure of 100 million is also mentioned in Dong, *Industrialization*, p. 8.

52 Gansu, 216-4-164, 17 Oct. 1983, pp. 136-7; Hebei, 925-2-166, Wan Li, Speech to the State Agriculture Committee, 11 March 1981, pp. 349–54.

53 Hubei, SZ118-5-324, Secretariat of the Communist Party of China, Work Conference on Education, 8 to 12 May 1981, pp. 1–20.

54 Dong, *Industrialization*, p. 53.

55 Dikötter, *The Cultural Revolution*, pp. 230–31.

56 Dikötter, *The Cultural Revolution*, pp. 278–80; the example of Chuansha is from Lynn T. White, *Unstately Power: Local Causes of China's Economic Reforms*, M. E. Sharpe, Armonk, NY, 1998, pp. 94 and 101; one should also read Zhang Qi and Liu Mingxing, *Revolutionary Legacy, Power Structure, and Grassroots Capitalism under the Red Flag in China*, Cambridge University Press, Cambridge, 2019, pp. 189–96.

57 Hubei, SZ43-6-183, Xu Jing'an, Research Paper Circulated by Zhao Ziyang, 8 Nov. 1980, pp. 82–6.

58 Shanghai, B250-5-542, Report on Wuxi, Jiangyin and Shazhou, 9 July 1984, pp. 1–10.

59 Shanghai, B250-5-542, Report on Guangdong, Dec. 1984, pp. 48–65.

60 Shanghai, B250-5-542, Report on Guangdong, Dec. 1984, pp. 48–65.

61 李銳日記，一九九四年九月十九日。

62 Hubei, SZ43-6-183, Xu Jing'an, Research Paper Circulated by Zhao Ziyang, 8 Nov. 1980, pp. 82–6; imports in statistical table in Chen, *China's Economy and Foreign Trade, 1979–81*, p. 31.

63 Ruan, *Deng Xiaoping*, p. 101.

64 Martin King Whyte, Feng Wang and Yong Cai, 'Challenging Myths About China's One-Child Policy', *The China Journal*, no. 74 (July 2015), pp. 144–59. The Shandong figure is in Shandong, A188-1-2, 12 and 30 Dec. 1972, pp. 50 and 155.

65 MAE, 2882TOPO/2917, 'Le contôle des naissances en Chine', 27 Aug. 1982.
66 Wenzhou, J11-7-20, Comments by Chen Yun at Politburo Meeting, 2 Sept. 1980, pp. 215–16.
67 Chen Yun, 'Pay Attention to Grain Work', translated by Mao Tong and Du Anxia in Chen Yun, *Chen Yun's Strategy for China's Development*, M. E. Sharpe, Armonk, NY, 1983, pp. 67–72.
68 Thomas Sharping, *Birth Control in China 1949-2000: Population Policy and Demographic Development*, Routledge, London, 2003, p. 42.
69 「偽科學」一詞的使用和論證參見 Whyte, 'Challenging Myths About China's One-Child Policy'。
70 MAE, 2882TOPO/2917, 'Le contôle des naissances en Chine', 27 Aug. 1982.
71 MAE, 2882TOPO/2917, 'Renforcement du contôle des naissances', 14 Jan. 1982.
72 Gansu, 141-1-30, Zhao Ziyang's Comments on Birth Control, 18 Aug. and 8 Sept. 1982, pp. 70–79.
73 Whyte, 'Challenging Myths About China's One-Child Policy'.

第三章

1 Deng Xiaoping, 'Opening Speech at the Twelfth National Congress of the Communist Party of China', 1 Sept. 1982, *Selected Works of Deng Xiaoping*, vol. 3, various editions.
2 Deng Xiaoping, 'Speech At a Forum of the Military Commission of the Central Committee of the CPC', 4 July 1982, *Selected Works of Deng Xiaoping*, vol. 2, various editions.
3 Dikötter, *The Cultural Revolution*.
4 Yang Zhongmei, *Hu Yao-Bang: A Chinese Biography*, Routledge, London, 1989, pp. 111–12.
5 MAE, 752INVA/2117, 'Quelques aspects du problème des jeunes en Chine', 9 April 1980; Linda Matthews, 'Young Soldier Is New China Hero', *Los Angeles Times*, 1 May 1980.
6 Stanley Oziewicz, 'China Youth Have a New Model Hero', *Washington Post*, 2 Nov. 1982; Christopher Wren, 'Peking's New Line Calls for New Heroes', *New York Times*, 16 Jan. 1983.
7 Christopher Wren, 'Peking's New Line Calls for New Heroes', *New York Times*, 16 Jan. 1983.

8 An excellent analysis appears in Wang Jing, *High Culture Fever: Politics, Aesthetics, and Ideology in Deng's China*, University of California Press, Berkeley, CA, 1996.

9 宋月紅：〈四項基本原則從提出到寫入憲法〉，《光明日報》，二〇一五年四月二十五日。

10 李銳日記，一九八三年三月十八日、三月二十一日。

11 '30,000 Jailed in Clamp on Economic Crime', *South China Morning Post*, 26 July 1983; the quotation is in Amanda Bennett, 'China Starts New Drive Against Crime', *Wall Street Journal*, 24 Aug. 1983.

12 MAE, 2882TOPO/2913, Claude Martin, 'Crime et châtiment', 14 Oct. 1983; Amanda Bennett, 'China Starts New Drive Against Crime', *Wall Street Journal*, 24 Aug. 1983.

13 MAE, 2882TOPO/2913, Claude Martin, 'Crime et châtiment', 14 Oct. 1983; it is unclear whether the figure of 80,000 included the 30,000 sentenced for economic crimes; see also Murray Scot Tanner, 'State Coercion and the Balance of Awe: The 1983–1986 "Stern Blows" Anti-Crime Campaign', *The China Journal*, no. 44 (July 2000), pp. 93–125.

14 Deng Xiaoping, 'The Party's Urgent Tasks on the Organisational and Ideological Fronts', 12 Oct. 1983, *Selected Works*, vol. 3, various editions.

15 Michael Weisskopf, 'China Moves to Rescue Itself from Outside "Spiritual Pollution"', *Washington Post*, 2 Dec. 1983.

16 Shanghai, B243-3-149, Report from Shanghai Bureau for Higher Education, 31 Oct. 1983, pp. 51–4; Gansu, 107-5-152, 9 Nov. 1983, pp. 93–6; Shanghai, A76-4-271, 31 Oct. 1983, pp. 1–6.

17 Christopher Wren, 'China's Prey, "Spiritual Pollution", Proves Elusive', *New York Times*, 20 Dec. 1983.

18 MAE, 2882TOPO/2914, 'La réforme agricole et l'évolution du monde rural en Chine', 28 Feb. 1984.

19 Jonathan Mirsky, 'Get Rich Quick is All the Rage in China', *Observer*, 10 July 1983.

20 Keun Lee, 'The Chinese Model of the Socialist Enterprise: An Assessment of its Organization and Performance', *Journal of Comparative Economics*, 14, no. 3 (Sept. 1990), p. 385.

21 Lee, 'The Chinese Model of the Socialist Enterprise', p. 386.

22 Wenzhou, J34-32-71, Report by Wenzhou Branch of People's Bank of China, 19 Nov. 1983, pp. 181–4; Tianjin, X110-1-823, 27 Feb. 1985, pp. 109–11; Tianjin, X95-2-2099, Report by Ministry of Commerce, 5 Jan. 1985, pp. 8–13; the

example from Taizhou is in MAE, 2882TOPO/2936, United States Mission, 'Tax Reform in China's Provinces', 5 Dec. 1983.

23 MAE, 2882TOPO/2936, United States Mission, 'Attacking China's Deficit Enterprises', 8 Dec. 1983.

24 Hubei, SZ69-7-469, National Conference on the Second Stage of the Tax System (22 June to 7 July 1984), 13 July 1984, pp. 9–22.

25 Vogel, *Deng Xiaoping*, p. 450。另見李銳日記，一九八四年一月二十一日。

26 Chen Yulu, Guo Qingwang, Zhang Jie, *Major Issues and Policies in China's Financial Reform*, Enrich Professional Publishing, Honolulu, 2016, vol. 3, p. 24.

27 Lee Zinser, 'The Performance of China's Economy' in Joint Economic Committee (eds), *China's Economic Dilemmas in the 1990s*, U.S. Government Printing Office, Washington, 1991, vol. 1, figures 3 and 4, pp. 112–13.

28 Chen, Guo et al., *Major Issues and Policies in China's Financial Reform*, vol. 3, p. 24; also International Monetary Fund, The International Financial Statistics and Wigram Capital Advisors Limited.

29 王任重與何內克會見時提到這一數字，他還說一九八五年的頭五個月裡，通貨膨脹率達到六%，參見 BArch, Berlin, DY 30/2436, Minutes of Talk between Erich Honecker and Wang Renzhong, 27 June 1985, pp. 28–34.

30 Hubei, SZ73-6-393, Report on Henan Province Circulated by the People's Bank of China, 3 Sept. 1985, pp. 78–81; Document on Jilin Province Circulated by the People's Bank of China, 29 May 1985, pp. 23–7.

31 Hubei, SZ73-6-599, 1987, pp. 1–15.

32 Hubei, SZ73-6-599, 1987, pp. 1–15.

33 Hubei, SZ73-6-599, 1987, pp. 47–57 and 21 Feb. 1987, p. 82; also Hubei, SZ73-6-623, 24 Dec. 1987, pp. 1–11.

34 See also Donald Hay, Derek Morris, Guy Liu and Shujie Yao, *Economic Reform and State-Owned Enterprises in China 1979–87*, Clarendon Press, Oxford, 1994, p. 178.

35 BArch, Berlin, DY 30/2436, Minutes of Talk between Erich Honecker and Wang Renzhong, 27 June 1985, pp. 28–34.

36 Hubei, SZ73-6-599, 1987, pp. 47–57.

37 Tianjin, X87-2-1673, 26 Dec. 1984, pp. 3–9.

38 MAE, 2883TOPO/3791, 'L'économie chinoise, vers un réformisme de gauche', 14 March 1987.
39 Gansu, 116-4-362, 1985, pp. 58–65.
40 Gansu, 128-7-215, Zhao Ziyang to Heads of Provinces and Municipalities, 11 April 1985, pp. 67–76.
41 Tianjin, X110-1-818, 25 Nov. 1985, pp. 55–6.
42 Tianjin, X110-1-820, Report from the Municipal Economic Committee, 23 Aug. 1985, pp. 107–16; X110-1-804, Tianjin, Report from the No. 1 Light Industry Bureau, July 1985, pp. 259–69.
43 Hubei, SZ1-9-285, 27 Nov. 1984, pp. 114–32.
44 Shanghai, B182-3-199, Feb. 1975, pp. 23–4; quotation from Shanghai, B248-2-1056, 4 Feb. 1977, pp. 3–7.
45 Shanghai, B248-2-810, 11 April 1975, pp. 6–9.
46 Shanghai, B248-2-1056, 4 Feb. 1977, pp. 3–7.
47 Shanghai, B248-4-219, 19 Aug. 1977, pp. 18–27.
48 Shanghai, B248-4-219, 19 Aug. 1977, pp. 18–27.
49 Shanghai, B102-3-57, 13 Dec. 1979, p. 49.
50 Shanghai, B1-9-210, Report on Shenyang, 29 July 1980, pp. 25–34.
51 Nanjing, 5003-4-459, 3 March 1984, pp. 92–103.
52 Shanghai, B123-11-1329, 14 Sept. 1985, pp. 166–70‥如果算上賣水果的攤販，則無證經營的商販人數更多，見Shanghai, C47-4-136, 14 March 1986, p. 22.
53 Wenzhou, J51-30-22, 1 Sept. 1980, pp. 252–8.
54 Wenzhou, J34-32-71, 1 June 1983, pp. 127–31.
55 Wenzhou, J80-16-12, Report on Zhao Ziyang's Visit to Wenzhou, 1 Dec. 1985, pp. 2–10; Report on Hu Qiaomu 's Visit to Wenzhou, 12 Nov. 1986, pp. 39–45.
56 Kate Xiao Zhou and Lynn T. White III, 'Quiet Politics and Rural Enterprise in Reform China', *Journal of Developing Areas*, 29, no. 4 (July 1995), p. 477.
57 Hubei, SZ80-2-221, 23 Sept. 1985, pp. 124–5.

58 例如上海的服務業就出現這種情況，參見 Shanghai, B1-10-317, 4 May 1985, pp. 46–9。

59 Jan Prybyla, 'A Systemic Analysis of Prospects for China's Economy' in Joint Economic Committee (eds), *China's Economic Dilemmas in the 1990s*, U.S. Government Printing Office, Washington: 1991, vol. 1, p. 221.

60 Liu Guoguang, 'A Sweet and Sour Decade', *Beijing Review*, 2–6 Jan. 1989, pp. 22–9, quoted in Prybyla, 'A Systemic Analysis', p. 221.

61 Nanjing, 5020-4-76, 24 Sept. 1985, pp. 46–53.

62 Shanghai, B1-10-317, 27 Sept. 1985, pp. 56–62.

63 Michael Weisskopf, 'Private Squalor and Public Lives', *Guardian*, 23 Feb. 1985.

64 Susan Young, 'Policy, Practice and the Private Sector in China', *Australian Journal of Chinese Affairs*, no. 21 (Jan. 1989), pp. 61–2；鄉鎮企業職工的人數參見 MAE, 2883TOPO/3800, 21 Dec. 1988。

65 Wenzhou, J34-32-180, Talk by Deputy Mayor of Wenzhou, 4 March 1987, pp. 82 and 85.

66 Terry Cheng, 'A Tale of One City's Rise to Fame', *South China Morning Post*, 5 June 1984.

67 Wenzhou, J1-28-51, Conference on Guangdong and Fujian, 24 Dec. 1980, pp. 43–7; Wenzhou, J87-31-25, Talk by Chen Yun, 18 Jan. 1981, pp. 189–92.

68 Terry Cheng, 'A Tale of One City's Rise to Fame'.

69 Guangdong, 235-2-242, Sept. 1977, pp. 181–8.

70 Guangdong, 229-6-323, 14 March 1978, pp. 1–31; Shanghai, B1-8-3, 24 Nov. 1977, p. 34.

71 Dikötter, *Mao's Great Famine*, p. 110.

72 Shanghai, A33-7-141, Report on National Conference on United Front Held from 15 August to 3 September 1979, 6 Nov. 1979, p. 1–12; Shanghai, B1-8-130, Conference on Overseas Chinese, 15 Oct. 1981, pp. 114–19.

73 Shanghai, A33-7-141, Report on National Conference on United Front Held from 15 August to 3 September 1979, 6 Nov. 1979, p. 147; MAE, 752INVA/2117, Yves Rodrigues, 'Visite à la municipalité de Shum Chun', 19 June 1979.

74 Frank Ching, 'China Seen Ready to Join Foreign Firms in Ventures in Hong Kong, Macao, China', *Wall Street Journal*, 31 Aug. 1979.

75 Guangdong, 235-2-286, State Council Resolution, 1 Sept. 1978, p. 46.
76 Frank Ching, 'Problems Hobble China Joint Venture', *Wall Street Journal*, 31 Aug. 1979.
77 Barry Kramer, 'Harpers International, China to Establish Vehicle-Assembly Plant near Hong Kong', *Wall Street Journal*, 13 Feb. 1979; MAE, 752INVA/2117, Yves Rodrigues, 'Visite à la municipalité de Shum Chun', 19 June 1979.
78 Guangdong, 253-2-332, Report by the Special Bureau for Zhuhai and Bao'an, 20 Oct. 1978, pp. 102–9.
79 'Where a Different Kind of War is Being Fought', *South China Morning Post*, 19 Aug. 1979.
80 Reardon, *The Reluctant Dragon*, pp. 207–8.
81 MAE, 2882TOPO/2938, 'Performances économiques et commerciales de la Chine en 1985', 5 May 1986, pp. 30–32; Shanghai, B1-9-1481, 28 April 1984, pp. 1–6.
82 PRO, FCO 21/3738, 'China's Trade and Economic Relations', 1987; the estimate of 1 billion dollars a year is in MAE, 2882TOPO/2938, 'Nuages sur les zones économiques spéciales?', 11 July 1985; MAE, 2882TOPO/2938, 'Performances économiques et commerciales de la Chine en 1985', 5 May 1986, pp. 30–32.
83 Wenzhou, J153-1-27, Speech by Zhao Ziyang at the State Council Conference on the Fourth Industrial Revolution, 9 Oct. 1983, pp. 14–23.
84 Wenzhou, J153-1-27, Ma Hong, 'On a Development Strategy for our Country', no date, pp. 29-39; MAE, 2882TOPO/2914, Hervé Ladsous, 'La Chine et le choc du futur', 22 March 1984.
85 Shanghai, A33-6-247, Conference on Coastal Cities, 16 April 1984, pp. 17–18; MAE, 2882TOPO/2938, 'Nuages sur les zones économiques spéciales?', 11 July 1985, estimated the input from Beijing at a billion yuan a year.
86 Reardon, *The Reluctant Dragon*, p. 199.
87 Shanghai, A33-6-247, Conference on Coastal Cities, 16 April 1984, pp. 19.
88 Shanghai, B76-5-824, 25 Feb. 1983, pp. 28–31.
89 Shanghai, Notice on Special Material, B76-5-433, 18 March 1982, pp. 4–8.
90 David S. Bennahum, 'Heart of Darkness', *Wired*, 11 Jan. 1997.
91 Shanghai, B103-4-1238, 4 Oct. 1980, pp. 19–22; Shanghai, B1-8-94, 15 Nov. 1980, p. 65.

92 Shanghai, B43-1-70, October 1982, pp. 55–7.

93 Tianjin, X172-2-2292, July 1985, pp. 32–42.

94 Shanghai, B76-5-433, Directive from the State Administration on Guarding State Secrets, 25 May 1982, pp. 12–19; on the precise structure of this institution, see Chen Yongxi, 'Circumventing Transparency: Extra-Legal Exemptions from Freedom of Information and Judicial Review in China', *Journal of International Media & Entertainment Law*, 2018, 7 no. 2, p. 213.

95 Shanghai, B1-10-62, Instructions from the Shanghai Committee on Guarding State Secrets, 20 Oct. 1985, pp. 55–6.

96 MAE, 2882TOPO/2927, École Nationale des Ponts et Chaussées, 'Un voyage en Chine', 1 Dec. 1986.

97 MAE, 2882TOPO/2937, Charles Malo, 'Réforme des structures du commerce extérieur chinois', 20 Sept. 1984; MAE, 2882TOPO/2938, François Gipouloux, 'Les réserves en devises de la Chine', 25 Oct. 1985.

98 Gansu, 128-7-215, Zhao Ziyang to Leaders of Provinces and Municipalities, 11 April 1985, pp. 67–76.

99 MAE, 2882TOPO/2938, François Gipouloux, 'Les réserves en devises de la Chine', 25 Oct. 1985; see also International Monetary Fund, The International Financial Statistics and Wigram Capital Advisors Limited.

100 John Burns, 'Scandal Blights Hainan Hope', *New York Times*, 12 Nov. 1985.

101 3.20 這個數字是姚依林提供的，參見 Shanghai, A76-4-351, Documents on the Second Plenum, Reactions to Yao Yilin's Talk at the National Economic Work Conference, 6 Oct. 1983, pp. 56–9。

102 Shanghai, B1-9-1505, 17 March 1984, pp. 59–65.

103 Lin and Schramm, 'China's Foreign Exchange Policies since 1979', pp. 254–6.

104 Tianjin, X78-3-2551, 18 Jan. 1985, pp. 38.

105 Shanghai, B1-10-282, 24 June 1985, pp. 2–5; Shanghai, B1-10-62, Report on Foreign Trade, 9 Aug. 1985, pp. 75–81.

106 Cui, 'China's Export Tax Rebate Policy', p. 340; on 1959, see table XXIV, United Nations Statistical Division, *International Trade Statistics, 1900–1960*, 1962.

107 Wang, *China's Exports since 1979*, p. 145.

108 Louis Kraar, 'A Little Touch of Capitalism', *Fortune*, 107, no. 8, 18 April 1983, p. 125.

109 Margaret Thatcher Foundation, PREM 19/789, 'Mr Heath's Call on Deng Xiaoping', telno 202, 6 April 1982.
110 Margaret Thatcher Foundation, PREM 19/789, 'Call on the Prime Minister by Lord Maclehose', 23 July 1982.
111 Margaret Thatcher Foundation, PREM 19/790, 'Record of a Meeting Between the Prime Minister and Premier Zhao Ziyang', 23 Sept. 1982.
112 Margaret Thatcher Foundation, PREM 19/790, 'Record of a Meeting Between the Prime Minister and Vice Chairman Deng Xiaoping', 24 Sept. 1982.
113 Margaret Thatcher Foundation, PREM 19/790, 'Record of a Meeting Between the Prime Minister and Officials of the Executive Council of Hong Kong', 26 Sept. 1982.
114 Margaret Thatcher Foundation, PREM 19/788, 'Hong Kong: Sir Y.K. Pao', 28 Sept. 1982.
115 Margaret Thatcher Foundation, PREM 19/1059, 'Chinese Remarks', 7 Nov. 1982.
116 Margaret Thatcher Foundation, PREM 19/1057, 'Future of Hong Kong: Second Phase, Round Four', 22 Sept. 1983.
117 Margaret Thatcher Foundation, PREM 19/1058, 'Future of Hong Kong', 21 Oct. 1983.
118 Deng Xiaoping, 'China Will Always Keep its Promises', 19 Dec. 1984, *Selected Works of Deng Xiaoping*, vol. 3, various editions.
119 MAE, 2882TOPO/2914, Charles Malo, 'Le triomphe de Deng Xiaoping', 2 Oct. 1984; Deng Xiaoping, 'Speech at the Ceremony Celebrating the 35th Anniversary of the Founding of the People's Republic of China', 1 Oct. 1984, *Selected Works of Deng Xiaoping*, vol. 3, various editions.

第四章

1 Mao Zedong, 'Combat Liberalism', 7 Sept. 1937, *Selected Works of Mao Tse-tung*, vol. 2, p. 32.
2 Hoover Institution, Hongda Harry Wu Collection, Box 1, Deng Xiaoping, Talk on the Party's Urgent Tasks on the Organisational and Ideological Fronts, 12 Oct. 1983.
3 Ronald Reagan Library, Executive Secretariat: Country File China, Box 6-7, Chas Freeman, 'Situation message', 31 Aug. 1981.

4 Mao Min, *The Revival of China*, Kindle Direct Publishing, 2017, vol. 3, p. 421.

5 Mao Min, *The Revival of China*, Kindle Direct Publishing, 2017, vol. 3, p. 421; MAE, 2882TOPO/2915, 'Discours de Hu Yaobang sur la propagande', 16 April 1985; see also Vogel, *Deng Xiaoping*, p. 566.

6 Mao Min, *The Revival of China*, Kindle Direct Publishing, 2017, vol. 3, p. 422; 李銳日記，一九九五年十二月十五日、十二月二十日。

7 李銳日記，一九九五年十二月二十日、十二月二十四日。

8 Zhao Ziyang, *Prisoner of the State*, Simon & Schuster, New York, 2009, pp. 192–3; see also David Bachman, 'Institutions, Factions, Conservatism, and Leadership Change in China: The Case of Hu Yaobang' in Ray Taras (ed.), *Leadership Change in Communist States*, Unwin Hyman, Boston, 1989, p. 95.

9 李銳日記，一九九八年十一月二十九日。

10 John F. Burns, '1,000 Peking Students March in Resentment Against Japan', *New York Times*, 19 Sept. 1985.

11 Hubei, SZ118-9-195, Report on Student Unrest, with talks from Li Peng and Hu Qili, Feb 1986, pp. 25–33; John F. Burns, 'Students in Peking Renew Protests against Japan', *New York Times*, 21 Nov. 1985.

12 Hubei, SZ1-9-488, Talk on Student Protests by Hu Qili, 4 Oct. 1985.

13 PRO 21/3305, 'Student Unrest in China', 19 March 1986.

14 Tianjin, X41-1-721, Party Document about the Goals of the Five Year Plan, followed by Talk by Zhao Ziyang, 18 and 23 Sept. 1985, pp. 133 and 196–7.

15 鄧小平給政治局常委會的指示，李銳日記，一九八六年一月二十四日。

16 Liang Heng and Judith Shapiro, 'China, the Year – and Claws – of the Tiger', *New York Times*, 8 March 1986; '2 Sentenced to Death in China Crackdown', *Boston Globe*, 22 Jan. 1986.

17 Hoover Institution, Hongda Harry Wu Collection, Box 3, Report by Gu Qiliang at the National Working Conference on Laogai and Laojiao, 17 June 1986.

18 'More Flak at Western "Pollution"', *South China Morning Post*, 20 March 1986; Daniel Southerland, 'Popular Singer is Banned in China', *Washington Post*, 23 Nov. 1985.

19 PRO, FCO 21/1800, Christopher O. Hum, 'Election Fever', 22 Oct. 1980.

20 'China Tries to Muzzle Students Demanding More Democratic Government', *Ottawa Citizen*, 15 December 1986; Julia Kwong, 'The 1986 Student Demonstrations in China: A Democratic Movement?', *Asian Survey*, 28, no. 9 (Sept. 1988), p. 973.

21 Scott Savitt, *Crashing the Party: An American Reporter in China*, Soft Skull Press, Berkeley, CA, 2016, p. 106; also PRO, FCO 21/3308, Confidential Reports by Richard Evans, 23, 24, 29 and 31 December 1986.

22 〈珍惜和發展安定團結的政治局面〉，《人民日報》，一九八六年十二月二十三日。

23 Wenzhou, J201-5-70, Directive to All Provinces from Central Committee, 24 Dec. 1986, pp. 151–3.

24 〈政治體制改革只能在黨的領導下進行〉，《人民日報》，一九八六年十二月二十五日。

25 Kwong, 'The 1986 Student Demonstrations in China', p. 972.

26 李銳日記，一九八六年十二月二十六日。

27 李銳日記，一九八六年十二月三十日。

28 'Main Points of Deng Xiaoping's Speech on the Current Problem of Student Disturbance', 30 Dec. 1986, translated in *Chinese Law and Government*, 21, no. 1 (spring 1988), pp. 18–21；另見李銳日記，一九八七年一月三日。

29 鄭仲兵，《胡耀邦年譜資料長編》，時代國際出版社有限公司，香港，二〇〇五，下冊，頁一一八三－一一八五。

30 根據李銳的記載，這一指控出現在中共中央第八號文件中，見李銳日記，一九八九年四月十九日；另參見 'New Offensive from the Left', *Asiaweek*, 19 April 1987, pp. 28–9；又見陸鏗，《陸鏗回憶與懺悔錄》，時報文化出版有限公司，臺北，一九九七，頁二〇五。

31 李銳日記，一九八七年七月十九日。

32 李銳日記，一九八七年三月二十九日。

33 在胡耀邦被迫辭職的過程中，有多少違反黨章規定的做法，關於這一問題的討論可參見 Yang, *Hu Yao-Bang*, pp. 155–8；另見 Lowell Dittmer, 'China in 1989: The Crisis of Incomplete Reform', *Asian Survey*, 30, no. 1 (Jan. 1990), pp. 25–41。

34 Andrew Nathan, Perry Link and Liang Zhang (eds), *The Tiananmen Papers: The Chinese Leadership's Decision to Use Force against Their Own People*, Little, Brown, London, 2002, p. xxxv。除非特別說明，我在本書並未使用《天安門文件》的內容，因為《天安門文件》中部分文件的真實性存疑。

35 László Ladány, 'China's Communist Old Guard Are Still in Command', *Far Eastern Economic Review*, 17 Dec. 1987.

36 Savitt, *Crashing the Party*, p. 117.

37 Julian Baum, 'Peking Propagandists Bring Back Their '60s Hero', *Christian Science Monitor*, 6 March 1987; Marlowe Hood, 'Tarnished Myth of Socialism's "Rustless Screw", *South China Morning Post*, 8 March 1987.

38 Hoover Institution, 'Zhongguo Gong Chan Dang Issuances', Box 1, Directive from the Ministry of Propaganda, 9 Jan. 1987; on Liu Xiaobo in 1986, see Geremie Barmé, 'Confession, Redemption, and Death: Liu Xiaobo and the Protest Movement of 1989' in George Hicks (ed.), *The Broken Mirror: China After Tiananmen*, Longman, London, 1990, pp. 52–99.

39 PRO, FCO 21/3738, 'China's External Economic Relations', Oct. 1987.

40 BArch, Berlin, DY 30/2437, Minutes of Meeting between Erich Honecker and Zhao Ziyang, 8 June 1987, pp. 10–20.

41 PRO, FCO 21/3738, 'China's External Economic Relations', Oct. 1987.

42 Chen, Guo et al., *Major Issues and Policies in China's Financial Reform*, vol. 3, p. 26.

43 PRO, FCO 21/3738, Peter Wood, 'Economic Policy After the Congress', 24 Nov. 1987.

44 PRO, FCO 21/3738, Peter Wood, 'Deja Vu: Overheating in the Chinese Economy', 5 Nov. 1987.

45 Thomas M. H. Chan, 'China's Price Reform in the Period of Economic Reform', *Australian Journal of Chinese Affairs*, 18 (July 1987), pp. 85–108.

46 Shanghai, B1-10-409, Report by Ye Gongqi, 14 Sept. 1985, pp. 117–21; Report on National Conference on Price Control, 13 Aug. 1985, pp. 122-5; see also Shanghai, B1-10-40, Directives by State Price Bureau, 23 July 1985, pp. 2–7.

47 Tianjin, X81-1-700, June 1985, pp. 121-30; X81-1-663, 21 May 1984, pp. 25–7.

48 Shanghai, B1-10-409, Report by Ye Gongqi, 14 Sept. 1985, pp. 117–21.

49 PRO, FCO 21/3738, Peter Wood, 'Bread and Circuses', 3 Sept. 1987.

50 PRO, FCO 21/3738, Peter Wood, 'Bread and Circuses', 3 Sept. 1987.

51 Marlowe Hood, 'Deng's Burden', *South China Morning Post*, 15 Oct. 1988.

52 MAE, 2883/TOPO3772, Gérard Chesnel, 'Le protectionnisme provincial en Chine', 29 Nov. 1990.

53 PRO, FCO 21/3736, Charles Parton, 'Investment', 26 March 1987.

54 PRO, FCO 21/3739, Peter Wood, 'China: Economy', 7 Dec. 1987; see also International Monetary Fund, The International Financial Statistics and Wigram Capital Advisors Limited.

55 Hubei, SZ273-6-618, Report from the Hubei Branch of the Bank of China, 9 April 1987, pp. 30–38.

56 PRO, FCO 21/4002, Peter Wood, 'The Right Price', 27 Jan. 1988.

57 'Rationing of Pork and Sugar in Beijing', *South China Morning Post*, 2 Dec. 1987.

58 MAE, 2883TOPO/3791, 'Les difficultés de la réforme économique en Chine', 1 Dec. 1988.

59 MAE, 2883TOPO/3791, 'Les difficultés de la réforme économique en Chine', 1 Dec. 1988.

60 Hubei, SZ69-8-339, Talk by Xiang Huaicheng at National Conference on Controlling Social Spending, 6 April 1988, pp. 28–44.

61 Hubei, SZ69-8-339, Talk by Zhao Ziyang as Reported at National Conference on Controlling Social Spending, 6 April 1988, pp. 28–44.

62 'Protest Action on the Increase by Students', *South China Morning Post*, 30 Aug. 1988.

63 Ruan, *Deng Xiaoping*, p. 197.

64 Ruan, *Deng Xiaoping*, p. 192.

65 李銳日記，一九八九年四月二十四日。

66 〈我們的希望就在這裡〉，《人民日報》，一九八八年八月十九日。

67 'Panic Buying Prompts Run On Banks in China', *Chicago Tribune*, 2 Sept. 1988; Wenzhou, J202-8-117, 8 Sept. 1988, pp. 66–7.

68 Wenzhou, J202-8-117, 30 Sept. and 11 Oct. 1988, pp. 114–15 and 118–19.

69 'Panic Buying Prompts Run On Banks in China', *Chicago Tribune*, 2 Sept. 1988; Wenzhou, J202-8-117, 8 Sept. 1988, pp.

66–7; Robin Pauley, 'Inflation Wounds China's Reformers', *South China Morning Post*, 21 Sept. 1988.

70 李銳日記，一九八八年八月二十三日。

71 Wenzhou, J202-8-117, 30 Sept. and 11 Oct. 1988, pp. 114–15 and 118–19.

72 Larry Jagan, 'Industrial Unrest Plagues China', *Guardian*, 26 August 1988.

73 Chen, Guo et al., *Major Issues and Policies in China's Financial Reform*, vol. 3, p. 26.

74 Hubei, SZ43-7-433, State Council Directive on Economic Discipline, 4 Oct. 1988, pp. 59–63.

75 MAE, 2883TOPI/3800, OECD, Directorate for Food, Agriculture and Fisheries, 'Some Comments on the Grain Crisis in China', 30 Oct. 1989; the quotation from Zhao Ziyang is in Hubei, SZ1-9-332, National Conference on Agriculture, 21 Dec. 1984, pp. 25–9.

76 MfAA, ZR 2629/90, Bernd Jordan, Report on Economic and Social Problems in Agriculture, 27 Feb. 1986.

77 MAE, 2883TOPI/3800, OECD, Directorate for Food, Agriculture and Fisheries, 'Some Comments on the Grain Crisis in China', 30 Oct. 1989.

78 MfAA, ZR 2629/90, Bernd Jordan, Report on Economic and Social Problems in Agriculture, 27 Feb. 1986; Gansu, 216-4-256, Minutes of the Conference on Rural Work, 18 Dec. 1985, pp. 49–68; the compulsory aspect of the new system was made clear by the state in 1986; see PRO, FCO 21/3387, Charles Parton, 'Agriculture: Contracts are a National Duty', 18 June 1986.

79 PRO, FCO 21/3736, Charles Parton, 'The Rural Sector in 1986', 18 June 1986.

80 MAE, 2883TOPI/3800, OECD, Directorate for Food, Agriculture and Fisheries, 'Some Comments on the Grain Crisis in China', 30 Oct. 1989.

81 Hubei, SZ68-4-362, 26 Oct. 1988, pp. 48–78; also 27 Oct. 1988, pp. 165–209; on Yueqing county see Wenzhou, J34-32-224, 5 Jan. 1989, pp. 95–101; the issue of IOUs is expertly discussed in D. Gale Johnson, 'The People's Republic of China 1978–90', *Country Studies*, No. 8, International Centre for Economic Growth, San Francisco: ICS Press, 1990, pp. 1–14.

82 Hubei, SZ108-6-271, National Conference on Agriculture, 14 Nov. 1988, pp. 43–51.

83 Gansu, 128-8-236, 28 Dec. 1988; pp. 56–61, followed by 128-8-389, 3 April 1989, pp. 1–10.

84 Zhu Rongji, *On the Record: The Shanghai Years, 1987–1991*, Brookings Institution Press, Washington, 2018, pp. 240–46; Zinser, 'The Performance of China's Economy', pp. 102–18.

85 One example is Hubei, SZ43-7-462, Document on the Spirit of the Third Plenum of the Thirteenth Congress, 11 Nov. 1988, pp. 56–62.

86 PRO, FCO 21/4251, Peter Wood, 'China: Pre NPC Economic Situation', 9 March 1989.

87 Hubei, SZ108-6-271, National Conference on Agriculture, 14 Nov. 1988, pp. 43–51; an estimate of the number of projects that were scaled back is in Lee Zinser, 'The Performance of China's Economy', p. 109; the figure of 50 million is in MAE, 2883TOPO/3800, 'Evolution de l'emploi en China', 9 March 1989.

88 FCO 21/4192, 'NPC Meeting: Comment', 5 April 1989.

89 Savitt, *Crashing the Party*, p. 157.

90 Savitt, *Crashing the Party*, p. 157.

91 Savitt, *Crashing the Party*, p. 155.

92 'China Slaps Ban on Video Tapes of Controversial TV Series', *South China Morning Post*, 9 Oct. 1988, the term 'bazooka' is mentioned in Ruan, *Deng Xiaoping*, p. 27.

93 Savitt, *Crashing the Party*, p. 157.

94 趙紫陽：〈沿著有中國特色的社會主義道路前進〉，《人民日報》，一九八七年十一月四日。

95 Ren Wanding, 'Beijing Must Bring Out the Ballot Boxes', *South China Morning Post*, 29 Nov. 1988; see also Savitt, *Crashing the Party*, p. 167.

96 Roderick MacFarquhar (ed.), *The Politics of China*, Cambridge University Press, Cambridge, p. 433; 'Graft "at Worst level in Forty Years"', *South China Morning Post*, 24 Jan. 1989.

97 Marlowe Hood, 'Growing Internal Disquiet Again Focuses on Outsiders', *South China Morning Post*, 11 Dec. 1988.

98 Frank Dikötter and Olivier Richard, Joint Witness Account, 26 May 1986, author's collection.

99 Tim Luard, 'China Wrestles with Student Racial Unrest', *Christian Science Monitor*, 28 Dec. 1988; 'China Racial Unrest

Moves to Beijing', *Los Angeles Times*, 3 Jan. 1989.

100 Wenzhou, J201-8-47, National Conference on Legal and Political Work, 19 Jan. 1989, pp. 2–20.

第五章

1 FCO 21/3951, Peter Clark, 'Street Level China', Dec. 1988.

2 Kate Phillips, 'Springtime in Tiananmen Square, 1989', *The Atlantic*, May 2014.

3 FCO 21/3951, Peter Clark, 'Street Level China', Dec. 1988; Ann Scott Tyson, 'China Sit-In Spotlights Education', *Christian Science Monitor*, 11 April 1988.

4 FCO 21/3951, Peter Clark, 'Street Level China', Dec. 1988.

5 FCO 21/4251, Peter Clark, 'China Economy', 2 Feb. 1989; Uli Schmetzer, 'Chinese Greet New Year with Old Traditions', *Chicago Tribune*, 6 Feb. 1989.

6 'Subdued Welcome for the Year of the Snake', *South China Morning Post*, 8 Feb. 1989.

7 Richard M. Nixon, *1999: Victory Without War*, Simon & Schuster, New York, 1988, p. 251.

8 中共官方對於六四事件的解釋和敘述可參見陳希同：〈關於制止動亂和平息反革命暴亂的決議〉，一九八九年七月六日，《國務院公報》一九八九年第十一號（一九八九年七月十八日），頁四五四－四五五。

9 Fang Lizhi, 'China's Despair and China's Hope', *New York Review of Books*, 2 Feb. 1989; Wenzhou, J201-8-46, Circular from Bureau of the Central Committee, 23 Feb. 1989, pp. 174–6.

10 The entire episode is expertly reconstructed in Mann, *About Face*, pp. 176–9.

11 Seth Faison and Marlowe Hood, 'Keep Out of Our Affairs, Zhao Warns', *South China Morning Post*, 27 Feb. 1989.

12 Ruan, *Deng Xiaoping*, p. 203.

13 李銳日記，一九八九年三月十五日；另見 Ruan, *Deng Xiaoping*, p. 209。

14 Nicholas Kristof, 'Power War, Chinese Way', *New York Times*, 23 March 1989.

15 李銳日記，一九八九年三月十八日、四月十五日。

16 MAE, 2883/TOPO3772, Charles Malo, 'Disparition de Hu Yaobang', 17 April 1989.

17 MAE, 2883/TOPO3772, Charles Malo, 'Après la mort de Hu Yaobang', 18 April 1989; 'Agitation étudiante', 19 April 1989; the glass bottles are mentioned in Savitt, *Crashing the Party*, p. 183.

18 Wenzhou, J201-8-47, Directives by Bureau for Public Security, 18 April 1989, pp. 58–61.

19 MAE, 2883/TOPO3772, Charles Malo, 'Agitation étudiante', 19 April 1989; also Wenzhou, J201-8-47，李錫銘，〈關於北京學潮情況的通報〉，一九八九年五月十九日，pp. 66–81; a reliable translation appeared as 'Internal Speech of Li Ximing, Secretary of the Beijing Municipal Party Committee (May 20, 1989)', *Chinese Law and Government*, 23, no. 1 (Spring 1990), p. 58; Eddie Cheng, *Standoff at Tiananmen*, Highlands Ranch, CO: Sensys Corp., 2009, pp. 74–5.

20 MAE, 2883/TOPO3772, Charles Malo, 'Poursuite de l'agitation étudiante', 21 April 1989; Kate Phillips, 'Springtime in Tiananmen Square, 1989', *The Atlantic*, 29 May 2014; Cheng, *Standoff at Tiananmen*, pp. 76–7; David Holley, 'Thousands Join Beijing March for Democracy', *Los Angeles Times*, 22 April 1989.

21 MAE, 2883/TOPO3772, Charles Malo, 'Funérailles de Hu Yaobang et agitation sociale', 24 April 1989; also Gansu, 128-8-344, Report by Mu Yongji, Deputy Provincial Governor, 14 July 1989, pp. 37–50.

22 李鵬日記，一九八九年四月二十一至二十二日；Jonathan Mirsky, 'People Power', *Observer*, 23 April 1989.

23 Jonathan Mirsky, 'People Power', *Observer*, 23 April 1989.

24 〈趙紫陽總書記在胡耀邦同志追悼會上致悼詞〉，《國務院公報》，一九八九年五月十三日，頁二九三－二九六；'Can China Find its Gorbachev?', *Guardian*, 24 April 1989；不將胡耀邦稱為「偉大的馬克思主義者」是追悼會前一天決定的，參見李鵬日記，一九八九年四月二十一日，及李銳日記，一九八九年四月二十一日；關於中共領導人追悼會的等級及官方對逝者稱呼的研究，參見 Wen-hsuan Tsai, 'Framing the Funeral: Death Rituals of Chinese Communist Party Leaders', *The China Journal*, no. 77 (Jan. 2017), pp. 51–71；趙紫陽的悼詞也刊登在一九八九年四月二十二日的《人民日報》上。

25 李銳日記，一九八九年四月二十七日。

26 李銳日記，一九八九年四月二十二日。

27 'Chinese Bid Adieu to Hu Yaobang', *Times of India*, 23 April 1989.

28 MAE, 2883/TOPO3772, Charles Malo, 'Funérailles de Hu Yaobang et agitation sociale', 24 April 1989; Uli Schmetzer,

'Chinese Riots Leave Trail of Looting, Damage', *Chicago Tribune*, 24 April 1989; Seth Faison, 'Students Fear Backlash after Riots in Two Cities', *South China Morning Post*, 24 April 1989; telegram from party secretary mentioned in李鵬日記，一九八九年四月二十二日。

29 李鵬日記，一九八九年四月二十三日。

30 陳希同：〈關於制止動亂和平息反革命暴亂的決議〉，一九八九年七月六日，《國務院公報》一九八九年第十一號（一九八九年七月十八日），no. 592，頁四五三－四七六；李鵬日記，一九八九年四月二十四日；李銳日記，一九八九年四月二十四日；關於學生小組，參見 MAE, 2883TOPO/3772, Charles Malo, 'Mouvement étudiant', 26 April 1989；志願者的情況參見 Cheng, *Standoff at Tiananmen*, p. 119。

31 Deng Xiaoping's words were widely circulated; a translation appeared in the *South China Morning Post*, reproduced in Michael Oksenberg, Lawrence R. Sullivan and Marc Lambert (eds), *Beijing Spring, 1989: Confrontation and Conflict. The Basic Documents*, Routledge, London, 1990, pp. 203–4; my quotation relies on 陳希同：〈關於制止動亂和平息反革命暴亂的決議〉，頁四六〇。

32 MAE, 2883TOPO/3772, Charles Malo, 'Mouvement étudiant', 26 April 1989; the editorial has been translated in Oksenberg, *Beijing Spring*, doc. 25, although my phrasing is slightly different.

33 MAE, 2883TOPO/3773, 'Mouvement étudiant', 28 April 1989；另見李銳日記，一九八九年四月二十八日；Cheng, *Standoff at Tiananmen Square*, pp. 111–13.

34 MAE, 2883TOPO/3773, 'Mouvement étudiant', 28 April 1989; Zhao Ziyang registered Deng's displeasure in his memoir; see Zhao, *Prisoner of the State*, p. 46.

35 Oksenberg, *Beijing Spring*, p. 217; see also Cheng, *Standoff at Tiananmen*, pp. 117–18.

36 Cheng, *Standoff at Tiananmen Square*, pp. 117–18; 'Workers Urged to Support Stability', *South China Morning Post*, 2 May 1989.

37 Daniel Southerland, 'Students Planning New Protest', *Washington Post*, 30 April 1989.

38 陳希同：〈關於制止動亂和平息反革命暴亂的決議〉，頁四六一。

39 根據李銳日記一九八九年四月二十二日的記載，改革派知識分子於四月二十二日晚間在科學會堂舉行會議；另見李鵬日記，一九八九年四月三十日。

40 李鵬日記，一九八九年五月一日；李銳與秦川的對話，李銳日記，一九八九年五月六日；Zhao, *Prisoner of the State*, pp. 18–19。

41 李鵬日記，一九八九年五月三日。

42 李銳日記，關於科學會堂這次會議的記述，一九八九年五月三日。

43 李鵬日記，一九八九年五月四日；另見Oksenberg, *Beijing Spring*, pp. 251–2。

44 MAE, 2883TOPO/3773, Charles Malo, '70eme Anniversaire du Mouvement du 4 Mai', 5 May 1989; 'Conciliatory Words after the Marches', *South China Morning Post*, 5 May 1989.

45 See the first-rate analysis of Kate Wright, 'The Political Fortunes of Shanghai's *World Economic Herald*', *Australian Journal of Chinese Affairs*, no. 23 (Jan. 1990), pp. 121–32.

46 陳希同：〈關於制止動亂和平息反革命暴亂的決議〉，頁四六二；另見李鵬日記，一九八九年五月五日；〈趙紫陽分析當前國內形勢〉，《人民日報》，一九八九年五月四日。

47 'China Students Show Restraint', *Guardian*, 8 May 1989.

48 陳希同：〈關於制止動亂和平息反革命暴亂的決議〉，頁四六五。

49 Cheng, *Standoff at Tiananmen*, p. 126.

50 Seth Faison, '10,000 Cyclists in Beijing Demand More Press Freedom', *South China Morning Post*, 11 May 1989.

51 李銳日記，一九八九年五月七日。

52 陳希同：〈關於制止動亂和平息反革命暴亂的決議〉，頁四六二。

53 Cheng, *Standoff at Tiananmen*, pp. 130–31.

54 Dikötter, *The Cultural Revolution*, p. 65.

55 Cheng, *Standoff at Tiananmen*, p. 74.

56 Cheng, *Standoff at Tiananmen*, pp. 132–5; '3,500 Students Go on Hunger Strike in China', *Chicago Tribune*, 14 May 1989；〈呼籲書〉，見《火與血之真相：中國大陸民主運動記實》，臺北：中共研究雜誌社，一九八九，第四期，第二十二頁；另見陳希同：〈關於制止動亂和平息反革命暴亂的決議〉，頁四六五。

57 Li, 'Internal Speech of Li Ximing', p. 64.

58 Peter Gumbel and Adi Ignatius, 'Widening Demonstrations Disrupt Historic Chinese-Soviet Meeting', *Wall Street Journal*, 16 May 1989; Cheng, *Standoff at Tiananmen*, pp. 181–3.

59 See for instance Seth Faison, 'China and USSR Normalize Ties', 17 May 1989; the quotation is from PRO, FCO 21/4193, 'Activities of Chinese Leadership', June 1989：另見李鵬日記，一九八九年五月十六日：Zhao, *Prisoner of the State*, p. 47.

60 Cheng, *Standoff at Tiananmen*, p. 179：相關文字見〈5.17宣言〉，《火與血之真相：中國大陸民主運動記實》，第四冊，頁一四－一五。

61 李鵬日記，一九八九年五月十六日。

62 李鵬日記，一九八九年五月十七日：另見Zhao, *Prisoner of the State*, pp. 27–9。

63 Nicholas Kristof, 'Chinese Premier Issues a Warning to the Protesters', *New York Times*, 19 May 1989; see also Oksenberg, *Beijing Spring*, p. 268.

64 PRO, FCO 21/4193, 'Beijing Troubles', 23 May 1989; 'China's Premier Takes Hard Line', *San Francisco Chronicle*, 18 May 1989; Nicholas Kristof, 'Chinese Premier Issues a Warning to the Protesters', *New York Times*, 19 May 1989.

65 PRO, FCO 21/4197, A. N. R. Millington, 'China: Student Demonstrations', 30 May 1989：李銳日記，一九八九年五月二十二日。

66 李銳日記：一九八九年五月十八日：Wenzhou, J201-8-47, Li Zemin, Provincial Party Secretary, Talk at Provincial Party Committee, 9 Sept. 1989, pp. 100-3; *Tiananmen Papers*, p. 284。

67 Wenzhou, J201-8-47, Report by Li Zemin, Provincial Party Secretary, 9 Sept. 1989, pp. 88-121, Gansu, 128-8-344, Report by Mu Yongji, Deputy Provincial Governor, 14 July 1989, pp. 37–50.

68 PRO, FCO 21/4199, 'Disturbances in Xinjiang Autonomous Region', 21 May 1989.

69 Oksenberg, *Beijing Spring*, p. 313.

70 李銳日記，一九八九年五月二十日。

71 Precise figures from PRO, FCO 21/4194, 'PLA Operations in Beijing', 3 July 1989：李鵬日記，一九八九年五月二十

日。

72 'People Search for Truth', *South China Morning Post*, 24 May 1989; Cheng, *Standoff at Tiananmen*, p. 201; PRO, FCO 21/4199, 'China: Student Demonstrations', 25 May 1989.

73 'Demonstrations Growing in South China Cities', *Los Angeles Times*, 24 May 1989; MAE, 2883TOPO/3773, 'Situation à Shanghai', 23 and 24 May 1989; 'Clampdown on Protests in Wuhan', *South China Morning Post*, 23 May 1989; for Lanzhou see Gansu, 128-8-344, Report by Mu Yongji, 14 July 1989, pp. 37–50.

74 The build-up is detailed in PRO, FCO 21/4194, 'PLA Operations in Beijing', 3 July 1989; Yao Yilin's comments are noted in李銳日記，一九八九年五月二十五日；Li Peng's appearance on television is described in David Holley, 'Premier Li Peng', *Los Angeles Times*, 27 May 1989.

75 Yang Shangkun's speech to the Central Military Commission was widely circulated;Li Rui came across a copy posted on a telephone pole（李銳日記，一九八九年五月三十日）; this was also noted by the British embassy (PRO, FCO 21/4197, Alan Donald, 'Telno 981'); a partial translation appears in Oksenberg, *Beijing Spring*, pp. 320–27.

76 李鵬日記，一九八九年五月二十一、二十二日；also PRO, FCO 21/4194, 'PLA Operations in Beijing', 3 July 1989.

77 MAE, 2883TOPO/3773, Charles Malo, 'Situation intérieure', 29 May 1989。

78 Gansu, 259-2-368,〈傳達李鵬、楊尚昆、姚依林的講話〉，26 May 1989，p. 106; also 264-1-61, Wu Jian，〈傳達李鵬，楊尚昆的講話〉，1 June 1989, p. 91.

79 Gansu, 238-1-211, Report by the Provincial Bureau for Environmental Protection, 3 June 1989, pp. 1–4.

80 李銳日記，一九八九年五月二十七日。

81 PRO, FCO 21/4194, 'PLA Operations in Beijing', 3 July 1989.

82 MAE, 2883TOPO/3773, 'Situation à Shanghai',, 22, 23 and 24 May 1989; also Jay Matthews, 'In Shanghai and Other Cities, Fervor for Democracy Seems to Wane', *Washington Post*, 28 May 1989.

83 Eamonn Fitzpatrick and Dean Nelson, 'Cash and Tears Flow at Concert', *South China Morning Post*, 28 May 1989; Chris Yeung, 'Another Vast Crowd Joins World-Wide Show of Solidarity', *South China Morning Post*, 29 May 1989.

84 Jay Mathews, 'Goddess of Democracy Rises', *Washington Post*, 31 May 1989; Uli Schmetzer, 'Torch of China's Lady

Liberty Rekindles Fervor', *Chicago Tribune*, 31 May 1989.

85 Nicholas Kristof, 'Chinese Students in About-Face', *New York Times*, 30 May 1989; PRO, FCO 21/4194, 'PLA Operations in Beijing', 3 July 1989.

86 David Holley, 'Beijing Students' Bravery Sparked Epic Drama', *Los Angeles Times*, 2 June 1989.

87 Amnesty International, 'People's Republic of China: Preliminary Findings on Killings of Unarmed Civilians, Arbitrary Arrests and Summary Executions since 3 June 1989', London: Amnesty International, document dated 14 August 1989；李銳日記，一九八九年六月二日；see also PRO, FCO 21/4194, 'PLA Operations in Beijing', 3 July 1989.

88 Amnesty International, 'People's Republic of China', p. 275; PRO, FCO 21/4194, 'PLA Operations in Beijing', 3 July 1989; Jonathan Mirsky, 'China's Old Men Use Force to Stay in Power', *Guardian*, 4 June 1989; Uli Schmetzer and Ronald Yates, 'Beijing Residents Repel Troops', *Chicago Tribune*, 3 June 1989.

89 PRO, FCO 21/4194, 'PLA Operations in Beijing', 3 July 1989, puts the time at 2.30; PRO , FCO 21/4197, Alan Donald, 'Telno 1002', 3 June 1989; Amnesty International, 'People's Republic of China' put the time at four to five; Jay Mathews, 'Chinese Students Waited Quietly in Tiananmen for Army Action', *Washington Post*, 3 June 1989, witnessed one bus at Liubukou; Amnesty International reported two buses; Alan Donald, 'Telno 1002', 3 June 1989, mentions at least three points where military buses were captured; the most reliable report is from Daniel Southerland, who counted four military buses on the western side of the square: 'Chinese Citizens Block Troops from Reaching Central Square', *Washington Post*, 3 June 1989; the army lorries near the square are mentioned in Colin Nickerson, 'Chinese Civilians Repulse Army Advance on the Square', *Boston Globe*, 3 June 1989.

90 PRO, FCO 21/4194, 'PLA Operations in Beijing', 3 July 1989.

91 PRO, FCO 21/4197, Alan Donald, 3 June 1989, 'Telno 1002'; PRO, FCO 21/4194, 'PLA Operations in Beijing', 3 July 1989; Amnesty International, 'People's Republic of China'.

92 李鵬日記，一九八九年六月三日；雖然李鵬沒有使用「反革命暴亂」這個詞，但兩天後中共中央下發的一份文件中提到這一說法，見PRO, FCO 21/4197, Alan Donald, 'Chinese Internal Situation', 5 June 1989。

93 PRO, FCO 21/4197, Alan Donald, 3 June 1989, 'Telno 1002'; PRO, FCO 21/4194, 'PLA Operations in Beijing', 3 July

1989; Amnesty International, 'People's Republic of China'.
94 PRO, FCO 21/4194, 'PLA Operations in Beijing', 3 July 1989; Savitt, *Crashing the Party*, pp. 192–4.
95 Southerland, 'Remembering Tiananmen'.
96 李銳日記，六月三日、六月七日；also 'Voices from Tiananmen', *South China Morning Post*, p. 1。
97 Liang Jingdong, 'Witness to History', *Salt Lake Tribune*, 3 June 1999; Amnesty International, 'People's Republic of China'.
98 PRO, FCO 21/4194, 'PLA Operations in Beijing', 3 July 1989; also Amnesty International, 'People's Republic of China'.
99 PRO, FCO 21/4194, 'PLA Operations in Beijing', 3 July 1989.
100 Liang, 'Witness to History'; PRO, FCO 21/4194, Letter with Witness Account to Alan Donald, 11 July 1989.
101 Liang, 'Witness to History'.
102 Eyewitness accounts agree on very little, including the time at which the lights were switched off; 4.40 is the time given in PRO, FCO 21/4197, Telnos 1010 and 1012, 'China Internal', 4 June 1989; also Cheng, *Standoff at Tiananmen*, p. 263; Wu Renhua, the foremost historian of these events, says '4.00 precisely'：吳仁華，《六四事件全程實錄》，臺北：允晨文化事業股份有限公司，二〇一九，未標頁碼。
103 Savitt, *Crashing the Party*, p. 197.
104 Savitt, *Crashing the Party*, p. 197; also Liang, 'Witness to History'.
105 PRO, FCO 21/4194, eyewitness account dated 14 Sept. 1989.
106 PRO, FCO 21/4194, 'PLA Operations in Beijing', 3 July 1989.
107 PRO, FCO 21/4194, 'PLA Operations in Beijing', 3 July 1989; PRO, FCO 21/4194, Letter with Witness Account to Alan Donald, 11 July 1989; also PRO, FCO 21/4197, Telno 1012, 4 June 1989.
108 PRO, FCO 21/4194, 'PLA Operations in Beijing', 3 July 1989.
109 PRO, FCO 21/4194, 'PLA Operations in Beijing', 3 July 1989.
110 PRO, FCO 21/4194, 'PLA Operations in Beijing', 3 July 1989.
111 Savitt, *Crashing the Party*, p. 194.

112 Phillips, 'Springtime in Tiananmen Square, 1989'; PRO, FCO 21/4197, 'Telno 1011', 4 June 1989; PRO, FCO 21/4199, Alan Donald, 'Telno 1196', 22 June 1989; Amnesty, p. 282。李銳在一九九〇年六月二十五日的日記中也估計死亡人數為兩千七百至三千四百人。

113 PRO, FCO 21/4194, M. H. Farr, Commander Royal Navy, 'PLA Operations in Beijing', 3 July 1989.

114 Phillips, 'Springtime in Tiananmen Square, 1989'.

第六章

1 Claudia Rosett, 'Anything Could Happen Next in Tiananmen', *Wall Street Journal*, 7 June 1989.

2 Yuan Mu, 'State Council Spokesman Yuan Mu Holds News Conference', Oksenberg, *Beijing Spring*, pp. 348–9.

3 Claudia Rosett, 'Anything Could Happen Next in Tiananmen', *Wall Street Journal*, 7 June 1989.

4 James Sterba, 'Chasing for Evidence of China's "Civil War"', *Washington Post*, 7 June 1989.

5 Daniel Williams, 'China Hard-Liners Appear in Control', *Los Angeles Times*, 9 June 1989.

6 David Chen and Geoffrey Crothall, 'Unrest Growing in the Provinces', *South China Morning Post*, 7 June 1989; this article and others reported that at least 300 people died; see also Louisa Lim, *The People's Republic of Amnesia: Tiananmen Revisited*, Oxford University Press, Oxford, 2015.

7 David Chen and Geoffrey Crothall, 'Unrest Growing in the Provinces', *South China Morning Post*, 7 June 1989; Gansu, 128-8-344, Report by Mu Yongji, 14 July 1989, pp. 37–50.

8 MAE, 2883TOPO/3773, Barroux, 'Situation à Shanghai', 6 June 1989.

9 MAE, 2883TOPO/3773, Barroux, 'Le maire de Shanghai', 9 June 1989; also Charles Goddard, 'Shanghai Protest as Calm Returns', *Guardian*, 10 June 1989.

10 Colin Smith, 'Would-Be Martyrs in Retreat – For Now', *Observer*, 11 June 1989.

11 Hoover Institution, Jim Mann Papers, Box 2, 'Secretary's Morning Summary'; PRO, FCO 21/4197, 'Telno 723' and 'Telno 596', 5 June 1989.

12 Daniel Schorr, 'Washington Notebook', *New Leader*, 12 June 1989.

13 'Excerpts of President Bush's News Conference', *Washington Post*, 6 June 1989; James Gerstenzang, 'Bush Rejects China Curbs, Urges Respect for Rights', *Los Angeles Times*, 9 June 1989.

14 Gansu, 259-2-381, Deng Xiaoping's June 9 Talk to the Troops, 22 June 1989, pp. 1–8.

15 PRO, FCO 21/4194, 'PLA Operations in Beijing', 3 July 1989; Harrison E. Salisbury, *Tiananmen Diary: Thirteen Days in June*, Little, Brown, London, 1989, p. 88.

16 PRO, FCO 21/4194, 'PLA Operations in Beijing', 3 July 1989; Salisbury, *Diary*, p. 88.

17 Daniel Southerland, 'Chinese Citizens Block Army Troops in Beijing', *Washington Post*, 3 June 1989.

18 Mann, *About Face*, pp. 201–3.

19 季辛吉傳遞給黃華的消息——黃華曾任駐外使節和外交部長，在邀請尼克森訪華的過程發揮重要作用，見李銳日記，一九八九年六月十六日。

20 The National Security Archive, George Washington University, 'Memorandum of Conversation: LTG Brent Scowcroft, Deng Xiaoping et al., July 2, 1989'.

21 Mann, *About Face*, p. 209.

22 PRO, FCO 21/4193, 'Political Situation', 9 June 1989; Amnesty, p. 284; MAE, 2883TOPO/3773, Charles Malo, 'Après la révolte des étudiants', 19 June 1989.

23 'Intellectual Accuses Deng of "Extermination Plan"', *South China Morning Post*, 26 June 1989.

24 Jeffie Lam, '"Operation Yellow Bird": How Tiananmen Activists Fled to Freedom through Hong Kong', *South China Morning Post*, 26 May 2014.

25 Comments by Huo Shilian noted in 李銳日記，一九八九年六月十九日；'Western Leaders Condemn Executions in Shanghai', *South China Morning Post*, 22 June 1989.

26 Wenzhou, J201-8-47, Directive from the Central Committee, zhongfa (1989) no. 3, 30 June 1989, pp. 122–7; Amnesty International, 'People's Republic of China'.

27 Liao Yiwu, *Bullets and Opium: Real-Life Stories of China After the Tiananmen Massacre*, Atria, New York, 2019, pp. 33-40, 57-58 and 73-88.

28 Liao, *Bullets and Opium*, pp. 33–40, 57–8 and 73–88.

29 Wenzhou, J201-9-70, Report from Vice Minister of Public Security Gu Linfang, 5 May 1990, pp. 209–24.

30 Shanghai, B76-7-872, Jiang Zemin, Yao Yilin, Qiao Shi and others on Labour Unions, 28 July 1989, pp. 2–10.

31 Shanghai, A33-6-466, Jiang Zemin, Yao Yilin, Qiao Shi and others at Conference on United Front, 11 to 15 June 1990, pp. 1–28.

32 James Tyson, 'China Arrests Leaders of Catholic Church', *Christian Science Monitor*, 2 Feb. 1990.

33 Susan Man Ka-po, 'Iron Fist Tightens Around the Church', *South China Morning Post*, 23 Sept. 1990; Beverley Howells, 'How Catholic Cells Will Fight Repression', *South China Morning Post*, 29 Dec. 1991.

34 Justin Hastings, 'Charting the Course of Uyghur Unrest', *The China Quarterly*, no. 208 (Dec. 2011), p. 900; also Pablo Adriano Rodriguez, 'Violent Resistance in Xinjiang (China): Tracking Militancy, Ethnic Riots and "Knife-Wielding" Terrorists (1978–2012)', HAO, no. 30 (Winter 2013), p. 137.

35 Wenzhou, J201-9-70, Central Committee, Document on Strengthening Legal Work to Protect Social Stability, 2 April 1990, pp. 1–12; quotation from Li Peng in Wenzhou, J201-9-70, Talk on Law and Politics by Li Zemin, Party Secretary of Zhejiang Province, 31 March 1990, pp. 31–44；〈穩定壓倒一切〉，《人民日報》，一九九〇年六月三日。

36 Zhao, *Prisoner of the State*.

37 李銳日記，一九八九年六月十五、十六日及之後數月的記載。

38 Vogel, *Deng Xiaoping*, p. 642.

39 李銳日記，一九八九年六月二十七日。

40 李鵬日記，一九八九年六月十九至二十一日；Zhao, *Prisoner of the State*, pp. 49–50。

41 李鵬日記，一九八九年六月二十四日；李銳日記，一九八九年六月二十四日。

42 For reactions in Shanghai to Jiang's rise in June 1989, see Sheryl WuDunn, 'An Urbane Technocrat', *New York Times*, 25 June 1989.

43 Wenzhou, J201-8-46, zhongfa (1989) no. 7, 28 July 1989, pp. 1–17.

44 'Economic Aid for Backward Countries', *South China Morning Post*, 12 May 1957; 'Spending Fails to Curb Reds',

Chicago Daily Tribune, 7 Jan. 1957; 'Secretary Bars Recognition as Defense Peril', *Washington Post*, 5 Dec. 1989.

45 逄先知，金沖及主編《毛澤東傳，1949–1976》中央文獻出版社，北京，二〇〇三，下冊，頁一〇二七。

46 Shanghai, A76-3-645, 28 Aug. 1989, pp. 20–30.

47 PRO, FCO 21/4194, S. C. Riordan, 'How to Quell a Counter-Revolution: The True Story', 1 Aug. 1989; also MAE, 2883TOPO/3772, 'Expositions sur la répression de Pékin', 14 Aug. 1989; a smaller exhibit was organised by the Museum of Fine Arts.

48 MAE, 2883TOPO/3772, 'Culte de la personnalité de Deng Xiaoping', 14 Aug. 1989.

49 MAE, 2883TOPO/3772, 'Les étudiants chinois entre la faucille et le marteau', 11 Sept. 1989.

50 MAE, 2883TOPO/3772, 'Les étudiants de l'université de Pekin à l'ombre des fusils', 7 Nov. 1989; 'Les étudiants chinois entre la faucille et le marteau', 11 Sept. 1989.

51 Wenzhou, J201-8-46, Li Ruihuan, Telephone Conference on Campaign against Pornography, 29 August 1989, pp. 196–200; also State Council and Bureau of the Central Committee, 16 Sept. 1989, pp. 178–87; 'Anti Porn Drive Is Only the Start of Campaign', *South China Morning Post*, 1 Nov. 1989.

52 'Anti Porn Drive is Only the Start of Campaign', *South China Morning Post*, 1 Nov. 1989; 'Frederic Moritz, 'China Shackles its Freer Press', *Christian Science Monitor*, 4 Aug. 1989; see also Richard Curt Kraus, *The Party and the Arty in China: The New Politics of Culture*, Rowman & Littlefield, Lanham, MD, 2004, p. 93.

53 Wenzhou, J201-8-46, Li Zemin, Provincial Party Secretary in Telephone Conference, 5 Sept. 1989, pp. 215–22; Willy Lam, 'Smut Is Only Start of Campaign', *South China Morning Post*, 1 Nov. 1989.

54 MAE, 2883TOPO/3772, Charles Malo, 'Célébrations du 40ème anniversaire', 2 Oct. 1989.

55 Wenzhou, J201-8-46, Telegram by Propaganda Department on Preparations for the Fortieth Anniversary, 29 Aug. 1989, pp. 42–55.

56 MAE, 2883TOPO/3772, Charles Malo, 'Célébrations du 40ème anniversaire', 2 Oct. 1989; also David Holley, 'Under Tight Wraps, China Marks 40th Anniversary of Communist Rule', *Los Angeles Times*, 2 Oct. 1989.

57 PRO, FCO 21/4194, Susan Morton, 'Life Returns to Normal in Peking?', 7 Aug. 1989.

58 ‘Asian Games’, *South China Morning Post*, 8 July 1989.

59 Rajdeep Sardesai, ‘Emotional Roller-Coaster’, *Times of India*, 14 Oct. 1990; Mark Fineman, ‘Beijing Changes Tune’, *Los Angeles Times*, 25 Jan. 1990.

60 Ann Scott Tyson, ‘Beijing Marshals City Residents to Spruce Up for Asian Games’, *Christian Science Monitor*, 21 Sept. 1990.

61 John Kohut, ‘Jubilant Beijing Leaders Preside over Asiad Closing’, *South China Morning Post*, 8 Oct. 1990.

62 「不要當頭，夾尾巴做人，韜光養晦，做頭必失主動。」見李銳日記一九九一年十二月二十八日關於十二月二十四日鄧小平、江澤民、楊尚昆和李鵬會議記要的記載。

63 Wenzhou, J201-8-46, zhongfa (1989) no. 7, 28 July 1989, pp. 1–17; Telegram by Propaganda Department on Preparations for the Fortieth Anniversary, 29 Aug. 1989, pp. 42–55.

64 Ann Scott Tyson, ‘Beijing Marshals City Residents to Spruce Up for Asian Games’, *Christian Science Monitor*, 21 Sept. 1990; quotation from Chen Xitong in Simon Long, ‘Beijing Washes Whiter for Asian Games Showcase’, *Guardian*, 7 Aug. 1990.

65 Willy Lam, ‘Role for “United Front” Parties’, *South China Morning Post*, 2 Jan. 1990.

66 ‘"Hero“ Lei Resurrected to Win People’s Support’, *South China Morning Post*, 11 Dec. 1989; Seth Faison, ‘A Nation Going Backwards with Tale of Simple Hero’, *South China Morning Post*, 4 March 1990.

67 ‘Model Soldier’s Inspiration’, *South China Morning Post*, 12 March 1990.

68 ‘Party Leader Calls on Chinese Youth to Keep Patriotism Alive’, *Xinhua News Agency*, 4 May 1990; also ‘Party Leader Praises Students’, *South China Morning Post*, 4 May 1990.

69 MAE, 2883TOPO/3775, ‘150ème anniversaire de la Guerre de l’Opium’, 8 June 1990; also ‘Beijing Revives “Opium War” to Combat Liberalism’, *Christian Science Monitor*, 31 May 1990.

70 ‘When a Five-Year-Old Becomes a Victim of History’, *South China Morning Post*, 14 Dec. 1991.

71 Shanghai, A33-6-440, Work on the United Front at the Fourth Plenum, 8–9 Aug. 1989, pp. 50–58.

72 Willy Lam, ‘Role for “United Front” Parties’, *South China Morning Post*, 2 Jan. 1990.

73 Shanghai, A33-6-440, Work on the United Front at the Fourth Plenum, 8–9 Aug. 1989, pp. 50–58.

74 Shanghai, A33-6-466, Jiang Zemin, Yao Yilin, Qiao Shi and others at Conference on United Front, 11 to 15 June 1990, pp. 1–28 and 127–30.

75 Margaret Scott, 'Hong Kong On Borrowed Time', *New York Times*, 22 Oct. 1989.

76 李銳日記，一九八九年六月二十四日。

77 Christine Loh, *Underground Front: The Chinese Communist Party in Hong Kong*, Hong Kong University Press, Hong Kong, 2019.

78 'Lee, Szeto Subversive, Says China', *South China Morning Post*, 22 July 1989.

79 Loh, *Underground Front*, p. 176.

80 Deng Xiaoping, 'Speech at a Meeting with Members of the Committee for Drafting the Basic Law of the Hong Kong Special Administrative Region', 16 April 1987, *Selected Works of Deng Xiaoping*, vol. 3, various editions.

81 Wenzhou, J201-8-46, Report on How to Report the Political Situation in Eastern Europe, 21 Dec. 1989, pp. 56–61；王芳的報告內容參見李銳日記，一九八九年十二月八日、一九九〇年一月六日。

82 MAE, 2883TOPO/3773, Claude Martin, 'La montée des inquiétudes', 27 August 1991.

83 MAE, 2883TOPO/3773, Claude Martin, 'La montée des inquiétudes', 27 August 1991；李銳日記，一九九一年十月八日；Willy Lam, 'Beijing Set to Fight "Capitalist Trends"', *South China Morning Post*, 26 August 1991.

84 Nicolas Kristof, 'Beijing's Top Priority: Maintain Communism', *New York Times*, 15 Sept. 1991；李銳日記，一九九一年十月七日；see also Henry He, *Dictionary of the Political Thought of the People's Republic of China*, Routledge, London, 2000, p. 24.

85 Willy Lam, 'Cultural Revolution Re-Run Waiting in the Left Wing', *South China Morning Post*, 18 July 1991.

86 Willy Lam, 'Cultural Revolution Re-Run Waiting in the Left Wing', *South China Morning Post*, 18 July 1991.

87 'Chen Yun Urges Restraint in Economic Construction', 5 Dec. 1991, in FBIS (FBIS-CHI-91-239), 12 Dec. 1991; Willy Lam, 'Ideology "Boosted" in 390,000 Villages', *South China Morning Post,* 16 Nov. 1991; Daniel Kwan, 'Socialism Ideology Stepped Up', *South China Morning Post*, 28 Aug. 1991; the quotation from Li Peng is in Wenzhou, J201-9-68,

Report on Rural Economy by Provincial Party Committee, 22 Jan. 1990, pp. 69–108.

88 Willy Lam, 'Revival for Mao Crusade Against West', *South China Morning Post*, 27 Dec. 1991.

89 PRO, FCO 21/4194, Alan Donald, untitled letter dated 11 July 1989.

90 Library of Congress, 'Meeting With Vice Premier Deng Xiaoping, Beijing, April 15, 1980', Robert S. McNamara Papers, Box 199; my colleague Priscilla Roberts kindly pointed me towards the McNamara Papers in the Library of Congress.

91 Mann, *About Face*, p. 239.

92 PRO, FCO 21/4253, 'Fall in Reserves at End June', 29 Sept. 1989.

93 Seth Faison, 'New Rules on Imports', *South China Morning Post*, 7 Aug. 1989; 'China Tightens Curbs to Narrow Trade Gap', *South China Morning Post*, 18 July 1989; Joint Committee, *China's Economic Dilemmas*, p. 749.

94 Gansu, 151-3-74, Zheng Tuobin, Ministry of Foreign Trade, Conference on Foreign Trade, 1 Aug. 1990, pp. 44–89.

95 Gansu, 151-3-43, Zheng Tuobin, Ministry of Foreign Trade, National Conference on Foreign Trade, 23 Dec. 1989, pp. 85–112; see also Joint Committee, *China's Economic Dilemmas*, p. 749.

96 Gansu, 151-3-74, 1 Aug. 1990, Zheng Tuobin, Ministry of Foreign Trade, Conference on Foreign Trade, 1 Aug. 1990, pp. 44–89.

97 Wenzhou, J34-32-327, Document by State Council, 4 Feb. 1990, guofa (1990) no. 11, pp. 8–15.

98 PRO, FCO 21/4550, PRO, FCO 21/4550, 'Economic Development and Reform Policy in mid-1990', Oct.1990; 'CIA Report on China's Economy', 20 Aug. 1990; John F. Cooper, 'Tiananmen June 4, 1989: Taiwan's Reaction', *Taiwan Insight*, article posted on 10 June 2019.

99 Wenzhou, J201-9-70, Urgent Telegram Concerning Fang Lizhi, 23 June 1990, pp. 305–8; see also Fang Lizhi, 'The Chinese Amnesia', *New York Review of Books*, 37, no. 14 (27 Sept. 1990), p. 30.

100 MAE, 2883TOPO/3798, Charles Malo, 'Visite à Pékin du vice-président de la Banque Mondiale', 6 April 1990.

101 Mann, *About Face*, pp. 240–41.

102 MAE, 2883TOPO/3793, Cluade Martin, 'Rumeurs de dévaluation du yuan', 20 Dec. 1991.

103 Gansu, 151-3-43, Zheng Tuobin, Ministry of Foreign Trade, National Conference on Foreign Trade, 23 Dec. 1989, pp.

85–112.

104 PRO, FCO 21/4253, Peter Wood, 'Not at Any Price: Markets, Monopolies and Price Controls', 4 Sept. 1989.

105 PRO, FCO 21/4253, Peter Wood, 'Not at Any Price: Markets, Monopolies and Price Controls', 4 Sept. 1989.

106 PRO, FCO 21/4253, Peter Wood, 'Spinning a Yarn: Cotton and the Textile Industry', 28 Sept. 1989.

107 Gansu, 151-3-81, Document by Gansu China Textile Products Import and Export Corporation, 15 May 1990, pp. 4–5; PRO, FCO 21/4253, Peter Wood, 'Spinning a Yarn: Cotton and the Textile Industry', 28 Sept. 1989.

108 PRO, FCO 21/4253, Peter Wood, 'Not at Any Price: Markets, Monopolies and Price Controls', 4 Sept. 1989.

109 The estimate of 40 per cent is in PRO, FCO 21/4550, Andrew Seaton, 'China: Economic Reporting', 7 Dec. 1990; for the money supply see MAE, 2883TOPO/3793, 'Situation économique et financière de la Chine', 19 April 1991; this document puts the amount of subsidies at 30 to 40 per cent of the budget.

110 PRO, FCO 21/4550, 'Economic Development and Reform Policy in mid-1990', Oct. 1990; the official GDP was 4.2 per cent in 1989 and 3.9 per cent in 1990.

111 PRO, FCO 21/4550, 'Economic Development and Reform Policy in mid-1990', Oct. 1990.

112 Qu Qiang, 'Triangular Debts' in Chen and Guo (eds), *Major Issues and Policies in China's Financial Reform*, vol. 3, pp. 19–36.

113 Wenzhou, J202-12-96, 28 Dec. 1992, pp. 46–57.

114 See PRO, FCO 21/4550, M. Wright, 'China Economy', 12 July 1990.

115 Wenzhou, J202-12-96, 28 Dec. 1992, pp. 46–57.

116 Gansu, 128-9-60, Talks by Li Peng and Zhu Rongji on Triangular Debt, 4 Sept. 1991, pp. 1-11；李銳日記，一九九一年十一月二日。

117 李銳日記，一九九一年八月二日：「王丙乾連會計常識都沒有（貸方，債方），應該下了。李貴鮮更不懂銀行。」

118 Willy Lam, 'Zhu "Finds Solution to State-Run Firms"', *South China Morning Post*, 1 Oct. 1991.

119 Willy Lam, 'Faction Fighting Out in the Open', *South China Morning Post*, 27 Nov. 1991.

第七章

1 Paul Marriage, ‘Roadshow Points to New Era of Reform’, *South China Morning Post*, 2 Feb. 1992.

2 Deng Xiaoping, ‘Excerpts from Talks Given in Wuchang, Shenzhen, Zhuhai and Shanghai’, 18 January to 21 February 1992, *Selected Works of Deng Xiaoping*, vol. 3, various editions.

3 Bruce Gilley, *Tiger on the Brink: Jiang Zemin and China's New Elite*, 1998, University of California Press, Berkeley, CA, 1998, pp. 185–6; ‘China to Speed Economic Reform’, *Chicago Tribune*, 6 Feb. 1992; Willy Lam, ‘Beijing Breaks Taboo by Calling for Capitalism’, *South China Morning Post*, 24 Feb. 1992.

4 Gilley, *Tiger on the Brink*, p. 186.

5 Willy Lam, ‘Deng Takes Fight to Headquarters’, *South China Morning Post*, 18 March 1992.

6 Shanghai, B109-6-288, Plans for Pudong, 30 June 1991, pp. 28–32; ‘Pudong, Symbol of the Future’, *South China Morning Post*, 29 April 1991; Geoffrey Crothall, ‘Skeptical Greeting for Latest Shanghai Plan’, *South China Morning Post*, 10 Aug. 1990; also MAE, 2883TOPO/3793, ‘Pudong’, April 1991.

7 John Kohut, ‘Mayor Expects Shanghai Will Pass Shenzhen’, *South China Morning Post*, 11 March 1992; Kenneth Ko, ‘Foreign Investment Pours Into Pudong’, *South China Morning Post*, 3 April 1992.

8 Manoj Joshi, ‘Shanghai, City of Contrasts’, *Times of India*, 10 Sept. 1993; Martin Wollacott, ‘Beware of China’s Latest Harbinger’, *Guardian*, 19 May 1993.

9 Martin Wollacott, ‘Shanghai Aims to Reclaim its Greatness’, *Ottawa Citizen*, 9 Aug. 1993.

10 Geoffrey Crothall, ‘Pudong Status Starts Internal Economic War’, *South China Morning Post*, 28 May 1990.

11 Kent Chen, ‘Development Zones “Wasteful”’, *South China Morning Post*, 30 March 1993.

12 Kent Chen, ‘Development Zones “Wasteful”’, *South China Morning Post*, 30 March 1993.

13 Meg E. Rithmire, *Land Bargains and Chinese Capitalism: The Politics of Property Rights under Reform*, Cambridge University Press, Cambridge, 2015; see also Minxin Pei, *China's Crony Capitalism: The Dynamics of Regime Decay*, Harvard University Press, Cambridge, MA, 2016.

14 ‘Kumagai Granted Further Rights on Hainan Island’, *South China Morning Post*, 18 May 1992, Carl E. Walter and Fraser

J. T. Howie, *Red Capitalism: The Fragile Financial Foundation of China's Extraordinary Rise*, John Wiley, New York, 2012, p. 38; Matthew Miller, 'Real Estate Sector Clean-up in Hainan', *South China Morning Post*, 21 July 1999.

15 Gansu, 136-1-127, 13 Jan. 1995, pp. 112–30; 136-1-99, 8 Feb. 1993, pp. 111–20.

16 Gansu, 128-9-374, State Council Document on Real Estate, 26 May 1995, pp. 99–104.

17 'China: Will the Bubble Burst?', *South China Morning Post*, 25 May 1993; John Gittings, 'The Patient Has China Syndrome', *Guardian*, 10 July 1993; figures on foreign investment from Sheryl WuDunn, 'Booming China is Dream Market for West', *New York Times*, 15 Feb. 1993.

18 Sheryl WuDunn, 'Booming China is Dream Market for West', *New York Times*, 15 Feb. 1993; Hoover Institution, Milton Friedman Papers, Box 188, '1993 Hong Kong–China Trip', unpublished typescript transcribed from a tape, dictated October 1993.

19 MAE, 2883TOPO/3772, Charles Malo, 'Où va la Chine?', 29 Nov. 1989.

20 Wenzhou, J34-32-332, Urgent Telegram from the Ministry of Finance, 14 June 1990, pp. 32–3; also State Council, 13 Oct. 1990, pp. 64–5; the total amounts are calculated in Marc G. Quintyn and Bernard J. Laurens et al. (eds), *Monetary and Exchange System Reforms in China: An Experiment in Gradualism*, International Monetary Fund, Washington, 1996, pp. 24–36.

21 Walter and Howie, *Red Capitalism*, p. 100.

22 Walter and Howie, *Red Capitalism*, pp. 11–14.

23 Sheryl WuDunn, 'Booming China is Dream Market for West', *New York Times*, 15 Feb. 1993.

24 Sheryl WuDunn, 'Booming China is Dream Market for West', *New York Times*, 15 Feb. 1993.

25 'Building Boom Sends Cement Price Soaring', *South China Morning Post*, 26 Jan. 1993; Marissa Lague, 'China Aims to Control Cost of Construction', *South China Morning Post*, 10 March 1993.

26 John Gittings, 'The Patient Has China Syndrome', *Guardian*, 10 July 1993.

27 Richard Holman, 'China Lifts Coal Controls', *Wall Street Journal*, 4 Aug. 1992; Sheryl WuDunn, 'China Removes Some Price Controls on Food', *New York Times*, 29 Nov. 1992.

28 Lin and Schramm, 'China's Foreign Exchange Policies since 1979', pp. 257–8; Joon San Wong, 'Yuan's Rate Further Inflates the Bubble', *South China Morning Post*, 7 Jan. 1993.

29 'China: Will the Bubble Burst?', *South China Morning Post*, 25 May 1993.

30 'China Crisis Looms Over IOUs', *South China Morning Post*, 9 Dec. 1992.

31 PRO, FCO 21/4550, 'Teleletter on Record Harvest', 23 Nov. 1990; John Gittings, 'The Patient Has China Syndrome', *Guardian*, 10 July 1993.

32 Geoffrey Crothall, 'Yang Supports Liberal Calls for Faster Reform', *South China Morning Post*, 6 Feb. 1992.

33 Gilley, *Tiger on the Brink*, pp. 195–6；另見李銳日記，一九九三年一月三十日，二月二十七日，四月十八日。

34 Sheryl WuDunn, 'Chinese Party Congress Replaces Nearly Half of Central Committee', *New York Times*, 19 Oct. 1992; David Holley, 'China's New Leaders Get a Blessing From Deng', *Los Angeles Times*, 20 Oct. 1992.

35 Geoffrey Crothall and Willy Lam, 'Advisory Body to be Disbanded', *South China Morning Post*, 12 Oct. 1992.

36 David Holley, 'China Completes its Biggest Shake-Up of Military Chiefs', *Los Angeles Times*, 16 Dec. 1992; Gilley, *Tiger on the Brink*, pp. 196–9.

37 Gilley, *Tiger on the Brink*, pp. 203–4.

38 'China in Austerity Moves', *New York Times*, 5 July 1993; 'China Names Vice-Premier Bank Governor', *Daily News* (Halifax), 3 July 1993.

39 Patrick Tyler, 'China Austerity Drive is Hurting US Ventures', *New York Times*, 11 Nov. 1993; Willy Lam, 'Zhu Hits Some Bumps on China's Road to Recovery', *South China Morning Post*, 15 Sept. 1993.

40 Willy Lam, 'Zhu Hits Some Bumps on China's Road to Recovery', *South China Morning Post*, 15 Sept. 1993.

41 Steven Mufson, 'As China Booms, Fear of Chaos Fuels New Force', *Washington Post*, 11 Nov. 1995.

42 Wang Shaoguang, 'China's 1994 Fiscal Reform: An Initial Assessment', *Asian Survey*, 37, no. 9 (Sept. 1997), pp. 801–17; see also Pei, *Crony Capitalism*, pp. 53–6.

43 Lin and Schramm, 'China's Foreign Exchange Policies since 1979', p. 258.

44 'Clinton Advisor Says GATT Entry Is Highly Desirable', *South China Morning Post*, 2 June 1994; Sheila Tefft, 'GATT

Chief Calls for Chinese Membership', *Christian Science Monitor*, 11 May 1994.

45 Lin and Schramm, 'China's Foreign Exchange Policies since 1979', pp. 258–9.

46 Rowena Tsang, 'Rumours Fail to Dislodge Forex Chief', *South China Morning Post*, 9 May 1995.

47 Willy Lam, 'Zhu Toils to Counter Inflation', *South China Morning Post*, 1 Dec. 1994; 'Inflation and Spiralling Wages Giving Zhu Sleepless Nights', *South China Morning Post*, 9 May 1995；通貨膨脹率見李銳日記，一九九四年九月二十六日。

48 'Inflation and Spiralling Wages Giving Zhu Sleepless Nights', *South China Morning Post*, 9 May 1995.

49 'Inflation and Spiralling Wages Giving Zhu Sleepless Nights', *South China Morning Post*, 9 May 1995; 'Bank Head Urges Lower Inflation', *South China Morning Post*, 27 July 1995.

50 Wenzhou, J202-13-120, Wang Zhongshu in Telephone Conference on Losses in Industry, 10 March 1994, pp. 94–6.

51 Teresa Poole, *Independent*, 23 Dec. 1994.

52 Willy Lam, 'Unrest On The Cards', *South China Morning Post*, 6 Dec. 1995.

53 Patrick Tyler, 'China's First Family Comes Under Growing Scrutiny', *New York Times*, 2 June 1995; Seth Faison, 'Deng's Son Sidesteps Row', *South China Morning Post*, 19 Jan. 1989.

54 Peter Goodspeed, 'China's "Princelings"', *Toronto Star*, 12 June 1994；李銳日記，一九九三年十二月十二日。

55 Patrick Tyler, '12 Intellectuals Petition China on Corruption', *New York Times*, 26 Feb. 1995.

56 Uli Schmetzer, 'Chinese Executives Find That Deng Connection Is No Longer Protection', *Chicago Tribune*, 23 March 1995.

57 Steven Mufson, 'China's Corruption "Virus"', *Washington Post*, 22 July 1995.

58 Harry Wu papers, Box 1, Central Committee's Report on Chen Xitong, 28 Sept. 1995.

59 Patrick Tyler, 'Jiang Leads Purge of Beijing Party', *Guardian*, 9 May 1995.

60 江澤民〈領導幹部一定要講政治〉，一九九五年九月二十七日，《江澤民文選》，人民出版社，北京，二〇〇六，第一冊，頁四五五－四五九；江澤民〈正確處理社會主義現代化建設中的若干重大關係〉，《江澤民文選》第一冊，頁四六〇－四七五；Willy Lam, 'Jiang's Act Runs Into Problems', *South China Morning Post*, 11 Oct.

1995; Kathy Chen, 'China Applies the Brakes to Reforms', *Wall Street Journal*, 7 April 1995.

61 李銳日記，一九九五年八月三日。

62 李銳日記，一九九六年一月二十八日。

63 PRO, FCO 21/1371, W. G. Ehrman, 'Mr Teng Hsiao-P'ing on the Situation in China', 5 Feb 1975 and 'Teng Hsiao-P'ing Discusses Economy, Cultural Revolution, Taiwan', 10 Dec. 1974; Selig S. Harrison, 'Taiwan After Chiang Ching-Kuo', *Foreign Affairs*, 66, no. 4 (Spring 1988), pp. 790–808; also 'Hu: Force Last Resort Against Taiwan', *South China Morning Post*, 1 June 1985.

64 Nicholas Kristof, 'A Dictatorship That Grew Up', *New York Times*, 16 Feb. 1992.

65 Patrick Tyler, 'For Taiwan's Frontier Island, The War Is Over', *New York Times*, 4 Oct. 1995.

66 Nicholas Kristof, 'A Dictatorship That Grew Up', *New York Times*, 16 Feb. 1992.

67 Gilley, *Tiger on the Brink*, p. 248.

68 Rone Tempest, 'China Threatens U.S. Over Taiwan Leader's Visit', *Los Angeles Times*, 26 May 1995.

69 'Taiwan Leader to Leave U.S.', *Los Angeles Times*, 11 June 1995.

70 Simon Beck, 'Strengths Across the Strait', *South China Morning Post*, 4 Nov. 1995; Gilley, *Tiger on the Brink*, p. 254.

71 'Taiwan's Democratic Election', *New York Times*, 24 March 1996.

72 Document 219, 'Message From the Government of the United States to the Government of the People's Republic of China', undated, message delivered on the evening of 3 April 1972, 30 Jan. 1979, *Foreign Relations of the United States, 1969–1972*, vol. XVII, United States Government Printing Office, Washington, 2006, pp. 873–4.

73 Nayan Chanda, *Brother Enemy: The War After the War*, Harcourt, San Diego, 1987, pp. 19–21.

74 Harvey Stockwin, 'Mischief Reef a Scene of Power Politics', *Times of India News Service*, 9 April 1995; Robert Manning, 'China's Syndrome: Ambiguity', *Washington Post*, 19 March 1995.

75 See, among other witness accounts, reports by Liz Sly, 'Something New in China', *Chicago Tribune*, 28 Oct. 1996; Jasper Becker, 'A Journey Through Jiang's Utopia', *South China Morning Post*, 28 Jan. 1996; Joseph Kahn, 'Envying Singapore, China's Leaders Turn One City Into a Model', *Wall Street Journal*, 19 Dec. 1995; the cameras are mentioned

in Maggie Farley, 'The Polite Patriots of China', *Los Angeles Times*, 14 Sept. 1996.

76 Rone Tempest, 'Insults, Spitting, Pigeon Poaching Not Allowed', *Los Angeles Times*, 25 Jan. 1997.

77 'Jiang Calls for Return to Socialist Orthodoxy', *Korea Times*, 26 Jan. 1996; Willy Lam, 'The Party Returns to Mao's Heroes', *South China Morning Post*, 24 April 1996.

78 Willy Lam, 'Liberal Fears Over "Strike Hard" Policy', *South China Morning Post*, 18 July 1996.

79 'Mickey Mouse and Donald Duck Are on the Run in China', *Times of India*, 25 Oct. 1996; Steven Mufson, 'China's "Soccer Boy" Takes on Foreign Evils', *Washington Post*, 9 Oct. 1996; Joseph Kahn, 'He's the Very Model of a Modem Plumber and a Hero in China', *Wall Street Journal*, 1 July 1996.

80 Wenzhou, J202-15-168, State Council Report on Foreign Brands, 10 Dec. 1995, pp. 1–6.

81 Josephine Ma, 'Beijing to Protect Domestic Brands', *South China Morning Post*, 8 Aug. 1996; Cheung Lai-Kuen, 'Foreign Limits to Go in Stages', *South China Sunday Morning Post*, 28 April 1996.

82 Seth Faison, 'Citing Security, China Will Curb Foreign Financial News Agencies', *New York Times*, 17 Jan. 1996; Sandra Sugawara, 'China Restricts Filmmakers', *Washington Post*, 29 June 1996; Teresa Poole, 'China's Hooligan Author', *South China Morning Post*, 21 Dec. 1996.

83 'Dissident Liu Xiaobo Released and Banished to Dalian', *South China Morning Post*, 20 Jan. 1996; Steven Mufson, 'China Detains Dissident During Party Meeting', *Washington Post*, 9 Oct. 1996.

84 Uli Schmetzer, 'New China Dream', *Chicago Tribune*, 19 June 1996.

85 Willy Lam, 'The Power Players of Beijing', *South China Morning Post*, 12 March 1997.

86 'TV Tribute to Deng's Role Sets the Tone for Next Congress', *South China Morning Post*, 2 Jan. 1997; 'Series on Patriarch Offers No New Glimpse', *South China Morning Post*, 13 Jan. 1997; Willy Lam, 'Shenzhen Plays Up Deng's Reform Views', *South China Morning Post*, 22 Jan. 1997.

87 Seth Faison, 'Beijing after Deng', *New York Times*, 21 Feb. 1997; Kathy Chen, 'After Deng's Death, It's Business as Usual', *Wall Street Journal*, 21 Feb. 1997.

第八章

1 Rod Mickleburgh, 'The Handover of Hong Kong', *Globe and Mail*, 1 July 1997.

2 PRO, CAB128/99/13, Meeting of the Cabinet, 11 April 1991; see also Loh, *Underground Front*, pp. 179–80.

3 PRO, PREM 19/3626, 6 March 1992.

4 Fan Cheuk-Wan, 'Hurd Responds to Li Peng Attack With Offer of Talks', *South China Morning Post*, 16 March 1993; Jonathan Mirsky, 'Buddha-Serpent Patten Feels his Colony Tremble', *South China Morning Post*, 28 March 1993.

5 David Holley, 'China's Agenda: Reforms and Dictatorship', *Los Angeles Times*, 6 March 1993.

6 John Kohut, 'One Step Forward, One Step Back', *South China Morning Post*, 13 March 1993; Willy Lam, 'Patriotism Has Now Become the Last Refuge of Li Peng', *South China Morning Post*, 24 March 1993.

7 Willy Lam, 'Activists Bid to Speed Up Democracy', *South China Morning Post*, 13 March 1993.

8 李銳日記對參觀廣州的記述，一九九四年九月十九日。

9 Jonathan Dimbleby, *The Last Governor*, Little, Brown, London, 1997, p. 310.

10 Steven Mufson, 'Hong Kong: The Return to China', *Washington Post*, 1 July 1997.

11 'Too Much at Stake to Accept Cheaper Yuan's Temptations', *South China Morning Post*, 2 Jan. 1998.

12 Liz Sly, 'Bloom Is Off China's Boom', *Chicago Tribune*, 4 Feb. 1997; 60 per cent of capacity quoted in Joseph Kahn, 'China's Overcapacity Crimps Neighbors: Glut Swamps Southeast Asia's Exports', *Wall Street Journal*, 14 July 1997；李銳日記，一九九八年一月九日。

13 Joseph Kahn, 'China's Overcapacity Crimps Neighbors: Glut Swamps Southeast Asia's Exports', *Wall Street Journal*, 14 July 1997; Somchai Jitsuchon and Chalongphob Sussangkarn, 'Thailand's Growth Rebalancing', Tokyo: Asian Development Bank Institute, 2009.

14 Liz Sly, 'China's Growth May Slip Further', *Chicago Tribune*, 7 March 1998; Kathy Chen, 'China's Retailers Multiply in Spite of Weak Sales', *Wall Street Journal*, 7 Jan. 1998.

15 Wenzhou, J34-33-480, Report by Dai Xianglong, 26 Sept. 1998, pp. 19–31.

16 Wang Xiangwei, 'Fears Grow as China Slides Into Deflation', *South China Morning Post*, 12 Nov. 1997; 'Deflation

Worsens as Prices Dip 3.3PC', *South China Morning Post*, 14 Sept. 1998; Karby Leggett, 'The Outlook', *Wall Street Journal*, 13 March 2000.

17 Henny Sender, 'China Faces Flood of Cheap East Asian Imports', *Wall Street Journal*, 24 July 1998; Peter Seidlitz and David Murphy, 'Asian Flu Reaches Mainland', *South China Morning Post*, 19 July 1998.

18 Wenzhou, J34-33-480, Report by Dai Xianglong, 26 Sept. 1998, pp. 19–31.

19 Peter Seidlitz and David Murphy, 'Frustration Rises Over Flood of Forex Edicts', *South China Sunday Morning Post*, 6 Dec. 1998.

20 Mark O'Neill, 'Flat Forex Growth Blamed on Smuggling, Reporting Errors', *South China Morning Post*, 7 Oct. 1998; Seth Faison, 'China Attacks "Hidden" Crime: Smuggling', *New York Times*, 17 July 1998.

21 Howard Balloch, *Semi-Nomadic Anecdotes*, Lulu Publishing Services, Morrisville, NC, 2013, pp. 548–9.

22 Balloch, *Semi-Nomadic Anecdotes*, pp. 547–8.

23 Wang Jikuan quoted in Li Rui Diary, 4 March 1996; Gansu, 145-12-303, Talk by Zhu Rongji at Conference on Reforming State Owned Enterprises, 16 May 1998, pp. 38–59.

24 John Bartel and Huang Yiping, 'Dealing with the Bad Loans of the Chinese Banks', Columbia University, APEC Study Center: Discussion Paper Series, July 2000; Walter and Howie, *Red Capitalism*, p. vxii; on bad loans see also Carsten A. Holz, 'China's Bad Loan Problem', manuscript, Hong Kong University of Science and Technology, April 1999.

25 Wenzhou, J34-33-480, Report on Banks, 27 Oct. 1998, pp. 225–44; Talk by Dai Xianglong, 26 Sept. 1998, pp. 19–31; on the investigation of Wenzhou, see Wenzhou, J34-33-456, 12 Oct. 1998, pp. 13–23.

26 Wenzhou, J202-16-163, State Council Statement on Outstanding Foreign Loans, 6 Nov. 1997, pp. 1–6; Zhejiang Province Statement on Outstanding Foreign Loans, 4 Sept. 1997, pp. 35–7.

27 Hong Zhaohui and Ellen Y. Yan, 'Trust and Investment Corporations in China', in Chen Beizhu, J. Kimball Dietrich and Yi Fang (eds), *Financial Market Reform in China: Progress, Problems and Prospects*, Westview Press, Boulder, CO, 2000, p. 290, as well as Zhu Jun, 'Closure of Financial Institutions in China' in Bank for International Settlements (eds), *Strengthening the Banking System in China: Issues and Experience*, Bank for International Settlements, Basel, 1999, pp.

311–13.

28 ‘BoC Digs Deep for CADTIC Debts’, *South China Morning Post*, 10 Jan. 1997; Tony Walker, ‘China Shuts Debt-Ridden Investment Group’, *Financial Times*, 15 Jan. 1997.

29 Wenzhou, J202-17-139, People’s Bank of China Report on Investment Trust Companies, 26 Aug. 1998, pp. 76–8.

30 Walter and Howie, *Red Capitalism*, pp. 57–8.

31 MAE, 2883TOPO/3772, ‘Réflections de M. Guy Sorman sur la situation en Chine’, 28 Nov. 1989.

32 Gansu, 136-1-114, Report by State Commission for Restructuring the Economy, 1 Dec. 1993, pp. 122–38.

33 Foo Ghoy Peng, ‘Ambitious Economic Reformists Decree “Big is Beautiful”’, *South China Morning Post*, 19 Sept. 1997.

34 Leslie Chang, ‘Big Is Beautiful’, *Wall Street Journal*, 30 April 1998.

35 Steven Mufson, ‘China to Cut Number of State Firms’, *Washington Post*, 15 Sept. 1997; ‘China: Merger, Acquisition Timely’, *China Daily*, 13 Jan. 1998; ‘China: Administrative Reform’, *Oxford Analytica Daily Brief Service*, 8 May 1998; Russell Smyth, ‘Should China Be Promoting Large-Scale Enterprises and Enterprise Groups?’, Department of Economics, Monash University, Jan. 1991, p. 24.

36 Daniel Kwan, ‘Jiang Backs Shareholding System’, *South China Morning Post*, 1 April 1997.

37 Walter and Howie, *Red Capitalism*, pp. 178–9.

38 Erik Guyot and Shanthi Kalanthil, ‘China Telecom’s IPO Lures Investors’, *Wall Street Journal*, 6 Oct. 1997.

39 Walter and Howie, *Red Capitalism*, pp. 182–4.

40 Karby Leggett, ‘The Outlook’, *Wall Street Journal*, 13 March 2000; Peter Wonacott, ‘China’s Privatization Efforts Breed New Set of Problems’, *Wall Street Journal*, 1 Nov. 2001.

41 Rust-Belt Unemployment Hits 10pc’, *South China Morning Post*, 18 Nov. 1997; Jasper Becker, ‘Old Industry Dies Hard’, *South China Morning Post*, 9 Aug. 1997.

42 Gansu, 145-12-303, Report by Wu Bangguo on Reform of State Enterprises, 14 May 1998, pp. 60–87.

43 Gansu, 145-12-303, Report by Wu Bangguo on Reform of State Enterprises, 14 May 1998, pp. 60–87.

44 Mark O’Neill, ‘No Work, No Future’, *South China Morning Post*, 20 June 2000; Mark O’Neill, ‘The Growing Pains of

Change', *South China Morning Post*, 13 Aug. 1998; Jasper Becker, 'The Dark Side of the Dream', *South China Morning Post*, 12 Oct. 1997.

45 Gansu, 136-1-189, Report by Yao Yugen, Head of Provincial Economic Committee, 25 July 1998, pp. 74–81.

46 Craig Smith, 'Municipal-Run Firms Helped Build China', *Wall Street Journal*, 8 Oct. 1997.

47 Gansu, 128-9-235, Report by Ministry of Labour, 29 Dec. 1992, pp. 1–9.

48 Figures in Gansu, 128-10-175, 5 Dec. 1998, pp. 17–21; see also 'Coal Mines to Face Safety Measures Blitz', *South China Morning Post*, 12 Feb. 1997; mergers of state mines in Mark O'Neill, 'Coal Mines Dosed as Beijing Cleans Up Inefficient Sector', *South China Morning Post*, 14 Sept. 2000.

49 Jasper Becker, 'A Collapse of the Working Class', *South China Morning Post*, 8 Aug. 1998; see also Qin Hui, 'Looking at China from South Africa' on www.readingthechinadream.com, retrieved on 28 Sept. 2019.

50 Gansu, 128-10-289, State Council Document on Debt in the Countryside, 6 May 1999, pp. 70–77.

51 Jasper Becker, 'Slump in Countryside Deepens as Bubble Bursts for Rural Enterprises', *South China Morning Post*, 27 Aug. 1999; Gansu, 128-10-232, Report by Provincial Deputy Governor Wu Bilian, 9 May 1998, pp. 10–32.

52 Gansu, 128-10-551, Talk by Zhu Rongji at the People's Consultative Conference's Economic Committee, 28 Aug. 2001, pp. 120–28; see also Gerard Greenfield and Tim Pringle, 'The Challenge of Wage Arrears in China' in Manuel Simón Velasco (ed.) *Paying Attention to Wages*, International Labour Organisation, Geneva, 2002, pp. 30–38.

53 Wenzhou, J34-33-318, Document on Rural Cooperative Funds, 10 March 1997, pp. 40–59; Wenzhou, J34-33-417, Feb. 1997, pp. 156–75; on the closure of the funds, see Carsten A. Holz, 'China's Monetary Reform: The Counterrevolution from the Countryside', *Journal of Contemporary China*, 10, no. 27 ((2001), pp. 189–217；另見溫鐵軍〈農村合作基金會的興衰，1984–1999〉，University Services Centre, Chinese University of Hong Kong, Dec. 2000。

54 Zuo Xuejin, 'The Development of Credit Unions in China: Past Experiences and Lessons for the Future', Conference on Financial Sector Reform in China, Harvard University, Cambridge, MA, 11–13 Sept. 2001; Lynette H. Ong, *Prosper or Perish: Credit and Fiscal Systems in Rural China*, Cornell University Press, Ithaca, NY, 2012, p. 156.

55 Ong, *Prosper or Perish*, p. 159.

56 Gansu, 128-10-475, Document on Government Debt and Convertible Loans, 14 May 2001, pp. 90–98; see also Feng Xingyuan, 'Local Government Debt and Municipal Bonds in China: Problems and a Framework of Rules', *Copenhagen Journal of Asian Studies*, 31, no. 2 (2013), pp. 23–53.

57 Gansu, 136-1-189, Report by Zhong Zhaolong, Chairman of the Gansu People's Consultative Conference, 25 July 1998, p. 41.

58 Gansu, 128-10-464, State Council, document 62, 28 Aug. 2001, pp. 72–3, followed by Report by Disciplinary Committee, 27 July 2001, pp. 74–87.

59 Ong, *Prosper or Perish*, p. 138; on deprivation in the countryside, the following two primary sources are essential: Cao Jinqing, *China along the Yellow River: Reflections on Rural Society*, RoutledgeCurzon, London, 2005, p. 4;Chen Guidi and Wu Chuntao, *Will the Boat Sink the Water?: The Life of China's Peasants*, PublicAffairs, New York, 2006.

60 Steven Mufson, 'China's Beefed-Up Private Sector', *Washington Post*, 12 April 1998; Liz Sly, 'China Granting "Important" Private Sector Room to Grow', *Chicago Tribune*, 10 March 1999.

61 Liz Sly, 'China Granting "Important" Private Sector Room to Grow', *Chicago Tribune*, 10 March 1999.

62 Liz Sly, 'China Granting "Important" Private Sector Room to Grow', *Chicago Tribune*, 10 March 1999.

63 Jasper Becker, *The Chinese*, The Free Press, New York, 2000, pp. 148–60; Richard McGregor, *The Party: The Secret World of China's Communist Rulers*, HarperCollins, New York, 2010, p. 43.

64 官方使用的術語叫「所有制改造」或「股份化」。

65 Carsten Holz and Tian Zhu, 'Reforms Simply Shifting Burden', *South China Morning Post*, 1 Oct. 1999.

66 Erik Eckholm, 'Unrest Grows at China's Old State Plants', *New York Times*, 17 May 2000; John Pomfret, 'Chinese Workers Are Showing Disenchantment', *Washington Post*, 23 April 2000.

67 Ted Plafker, 'Incidence of Unrest Rising in China', *Washington Post*, 18 July 2000.

68 Willy Lam, 'Nip Protest in the Bud, Jiang Tells Top Cadres', *South China Morning Post*, 17 Nov. 1998; Jasper Becker, 'Jiang Rejects Political Reform', *South China Morning Post*, 19 Dec. 1998.

69 John Harris, 'Jiang Earns Clinton's High Praise', *Washington Post*, 4 July 1998.

70 Liz Sly, 'On Human Rights, China Takes a 2-Tack Strategy', *Chicago Tribune*, 6 Oct. 1998; John Pomfret, 'Politics Stirs Crackdown In China', *Washington Post*, 3 Jan. 1999; one should read the moving story of one of the founders of the China Democracy Party in Zha Jianying, 'Enemy of the State', *Tide Players: The Movers and Shakers of a Rising China*, The Free Press, New York, 2011.

71 Liz Sly, 'On Human Rights, China Takes a 2-Tack Strategy', *Chicago Tribune*, 6 Oct. 1998; Henry Chu, 'Chinese Rulers Fear Angry Workers May Finally Unite', *Los Angeles Times*, 4 June 1999.

72 John Gittings, 'Cult Descends on Heart of Beijing', *Guardian*, 26 April 1999.

73 Craig Smith, 'Influential Devotees at Core of Chinese Movement', *Wall Street Journal*, 30 April 1999.

74 Charles Hutzler, 'Beijing Seeks to Rein in Falun Gong', *South China Morning Post*, 9 May 1999; see also, more generally, James Tong, 'Anatomy of Regime Repression in China: Timing, Enforcement Institutions, and Target Selection in Banning the Falungong, July 1999', *Asian Survey*, 42, no. 6 (Dec. 2002), pp. 795–820.

75 Kevin Platt, 'Another Tiananmen Ahead', *Christian Science Monitor*, 23 July 1999.

76 John Pomfret, 'Cracks in China's Crackdown', *Washington Post*, 12 Nov. 1999; Cindy Sui, 'Falun Gong Holds Jail Hunger Strike', *Washington Post*, 15 Feb. 2000.

77 Ted Plafker, 'Falun Gong Stays Locked in Struggle With Beijing', *Washington Post*, 26 April 2000; 'Cult Protests Upstage Festivities', *South China Morning Post*, 2 Oct. 2000.

78 Philip Pan, 'Five People Set Themselves Afire in China', *Washington Post*, 24 Jan. 2001.

79 John Pomfret and Philip Pan, 'Torture Is Tearing at Falun Gong', *Washington Post*, 5 Aug. 2001.

80 Mark O'Neill, 'Thousands of Unemployed Recruited to Round up Falun Gong', *South China Morning Post*, 31 Jan. 2001; Robert Marquand, 'In Two Years, Falun Gong Nearly Gone', *Christian Science Monitor*, 6 Aug. 2001.

81 Michael Sheridan, 'China Crushes the Church', *Sunday Times*, 1 July 1999; Kevin Platt, 'The Wrong Churches in China', *Christian Science Monitor*, 21 Dec. 1999.

82 Vivien Pik-Kwan Chan, 'Officials "Mask Extent of Church Closures"', *South China Morning Post*, 14 Dec. 2000; Wenzhou, J202-20-126, 4 Jan. 2001, pp. 16–17.

83 Daniel Kwan, 'Nation Doomed if Cadres Lose Faith in Communism', *South China Morning Post*, 1 July 1999; Wenzhou, J34-34-93, Urgent Telegram Transmitting Orders on the Study of Important Documents, 15 July 1999, pp. 60–62.

84 李銳日記，二〇〇〇年四月二十七日。

85 'Party Chief Makes "Important Speech" on Party Building in Shanghai', *BBC Monitoring Asia Pacific*, 5 May 2000.

86 Wenzhou, J201-25-9, Document on Party Building, 5 July 2000, pp. 124–63.

87 Clara Li, 'City's Rich Line Up to Be "Red Capitalists"', *South China Morning Post*, 13 Aug. 2001.

88 Wenzhou, J34-34-84, Talk by Wen Jiabao on Party Building Inside the Financial System, 5 April 1999, pp. 5–15, also in the same file his talk dated 14 Sept. 1999, pp. 67–82.

89 李銳日記，二〇〇一年八月二日、九月十一日；Mark O'Neill, 'Party Closes Leftist Journal That Opposed Jiang', *South China Morning Post*, 14 Aug. 2001。

90 Steven Lee Myers, 'Deaths Reported',*New York Times*, 8 May 1999.

91 Mark O'Neill, 'Politics, Patriotism and Laying the Blame', *South China Morning Post*, 11 May 1999.

92 Elisabeth Rosenthal, 'China Protesters Rage at America', *New York Times*, 9 May 1999; Erik Eckholm, 'Tightrope for China', *New York Times*, 10 May 1999.

93 John Pomfret and Michael Laris, 'China Suspends Some U.S. Ties', *Washington Post*, 10 May 1999.

94 Wenzhou, J201-24-74, Jiang Zemin, Talk at the Politburo's Standing Committee, 8 May 1999, pp. 33–9.

95 Wenzhou, J201-24-74, Jiang Zemin, Talk at the Politburo's Standing Committee, 9 May 1999, pp. 39–47；Wenzhou,J201-24-74,Series of Telegrams by the Bureau of the Central Committee, 17 June 1999, pp. 25–8.

96 Wenzhou, J201-26-51, National Conference on Public Security, 5 April 2001, pp. 89–116.

97 Wenzhou, J232-18-17, Talk by Party Secretary Jiang Jufeng, 29 June 2001, pp. 181–97.

98 Wenzhou, J201-24-74, Series of Telegrams by the Bureau of the Central Committee, 17 June 1999, pp. 25–8.

99 Karoline Kan, *Under Red Skies: Three Generations of Life, Loss, and Hope in China*, Hachette Books, New York, 2019, pp. 83–7.

100 John Pomfret, 'Ashes Returned to China', *Washington Post*, 12 May 1999.

第九章

1 Jasper Becker, 'First Money, Then Enlightenment', *South China Morning Post*, 8 Nov. 2001.

2 Clay Chandler, 'Trying to Make Good on Bad-Debt Reform', *Washington Post*, 15 Jan. 2002.

3 Gene Epstein, 'The Tariff Trap', *Barron's*, 82, no. 28 (15 July 2002), pp. 21–2.

4 Alexander Delroy, 'Industries Foresee World Trade Welcome for China', *Chicago Tribune*, 11 Oct. 2001; Peter Humphrey, 'Honey Pot Full of Sticky Promise', *South China Morning Post*, 17 July 2000; Jerome Cohen, 'China's Troubled Path to WTO', *International Financial Law Review*, 20, no. 9 (Sept. 2001), pp. 71–4.

5 Paul Blustein, 'China's Trade Moves Encourage U.S. Firms', *Washington Post*, 6 April 1999; Ian Perkin, 'A New Long March in the Offing', *Hong Kong Business*, Dec. 1999; Steve Chapman, 'The Empty Case Against the China Trade Deal', *Chicago Tribune*, 18 May 2000.

6 Some of these views are summarised in Chalmers Johnson, 'Breaching the Great Wall', *The American Prospect*, no. 30 (Feb. 1997), pp. 24–9.

Paul Blustein, 'China's Trade Moves Encourage U.S. Firms', *Washington Post*, 6 April 1999; Ian Perkin, 'A New Long March in the Offing', *Hong Kong Business*, Dec. 1999; Steve Chapman, 'The Empty Case Against the China Trade Deal', *Chicago Tribune*, 18 May 2000.

7 Kevin Platt, 'A Deal That May Transform China', *Christian Science Monitor*, 16 Nov. 1999; Will Hutton, 'At Last, the Fall of the Great Wall of China', *Observer*, 21 Nov. 1999.

8 United States Census Bureau, Foreign Trade: Trade in Goods with China, at www.census.gov; Marla Dickerson, 'Mexico Files Trade Grievance', *Los Angeles Times*, 27 Feb. 2007.

9 Karby Leggett, 'Economy Stirs as China Gears for WTO', *Wall Street Journal*, 12 April 2000; Karby Leggett, 'Foreign Investment Not a Panacea in China', *Wall Street Journal*, 14 Jan. 2002.

10 Jasper Becker, 'Best-Laid Plans Go Astray', *South China Morning Post*, 16 March 2001; James Kynge, *China Shakes the World: The Rise of a Hungry Nation*, Weidenfeld & Nicolson, London, 2006, p. 61.

11 Jason Booth and Matt Pottinger, 'China's Deflation Puts Pressure on WTO Nations', *Wall Street Journal*, 23 Nov. 2001.

12 Jon Hilsenrath and Lucinda Harper, 'Deflation Fears Make a Comeback', *Wall Street Journal*, 13 Aug. 2002.

13 Mary Jordan, 'Mexican Workers Pay for Success', *Washington Post*, 20 June 2002; Ken Belson, 'Japanese Capital and Jobs Flowing to China', *New York Times*, 17 Feb. 2004.

14 Peter Wonacott and Leslie Chang, 'As Fight Heats Up Over China Trade, Business Is Split', *Wall Street Journal*, 4 Sept. 2003.

15 An excellent account appears in Kynge, *China Shakes the World*.

16 'U.S. Businesses Urge Trade Sanctions to Stop Piracy of Software in China', *Washington Post*, 11 April 1989; Daniel Southerland, 'Piracy of U.S. Software in China Is Big Problem, Commerce Officials Warn', *Washington Post*, 14 Jan. 1989.

17 'U.S. Sidesteps Piracy Trade Issue With China Until After Rights Deadline', *Washington Post*, 1 May 1994; Teresa Poole, 'Peking Backs off US Trade War', *Independent*, 27 Feb. 1995; Miriam Donohoe, 'China Faces Up to its Counterfeiters', *Irish Times*, 29 June 2001.

18 John Pomfret, 'Chinese Pirates Rob "Harry" of Magic, and Fees', *Washington Post*, 1 Nov. 2002; see also, more generally, William C. Hannas, James Mulvenon and Anna B. Puglisi, *Chinese Industrial Espionage: Technology Acquisition and Military Modernization*, Routledge, London, 2013, and William C. Hannas and Didi Kirsten Tatlow (eds), *China's Quest for Foreign Technology: Beyond Espionage*, Routledge, London, 2021.

19 Li Yahong, 'The Wolf Has Come: Are China's Intellectual Property Industries Prepared for the WTO?', *Pacific Basin Law Journal*, 20, no. 1, 2002, p. 93; John Pomfret, 'Chinese Pirates Rob "Harry" of Magic, and Fees', *Washington Post*, 1 Nov. 2002; Kynge, *China Shakes the World*, p. 57.

20 Karby Leggett, 'U.S. Auto Makers Find Promise and Peril in China', *Wall Street Journal*, 19 June 2003.

21 Janet Moore, 'Intellectual Property', *Star Tribune*, 28 Nov. 2005; Andrew England, 'Counterfeit Goods Flooding Poorer Countries', *Washington Post*, 30 Dec. 2001.

22 Mike Hughlett, 'Counterfeits Pose Real Risks', *Chicago Tribune*, 29 Sept. 2006; Joseph Kahn, 'Can China Reform Itself?', *New York Times*, 8 July 2007; Tania Branigan, 'Chinese Figures Show Fivefold Rise in Babies Sick From

Contaminated Milk', *Guardian*, 2 Dec. 2008; David Barboza, 'China Finds Poor Quality in its Stores', *New York Times*, 5 July 2007.

23 Joseph Kahn, 'China's Workers Risk Limbs in Export Drive', *New York Times*, 7 April 2003.

24 Wenzhou, J202-20-59, Report on Child Labour in Zhejiang Province, 24 Jan. 2003, pp. 7–12.

25 David Barboza, 'China Says Abusive Child Labor Ring Is Exposed', *New York Times*, 1 May 2008.

26 Ching-Ching Ni, 'China's Use of Child Labor Emerges From the Shadows', *Los Angeles Times*, 13 May 2005.

27 Keith Bradsher, 'Fuel Shortages Put Pressure on Price Controls in China', *New York Times*, 18 Aug. 2005; Don Lee, 'China Braces For Leap in Gas Prices', *Los Angeles Times*, 9 June 2008.

28 Cui Zhiyuan, 'China's Export Tax Rebate Policy', *China: An International Journal*, 1, no. 2 (Sept. 2003), pp. 339–49; see also Usha C. V. Haley and George T. Haley, *Subsidies to Chinese Industry: State Capitalism, Business Strategy, and Trade Policy*, Oxford University Press, New York, 2013.

29 Peter Wonacott and Phelim Kyne, 'Shifty, U.S. Investors Intensify Criticism of China Trade Policies', *Wall Street Journal*, 6 Oct. 2003.

30 'China's Money Supply Soars', *Asian Wall Street Journal*, 12 Sept. 2003; David Francis, 'Will China Clothe the World?', *Christian Science Monitor*, 5 Aug. 2004.

31 Keith Bradsher, 'China Finds a Fit With Car Parts', *New York Times*, 7 June 2007.

32 Ching-Ching Ni, 'Citibank Enters China's Consumer Banking Market', *Los Angeles Times*, 22 March 2002.

33 Walter and Howie, *Red Capitalism*, p. 27.

34 Kathy Chen, 'China Sets Own Wireless Encryption Standard', *Wall Street Journal*, 3 Dec. 2003; Evelyn Iritani, 'U.S. Accuses China of Hampering Trade', *Los Angeles Times*, 19 March 2004.

35 World Trade Organization, *International Trade Statistics 2009*, Geneva: WTO, 2009, table II.50, p. 88.

36 Peter Wonacott, 'China Saps Commodity Supplies', *Wall Street Journal*, 24 Oct. 2003.

37 Mark Magnier, 'China Courts the World to Slake a Thirst', *Los Angeles Times*, 17 July 2005.

38 Wenzhou, J156-19-11, Report by the Office for Overseas Affairs, 20 July 2002; see also Li Zhongjie, *Gaige kaifang*

guanjian ci (Key words of Reform and Opening Up), Renmin chubanshe, Beijing, 2018, pp. 350–51.

39 Joseph Kahn, 'Behind China's Bid for Unocal: A Costly Quest for Energy Control', *New York Times*, 27 June 2005.

40 Zhongguo guoji maoyi cujin weiyuanhui jingji xinxibu (ed.), 'Woguo "zou chuqu" zhanlüe de xingcheng ji tuidong zhengce tixi fenxi' (An analysis of our country's strategy of 'Going Global'), Jan. 2007, pp. 1–3.

41 Mark Magnier, 'China Courts the World to Slake a Thirst', *Los Angeles Times*, 17 July 2005; James Traub, 'China's African Adventure', *New York Times*, 19 Nov. 2006.

42 'China's Global Reach', *Christian Science Monitor*, 30 Jan. 2007; Alexei Barrionuevo, 'China's Appetites Lead to Changes in Its Trade Diet', *New York Times*, 6 April 2007.

43 Christian Tyler, *Wild West China: The Taming of Xinjiang*, John Murray, London, 2003.

44 Gansu, 128-6-320, Zhao Ziyang's Meeting with Feng Jixin, Head of Gansu Province, 28 July 1982, pp. 113–20.

45 Derek Edward Peterson, 'When a Pound Weighed a Ton: The Cotton Scandal and Uzbek National Consciousness', doctoral dissertation, Ohio State University, 2013; also Riccardo Mario Cucciolla, 'The Crisis of Soviet Power in Central Asia: The "Uzbek Cotton Affair" (1975–1991)', doctoral dissertation, IMT School for Advanced Studies, Lucca, Italy, 2017.

46 MAE, 2882TOPO/2936, 'Controverse sur l'exploitation du Nord-Ouest chinois', 30 Sept. 1983.

47 Willy Lam, 'Jiang Woos Uighurs With Aid Promise', *South China Morning Post*, 4 Sept. 1990; Ivan Tang, 'Boom in Cotton Sows Seeds of Discontent', *South China Morning Post*, 10 June 1997.

48 Liz Sly, 'Ethnic Crisis Brews in China', *Chicago Tribune*, 19 Oct. 1999.

49 Liz Sly, 'Ethnic Crisis Brews in China', *Chicago Tribune*, 19 Oct. 1999; Josephine Ma, 'Go West', *South China Morning Post*, 18 May 2001.

50 Elizabeth Van Wie Davis, 'Uyghur Muslim Ethnic Separatism in Xinjiang', *Asian Affairs*, 35, no. 1 (spring 2008), pp. 15–29.

51 'Half Harvest Remains Unsold in China Major Cotton Producing Region', *Xinhua News Agency*, 6 Nov. 2008; Cotton Economics Research Institute Policy Modeling Group, *Global Cotton Baseline*, Cotton Economics Research Institute,

Lubbock, TX, 2009, p. 11.

52 William Kazer, 'Ambitious Building Boom Fuels Growth', *South China Morning Post*, 28 Dec. 2001.

53 Joseph Kahn, 'China Gambles on Big Projects for Its Stability', *New York Times*, 13 Jan. 2003.

54 Ron Glucksman, 'Business: The Chinese Chicago', *Newsweek*, 24 May 2004; Joseph Kahn, 'China Gambles on Big Projects For Its Stability', *New York Times*, 13 Jan. 2003.

55 Phelim Kyne and Peter Wonacott, 'As Investment in China Booms, Some Fear a Real-Estate Bust', *Wall Street Journal*, 10 Oct. 2002; Kathy Chen and Karby Leggett, 'Surge in Lending in China Stokes Economic Worries', *Wall Street Journal*, 3 Oct. 2003.

56 Peter Goodman, 'Booming China Devouring Raw Materials', *Washington Post*, 21 May 2004.

57 Kathy Chen and Karby Leggett, 'Surge in Lending in China Stokes Economic Worries', *Wall Street Journal*, 3 Oct. 2003.

58 Joseph Kahn, 'China Gambles on Big Projects for Its Stability', *New York Times*, 13 Jan. 2003.

59 Kathy Chen and Karby Leggett, 'Surge in Lending In China Stokes Economic Worries', *Wall Street Journal*, 3 Oct. 2003; Joseph Kahn, 'China Gambles On Big Projects For Its Stability', *New York Times*, 13 Jan. 2003.

60 Walter and Howie, *Red Capitalism*, pp. 17–19.

61 Walter and Howie, *Red Capitalism*, pp. 19–20.

62 Peter Goodman, 'Manufacturing Competition', *Washington Post*, 11 Aug. 2004.

63 Jian Dong, 'Foreign Capital M&A to Be Further Regulated'，《經濟導報》，二〇〇七年四月二日；see also Mure Dickie, 'China Moves to Combat Threat of Foreign-Owned Monopolies', *Financial Times*, 11 Nov. 2006; 'China Regulations: Problems With China's New M&A Law', *EIU ViewsWire*, 6 Nov. 2006.

64 胡錦濤，〈堅持發揚艱苦奮鬥的優良作風〉，《人民日報》二〇〇三年一月三日。

65 John Gittings, 'China Launches Drive Against Party Corruption', *Guardian*, 21 Feb. 2003; Jia Hepeng, 'The Three Represents Campaign: Reform the Party or Indoctrinate the Capitalists?', *Cato Journal*, 24, no. 3 (Fall 2004), p. 270; Peter Goodman, 'Manufacturing Competition', *Washington Post*, 11 Aug. 2004; Derek Scissors, 'Deng Undone', *Foreign Affairs*, 88, no. 3 (June 2009), pp. 24–39.

66 On pollution and the assault on nature during the Great Leap Forward see Dikötter, *Mao's Great Famine*; chapter 21; see also Judith Shapiro, *Mao's War against Nature: Politics and the Environment in Revolutionary China*, Cambridge University Press, New York, 2001.

67 Wenzhou, J1-27-61, Report on Pollution in Zhejiang Province, 2 Feb. 1980, pp. 167–70.

68 Shanghai, B184-2-732, National Conference on Industrial Pollution, 21 Jan. 1983, pp. 211-20; Gansu, 238-1-117, Report on Pollution, March 1985, p. 101.

69 Gansu, 238-1-268, Qu Geping, Report on Pollution, 19 April 1992, pp. 87–101; Song Jian, Report on Pollution, 19 April 1992, pp. 72–87.

70 Wenzhou, J173-5-109, 15 Dec. 1998, pp. 140-9; Gansu, 128-10-177, Report by State Council, 7 Nov. 1998, pp. 4–28.

71 Jim Yardley, 'Pollution Darkens China's Prospects', *International Herald Tribune*, 31 Oct. 2005; 'Millions in China Drink Foul Water, Beijing Discloses', *Wall Street Journal*, 30 Dec. 2005; see also Elizabeth Economy, *The River Runs Black: The Environmental Challenge to China's Future*, Cornell University Press, Ithaca, NY, 2004; on the more recent years, see Huang Yanzhong, *Toxic Politics: China's Environmental Health Crisis and its Challenge to the Chinese State*, Cambridge University Press, Cambridge, 2020.

72 Joseph Kahn and Mark Landler, 'China Grabs West's Smoke-Spewing Factories', *New York Times*, 21 Dec. 2007.

73 Joshua Kurlantzick, 'China's Blurred Horizon', *Washington Post*, 19 Sept. 2004.

74 Howard French, 'Riots in a Village in China as Pollution Protest Heats Up', *New York Times*, 19 July 2005; Howard French, 'Land of 74,000 Protests', *New York Times*, 24 Aug. 2005; Ching-Ching Ni, 'China Finds Chemical Plants Pose Widespread Risk to Rivers', *Los Angeles Times*, 25 Jan. 2006.

75 Zhao Xu, Liu Junguo, Hong Yang, Rosa Duarte, Martin Tillotson and Klaus Hubacek, 'Burden Shifting of Water Quantity and Quality Stress from Megacity Shanghai', *Water Resources Research*, 52, no. 9 (Sept. 2016), pp. 6916–27.

76 Simon Montlake, 'China's Pearl River Smells, but Mayor Vows to Swim', *Christian Science Monitor*, 5 May 2006.

77 Mark O'Neill, 'Beijing Wins Olympics in Moscow', *South China Morning Post*, 14 July 2001.

78 Alan Abrahamson, 'Bidding Its Time', *Los Angeles Times*, 1 July 2001.

79 John Gittings, 'Mystery Bug Causes Panic Across China', *Observer*, 16 Feb. 2003.

80 John Pomfret and Peter Goodman, 'Outbreak Originated in China', *Washington Post*, 17 March 2003; Matt Pottinger, 'Hong Kong Hotel Was a Virus Hub', *Wall Street Journal*, 21 March 2003; Michael Lev, 'China Not Sharing Data on Outbreaks, Health Group Says', *Chicago Tribune*, 22 March 2003; Lawrence Altman and Keith Bradsher, 'China Bars W.H.O. Experts From Origin Site of Illness', *New York Times*, 26 March 2003.

81 Matt Pottinger, 'Outraged Surgeon Forces China to Take A Dose of the Truth', *Wall Street Journal*, 22 April 2003; 'China's Other Disease', *Wall Street Journal*, 22 April 2003；〈惡意炒作，於事無補〉，《人民日報》二〇〇三年四月十七日。

82 'A Shot of Transparency', *The Economist*, 12 Aug. 2006.

83 Cheryl Miller, 'The Red Plague', *The New Atlantis*, winter 2007; Verna Yu, 'Doctor Who Exposed Sars Cover-Up Is Under House Arrest in China, Family Confirm', *South China Morning Post*, 9 February 2020.

84 Peter Wonacott, 'Beijing Postpones Marketing Launch For '08 Olympics', *Wall Street Journal*, 15 May 2003.

85 Jim Yardley, 'Beijing's Olympic Quest', *New York Times*, 29 Dec. 2007; John Boudreau, 'A Marathon of Building for Beijing Olympics', *McClatchy-Tribune News*, 16 Aug. 2007; 'Chinese Spokesman: Has No Forced Evictions for Beijing Olympics', *BBC Monitoring Asia Pacific*, 5 June 2007.

86 Don Lee, 'Chinese Hope Pre-Games Cleanup Will Be Fresh Start', *Los Angeles Times*, 6 Aug. 2008.

87 'Press Hails "Greatest Ever" Olympic Opening Show', *Agence France Presse*, 9 Aug. 2008.

88 Tania Branigan, 'Olympics: Child Singer Revealed as Fake', *Guardian*, 12 Aug. 2008; Jonathan Watts, 'China Faked Footprints of Fire Coverage in Olympics Opening Ceremony', *Guardian*, 11 Aug. 2008; Belinda Goldsmith, 'Ethnic Children Faked at Games Opening', *Reuters*, 15 August 2008.

89 'China Declares "People's War" as Tibet Riots Spread', *Times of India*, 17 March 2008; Robert Barnett, 'The Tibet Protests of Spring 2008: Conflict Between the Nation and the State', *China Perspectives*, no. 3 (Sept. 2009), pp. 6–23.

90 'Olympic Torch Protests Around the World', *Reuters*, 28 April 2008; Howard French, 'Unrest in Tibet Exposes a Clash of Two Worlds', *New York Times*, 20 March 2008; Jim Yardley, 'Nationalism at Core of China's Angry Reaction to Tibetan

Protests', *New York Times*, 30 March 2008.

91 Mark Magnier, 'Dialing Back Chinese Anger', *Los Angeles Times*, 19 April 2008.

92 Edward Wong and Keith Bradsher, 'As China Girds for Olympics, New Violence', *New York Times*, 4 Aug. 2008; Howard French, 'China to Curb Dissidents in Shanghai During Games', *New York Times*, 26 June 2008; 'Olympic Hangover: The Games Are Over, But Hu Jia Is Still in Prison', *Washington Post*, 24 Oct. 2008.

93 'U.S. Seeks Release of Olympic Protesters', *Korea Times*, 25 August 2008.

第十章

1 Wenzhou, J202-22-817, 14 May 2009, pp. 1–14; Don Lee, 'China's Bosses Are Abandoning Ship', *Los Angeles Times*, 3 Nov. 2008; Edward Wong, 'Factories Shut, China Workers Are Suffering', *New York Times*, 14 Nov. 2008.

2 David Barboza, 'Great Engine of China Slows', *New York Times*, 26 Nov. 2008.

3 Edward Wong, 'Factories Shut, China Workers Are Suffering', *New York Times*, 14 Nov. 2008; Keith Bradsher, 'China's Route Forward', *New York Times*, 23 Jan. 2009.

4 Keith Bradsher, 'China's Route Forward', *New York Times*, 23 Jan. 2009.

5 Patrick Chovanec, 'China's Hidden Inflation', *Bloomberg*, 22 Oct. 2010.

6 Michael Wines and David Barboza, 'Fire Trips Alarms About China's Building Boom', *New York Times*, 17 Nov. 2010; Ana Swanson, 'How China Used More Cement in 3 Years Than the U.S. Did in the Entire 20th Century', *Washington Post*, 24 March 2015; Holland Cotter, 'A Building Boom in China', *New York Times*, 21 March 2013.

7 Didi Kirsten Tatlow, 'A Challenge to China's Self-Looting', *International Herald Tribune*, 23 June 2011.

8 Andrew Jacobs, 'Harassment and Evictions Bedevil Even China's Well-Off', *New York Times*, 28 Oct. 2011.

9 Andrew Jacobs, 'Harassment and Evictions Bedevil Even China's Well-Off', *New York Times*, 28 Oct. 2011; Wade Shepard, 'During Its Long Boom, Chinese Cities Demolished an Area the Size of Mauritius Every Year', *CityMonitor*, 22 Sept. 2015, quoting the research firm GK Dragonomics.

10 Adrian Wan, 'Hong Kong's Architectural Heritage Conservation Is Praised', *South China Morning Post*, 24 July 2013.

11 Christina Larson, 'The Cracks in China's Shiny Buildings', *Bloomberg Businessweek*, 27 Sept. 2012; Choi Chi-yuk, 'The Shame of Sichuan's Tofu Schools', *South China Morning Post*, 6 May 2013.

12 David Pierson, 'A Boom Muffled in China', *Los Angeles Times*, 7 Sept. 2010.

13 Keith Bradsher, 'It's All About the Dollar', *New York Times*, 16 Oct 2009; David Pierson, 'China Bounces Back, But Is it for Real?', *Los Angeles Times*, 21 Oct. 2009.

14 Jamil Anderlini and Geoff Dyer, 'Beijing Accused of Launching Attack on Private Enterprise', *Financial Times*, 26 Nov. 2009; Michael Wines, 'China Fortifies State Businesses to Fuel Growth', *New York Times*, 30 Aug. 2010.

15 Neil Gough, 'What Trade Overhaul?', *South China Morning Post*, 10 Dec. 2011.

16 'Awash in Cash', *China Economic Review*, Aug. 2012.

17 David Pierson, 'China Bounces Back, But Is It For Real?', *Los Angeles Times*, 21 Oct. 2009.

18 Stephen Castle and David Jolly, 'China Escalates Trade Fight Over European Shoe Tariff', *New York Times*, 5 Feb. 2010.

19 Edward Wong, 'Confidence and Disdain Toward U.S. from China', *International Herald Tribune*, 17 June 2008; Carter Dougherty and Katrin Bennhold, 'Russia and China Blame Capitalists for Crisis', *New York Times*, 29 Jan. 2009; Barry Naughton, 'In China's Economy, The State's Hand Grows Heavier', *Current History*, 108, no. 719 (Sept. 2009), pp. 277–83; on the 'China way' (Zhongguo daolu), see for instance〈中國道路〉，《人民日報》二〇一二年六月二十六日；亦見王香平：〈中國模式與中國特色社會主義道路〉，《當代中國史研究》二〇一三，第五期，頁八九－九七。

20 Willy Lam, 'Hu Jintao's Great Leap Backward', *Far Eastern Economic Review*, 172, no. 1 (Jan. 2009), pp. 19–22.

21 Andrew Jacobs, 'Chinese Learn Limits of Online Freedom as the Filter Tightens', *New York Times*, 5 Feb. 2009.

22 Sharon LaFraniere, 'In Second Internet Crackdown, China Squelches Multimedia', *International Herald Tribune*, 18 Dec. 2009; Michael Wines and Sharon LaFraniere, 'Web Censors in Mainland Everywhere But Nowhere', *International Herald Tribune*, 8 April 2010.

23 Jake Hooker, 'Quake Revealed Deficiencies of China's Military', *New York Times*, 2 July 2008; Jennifer Ngo, 'Hong Kong Responds Generously After Latest Sichuan Earthquake', *South China Morning Post*, 21 April 2013.

24 ‘U.S. House Overwhelmingly Passes Rep. Wu Resolution in Support of Jailed Sichuan Earthquake Activists’, *US Fed News Service*, 20 Nov. 2009.

25 David Barboza, ‘Prominent Artist Pushes for Candor on Sichuan Earthquake’, *International Herald Tribune*, 20 March 2009; ‘The Artist’s Blog Banned by the Chinese Government’, *The Times*, 23 April 2011.

26 Tania Branigan, ‘Chen Guangcheng’, *Guardian*, 27 April 2012, Peter Ford, ‘China’s Blind Activist Lawyer, Chen Guangcheng, Released From Prison’, *Christian Science Monitor*, 9 Sept. 2010.

27 Willy Lam, ‘The Politics of Liu Xiaobo’s Trial’, in Jean-Philippe Béja, Fu Hualing and Eva Pils (eds), Liu Xiaobo, *Charter 08 and the Challenges of Political Reform in China*, Hong Kong University Press, Hong Kong, 2012, pp. 262–3；胡賁，〈維穩辦入街進村〉，《南方週末》二〇一〇年八月十八日。

28 ‘Beijing Denounces Nobel Prize’, *Capital*, 6 Nov. 2010.

29 Andrew Jacobs and Jonathan Ansfield, ‘Well-Oiled Security Apparatus in China Stifles Calls for Change’, *New York Times*, 1 March 2011; ‘China’s Urumqi to Install 17,000 Surveillance Cameras’, *BBC Monitoring Asia Pacific*, 25 Jan. 2011; ‘China: Chongqing Will Add 200,000 Surveillance Cameras’, *New York Times*, 10 March 2011; ‘The Good and Bad of TV Surveillance’, *Kamloops Daily News*, 3 Oct. 2011.

30 ‘Hundreds Join “Jasmine Revolution”’, *South China Morning Post*, 21 Feb. 2011; Andrew Jacobs, ‘Catching Scent of Revolution, China Moves to Snip Jasmine’, *New York Times*, 10 May 2011.

31 Tania Branigan, ‘Ai Weiwei Interrogated by Chinese Police “More Than 50 Times”’, *Guardian*, 10 Aug. 2011.

32 Sharon LaFraniere, Michael Wines and Edward Wong, ‘China Reins In Entertainment and Blogging’, *New York Times*, 27 Oct. 2011; ‘China Cracks Down on “Fake Journalists and News”’, *Dow Jones Institutional News*, 14 Nov. 2011; David Pierson, ‘China Fails to Ease Controls’, *Los Angeles Times*, 23 March 2011.

33 Andrew Jacobs, ‘Chinese Heroism Effort Is Met With Cynicism’, *New York Times*, 6 March 2012.

34 Barbara Demick, ‘Chinese Perk Up at Wen’s Words: The Premier Has Spoken Out on Political Reform. Some Doubt His Sincerity’, *Los Angeles Times*, 16 Oct. 2010; Shi Jiangtao, ‘Beijing Slams Door on Political Reform’, *South China Morning Post*, 11 March 2011.

35 Wenzhou, J202-22-450, zhongfa (2008) 14, Central Committee Directive on the Study of Marxism, 14 Sept. 2008, pp. 1–16.

36 ‘China Marks 60 Years of Communist Rule’, *Korea Times*, 2–4 Oct. 2009.

37 ‘Chinese VP Calls For Enhancing Study of Marxism’, *Xinhua News Agency*, 10 Dec. 2009; ‘Chinese Journal On Sinicization, Modernization, Popularization Of Marxism’, *BBC Monitoring Asia Pacific*, 19 Dec. 2009.

38 ‘Xi Jinping: Man for All Factions Is Tip for Top’, *South China Morning Post*, 23 Oct. 2007; Jane Perlez, ‘China Leader With Close Army Ties Would Be Force for U.S. to Contend With’, *New York Times*, 4 Nov. 2012.

39 Wenzhou, J202-22-450, 15 Jan. 2008, zhongban (2008) no. 2, Central Committee Bureau’s Directive on Taking Ideological Work Global, pp. 17–32.

40 Rowan Callick, ‘China Splashes $10bn in Push for “Soft Power”’, *The Australian*, 23 Feb. 2009.

41 Zhang Yuwei, ‘Confucian Way of Spreading Chinese Culture’, *Chicago Tribune*, 21 Jan. 2011.

42 ‘Beware the Beijing Model’, *The Economist*, 26 May 2009; ‘Chinese Party Paper Views World’s Fascination With “China Model”’, *BBC Monitoring Asia Pacific*, 30 June 2009.

43 ‘China’s Real 2010 Defense Spending Estimated at US$240 Bln’, *Asia Pulse*,11 March 2011.

44 Tom Vanden Brook and Calum MacLeod, ‘China’s Military Flexes Its Muscle’, *USA Today*, 28 July 2011.

45 Robert Maginnis, ‘China Lies About Its Huge Military Buildup’, *Human Events*, vol. 67, no. 14, 11 April 2011, p. 8; Nuclear Threat Initiative, ‘China Missile Technology’, June 2012.

46 Elisabeth Bumiller, ‘U.S. Official Warns About China’s Military Buildup’, *New York Times*, 25 Aug. 2011.

47 ‘China’s Aggressive New Diplomacy’, *Wall Street Journal*, 1 Oct. 2010.

48 Don Lee, ‘Run-In at Sea U.S. Fault, Beijing Says’, *Los Angeles Times*, 11 March 2009.

49 Jane Perlez, ‘Alarm as China Issues Rules for Disputed Area’, *New York Times*, 2 Dec. 2012.

尾聲

1 David Barboza, ‘China’s Cities Piling Up Debt to Fuel Boom’, *New York Times*, 7 July 2011.

2 Lynette H. Ong, 'State-Led Urbanization in China: Skyscrapers, Land Revenue and "Concentrated Villages"', *The China Quarterly*, no. 217 (March 2014), p. 175; Gabriel Wildau, 'Legacy Of Chinese Government's Economic Stimulus Is Mixed', *Financial Times*, 20 Nov. 2015.

3 'Researcher Puts China's Local Government Debt at 20 Trillion Yuan', *Dow Jones Institutional News*, 17 Sept. 2013; Hong Shen, 'China Seeks Clearer View of Government Debt Mountain', *Wall Street Journal*, 21 Oct. 2013; 'China's Hidden Debt Risk', *Korea Times*, 26 March 2013.

4 Dinny McMahon, 'With Cash Scarce in China, IOUs Proliferate', *Wall Street Journal*, 4 April 2014; see also the indispensable Dinny McMahon, *China's Great Wall of Debt*, Little, Brown, London, 2018.

5 Josh Noble and Gabriel Wildau, 'Fear of a Deflationary Spiral', *Financial Times*, 1 Dec. 2014.

6 Patrick Chovanec, 'China Destroyed Its Stock Market in Order to Save It', *Foreign Policy*, 16 July 2015.

7 Keith Bradsher, 'China's Wealthy Move Money Out as Country's Economy Weakens', *New York Times*, 14 Feb. 2016.

8 'Robber Barons, Beware', *The Economist*, 24 Oct. 2015.

9 Gary Huang, 'How Leading Small Groups Help Xi Jinping and Other Party Leaders Exert Power', *South China Morning Post*, 20 Jan. 2014; Nis Grünberg, 'The CCP's Nerve Center', *Merics*, 30 Oct. 2019.

10 'Chairman of Everything', *The Economist*, 2 April 2016, quoting Geremie Barmé.

11 'No Cult of Personality Around Xi, Says Top China Party Academic', *Reuters*, 6 Nov. 2017; Rowan Callick, 'No Turning Back the Tide on Xi Jinping Personality Cult', *The Australian*, 25 Nov. 2017; Viola Zhou, '"Into the Brains" of China's Children: Xi Jinping's "Thought" to Become Compulsory School Topic', *South China Morning Post*, 23 Oct. 2017; Jamil Anderlini, 'Under Xi Jinping, China is Turning Back to Dictatorship', *Financial Times*, 11 Oct. 2017; more generally, see François Bougon, *Inside the Mind of Xi Jinping*, C. Hurst, London, 2018.

12 Tom Phillips, 'Xi Jinping: Does China Truly Love "Big Daddy Xi" – or Fear Him?', *Guardian*, 19 Sept. 2015. Teng Biao, 'What Will This Crackdown on Activists Do to China's Nascent Civil Society?', *Guardian*, 24 Jan. 2015.

13 Peter Ford, 'From Occupy Central to Tibet, China Sees "Hostile Foreign Forces"', *Christian Science Monitor*, 9 Nov. 2014.

14 Edward Wong, 'China Freezes Credentials for Journalists at U.S. Outlets, Hinting at Expulsions', *New York Times*, 6 Sept. 2020.

15 Lucy Hornby and Charles Clover, 'China's Media Pressed Into Service', *The Australian Financial Review*, 4 April 2016; 'Foreign Journalists Forced to Leave China as Diplomatic Tensions Worsen', *Reuters*, 8 Sept. 2020; Leo Lewis, 'Axe Foreign Textbooks, China Tells Universities', *The Times*, 31 Jan. 2015.

16 Robert Fulford, 'Pooh Bear Goes Underground in Xi's China', *National Post*, 17 March 2018; Wu Huizhong, 'In Echo of Mao Era, China's Schools in Book-Cleansing Drive', *Reuters*, 9 July 2020.

17 See Elizabeth C. Economy, *The Third Revolution: Xi Jinping and the New Chinese State*, Oxford University Press, Oxford, 2018.

18 'The Xinjiang Papers', *New York Times*, 16 November 2019.

19 Peter Ford, 'China Targets "Hostile Foreign Forces" In Crescendo Of Accusations', *Christian Science Monitor*, 9 Nov. 2014.

20 'China "Does Not Share Our Values", NATO Chief Says', *Reuters*, 30 June 2020; 'Important To "Strengthen" Common Policy On China, Says NATO Chief', *ANI*, 14 June 2021.

21 Adam Dunnett, 'Three Reasons China Is Losing Its Allure for the Foreign Business Community', *South China Morning Post*, 28 May 2021, Shannon Brandao, 'Yes, Manufacturing Really Is Leaving China – And Authorities Are Scrambling to Slow Down the Exodus', *Arabian News*, 11 April 2021.

22 Michael Pettis, 'Xi's Aim to Double China's Economy Is a Fantasy', *Financial Times*, 22 Nov. 2020; 'China Has Over 600 Million Poor With $140 Monthly Income', *PTI News*, 28 May 2020.

23 Michael Pettis, 'Xi's Aim to Double China's Economy Is a Fantasy', *Financial Times*, 22 Nov. 2020.

24 Scott Rozelle and Natalie Hell, *Invisible China: How the Urban-Rural Divide Threatens China's Rise*, University of Chicago Press, Chicago, 2020.

參考資料

檔案資料

中國境外的主要檔案館

Barch 德國聯邦檔案館，柏林

HIA 胡佛研究所圖書檔案館，帕洛阿爾托（Palo Alto）

MfAA 德國外交部政治檔案館，柏林

MAE 法國外交部，巴黎

PRO 英國國家檔案館，倫敦

省級檔案館

甘肅——甘肅省檔案館，蘭州

91 中共甘肅省委員會

107 共青團甘肅省委員會

116 中國人民政治協商會議甘肅省委員會
128 甘肅省人民政府
136 甘肅省政府經濟體制改革委員會
141 甘肅省計畫生育委員會
145 甘肅省勞動局
151 甘肅省對外貿易局
216 甘肅省農業廳
238 甘肅省環境保護局
259 甘肅省體育運動委員會

廣東——廣東省檔案館，廣州

235 廣東省人民委員會

河北——河北省檔案館，石家莊

879 中共河北省委農村工作部
925 河北省農業生產委員會
979 河北省農業廳
1021 河北省對外經濟貿易廳

湖北——湖北省檔案館，武漢

SZ1 中共湖北省委員會
SZ29 湖北省總工會
SZ34 湖北省人民委員會
SZ75 湖北省糧食廳
SZ81 湖北省商業廳
SZ90 湖北省工業廳
SZ107 湖北省農業廳
SZ115 湖北省衛生廳

山東——山東省檔案館，濟南

A1 中共山東省委

市級檔案館

杭州——杭州市檔案館，浙江杭州

J101 中國人民銀行杭州支行
J132 杭州市民政局

南京——南京市檔案館，江蘇南京

4003 南京市委
5003 南京市人民政府
5019 南京市計畫委員會
5020 南京市經濟委員會
5023 南京市統計局
5054 南京市財政局
5071 南京市農林局
5093 南京市對外貿易局

上海——上海市檔案館，上海

A36 上海市委工業政治部
A38 上海市委工業生產委員會
B1 上海市人民政府
B3 上海市人民委員會文教辦公室
B6 上海市人民委員會財糧貿辦公室
B45 上海市農業廳
B50 上海市人委機關事務管理局

B74 上海市民兵指揮部
B92 上海市人民廣播電臺
B98 上海市第二商業局
B104 上海市財政局
B105 上海市教育局
B109 上海市物資局
B120 上海市人民防空辦公室
B123 上海市第一商業局
B127 上海市勞動局
B134 上海市紡織工業局
B163 上海市輕工業局
B167 上海市出版局
B168 上海市民政局
B172 上海市文化局
B173 上海市機電工業管理局
B182 上海市工商行業管理局
B227 上海市革命委員會勞動工資組
B228 上海市人民政府知識青年上山下鄉辦公室

B244 上海市教育衛生辦公室

B246 上海市人民政府經濟委員會

B248 上海市人民政府財政貿易辦公室

B250 上海市農業委員會

天津——天津市檔案館，天津市

X43 天津市工商業聯合會

X78 天津市計畫委員會

X81 天津市物價局委員會

X87 天津市財政局

X95 天津市糧食局

X110 天津市經濟委員會

X172 天津市一輕局

X175 天津市對外貿易局

X199 天津市文化局

X211 天津市委辦公廳

X213 天津市宣傳局

溫州——溫州市檔案館，溫州市

J1 中共溫州市委
J20 溫州市計畫委員會
J27 溫州市財貿辦公室
J34 中國人民銀行溫州市支行
J51 溫州市人民政府
J80 溫州市檔案局
J87 溫州地區委員會
J153 溫州市行政幹校
J156 溫州市僑務辦公室
J173 溫州市環保局
J201 溫州市委辦公室
J202 溫州市政府辦公室
J232 溫州市經濟體制改革辦公室

公開出版物

Amnesty International, 'People's Republic of China: Preliminary Findings on Killings of Unarmed Civilians,

Arbitrary Arrests and Summary Executions since 3 June 1989', London: Amnesty International, document dated 14 August 1989

Bachman, David, 'Institutions, Factions, Conservatism, and Leadership Change in China: The Case of Hu Yaobang', in Ray Taras (ed.), *Leadership Change in Communist States*, Unwin Hyman, Boston, 1989

Barmé, Geremie, 'Confession, Redemption, and Death: Liu Xiaobo and the Protest Movement of 1989', in George Hicks (ed.), *The Broken Mirror: China After Tiananmen*, Longman, London, 1990, pp. 52–99

Barmé, Geremie and John Minford (eds), *Seeds of Fire: Voices of Conscience*, Hill and Wang, New York, 1988

Barnett, Robert, 'The Tibet Protests of Spring 2008: Conflict Between the Nation and the State', *China Perspectives*, no. 3 (Sept. 2009), pp. 6–23

Becker, Jasper, *The Chinese*, The Free Press, New York, 2000

Becker, Jasper, *City of Heavenly Tranquillity: Beijing in the History of China*, Oxford University Press, Oxford, 2008

Béja, Jean-Philippe, Fu Hualing and Eva Pils (eds), Liu Xiaobo, *Charter 08 and the Challenges of Political Reform in China*, Hong Kong University Press, Hong Kong, 2012

Benton, Gregor (ed.), *Wild Lilies, Poisonous Weeds: Voices from People's China*, Pluto Press, London, 1982

Bougon, François, *Inside the Mind of Xi Jinping*, C. Hurst, London, 2018

Burns, Katherine G., 'China and Japan: Economic Partnership to Political Ends, unpublished paper, Stimson Center, Accessed 25 September 2020

Cao Jinqing, *China along the Yellow River: Reflections on Rural Society*, RoutledgeCurzon, London, 2005

Callick, Rowan, *The Party Forever: Inside China's Modern Communist Elite*, Palgrave Macmillan, London, 2013

Chang, Leslie T., *Factory Girls: From Village to City in a Changing China*, Random House, New York, 2009

Chen Guidi and Wu Chuntao, *Will the Boat Sink the Water?: The Life of China's Peasants*, PublicAffairs, New York, 2006

Chen, Lein-Lein and John Devereux, 'The Iron Rice Bowl: Chinese Living Standards 1952-1978', *Comparative Economic Studies*, 2017, no. 59, pp. 261–310

Chen, Nai-Ruenn, *China's Economy and Foreign Trade, 1979–81*, Department of Commerce, Washington, 1982

Chen Yongxi, 'Circumventing Transparency: Extra-Legal Exemptions from Freedom of Information and Judicial Review in China', in *Journal of International Media & Entertainment Law*, 2018, 7 no. 2, pp. 203–51

Chen Yulu, Guo Qingwang and Zhang Jie, *Major Issues and Policies in China's Financial Reform*, Enrich Professional Publishing, Honolulu, 2016

Cheng, Eddie, *Standoff at Tiananmen*, Sensys Corp., Highlands Ranch, CO, 2009

Creemers, Rogier, 'Cyber China: Upgrading Propaganda, Public Opinion Work and Social Management for the Twenty-First Century', *Journal of Contemporary China*, 26, no. 103 (Sept. 2016), pp. 85–100

Cui Zhiyuan, 'China's Export Tax Rebate Policy', *China: An International Journal*, 1, no. 2 (Sept. 2003), pp. 339–49

Day, Alexander, *The Peasant in Postsocialist China: History, Politics, and Capitalism*, Cambridge University Press, Cambridge, 2013

Dikötter, Frank, *The Age of Openness: China Before Mao*, University of California Press, Berkeley, 2008

——, *Mao's Great Famine: The History of China's Most Devastating Catastrophe, 1958-62*, Bloomsbury, London, 2010

——, *The Tragedy of Liberation: A History of the Chinese Revolution 1945-1957*, Bloomsbury, London, 2013

——, *The Cultural Revolution: A People's History, 1962-1976*, Bloomsbury, London and New York, 2016

Dimbleby, Jonathan, *The Last Governor*, Little, Brown, London, 1997

Dong Fureng, *Industrialization and China's Rural Modernization*, The World Bank, Washington, 1992

Economy, Elizabeth C., *The River Runs Black: The Environmental Challenge to China's Future*, Cornell University Press, Ithaca, NY, 2004

——, *The Third Revolution: Xi Jinping and the New Chinese State*, Oxford University Press, Oxford, 2018

Fang Lizhi, *The Most Wanted Man in China: My Journey from Scientist to Enemy of the State*, Holt and Co., New York, 2016

Feng Xingyuan, 'Local Government Debt and Municipal Bonds in China: Problems and a Framework of Rules', *The Copenhagen Journal of Asian Studies*, 31, no. 2 (2013), pp. 23–53

Garrison, Jean A., 'Explaining Change in the Carter Administration's China Policy: Foreign Policy Adviser Manipulation of the Policy Agenda', *Asian Affairs*, 29, no. 2 (Summer 2002), pp. 83–98

Garside, Roger, *Coming Alive: China after Mao*, Deutsch, London, 1981

Gilley, Bruce, *Tiger on the Brink: Jiang Zemin and China's New Elite*, University of California Press, Berkeley, CA, 1998

Greenfield, Gerard and Tim Pringle, 'The Challenge of Wage Arrears in China', in Manuel Simón Velasco (ed.), *Paying Attention to Wages*, International Labour Organisation, Geneva, 2002, pp. 30–38

Haley, Usha C. V. and George T. Haley, *Subsidies to Chinese Industry: State Capitalism, Business Strategy, and Trade Policy*, Oxford University Press, New York, 2013

Hannas, William C., James Mulvenon and Anna B. Puglisi, *Chinese Industrial Espionage: Technology Acquisition and Military Modernization*, Routledge, London, 2013

Hannas, William C. and Didi Kirsten Tatlow (eds), *China's Quest for Foreign Technology: Beyond Espionage*, Routledge, London, 2021

Hastings, Justin, 'Charting the Course of Uyghur Unrest', *The China Quarterly*, no. 208 (Dec. 2011), pp. 893–912

Hay, Donald, Derek Morris, Guy Liu and Shujie Yao, *Economic Reform and State-Owned Enterprises in China 1979–87*, Clarendon Press, Oxford, 1994

He, Henry, *Dictionary of the Political Thought of the People's Republic of China*, Routledge, London, 2000

He, Rowena Xiaoqing, *Tiananmen Exiles: Voices of the Struggle for Democracy in China*, Palgrave Macmillan, London, 2014

He Qinglian, *The Fog of Censorship: Media Control in China*, Human Rights in China, New York, 2008

Holz, Carsten A., 'China's Bad Loan Problem', manuscript, Hong Kong University of Science and Technology, April 1999

——, 'China's Monetary Reform: The Counterrevolution from the Countryside', *Journal of Contemporary China*, 10, no. 27 ((2001), pp. 189–217

Hong Zhaohui and Ellen Y. Yan, 'Trust and Investment Corporations in China', in Chen Beizhu, J. Kimball Dietrich and Yi Fang (eds), *Financial Market Reform in China: Progress, Problems and Prospects*, Westview Press, Boulder, CO, 2000, pp. 285–98

Hornsby, Adrian, 'Tiananmen Square: The History of the World's Largest Paved Open Square', *Architectural Revue*, 12 Oct. 2009

Huo yu xue zhi zhenxiang: *Zhongguo dalu minzhu yundong jishi* (The truth about fire and blood: A true record of the democracy movement in mainland China), Zhonggong yanjiu zazhi she, Taipei, 1989

Huang Yanzhong, *Toxic Politics: China's Environmental Health Crisis and its Challenge to the Chinese State*, Cambridge University Press, Cambridge, 2020

Jia Hepeng, 'The Three Represents Campaign: Reform the Party or Indoctrinate the Capitalists?', *Cato Journal*, 24, no. 3 (Fall 2004), pp. 261–75

金沖及主編，《周恩來傳，1898–1949》，中央文獻出版社，北京，一九八九

Kan, Karoline, *Under Red Skies: Three Generations of Life, Loss, and Hope in China*, Hachette Books, New York, 2019

Kelliher, Daniel, *Peasant Power in China: The Era of Rural Reform, 1979-1989*, Yale University Press, New Haven, CT, 1992

Kraus, Richard Curt, *The Party and the Arty in China: The New Politics of Culture*, Rowman & Littlefield, Lanham, MD, 2004

Kwong, Julia, 'The 1986 Student Demonstrations in China: A Democratic Movement?', *Asian Survey*, 28, no. 9 (Sept. 1988), pp. 970–85

Kynge, James, *China Shakes the World: The Rise of a Hungry Nation*, Weidenfeld & Nicolson, London, 2006

Lam, Willy Wo-Lap, *Chinese Politics in the Era of Xi Jinping: Renaissance, Reform, or Retrogression?*, Routledge, London, 2015

Lardy, Nicholas R., *Foreign Trade and Economic Reform in China, 1978-1990*, Cambridge University Press, Cambridge, 1992

Lee, Keun, 'The Chinese Model of the Socialist Enterprise: An Assessment of its Organization and Performance', *Journal of Comparative Economics*, 14, no. 3 (Sept. 1990), pp. 384–400

Li Zhisui, *The Private Life of Chairman Mao: The Memoirs of Mao's Personal Physician*, Random House, New York, 1994

李忠杰，《改革開放關鍵字》，人民出版社，北京，二〇一八

梁中堂，《中國生育政策研究》，山西人民出版社，太原，二〇一四

Liao Yiwu, *Bullets and Opium: Real-Life Stories of China After the Tiananmen Massacre*, Atria, New York, 2019

Lim, Louisa, *The People's Republic of Amnesia: Tiananmen Revisited*, Oxford University Press, Oxford, 2015

Lin Guijun and Ronald M. Schramm, 'China's Foreign Exchange Policies Since 1979: A Review of Developments and an Assessment', *China Economic Review*, 14, no. 3 (Dec. 2003), pp. 246–80

Liu Binyan, *A Higher Kind of Loyalty: A Memoir by China's Foremost Journalist*, Pantheon Books, New York, 1990

Loh, Christine, *Underground Front: The Chinese Communist Party in Hong Kong*, Hong Kong University Press, Hong Kong, 2019

陸鏗，《陸鏗回憶與懺悔錄》，時報文化出版有限公司，臺北，一九九七

MacFarquhar, Roderick and Michael Schoenhals, *Mao's Last Revolution*, Harvard University Press, Cambridge, MA, 2006

Mann, James H., *About Face: A History of America's Curious Relationship with China, from Nixon to Clinton*, Alfred A. Knopf, New York, 1998

毛澤東，《建國以來毛澤東文稿》，中央文獻出版社，北京，一九九八

McKay, John P., 'Foreign Enterprise in Russian and Soviet Industry: A Long Term Perspective', *Business History Review* (Autumn 1974), 48, no. 3, pp. 336–56

McMahon, Dinny, *China's Great Wall of Debt*, Little, Brown, London, 2018

McGregor, Richard, *The Party: The Secret World of China's Communist Rulers*, HarperCollins, New York, 2010

Morino, Tomozo, 'China-Japan Trade and Investment Relations', *Proceedings of the Academy of Political Science*, 38, no. 2 (1991), pp. 87–94

Naughton, Barry, 'In China's Economy, The State's Hand Grows Heavier', *Current History*, 108, no. 719 (Sept. 2009), pp. 277–83

Ogden, Suzanne, Kathleen Hartford, Nancy Sullivan and David Zweig, *China's Search for Democracy: The Students and Mass Movement of 1989*, Routledge, New York, 1992

Oksenberg, Michael, Lawrence R. Sullivan and Marc Lambert (eds) *Beijing Spring, 1989: Confrontation and Conflict. The Basic Documents*, Routledge, London, 1990

Ong, Lynette H., *Prosper or Perish: Credit and Fiscal Systems in Rural* China, Cornell University Press, Ithaca, NY, 2012

Ong, Lynette H., 'State-Led Urbanization in China: Skyscrapers, Land Revenue and «Concentrated Villages»', *The China Quarterly*, no. 217 (March 2014), pp. 162–79

Osnos, Evan, *Age of Ambition: Chasing Fortune, Truth, and Faith in the New China*, Farrar, Straus and Giroux, New York, 2014

Pai Hsiao-Hung, *Scattered Sand: The Story of China's Rural Migrants*, London, Verso, 2012

Pan, Philip, *Out of Mao's Shadow: The Struggle for the Soul of a New China*, Picador, Basingstoke, 2009

逄先知、金沖及主編，《毛澤東傳，1949-1976》，中央文獻出版社，北京，二〇〇三

Pei Minxin, *China's Crony Capitalism: The Dynamics of Regime Decay*, Harvard University Press, Cambridge, MA, 2016

Potter, Pitman, *From Leninist Discipline to Socialist Legalism: Peng Zhen on Law and Political Authority in the PRC*, Stanford University Press, Stanford, CA, 2003

Prybyla, Jan, 'A Systemic Analysis of Prospects for China's Economy', in Joint Economic Committee (eds), *China's Economic Dilemmas in the 1990s*, US Government Printing Office, Washington, 1991, vol. 1, pp. 209–25

Qin Hui, 'Looking at China from South Africa' on www.readingthechinadream.com, retrieved 28 Sept. 2019

Quintyn, Marc G. and Bernard J. Laurens et al. (eds), *Monetary and Exchange System Reforms in China: An Experiment in Gradualism*, International Monetary Fund, Washington, 1996

Reardon, Lawrence C., *The Reluctant Dragon: Crisis Cycles in Chinese Foreign Economic Policy*, Hong Kong University Press, Hong Kong, 2002

Rithmire, Meg E., *Land Bargains and Chinese Capitalism: The Politics of Property Rights under Reform*, Cambridge University Press, Cambridge, 2015

Rodriguez, Pablo Adriano, 'Violent Resistance in Xinjiang (China): Tracking Militancy, Ethnic Riots and «Knife-Wielding "Terrorists (1978–2012)', HAO, no. 30 (Winter 2013), pp. 135–49

Rozelle, Scott and Natalie Hell, *Invisible China: How the Urban-Rural Divide Threatens China's Rise*, University of Chicago Press, Chicago, 2020

Ruan Ming, *Deng Xiaoping: Chronicle of an Empire*, London: Routledge, 2018

Savitt, Scott, *Crashing the Party: An American Reporter in China*, Soft Skull Press, Berkeley, CA, 2016

Rubin, Barry, *Modern Dictators: Third World Coup Makers, Strongmen, and Populist Tyrants*, McGraw-Hill, New York, 1987

Salisbury, Harrison E., *Tiananmen Diary: Thirteen Days in June*, Little, Brown, London, 1989

Shapiro, Judith, *Mao's War against Nature: Politics and the Environment in Revolutionary China*, Cambridge University Press, New York, 2001

Strittmatter, Kai, *We Have Been Harmonised: Life in China's Surveillance State*, Custom House, London, 2020

Suettinger, Robert L., 'Negotiating History: The Chinese Communist Party's 1981', Project 2049 Institute, Washington, 2017

Sullivan, Lawrence R., 'Assault on the Reforms: Conservative Criticism of Political and Economic Liberalization in China, 1985–86', *The China Quarterly*, no. 114 (June 1988), pp. 198–222

Tan, Pamela, *The Chinese Factor: An Australian Chinese Woman's Life in China from 1950 to 1979*, Roseberg, Dural, New South Wales, 2008

Tanner, Murray Scot, 'State Coercion and the Balance of Awe: The 1983–1986 «Stern Blows" Anti-Crime Campaign', *The China Journal*, no. 44 (July 2000), pp. 93–125

Teiwes, Frederick C. and Warren Sun, 'China's New Economic Policy Under Hua Guofeng: Party Consensus And Party Myths', *The China Journal*, no. 66 (July 2011), pp. 1–23

Theroux, Paul, *Riding the Iron Rooster: By Train Through China*, Houghton Mifflin, New York, 1988

Tong, James, 'Anatomy of Regime Repression in China: Timing, Enforcement Institutions, and Target Selection in Banning the Falungong, July 1999', *Asian Survey*, 42, no. 6 (Dec. 2002), pp. 795–820

Tsai, Wen-hsuan, 'Framing the Funeral: Death Rituals of Chinese Communist Party Leaders', *The China Journal*, no. 77 (Jan. 2017), pp. 51–71

Tyler, Christian, *Wild West China: The Taming of Xinjiang*, John Murray, London, 2003

Vogel, Ezra F., *Deng Xiaoping and the Transformation of China*, Harvard University Press, Cambridge, MA, 2011

Walter, Carl E. and Fraser J. T. Howie, *Red Capitalism: The Fragile Financial Foundation of China's Extraordinary Rise*, John Wiley, New York, 2012

Wang Hong, *China's Exports since 1979*, St Martin's Press, London, 1993

Wang Jing, *High Culture Fever: Politics, Aesthetics, and Ideology in Deng's China*, University of California Press, Berkeley, CA, 1996

Wang Shaoguang, 'China's 1994 Fiscal Reform: An Initial Assessment', *Asian Survey*, 37, no. 9 (Sept. 1997), pp. 801–17

Westad, O. Arne, 'The Great Transformation', in Niall Ferguson, Charles S. Maier, Erez Manela and Daniel J. Sargent (eds), *The Shock of the Global: The 1970s in Perspective*, Harvard University Press, Cambridge, MA, 2010, pp. 65–79

White, Lynn T., *Unstately Power: Local Causes of China's Economic Reforms*, M. E. Sharpe, Armonk, NY, 1998

Whyte, Martin King, Feng Wang and Yong Cai, 'Challenging Myths About China's One-Child Policy', *The China Journal*, no. 74 (July 2015), pp. 144–59

Wright, Kate, 'The Political Fortunes of Shanghai's *World Economic Herald*', *Australian Journal of Chinese Affairs*, no. 23 (Jan. 1990), pp. 121–32

Wu Hung, *Remaking Beijing: Tiananmen Square and the Creation of a Political Space*, Reaktion Books, London, 2005

吳仁華，《六四屠殺內幕解密：六四事件中的戒嚴部隊》，允晨文化事業股份有限公司，臺北，二〇一六

——，《六四事件全程實錄》，允晨文化事業股份有限公司，臺北，二〇一九

Yan Jiaqi and Gao Gao, *Turbulent Decade: A History of the Cultural Revolution*, University of Hawai'i Press,

Honolulu, 1996

顏鵬飛，丁霞主編，《馬克思主義經濟學中國化研究》，中國社會科學出版社，北京，二〇一五

Yang Zhongmei, *Hu Yao-Bang: A Chinese Biography*, Routledge, London, 1989

Zha Jianying, *Tide Players: The Movers and Shakers of a Rising China*, The Free Press, New York, 2011

Zhang Qi and Liu Mingxing, *Revolutionary Legacy, Power Structure, and Grassroots Capitalism under the Red Flag in China*, Cambridge University Press, Cambridge, 2019

Zhao Xu, Liu Junguo, Yang, Hong, Rosa Duarte, Martin Tillotson and Klaus Hubacek, 'Burden Shifting of Water Quantity and Quality Stress from Megacity Shanghai', *Water Resources Research*, 52, no. 9 (Sept. 2016), pp. 6916–27

Zhao Ziyang, *Prisoner of the State: The Secret Journal of Premier Zhao Ziyang*, Simon & Schuster, New York, 2010

鄭仲兵，《胡耀邦年譜資料長編》，時代國際出版社有限公司，香港，二〇〇五

中共中央文獻研究室主編，《三中全會以來重要文件彙編》，人民出版社，北京，一九八二

Zhou, Kate Xiao, *How the Farmers Changed China: Power of the People*, Westview Press, Boulder, CO,1996

Zhou, Kate Xiao and Lynn T. White III, 'Quiet Politics and Rural Enterprise in Reform China', *Journal of Developing Areas*, 29, no. 4 (July 1995), pp. 461–90

Zinser, Lee, 'The Performance of China's Economy', in Joint Economic Committee (eds), *China's Economic Dilemmas in the 1990s*, US Government Printing Office, Washington, 1991

Zhu Jun, 'Closure of Financial Institutions in China', in Bank for International Settlements (eds), *Strengthening the Banking System in China: Issues and Experience*, Bank for International Settlements, Basel, 1999, pp. 304–19

歷史大講堂

毛澤東之後的中國：一個強國崛起的真相

2024年2月初版　　定價：新臺幣500元
2024年6月初版第二刷

著者	馮客
譯者	蕭葉
叢書主編	王盈婷
校對	潘貞仁
	馬文穎
內文排版	張靜怡
封面設計	許晉維

出版者	聯經出版事業股份有限公司
地址	新北市汐止區大同路一段369號1樓
叢書主編電話	(02)86925588轉5316
台北聯經書房	台北市新生南路三段94號
電話	(02)23620308
郵政劃撥帳戶第	0100559-3號
郵撥電話	(02)23620308
印刷者	文聯彩色製版印刷有限公司
總經銷	聯合發行股份有限公司
發行所	新北市新店區寶橋路235巷6弄6號2樓
電話	(02)29178022

副總編輯	陳逸華
總編輯	涂豐恩
總經理	陳芝宇
社長	羅國俊
發行人	林載爵

行政院新聞局出版事業登記證局版臺業字第0130號

本書如有缺頁，破損，倒裝請寄回台北聯經書房更換。　ISBN 978-957-08-7258-3 (平裝)
聯經網址：www.linkingbooks.com.tw
電子信箱：linking@udngroup.com

國家圖書館出版品預行編目資料

毛澤東之後的中國：一個強國崛起的真相/馮客著.
蕭葉譯. 初版. 新北市. 聯經. 2024年2月. 424面. 17×23公分
（歷史大講堂）
ISBN 978-957-08-7258-3（平裝）
[2024年6月初版第二刷]

1.CST：中國大陸研究 2.CST：中華人民共和國

628.7 112022649